CSSCI 来源期刊（集刊类）

外国哲学

第四十九辑

创于1897 商务印书馆 The Commercial Press

卷 首 语

《外国哲学》于1984年由商务印书馆创办，至1998年共出版十四辑，开创了改革开放后中国研究外国哲学的新学风、新传统，在学术界具有广泛的影响。经与商务印书馆商议，从第十五辑开始，北京大学外国哲学研究所负责承担《外国哲学》的组稿、编辑工作。

为了进一步提高《外国哲学》稿件的学术水准，我们采取了国际学术刊物通行的"双盲"审稿制度。除了继续发表对外国哲学历史和经典的诠释性论文外，本刊将特别注重发表史论结合、批判性评论、中外哲学比较等方面的佳作。我们衷心希望全国同仁鼎力襄助，不吝赐稿，把《外国哲学》办成群贤毕至、百家争鸣的学术园地。

《外国哲学》编辑部

2002年4月

执行主编的话

本期《外国哲学》由如下栏目组成：古希腊哲学研究、中世纪哲学研究、近代哲学研究、德国古典哲学研究、现代哲学研究、科技与哲学。

“古希腊哲学研究”栏目录用了两篇论文。程宇松的《阿尔基努斯承认理念是本原吗？——以“理念是神的思想”为中心》一文认为，阿尔基努斯虽然提出质料、理念和神是三个本原，但理念能否充当独立的本原是有争议的。一些学者认为，既然阿尔基努斯将理念描述为神的思想，那么理念就是依赖于神的存在，无法充当独立的本原。实际上，神的思想只是对理念的一种描述，不能等同于理念本身。在文本之中，阿尔基努斯始终注意理智对象和理智活动在用词上的区分，以前者表示理念，以后者表示神。二者在认识论中发挥不同的作用，理念是可以得到直接认识的理智对象，而神则保证了理智对象可以得到认识。从本体论来看，理念是宇宙“依照”的本原，发挥着无法被神取代的功能。最后，阿尔基努斯之所以接受“理念是神的思想”这个描述，正是为了划定理念的范围，保证理念足以构成纯粹的本原。

李文琪博士的《运动内在推动者的欲求一认知二象性》一文认为，亚里士多德《论灵魂》中关于动物运动内在推动者问题有三种解读，而这三种解读都不正确，因为它们都建立在一个错误预设上，即欲求活动和实践认知活动是两个不同的现实活动。作者认为，欲求活动和实践认知活动实际上是同一个活动，并在此基础上，论证动物运动的内在推动者既是欲求活动也是实践认知活动——动物运动的内在推动者具有欲求一认知二象性。作者认为，他的解读不仅能解释为什么自制者和不自制者都经历欲望和实践理智的冲突，还能解释为什么同一个外在对象既是欲求对象也是实践认知对象，以及为什么它能作用于动物而产生具有统一性和同一性的内在推动者。

“中世纪哲学研究”收录了两篇论文。吴天岳教授的《阿奎那论良知的错误判断》一文指出：良知可能出错，然而出错的良知对于行动者来说似乎仍然有束缚力，违背自己良知的错误判断本身很可能在道德上也是错误的，与此同时，按照良知的错误判断行事似乎同样会受到谴责。如何理解这一错误良知的双重束缚悖论对于任何良知理论都是挑战。作者力图重构阿奎那的相关理论反思。首先考察良知如何在实践三段论的推演中犯错，阐明阿奎那如何论证良知的错误判断仍然具有道德约束力。过往的研究未能充分意识到良知之所以具有道德约束力，是因为它所依赖的行动者的主观实践判断与自然法的客观权威之间具有内在关联。同时，作者根据阿奎那有关良知判断（*iudicium conscientiae*）与自由决定的判断（*iudicium liberi arbitrii*）的区分说明，与良知相关的判断是认知性的。作者认为，阿奎那的相关分析将帮助我们精确地理解良知所具有的道德约束力的根源和限度，同时说明在什么意义上我们可以宽容良知的错误判断而不堕入道德相对主义的陷阱。

王莉的《“超验”——形而上学统一性的建构》一文主旨在于论述从古希腊到中世纪，形而上学如何成为一个系统研究“超验”的统一学科。从古希腊哲学出发，形而上学的源头在于古希腊哲学家对“超验”的理解，亚里士多德的《形而上学》是第一部专门论述“超验”的著作；到中世纪，阿维森纳等学者经过对形而上学的“主题”的讨论，形成了形而上学的第二次开端；最后，托马斯·阿奎那将“共通存在”（ens commune）确定为形而上学的“主题”，将形而上学确定为一门研究“超验”的学科并确定其研究的相关内容。由此，形而上学的统一性基本形成。

“近代哲学研究”栏目录用了两篇论文。雷泌阳博士的《激进化斯宾诺莎——以奈格里对德勒兹的斯宾诺莎解读的改造为视角》一文指出，20世纪60年代开始，法国和意大利复兴了斯宾诺莎研究，其中德勒兹的斯宾诺莎研究通过奈格里，对激进左翼思想产生了重大影响。该文主要论证，奈格里对斯宾诺莎的激进化，是对德勒兹的斯宾诺莎内在性解释的改造。奈格里在德勒兹对斯宾诺莎的不满之处，发展出了一种强调样式的生产性力量的“创构性本体论”，揭示出了斯宾诺莎内在性哲学中的激进面向，并为其强调工人阶级的生产性或建构性力量的激进思想提供了革命主体——“诸众”，以及本体论基础。论文最后指出，奈格里的解释在释放斯宾诺莎思想力量的同时，也在一定程度上偏离了斯宾诺莎文本的推理顺序。

何珺妍的《从非还原论立场看莱布尼茨认识论的谦卑问题》指出，蕾·兰顿认为，莱布尼茨将关系和关系属性还原为实体的内在属性，从而其认识论是不谦卑的。认识论上的谦卑，通常是指对实体内在属性的不可知性的承认。兰顿的不谦卑指控依赖于还原论解读。还原论解读把莱布尼茨的关系看作理念性的，与之相对，非还原论的解读把关系看作一个事实，从而不能被还原为单子的内在属性。与不谦卑指控相反，莱布尼茨在其形而上学和认识论中采取了非还原论的策略。非还原论的支持者，如石黑浩和亚瑟对莱布尼茨哲学中的关系、关系谓词和关系属性做了明确的区分。最终，非还原论表明，即使基于认识论上的谦卑，也将撤销对莱布尼茨的不谦卑指控。

“德国古典哲学研究”栏目录用了四篇论文。罗正东老师的《究竟该如何理解康德的“第三者”？——以纯粹知性概念的演绎为线索》指出：“第三者”是康德批判哲学构建中的一个极为重要的概念。作者以纯粹知性概念的演绎为切入口，通过对其中所涉及的诸多“第三者”的考察，一方面试图指出纯粹知性概念之演绎的有效展开需要诸多“第三者”的参与，如此才能使得这一演绎的内在逻辑趋于紧凑和连贯，从而使得整个演绎体系更加有序和完整；另一方面试图说明对自然科学的可能性这一命题中所包含的“第三者”的发掘需要纯粹知性概念的演绎这一逻辑线索作为引导，如此才能使得这些“第三者”的发现更为全面且系统，从而借此突显出演绎逻辑对于理解和把握康德整个批判哲学中所包含的“第三者”的指导性意义。

潘楚璇的《费希特知识学中恶无限向真无限的提升——以“关系的充分性”概念为线索》一文认为，黑格尔以及受黑格尔影响的研究者们往往将费希特知识学视为恶无限的代表。知识学招致批评的主要原因在于，它将无限的实在性总体预设为有限自我之外的自在存在、遥不可及的彼岸理想。但是，费希特在知识学中还提出了另一种总体概念——关系的充分性。通过该概念，知识学否定了一切自在的实在性总体，表明真正的总体仅仅在于以非我为中介的自我的自身关联。由此，知识学提供了一条从恶无限上升至真无限的道路。真正的总体并不存在于彼岸，而是落实在自我的实践行动中，体现为其中包含的自我与非我的充分关系及自我与自身的充分关系。因此，有限的实践行动已然包含着真无限的结构。

刘哲教授的《无法返回的“家”——从黑格尔〈精神现象学〉对古希腊伦理的批评出发》指出：中国传统的“家”正受到学界广泛关注。以孙向晨为代表的学人从华夏“家”传统中挖掘出具有普适性的“生生”与“亲亲”生存论经验，并要以此为“家”伦理提供独特的自然主义奠基。作者指出，在《精神现象学》中，黑格尔论证古希腊家的自然关系不具备伦理向度要求的自我普遍性以及承认关系的对称性。借助黑格尔对古希腊家伦理反自然特征的分析及其对古希腊伦理秩序之规范性可能的怀疑论反思，作者尝试阐明黑格尔在古希腊家传统中察觉到的自然向度与伦理向度之间的规范性鸿沟。通过对黑格尔现象学论证的重构，得以重新开启被孙向晨“家”哲学所遮蔽的自然主义奠基之可能性问题。离开对黑格尔现象学反思的真正回应，华夏传统中自然温暖的“家”仍然只是现代自由个体无法返回的思想乐园。

陈翔宇的《对于完美三段论的内在两难的黑格尔式澄清与扬弃》一文认为，亚里士多德主张满足“包含关系的传递性原则”的三段论是具有绝对有效性的“完美三段论”，但黑格尔却主张这种有效性仅仅是假象：在他看来，亚里士多德并未在他的三段论理论中对普遍原则和个别实例的综合性统一何以可能的问题提供有效回应，因而完美三段论势必无法摆脱载体问题上普遍主义与个体主义的两难。作者结合《逻辑学》“判断”部分中的相关内容来表明：（1）无论判断的基本载体被理解为个别东西抑或普遍者，完美三段论的操作都无可避免地是同义反复，它无法为普遍原则与个别实例的综合性统一提供证明；（2）借助于具体普遍者的洞见，普遍原则与个别实例得以被扬弃在同一个整体中。在此视角下，对完美三段论的一种全新理解将得到揭示。

“现代哲学研究”栏目录用了三篇论文。王小塞教授的《维特根斯坦论私人思想与私人语言》指出，在维特根斯坦做出的一些评论中，我们可以找到一种“私人语言”的构想，它表明私人语言在某种意义上是存在的。作者要论证的主要议题是，维特根斯坦认为“私人语言”在一个有趣的意义上存在。在维特根斯坦的作品中，人们较为熟知的私人语言的构想来源于假定的感觉的私人性，与之相对，作者强调的私人语言涉及某种思想的私人性。作者对维特根斯坦私人语言的解释性论述与许多其他类似论述是兼容的，因为它基本上不涉及维特根斯坦对私人语言的其他含义的批评。作者表明，与本文论述最接近的可能是卡维尔的观点。汤普森的观点是早期的一种解释性讨论，指向了本文给出的阅读方向。对思想私人性的实质问题的现代讨论中，与本文最为契合的是默多克的一篇文章；不过，默多克在讨论维特根斯坦论私人语言时没有将我们所共有的观点归因于维特根斯坦。该论文原为英文，由李美萱翻译成中文。

欧阳文川教授《“约定真理”视域下对蒯因—卡尔纳普之争的重新审视》一文认为，关于蒯因与卡尔纳普约定真理之争的“标准叙事”并不全面。卡尔纳普的《语言的逻辑句法》蕴含属于实用性问题的“宽泛的约定主义”与属于理论问题的“严格的约定主义”。除了坚持“分析—综合”的区分以外，它们都区别于一般意义上的逻辑经验主义者的约定主义。蒯因的《约定真理》主要针对一般意义上的逻辑经验主义者的约定主义，他后期发展的基于“自然主义”原则的以“解释性”为标准的约定主义，作为对他的科学理论的“非确定性约定主义”的拓展，才体现了他与卡尔纳普约定主义之间实质的分歧。

戚杨泽和王玉学的《何以言真正的差异——〈存在与时间〉中的差异问题》一文认为，“差异”是海德格尔毕生运思的主要问题之一，《存在与时间》主要从三方面加以阐释，即差异是什么、差异的重要性，以及我们应该如何对待差异。对海德格尔而言，真正的差异即“存在论差异”，他通过澄清这一命题来唤醒真正的差异意识，克服主客二元式思维及其引发的同一性暴力等流弊，进而导向对存在本身的关注。且这一克服并不旨在消除差异达到另一种变相的同一，它的真正要义在于劝导我们保持差异之为差异，从而导向“基础存在论”。海德格尔借此展现了一个差异万千的人生此在境域，同时把此在的绽出之生存亦差异的展开放在时间这一理解存在意义的超越视野中，由是将差异问题引向了更深邃的领域，更影响了后世哲学的基本进路。

“科技与哲学”栏目由三篇论文组成。王帅翔博士的《意识—对象等同论的困境》一文认为，曼佐蒂提出了意识—对象等同论，以解决意识困难问题。该理论的要义是意识经验并不是脑内的神经活动，而是等同于脑外环境中的物理对象；而且意识体验中的物理对象相对于体验者的身体存在。该理论面临着概念和经验层面的一系列挑战。在概念层面，该理论（1）并未消除意识—物理解释鸿沟，而是仅仅将解释鸿沟从脑内转移到了脑外；（2）忽视了意识体验的“半透明性”。从经验层面看，该理论难以解释“感受到的在场者”幻觉和“冗余性幻肢”现象。因此，该理论需要经过进一步的充实与扩展才能够应对现有的理论困境。

詹心怡的《基因编辑与潜在的人的非同一性问题》一文认为，关于基因编辑的伦理讨论一般会预设“无论是否对某个胚胎进行基因编辑，此胚胎都将发育成为同一个人”。然而，这一预设并不成立。由于进行生殖细胞基因编辑的时间早于相应的人类个体开始存在的时间，基因编辑所涉及的人类个体是潜在的。我们对于同一性的判断总是要从某个参照物出发，而无法谈论不存在之物的同一性。对于潜在的人而言，同一性判断的参照物就是其开始存在的那一刻的性质和状态。因此，任何影响潜在的人开始存在的那一刻的性质和状态的事件，包括基因编辑，都会导致不同的人的产生。基于此，关于基因编辑的经典伦理主张对于被编辑者的福祉关怀是失效的。

张君睿的《论EPR实验中的因果性——以Everett诠释为例》一文指出，在EPR实验中，两侧不存在因果联系，如果某个因果模型想要符合共因原则，那么就会导致超光速的信息传播。即便把非局域隐变量作为共同因子，也不能说明两边的测量结果可以相互影响，它们只是相互有关联，但不是对应的因果关系。本文画出因果模型图来分析EPR实验，并采用Everett诠释和量子线路图两种观点来论证，说明EPR实验中的因果悖论其实是由于错误地理解哥本哈根诠释中的“测量”和“塌缩”所导致，如果采用没有“塌缩”概念的 Everett 诠释，就可以避免在解释 EPR 实验时出现因果悖论。不论左右两边是谁先测量都不会相互影响，不存在先测量的结果通过超光速作用去影响后测量的结果，也不会出现推翻因果顺序的悖论。

目　录

古希腊哲学研究

程宇松　阿尔基努斯承认理念是本原吗？
——以“理念是神的思想”为中心 ......(1)

李文琪　运动内在推动者的欲求—认知二象性 ......(31)

中世纪哲学研究

吴天岳　阿奎那论良知的错误判断 ......(56)

王　莉　“超验”
——形而上学统一性的建构 ......(84)

近代哲学研究

雷泌阳　激进化斯宾诺莎
——以奈格里对德勒兹的斯宾诺莎解读的改造为视角 ......(110)

何珺妍　从非还原论立场看莱布尼茨认识论的谦卑问题 ......(127)

德国古典哲学研究

罗正东　究竟该如何理解康德的“第三者”？
——以纯粹知性概念的演绎为线索……（153）
潘楚璇　费希特知识学中恶无限向真无限的提升
——以“关系的充分性”概念为线索……（168）
刘　哲　无法返回的“家”
——从黑格尔《精神现象学》对古希腊伦理的批评出发……（189）
陈翔宇　对于完美三段论的内在两难的黑格尔式澄清与扬弃……（212）

现代哲学研究

王小塞 著　李美萱 译　维特根斯坦论私人思想与私人语言……（236）
欧阳文川　“约定真理”视域下对蒯因—卡尔纳普之争的重新审视……（251）
戚杨泽　王玉学　何以言真正的差异
——《存在与时间》中的差异问题……（273）

科技与哲学

王帅翔　意识—对象等同论的困境……（300）
詹心怡　基因编辑与潜在的人的非同一性问题……（332）
张君睿　论 EPR 实验中的因果性
——以 Everett 诠释为例……（348）

《外国哲学》征稿启事……（376）

阿尔基努斯承认理念是本原吗？

——以“理念是神的思想”为中心

程宇松 *

内容提要：阿尔基努斯虽然提出质料、理念和神是三个本原，但理念能否充当独立的本原是有争议的。一些学者认为，既然阿尔基努斯将理念描述为神的思想，那么理念就是依赖于神的存在，无法充当独立的本原。实际上，神的思想只是对理念的一种描述，不能等同于理念本身。在文本之中，阿尔基努斯始终注意理智对象和理智活动在用词上的区分，以前者表示理念，以后者表示神。二者在认识论中发挥不同的作用，理念是可以得到直接认识的理智对象，而神则保证了理智对象可以得到认识。从本体论来看，理念是宇宙“依照”的本原，发挥着无法被神取代的功能。最后，阿尔基努斯之所以接受“理念是神的思想”这个描述，正是为了划定理念的范围，保证理念足以构成纯粹的本原。

关键词：中期柏拉图主义　阿尔基努斯　理念　神　本原

---

*　程宇松，吉林大学哲学系本科生，关注古希腊哲学研究。

阿尔基努斯（Alcinous）是中期柏拉图主义的重要人物。在中期柏拉图主义时期，他的代表作《柏拉图教义旨归》（*Didaskalikos ton Platōnos dogmatōn*）是现存唯一旨在全面表达柏拉图主义的完整著作。[①]该著作的名称源自其篇首的“指导”（διδασκαλία）这个词。另有学者称该著作为《柏拉图教义总结》（*Epitomē ton Platōnos dogmatōn*），不过考虑到“*Didaskalikos*”在中期柏拉图主义中特指哲学性的论说，所以《柏拉图教义旨归》可能是更加合适的名称。[②]一些现代学者将阿尔基努斯等同于《柏拉图导言》（*Isagoge*）的作者阿尔比努斯（Albinus），不过并非所有学者都认同这一观点。[③]在这里，我依然使用阿尔基努斯指称《柏拉图教义旨归》的作者。[④]

本原问题是贯穿古希腊哲学的基本线索。在阐释柏拉图的学说时，阿尔基努斯提出了一种三本原学说：质料、理念和神是世界的三个本原。然而，有些学者认为阿尔基努斯无法在理论上确立理念的本原地位。在他们看来，阿尔基努斯将理念定义为神的思想，这使得理念和神之间不存在实质的区分，理念也就难以构成独立于神的本原。当然，如果认为阿尔基努斯只是一个吸收了各种思想资源的折中主义者[⑤]，那么也就没必要为他的理论找到统一的解释了。然而，诸多学者已经意识到，阿尔基努斯并不是一个思想搬运

① Lloyd P. Gerson, *From Plato to Platonism*, New York: Cornell University Press, 2013, p. 195.

② Alcinoos, *Enseignement des doctrines de Platon*, texte établi et commenté par John Whittaker, Paris: Les Belles Lettres, 1990, p. xiv.

③ J. Freudenthal 最早提出阿尔基努斯就是阿尔比努斯，阿尔基努斯这个名字的出现是由于抄写的讹误，参见 J. Freudenthal, “Der Platoniker Albinos und der falshce Alkinoos”, *Hellenistische Studien* 3, 1897。不过，该文本的法译者、德译者和英译者都认为这种说法证据不足，由此依然将《柏拉图教义旨归》归于阿尔基努斯而非阿尔比努斯，分别参见 Alcinoos, *Enseignement des doctrines de Platon*, pp. vii-ix; Alkinoos, *Didaskalikos*, Einleitung, Text, Ubersetzung und Anmerkungen von Orrin F. Summereil und Thomas Zimmer, Berlin: Walter de Gruyter, 2007, p. ix; Alcinous, *The Hand Book of Platonism*, trans. by John Dillon, Oxford: Oxford University Press, 1993, p. xi。另外也可以参见 Tryggve Göransson, *Albinus, Alcinous, Arius Didymus*, Göteborg: Acta Univeritatis Gothoburgenis, 1995, p. 21。

④ 我会始终用阿尔基努斯指称《柏拉图教义旨归》的作者，即我引用的学者将自己的讨论对象视为阿尔比努斯。

⑤ 持这种观点的学者例如 Tryggve Göransson, *Albinus, Alcinous, Arius Didymus*, pp. 105-106。

工，而是具有原创性的思想家。[①] 但是，如何解决“理念是神的思想”带来的矛盾呢？

我将从以下几个方面为阿尔基努斯的三本原学说做出辩护。首先，“神的思想”只是阿尔基努斯对理念的一个描述，并不等同于理念本身。在文本之中，阿尔基努斯谨慎地区分了理念和神的不同术语，用“理智对象”表示前者，用“理智活动”表示后者。其次，从认识论来看，理念与神之间具有根本的差异：前者充当人类可以直接认识的对象；后者是超越人类认知的存在，使得对理智对象的认识得以可能。从本体论来看，理念是宇宙“依照”的本原，在宇宙的创造中发挥着神无法替代的功能。最后，阿尔基努斯之所以接受“理念是神的思想”这个说法，恰恰是为了将一切不纯粹的存在排除出理念的范围，从而确保理念足以构成独立的本原。由此，我将论证阿尔基努斯本原学说中的理念可以充当独立的本原，从而证明其三本原学说在理论上是统一的、可靠的。

一、本原的数量问题

柏拉图究竟承认多少本原，这构成了中期柏拉图主义的一个关键话题。少到一个本原，多到六个本原，本原数量的解释可谓异彩纷呈。一元论者相信只有一个本原，其支持者包括欧多鲁斯（Eudorus）、墨德拉图斯（Moderatus）等。欧多鲁斯说：“需要承认，根据他们的最高解释，毕达哥拉斯主义者说一是一切事物的本原；但是，根据他们的次等解释，事物有两个达到完成的本原，即‘一’和与之相反的本性。”（*In Phys.* 181）[②] 欧多鲁斯认为，在对立的“一”和“不定的二”的本原之上还有着最高的“一”，所

① 例如 J. H. Loenen, “Albinus' Metaphysics. An Attempt at Rehabilitation”, *Mnemosyne*, Fourth Series, Vol. 10, Fasc. 1, 1957, p. 46; A. H. Armstrong, “The Background of the Doctrine ‘That the Intelligibles are not Outside the Intellect’”, *Entretiens sur l'Antiquité classique*, Band 5, 1960, p. 403。

② Simplicius, *On Aristotle Physics 1.5-9*, trans. by Han Baltussen, Michael Share, Michael Atkinson and Ian Mueller, London & New Delhi & New York & Sydney: Bloomsbury, 2012, p. 19.

以本原实际上是一元论。[①] 另有柏拉图主义者支持二元论，比如普鲁塔克在《论神谕的失落》（*De Defectu Oraculorum*）中说："在最高本原中，我说的是'一'和'不定的二'，后者作为潜藏在所有无形式和无序中的元素，被称为无限；但是'一'的本性限制和决定无限中的虚空、非理性和不确定。"（*Def. Or.* 428F 1-6）[②] 在这里，普鲁塔克将最高本原视为"一"和"不定的二"，二者共同构成了世界的本原。除此之外，还有柏拉图主义者提出三本原、四本原、五本原、六本原。因为下文要详细讨论三本原学说，所以这里只需要简单提示一下其他几种学说。亚里士多德提出的四因说是四本原学说的一种形式，一些柏拉图主义者接受了这种学说，虽然也经过了一些修改。比如斐洛在《论智天使》（*De Cherubim*）中说："通过它（ὑφ' οὗ）是原因（αἴτιον），来自它（ἐξ οὗ）是质料，凭借它（δι' οὗ）是工具，因为它（δι' ὅ）是解释（αἰτία）。"（*Cher.* 125-126）[③] 在斐洛看来，原因就是神，质料就是四元素，工具就是神的话语，解释就是至善。盖伦则在《人体各部位的作用》（*De usu partium*）中记录了五本原的学说：最高的本原是因为它，此后还有通过它、来自它、凭借它。除了斐洛提及的这四个原因之外，五本原学说还加上了根据它（τὸ καθ' ὅ）。（*De usu part.* I 339）[④] 这五个原因分别是目的因、动力因、质料因、工具因和形式因，除了工具因之外都符合亚里士多德的四本原。[⑤] 此外，辛普里丘还记录了六本原学说：质料是来自它、形式是根据它、推动（ποιοῦν）是通过它、目的是因为它，这些都来自亚里士多德。柏拉图自己还加上了依照它（τὸ πρὸς ὅ），即范型（παράδειγμα）；以及凭借它，

① 当然，就像 John M. Rist 提出的，这不一定符合毕达哥拉斯主义者的想法，参见 John M. Rist, "The Neoplatonic One and Plato's Parmenides", *Transactions and Proceedings of the American Philological Association*, Vol. 93, 1962, pp. 393-394。

② Plutarch, *Moralia*, Vol. 5, Cambridge & Massachusetts & London: Harvard University Press, 1936, p. 450.

③ Philo, Vol. II, with an English translation by F. H. Colson and G. H. Whitaker, Cambridge & Massachusetts & London: Harvard Univerity Press, 1929, p. 82.

④ Heinrich Dörrie, *Der Platonismus in der Antike*, Band 4, Stuttgart: frommann-holzboog, S. 140.

⑤ Galen, *On the Usefulness of the Parts of the Body*, translated with an introduction by Margaret Tallmadge May, New York: Cornell University Press, 1968, p. 308.

即工具。[①] 由此可见，对于柏拉图本原学说的数量能够产生多么丰富的解释。[②]

学界广泛认为，三本原学说是中期柏拉图主义的标准学说。[③] 作为中期柏拉图主义者的代表人物，阿尔基努斯一般被理解为三本原学说的支持者，因为他在《柏拉图教义旨归》中明确表示存在着三个本原："虽然质料具有本原的意义，但柏拉图也添加了其他本原，即范型（παραδειγματικήν），亦即理念（ἰδεῶν），以及其父亲（πατρός）和作为一切的原因的神（αἰτίου πάντων θεοῦ）。"（*Did.* 9.1）[④] 在这里，阿尔基努斯表示存在着三个本原：质料、理念和神。

然而，阿尔基努斯不仅提出了三本原学说，还承认了"理念是神的思想"，这就使得理念的本原地位变得可疑了。神和质料的本原地位基本没有争议[⑤]，关键的问题在于理念能否构成独立的本原。如果说理念是神的思想，那么理念就包含于神这个本原，又如何能就其自身构成独立的本原呢？

诸多学者注意到了这个问题。John Dillon 提出，阿尔基努斯对于理念的讨论根本不是原创的。阿尔基努斯将理念视为神的思想，而神正是理智，所以理念并不处在理智之外。[⑥]J. H. Loenen 则认为阿尔基努斯的讨论是有原创性的，这种原创性正在于明确地、系统地表达了"理念是神的思想"，将理

---

① Heinrich Dörrie, *Der Platonismus in der Antike*, Band 4, S. 144.

② 关于柏拉图主义中各种本原数量的原始文献，可以参考 Heinrich Dörrie, *Der Platonismus in der Antike*, Band 4, S. 110-147。关于本原数量问题的现代研究，可以参考 George Boys-Stones, *Platonist Philosophy 80 BC to AD 250: An Introduction and Collection of Sources in Translation*, Cambridge: Cambridge University Press, 2018, p. 90。

③ 例如 R. W. Sharples, "Counting Plato's Principles", in *The Passionate Intellect: Essays on the Transformation of Classical Traditions*, edited by Lewis Ayres, New Brunswick & London: Transaction Publishers, 1995, p. 71; George Boys-Stones, *Platonist Philosophy 80 BC to AD 250: An Introduction and Collection of Sources in Translation*, p. 90。

④ 本文引用的《柏拉图教义旨归》根据 John Whittaker 校勘本的希腊文译出，参考了 John Dillon 的英译文和 Orrin F. Summerell & Thomas Zimmer 的德译文。我将以章节（如 9.1 即第 9 章第 1 节）进行索引，章节的划分参见英译本和德译本。

⑤ Lloyd P. Gerson 可能是一个例外，他认为只有神才是第一本原。参见下文的讨论。

⑥ John Dillon, *The Middle Platonists 80 B.C. to A.D. 220*, New York: Cornell University Press, 1996, pp. 280-281.

念推到神的高度。[①]Philip Merlan 提出，阿尔基努斯混合了两种本原体系：一种是神—理念—质料，另一种是神—理智—灵魂。第一种体系又可以被还原为两个本原，因为理念可以被描述为神的思考。[②]

Harold Tarrant 对此做出了更加细致的讨论。在 Tarrant 看来，阿尔基努斯等中期柏拉图主义者宣称神、质料和理念共同组成了宇宙的第一本原。然而，中期柏拉图主义者又认为“理念是神的思想”，所以理念是取决于神的。如果这样来看，又怎么能说理念是第一本原呢？可见，在阿尔基努斯以及类似的柏拉图主义者的思想中存在着一种张力。其理论背景是，泰奥弗拉斯托斯（Theophrastus）仅仅承认神和质料是第一本原，理念由此被还原为神的思想。在这个理论背景之下，后来的柏拉图主义者即使承认理念的独立地位，也无法规避“理念是神的思想”的定义。然而，这样就使得理念的独立地位变得可疑了。由此，Tarrant 认为阿尔基努斯的体系之中存在很大的张力。[③]

R. W. Sharples 回顾了古代哲学对于柏拉图本原数量的理解。Sharples 认为，如果理念被认为是神的思想，那么形式就应该被容纳进神，而不是被视为独立的本原。[④]泰奥弗拉斯托斯同样将理念置于神的思想[⑤]，所以才会得出两本原的解释。Sharples 注意到，许多柏拉图主义文本只是摆出了神、理念、质料这三个本原，但是没有给出更多解释；其他文本则直接或间接地将三本原理论结合于“理念是神的思想”。在 Sharples 看来，第二种理论其实是承认了“二又二分之一”个本原，两个本原分别是神和质料，二分之一个本原

---

① J. H. Loenen, “Albinus’ Metaphysics. An Attempt at Rehabilitation”, *Mnemosyne*, Fourth Series, Vol. 10, Fasc. 1, 1957, p. 46.

② Philip Merlan, *Monopsychism Mysticism Metaconsciousness*, The Hague: Martinus Nijhoff, 1963, p. 64.

③ Harold Tarrant, *Scepticism or Platonism: The Philosophy of the Fourth Academy*, Cambridge: Cambridge University Press, 1985, pp. 115-116.

④ R. W. Sharples, “Counting Plato’s Principles”, in *The Passionate Intellect: Essays on the Transformation of Classical Traditions*, edited by Lewis Ayres, p. 71.

⑤ 对此，Sharples 参考了这篇文献：Jaap Mansfeld, “Gibt es Spuren von Theophrasts *Phys. op.* bei Cicero?” in *Cecero’s Knowledge of the Peripatos*, edited by William W. Fortenbaugh and Peter Steinmetz, London & New York: Routledge, 2019, p. 156。

是依赖于神的理念。[①] 当然，Sharples 也注意到，阿尔基努斯没有暗示形式仅仅存在于神圣理智之中。[②]

有的学者甚至认为阿尔基努斯仅仅承认一个本原。Lloyd P. Gerson 提出，柏拉图主义者普遍接受了一个方法论原则，即解释需要归结为一个单一的解释项（*explanans*）。神就是阿尔基努斯学说中唯一的第一本原。[③]Gerson 并没有详细讨论质料的问题，反而对理念做出了一些说明。Gerson 认为，阿尔基努斯使用 νοήσεις 而非 νοήματα 表达理念，这其实不符合《巴门尼德篇》的说法。从术语的区分可以看出，《巴门尼德篇》理解的理念是本体论的存在，而阿尔基努斯理解的理念只是思想的对象而已。对于将神圣理智理解为一切的第一本原来说，这是一个决定性的区分。[④] 这就是说，阿尔基努斯所谓的理念并不是独立的存在，而只是认识论意义上的对象而已。Gerson 引用了埃提乌斯（Aëtius）的证词："神是宇宙的理智，质料是生成与毁灭的基质，理念是神的思想和印象之中的无形实体。"（*De placitis reliquiae* 288.2-6）[⑤]Gerson 借此表明，包括阿尔基努斯在内的中期柏拉图主义者并不将理念视为本原，于是他便顺理成章地得出了这样的结论：阿尔基努斯只承认神圣理智这一个本原。可以看出，就像其他学者一样，Gerson 将"理念是神的思想"视为证明理念无法构成独立本原的证据，由此质疑三本原学说能否成立。

然而，阿尔基努斯的本原学说真的存在这种矛盾吗？这是值得讨论的问题。其实并非所有学者都质疑阿尔基努斯的三本原学说。比如 George Boys-Stones 提出，没必要认为阿尔基努斯的学说具有矛盾。[⑥] 不过，为了证明理念可以构成独立的本原，有必要做出更加系统的论证。

---

① R. W. Sharples, "Counting Plato's Principles", in *The Passionate Intellect: Essays on the Transformation of Classical Traditions*, edited by Lewis Ayres, p. 74.

② Ibid., p. 75.

③ Lloyd P. Gerson, *From Plato to Platonism*, New York: Cornell University Press, 2013, pp. 197-198.

④ Ibid., pp. 199-200.

⑤ Hermannus Diels, *Doxographi Graeci*, Berlin: Apud Walter de Gruyter et Socios, 1965, p. 288.

⑥ George Boys-Stones, *Platonist Philosophy 80 BC to AD 250: An Introduction and Collection of Sources in Translation*, p. 89.

二、理念只是神的思想？

在柏拉图主义之中，“理念是神的思想”这个说法至少可以追溯到色诺克拉底。[①]一些学者在其中看到了亚里士多德或者毕达哥拉斯主义的痕迹，不过现在一般认为该说法形成于早期学园派。[②]Dillon 在评注阿尔基努斯的文本时，提出“理念是神的思想”可以追溯到色诺克拉底。色诺克拉底说：“宙斯、奇数、理智，这就是一切的神。”（fr. 15）在 Dillon 看来，既然色诺克拉底将神视为理智，那么理念体系似乎就必然会成为这个理智的内容。[③]如果理念能够被归入作为理智的神，那么理念就不再是独立的本原。也正是以此为基础，色诺克拉底提出了“一”和“不定的二”的二元论。

然而，“理念是神的思想”是否意味着理念等同于神的思想呢？这其实还是可讨论的事情。正如 George Boys-Stones 提出的，所谓“理念是神的思想”可以有许多解释：理念只是神的思想；理念生成于神的思想；理念是神的思想的内容，但具有独立的存在；甚至，理念就是独立而永恒的存在，以此充当了神的思想的对象。[④]看到“理念是神的思想”就认为理念无法充当第一本原，那未免操之过急。实际上，古代学者不认为“理念是神的思想”在任何情况下都意味着理念等同于神。比如，阿提库斯（Atticus）同为中期柏拉图主义重要成员，他是这么主张的：“神的思想先于事物：它们是生成者的无形而可知的范型。”[⑤]所谓范型也就是理念，阿提库斯将其等同于神的

---

① 关于“理念是神的思想”的观念史，可以参考 Audrey N. M. Rich, “The Platonic Ideas as the Thoughts of God”, *Mnemosyne*, Fourth Series, Vol. 7, Fasc. 2, 1954, pp. 123-133; A. H. Armstrong, “The Background of the Doctrine ‘That the Intelligibles are not Outside the Intellect’”, *Entretiens sur l’Antiquité classique*, Band 5, 1960, pp. 391-413; John Dillon, “The Ideas as Thoughts of God”, *Études platoniciennes* 8, 2011, pp. 31-42。

② George Boys-Stones, *Platonist Philosophy 80 BC to AD 250: An Introduction and Collection of Sources in Translation*, p. 135.

③ Alcinous, *The Handbook of Platonism*, p. 94.

④ George Boys-Stones, *Platonist Philosophy 80 BC to AD 250: An Introduction and Collection of Sources in Translation*, pp. 135-136.

⑤ Ibid., p. 138. Boys-Stones 将这里的“νοήματα”译为“思想”，但该术语更严格来说应该表示思想的对象。

思想。如果理念只是神的思想，那么理念和神就应该毫无差异。然而，古代学者并不这么看问题。新柏拉图主义者批评阿提库斯的一个理由就是，阿提库斯认为理念外在于理智。根据普罗克洛的记录，波斐利这样描述柏拉图的学说："理念不是外在于理智而凭借自己存在的；相反，当理智转向自己时，它看着一切形式。"（*In Platonis Timaeum Commentaria* 394.2-4）[①]为此，波斐利这样批评以阿提库斯为代表的中期柏拉图主义者："但是他们认为理念是不动的，如同蜡模一般，凭借自己而存在。"（*In Tim.* 394.6-8）即使阿提库斯认为理念是神的思想，波斐利依然认为阿提库斯错误地将理念视为独立于神的存在。波斐利固然有其论辩的立场，但也可以看出，至少一些古代学者认为"理念是神的思想"不意味着理念等同于神。

阿尔基努斯虽然提到了"理念是神的思想"，但是他有意识地表示理念并不只是神的思想，从他对于理念的介绍就可以看到这一点。阿尔基努斯说：

> 虽然质料具有本原的意义，但柏拉图也添加了其他本原，即范型，亦即理念，以及其父亲和作为一切的原因的神。理念对于神来说是他的理智活动（νόησις），对于我们来说是第一理智对象（νοητὸν πρῶτον），对于质料来说是度量（μέτρον），对于可感宇宙来说是范型（παράδειγμα），对于自身来说是存在（οὐσία）。（*Did.* 9.1）

阿尔基努斯当然提到了理念是神的理智活动，但是他没有将理念直接定义为神的理智活动，而是加上了"对于神来说"（πρὸς θεὸν）的修饰，这是值得注意的。在阿尔基努斯看来，"理念是神的思想"并不是无条件的，而是必须加上"对于神来说"这个条件才能成立。对于人类、质料、宇宙和自身来说，理念可以产生完全不同的描述。如果这样来看，阿尔基努斯虽然说过"理念是神的永恒的、完美的理智活动"（*Did.* 9.2），但这不意味着理念

---

① 希腊原文和行码参见 *Procli in Platonis Timaeum commentaria*, Vol. 1, edited by E. Diehl, Leipzig: B. G. Teubneri, 1903。英译文参见 Proclus, *Commentary on Plato's Timaeus, Volume II, Book 2: Proclus on the Causes of the Cosmos and its Creation*, Cambridge: Cambridge University Press, 2008, p. 267。

只是神的理智活动。正像 Sharples 注意到的那样，阿尔基努斯没有暗示理念只是神的思想。[①] 根据阿尔基努斯的文本，同样可以说“理念是第一理智对象”“理念是度量”“理念是范型”“理念是存在”。比如下面这段文本：

> 因为即使质料的重要性是不可估量的，它也必须从更伟大的、无质料的事物那里获得它的度量。以上成立则以下成立。因此存在理念，只要它们是某些非质料的度量。（*Did.* 9.3）

在这里，阿尔基努斯将理念描述为质料的度量。如果不能说理念只是质料的度量，那就不能说理念只是神的思想。通过对比其他思想家，能够更清晰地看出阿尔基努斯的理论特点。一方面，像阿尔基努斯一样，区分理念和神的柏拉图主义者只在有限定的情况下认可“理念是神的思想”。前文已经提到，新柏拉图主义者认为阿提库斯将理念作为独立的本原，其原因何在呢？一个可能的原因是，阿提库斯认为理念只有在神的领域才是神的思想，在人的领域则是普遍概念。[②] 既然理念只有对于神来说才是神的思想，这就表明神和理念之间还有一定的距离，正是由于这一点，虽然阿提库斯提到理念是神的思想，但是新柏拉图主义者依然批评他分离了神和理念。

另一方面，不承认理念是独立本原的思想家会无限定地支持“理念是神的思想”。也就是说，他们并不是仅仅在“对于神来说”的条件下支持这个等式，而是不分语境都将理念等于神的思想。尼各马库斯（Nicomachus）是新毕达哥拉斯主义哲学家，他说：“我们已经说过，算术在造物主的心灵之中存在于一切之前，就像一些普遍而典范的计划，宇宙的创造者依照它们作为设计和范例，将物质的造物带入秩序，让它们符合适当目的。”

---

① R. W. Sharples, “Counting Plato’s Principles”, in *The Passionate Intellect: Essays on the Transformation of Classical Traditions*, edited by Lewis Ayres, p. 75.

② 关于阿提库斯理念论的不确定性，可以参考 Audrey N. M. Rich, “The Platonic Ideas as the Thoughts of God”, *Mnemosyne*, Fourth Series, Vol. 7, Fasc. 2, 1954, p. 129。

（*Introductionis Arithmeticae* I. 4）[1] 作为一个新毕达哥拉斯主义者，尼各马库斯是以数学的方式看待理念的，所以数在尼各马库斯的体系之中就是理念。尼各马库斯在这里讨论了世界的创造，表示理念就在神的心灵之内。在同样的语境下，阿尔基努斯会用“范型”而非“神的思想”形容理念 —— 就像上文 *Did.* 9.1 提到的那样 —— 因为这时理念有着“对于宇宙来说”的限定。在讨论宇宙的生成时，阿尔基努斯是这样说的：

> 此外，如果宇宙不是从自身生成，它就不仅来自某物（ἔκ τινός），而且通过某物（ὑπό τινος），还要依照某物（πρός τι）。而除了理念之外，宇宙还能依照什么而生成呢？因此存在理念。（*Did.* 9.3）

在这里，阿尔基努斯讨论了宇宙的生成。他表示宇宙的生成需要三个条件：一是来自某物而生成，这就是质料；二是通过某物而生成，这就是神；三是需要依照某物而生成，这就是理念。相比之下，尼各马库斯在讨论宇宙的语境下依然没有区分理念和神的思想。原因在于，像 Martin Luther D'Ooge 提出的那样，尼各马库斯承认理念就是神的思想。[2] 由此就可以理解为什么尼各马库斯一般被视为一元论者。[3]

三、理念作为理智对象

通过以上的讨论，至少可以看出阿尔基努斯认为理念不仅仅是神的思想。然而，二者之间有什么具体的区分呢？为了进一步区分理念和神，有必要做出更加深入的分析，首先是二者在术语上的区分。

---

① Nicomachus of Gerasa, *Introduction to Arithmetic*, translated by Martin Luther D'Ooge, New York: The Macmillam Company, 1926, p. 187.

② Ibid., p. 96.

③ 关于尼各马库斯一本原学说的相关文献，参见 George Boys-Stones, *Platonist Philosophy 80 BC to AD 250: An Introduction and Collection of Sources in Translation*, p. 90。

在文本之中，阿尔基努斯明确区分了理智活动和理智对象这两个概念。他说："理智活动（νόησις）是理智的活动（νοῦ ἐνέργεια），沉思第一理智对象（τὰ πρῶτα νοητά）。"（*Did.* 4.6）在这里，阿尔基努斯明确区分了三个概念：νοῦς 是理智活动的主体，νόησις 是理智活动本身，νόημα 是理智活动的对象。在阿尔基努斯看来，主体和对象之间具有严格的区别。他说："因为有一些判断者（κρῖνον），也有一些被判断者（κρινόμενον），所以应该从中得到一些东西，这可以称为判断（κρίσιν）。"（*Did.* 4.1）判断需要判断者和被判断者的存在，前者就是哲学家和理性（*Did.* 4.2），后者就是理智对象（*Did.* 4.3）。在证明理念存在时，阿尔基努斯将理念视为理智对象。他说："如果理智（νοῦς）不同于真意见（δόξης ἀληθοῦς），那么理智对象（νοητὸν）也不同于意见对象（δξαστοῦ）。如果是这样，那么理智对象就不是意见可以把握的东西。因此有第一理智对象，也有第一感知对象。因此存在理念。"（*Did.* 9.4）虽然这里主要是在对比理智和意见，但同样暗示了理智和理智对象的区别。不计结果，如果理智对象等于理智，那么完全不必再用理智论证理智对象的存在了。

然而，这毕竟是人类认识的视角。理念"对于我们来说是第一理智对象"（*Did.* 9.1），但对于神来说也是不同于主体的理智对象吗？事实上的确如此。阿尔基努斯说："无论神是理智还是拥有理智活动，理智对象（νοήματα）都会接近他（ἔστιν αὐτῷ νοήματα），它们都是永恒的和不变的。因此存在理念。"（*Did.* 9.3）在这里，阿尔基努斯通过神拥有理智活动证明必然存在理念。"理智对象接近他 / 理智对象属于他"（kommen ihm Gedanken zu）是德译者采用的翻译。[①] 这个翻译只是表明神和理智对象具有某种相关性，没有暗示理智对象包含于神之中，这使得文本具有了更加宽广的理解空间。相比之下，质疑理念能否构成独立本原的解读者就会采用其他译法。比如 Dillon 在其英译文中将"ἔστιν αὐτῷ νοήματα"直接翻译为"他拥有思想"。[②] 虽然"ἔστιν αὐτῷ"

---

① Alkinoos, *Didaskalikos*, p. 25.

② Alcinous, *The Handbook of Platonism*, p. 16.

可能表示所属，但这是一种怎么样的所属？是说理智对象可以还原为神的一部分，还是说理智对象与神具有一定的关系？最重要的是，理智对象和理智活动在用词上的区别不容忽视。当然，考虑到 Dillon 认为 νοήσεις 和 νοήματα 都有“思想”的意思[①]，他采取这种翻译也是可以理解的。如果上面的文本还有解释的分歧，那么以下这些文本的意思就很明显了。阿尔基努斯说：“神却是分离于感知对象的，所以能够纯粹地和未受污染地理解理智对象（τὰ νοητὰ νοοῦσι）。”（*Did.* 10.1）在这里，神和理智对象是两个不同的存在。神是能够把握理念的主体，理念则是有待其把握的对象。如果理念等同于神，那么只要说“神的思想分离于感知对象”就足够了，何必还要以感知对象为中介来论证神能够理解理智对象呢？又说：“因为第一理智最美好，所以其理智对象必须是美好的，但绝不比第一理智更美好。”（*Did.* 10.3）第一理智就是神，神的理智对象就是理念。阿尔基努斯在这里不仅提到了二者的区别，而且明确表明它们在存在等级上具有高下之别。

Gerson 则认为，阿尔基努斯表达理念的术语是 νοήσεις 而非 νοήματα。[②]如果用来表达理念的术语是理智活动而非理智对象，那么理念就可以还原为神的思想。然而，这可能是一种误读。Gerson 诉诸的文本有四段：163.14-15（= 9.1）；163.30-31（= 9.2）；164.29-30（= 10.3）；169.39-40（= 14.3）。[③]先看前两段：

> 理念对于神来说是他的理智活动，对于我们来说是第一理智对象。（*Did.* 9.1）
>
> 因为理念是神的永恒的、完美的理智活动。（*Did.* 9.2）

9.1 已经在上文得到了讨论，9.2 将在下文得到详细的说明。这里有必要再次指出，理念对于神来说才是理智活动，但这并不暗示理念无条件等同于

---

① Alcinous, *The Handbook of Platonism*, p. 94.

② Lloyd P. Gerson, *From Plato to Platonism*, pp. 199-200.

③ 在 John Whittaker 的校勘本中可以根据行码（比如 163.14-15）寻找相应的希腊语文本。

神的理智活动。无论如何，虽然9.1和9.2出现了νοήσεις，但10.3和14.3出现的反而是νοήματα。这两段文本是这么说的：

> 因为第一理智最美好，所以其理智对象（νοητὸν）必须是美好的，但绝不比第一理智更美好。因此，他总是思考他自己和他自己的理智对象，而他自己的现实就是理念。（*Did.* 10.3）
>
> 如此一来，通过看向理智的理智对象（νοητὰ），宇宙灵魂接受形式和外形，通过努力追求自己的理智对象。（*Did.* 14.3）

在这两段文本中出现的术语都是理智对象，而不是Gerson所谓的理智活动。当然，Gerson可能认为这里的νοήματα就是理智活动的意思，但这更是可疑的思路。在10.3引文的前一句话中，阿尔基努斯还特别强调了理智对象和理智的区别："因为第一理智最美好，所以其理智对象必须是美好的，但绝不比第一理智更美好。"（*Did.* 10.3）第一理智才是最美好的，而理智对象不如第一理智美好，这说明二者是不同等级的存在。既然理智和理智对象有着这样的区分，那么理智的理智活动自然也是不同于理智对象的。

四、认识论的差别

仅仅从术语上证明理念和神的区别还是不够的。如果理念本质上可以被还原为神，那么完全可以对这些术语做出其他解释。为此，有必要进一步在理论上证明理念具有独立于神的地位。我将首先从认识论的角度进行解释，证明理念和神在人类的认识中发挥着不同的功能。这个角度之所以具有一定可取性，是因为柏拉图有个著名说法："知识关于（ἐπὶ）存在，无知必然关于非存在。"（*Rep.* 477a10-11）[①] 柏拉图这里的逻辑在于，认识与对象具有对

---

① 柏拉图的文本根据牛津古代文本（Oxford Classical Texts）的希腊文译出。此处的文本出自Platonis, *Rempublicam*, Oxford: Oxford University Press, 2003。

应关系，认识可以根据对象得到区分。阿尔基努斯同样采取了这样的思路，他说："因为一些理智对象是第一的，比如理念（ἰδέαι）；另一些是第二的，比如在质料中与质料不可分离的形式（εἴδη）。所以，理智活动也将有两种，一种属于第一理智对象，另一种属于第二理智对象。"（*Did.* 4.7）理智对象具有两种，所以理智活动相应地也具有两种。因为对象与能力具有对应的关系，所以从认识的性质推论对象的性质是一个合法的思路。

在阿尔基努斯的认识论中，理念和神发挥的功能是不同的。理念是人类可以认识的理智对象，阿尔基努斯说："涉及理智对象的是知识（ἐπιστήμη）和知识理性（ἐπιστημονικὸς λόγος），而涉及感知对象的是意见理性和意见。"（*Did.* 4.3）如果知识理性对于人类是可能的，那么把握理念也就是可能的。Franco Trabattoni 认为，阿尔基努斯论证了知识理性是可能的。首先，灵魂已经在出生之前就学会了所有知识的本原；其次，知识的本原即使在灵魂进入身体之后也保持活动，灵魂能够找到它们。[①] 依据柏拉图的回忆说，人类的灵魂在进入身体之前已经获得了所有知识，只是进入身体之后忘却了而已。既然知识是由于身体而忘却的，那就可以通过排除身体的影响回忆起来。在阿尔基努斯看来，知识理性以超越身体的理智活动为本原："当我们说理智活动是知识理性的本原时，我们不是指现在说到的这个理智活动，而是当灵魂脱离身体时的那个理智活动。"（*Did.* 4.6）在这里有必要看一看阿尔基努斯对两种理智活动的划分：

> 理智活动是理智的活动，沉思第一理智对象。有两种理智活动，一种产生于灵魂进入身体之前自己沉思理智对象时，另一种产生于灵魂进入身体时。在这两者中，产生于灵魂进入身体之前的被称为严格的理智活动，当它进入身体，当时被称为理智活动的东西现在被称为自然概念（φυσικὴ ἔννοια），它是一种保存在灵魂中的理智活动。（*Did.* 4.6）

---

① Franco Trabattoni, "*Logos* and *noēsis* in Alcinous, *Didaskalikos* 4", *Phronesis*, Vol. 61, No. 1, 2016, p. 74.

阿尔基努斯区分了两种理智活动，一种是灵魂自身的理智活动，一种是化身灵魂（embodied soul）的理智活动。灵魂自身的理智活动正是知识理性的本原，它沉思的对象就是理念。灵魂在进入身体时，严格的理智活动没有消失，只是变成了自然概念——斯多亚派以此表示尚未被意识到的前见。[①]对于进入此世的灵魂来说，自然概念就是回到理念的门径。阿尔基努斯说："在柏拉图那里，自然概念既被称为'完全的知识'（ἐπιστήμη ἁπλῆ），也被称为'灵魂的羽毛'（πτέρωμα ψυχῆς），但偶尔也被称为'记忆'（μνήμη）。"[②]具有身体的人类当然很难达到严格的理智活动，如阿尔基努斯所说："因为人类充满了感知，所以即使他们试图理解理智对象，也会把感知对象作为范式，并经常想到体积、形状和颜色，所以不能纯粹把握理智对象。"（*Did.* 10.1）但是，只要摆脱了感知的限制，我们就能通过自然概念重新回到理念。实际上，哲学的功能就是引导灵魂重新回到理念。阿尔基努斯在《柏拉图教义旨归》的开篇说：

> 哲学是对智慧的欲求（ὄρεξις），或者是灵魂从身体的解放和转向，如果我们转向理智对象（νοητὰ）和真理（ἀλήθειαν）。而智慧是关于神和人的事情的知识。（*Did.* 1.1）

在阿尔基努斯看来，哲学的意义就是使人转向理念。如果一个人通过算术、几何、立体几何、天文、音乐这些学科（μαθήματα）从可见对象转向不可见对象（*Did.* 7.2-4），在此基础上运用辩证法这个"其他学科的护卫"上升到无条件的本原（*Did.* 7.5），那么就完全可以达到理念。阿尔基努斯虽然强调达到理念需要付出许多努力，但至少没有排除认识理念的可能性。

相比之下，神却是完全超越于人类认识的。理性虽然能够把握理念，但

---

① 埃提乌斯的证词："一些概念以上述方式自然而无意地（ἀνεπιτεχνήτως）产生……也被称为前见（προλήψεις）。"（*SVF* 2.83）参见 Hans von Arnim, *Stoicorum veterum fragmenta*, Vol. 2, Stuttgart: Teubner, 1964, p. 28。

② 三个修饰语分别来自《后分析篇》1b9-16；《斐德若篇》246e2；《斐德若篇》249c5、250a5。

在面对神时却会无能为力。阿尔基努斯说："然后必须谈谈第三个本原，柏拉图甚至认为它几乎是不可言说的。"（*Did.* 10.1）他接着说：

> 如前所述，他是不可言说的（ἄρρητος），只能通过理智来了解（ληπτός）。因为他既不是属（γένος），也不是种（εἶδος），也不是种差（διαφορά）。他也不是恶，因为这样说是不合法的。他也不是善，因为这样他就会通过分有某物即善而成为善。他也不是无种差的（ἀδιάφορον），因为这不符合我们对于他的概念。他也不是有限的（ποιόν），因为他没有性质，他的完成也不需要限定。他也不是无限的（ἄποιον），因为他没有被剥夺属于他的任何性质。他也不是某个事物的部分（μέρος τινός），也不是一个有部分的整体（ὅλον ἔχον τινὰ μέρη），也不是与任何事物相同或不同的事物。因为没有任何东西属于他，使他得以区分于其他事物。他既不运动（κινεῖ）也不被推动（κινεῖται）。（*Did.* 10.4）

阿尔基努斯认为神是不可言说的本原，善、恶、有限、无限、部分、整体、推动等概念都无法描述神。阿尔基努斯在 10.3 声称第一神是至善，这里又说神不能是善；同样，他在 10.2 声称第一神推动天界，这里又说神不运动。由此可以看出，美、善等修饰仅仅是我们赋予神的标签，并不构成神自身的本质。[①] 虽然 *Did.* 10.5-6 提到抽象、类比、美的阶梯是三种理解神的方式，但既然神本身是完全无法言说的，那么把握理念的理性（λόγος）也不可能把握神。如果神可以被把握，那也是通过不同于理性的能力——比如直觉。[②]

因此，理念和神在认识论中独立发挥着各自的作用。理念是理性可以把握的存在，所以担任人类认识的直接对象。阿尔基努斯说："因为出于自然的感知对象必须存在确定的范型即理念，知识和定义都由此产生。"（*Did.*

---

① Alcinous, *The Handbook of Platonism*, pp. 107-108.

② Marija Todorovska, "The Concept of God in Alcinous", *The Annual of the Faculty of Philosophy in Skopje*, 71, 2018, p. 96.

12.1）我们之所以有可能形成可靠的知识和定义，恰恰是因为我们可以认识理念。神虽然是一切真理的来源，但毕竟无法得到理性的把握。对于人的认识来说，神的作用并不是充当被理性把握的对象，而是保证理解者对于被理解者的理解。如同柏拉图在日喻之中描述的那样（*Rep.* 508a-509b），阿尔基努斯说："太阳对看和被看具有意义，因为尽管它不是视觉，但它仍然使得一个看到，另一个被看到；第一理智对于灵魂中的理解和被理解者（νοούμενα）也是如此。因为，尽管第一理智不是理智活动，但它保证了人能理解，理智对象能被理解，从而照亮了其中的真理。"（*Did.* 10.5）所谓第一理智就是神，神当然不是人的理智活动，但是能够保证人理解作为理智对象的理念。既然理念和神在认识论中发挥着截然不同的作用，那么它们也就是无法相互还原的存在。

需要补充的一点是，阿尔基努斯在 10.4 中对于神的描述也可以得到其他解释。Gerson 以 10.4 作为阿尔基努斯支持唯一本原的证据。Gerson 认为，阿尔基努斯这里诉诸《巴门尼德篇》的第一假设，以表明第一本原是绝对的单纯性，其中没有任何对立和区别。柏拉图在《巴门尼德篇》中这样描述"一"："它既非等同于自身也非等同于他物；既非区别于自身也非区别于他物。"（*Parm.* 139b4-5）[①] 在第一假设中，"一"既不等同于自身又不区别于自身；而在第二假设中，"一"既等同于自身又区别于自身。在 Gerson 看来，阿尔基努斯在这点上追随了柏拉图：阿尔基努斯认为第一本原既是绝对的"一"，又包含了无法还原的复杂性。[②] 然而，这个说法是十分可疑的。首先，阿尔基努斯使用的"第一本原"是复数形式："在上方从诸第一本原（τῶν πρώτων ἀρχόμενοι）开始，从它们向下考察宇宙的起源。"（*Did.* 8.1）这里阿尔基努斯模仿《蒂迈欧篇》的说法，提出研究的顺序是从本原到宇宙，而"第一本原"是复数的。Gerson 也许会说，这里的复数只是表示神自身的多元性。至于所谓的神之中包含着多元性，这根本用不着诉诸 10.4 进行论

① 根据牛津古代文本译出，此处的文本出自 John Burnet 编辑的 *Platonis Opera* 第 2 卷。

② Lloyd P. Gerson, *From Plato to Platonism*, pp. 200-201.

述。此前阿尔基努斯就已经明确表示：“他是神性、本质、真理、对称、美、善。但我这么说并不是说它们彼此分离，而是一即一切。”（*Did.* 10.3）在这里，阿尔基努斯已经表示了神自身的统一性和复杂性，不需要一定要诉诸否定神学的说法做出论证。因此，Gerson 以 10.4 支撑一元论解释是很可疑的。

五、理念的本体论地位

从以上讨论可以看出神和理念在认识论中的区别，但这是否足以证明理念具有本原的地位呢？毕竟，神和理念的认识论区别不必然蕴含本体论区别。完全可以设想，理念只是在认识论上才发挥独立功能，在本体论上依然是属于神的。[①]Gerson 认为，阿尔基努斯学说中的理念仅仅作为思想的对象才存在。[②]即使理念是理智对象，即使理念在认识论上发挥着独立的功能，它们也不一定具有本体论意义上的独立存在。那么，该如何进一步证明理念的本体论地位呢？

当讨论本原学说时，被谈论的本原是整个宇宙的本原。对于宇宙来说，理念具有独立的功能。阿尔基努斯说：“让我们谈谈本原和神学的信条，在上方从诸第一本原开始，从它们向下考察宇宙的起源。”（*Did.* 8.1）作为宇宙的本原，理念具有不同于神和质料的独特作用。阿尔基努斯说：“如果宇宙不是从自身生成，它就不仅来自某物，而且通过某物，还要依照某物。而除了理念之外，宇宙还能依照什么而生成呢？”（*Did.* 9.3）这里的介词短语都是专门术语：宇宙“来自”（ἐκ）的本原是质料，宇宙“通过”（ὑπο）的本原是神，宇宙“依照”（πρός）的本原是理念。神不是独自创造了世界，而是以质料作为材料、以理念作为原型。这里有必要重新看一下 Gerson 引用的埃

---

① 柏拉图本人是否认为不同认知严格对应不同存在，甚至这个问题都是有争议的。传统的学者相信知识和信念的对象是截然不同的，这被称为不同对象阐释（Distinct Objects interpretation）；一些新锐学者提出二者的对象不能被严格区分，这被称为重合阐释（Overlap interpretation）。参见 Jessica Moss, *Plato's Epistemology: Being and Seeming*, Oxford: Oxford University Press, 2021, pp. 16-18。

② Lloyd P. Gerson, *From Plato to Platonism*, pp. 199-200.

提乌斯的证词："神是宇宙的理智，质料是生成与毁灭的基质，理念是神的思想和印象之中的无形实体。"（*De placitis reliquiae* 288.2-6）① 在并举神、质料和理念的时候，埃提乌斯依然将理念视为神的思想，难怪 Gerson 认为这代表理念可以化约为神的思想。相比之下，阿尔基努斯在并举质料、神和理念的时候着重强调了三者发挥的不同功能。在阿尔基努斯看来，理念作为宇宙范型的存在绝不能被化约为创造世界的神，他说："宇宙作为最美丽的构造，应该通过神依照宇宙的某种理念即这个宇宙的范型进行创造。神通过使宇宙相似于理念进行创造，他已经以最美妙的神意和谨慎完善了它，因为他是善的。"（*Did.* 12.1）神不是随意创造了这个世界，而是依据美好的范型进行创世，而宇宙的范型就是理念。理念作为范型发挥的作用是无法被神取代的，神的功能恰恰是使得世界相似于理念。如果理念发挥着无法替代的功能，那么它们就具有独立的本体论地位。

但是，这个依据理念创造宇宙的神是不是最高的神呢？创造世界的无疑是《蒂迈欧篇》描述的匠神，但一些思想家认为匠神之上还有更高的神。一个著名例子就是努麦尼乌斯，他将最高神和匠神区分开来。② 这可能受到了亚里士多德的影响，因为他眼中的神是一个不动的推动者。阿尔基努斯似乎也将第一神描述为不动的推动者："第一神自身不动而对天界起作用，就像太阳在视力看向它时那样，就像自身不动的被欲求者推动了欲求。因此，这个理智推动了整个天界的理智。"（*Did.* 10.2）如果第一神是不动的推动者，那么依据理念创造世界的匠神就可能不是第一神。Armstrong 认为，阿尔基努斯对神的理解受到了亚里士多德的深刻影响，这体现在他对于第一理智的看法中。在阿尔基努斯的学说中有两种理智：第一理智创造和包含理念，仅仅思考它自己；天界理智指向第一理智。第一理智等于理智世界，天界理智等于匠神。③ 如果看着理念创世的其实是作为天界理智的匠神，那么依然无

---

① Hermannus Diels, *Doxographi Graeci*, p. 288.

② John Dillon, *The Middle Platonists 80 B.C. to A.D. 220*, pp. 372-376.

③ A. H. Armstrong, *The Architecture of the Intelligible Universe in the Philosophy of Plotinus: An Analytical and Historical Study*, Amsterdam: Adolf M. Hakkert, 1967, pp. 10-11.

法说明理念不依赖于最高神。

实际上，阿尔基努斯并没有区分第一神和匠神。从用语来看，θεός 的单数形式不仅用于第一神，而且可以无限定地指代匠神。例如“通过神（ὑπὸ τοῦ θεοῦ）依照宇宙的某种理念”（*Did.* 12.1）、“通过神（ὑπὸ τοῦ θεοῦ）带到秩序”（*Did.* 13.3），无论是语境（第 12—25 章属于探讨宇宙的物理学）[①]还是介词（上文提到的 ὑπό）都表示，这里所说的神就是创造宇宙的匠神。从理论来看，在讨论宇宙的起源时，阿尔基努斯说：“他从所有质料中创造了宇宙，因为在天界形成之前，它以无序和任意的方式运行。”（*Did.* 12.2）在匠神创世之前，只有毫无秩序的质料，根本就没有天界存在。那么，创造天界的匠神又怎么能等同于归属天界的天界理智呢？又说：“他将天界理智和宇宙灵魂引导向他自己和他自己的理智活动。他通过唤醒宇宙灵魂并将其转向自己，按照自己的意愿完成了一切，因为他是其理智的原因。”（*Did.* 10.3）匠神并不等于天界理智，反而是天界理智的引导者。从天界理智的方面来看，有学者指出天界理智就是世界灵魂的理智。[②]那么，当阿尔基努斯说“因为他是其理智的原因时”，就是在说匠神是天界理智的原因。这样，天界理智就更不可能是匠神了。因此，正是最高神发挥着匠神的功能。在这方面，Dillon 的观察是颇为准确的：在阿尔基努斯那里，《蒂迈欧篇》的匠神等同于《理想国》的至善，匠神就是最高的本原。[③]既然以理念为摹本创造世界的就

---

① 同样从语境来看，阿尔基努斯在神学部分（第 8—11 章）却没有使用过 δημιουργός 的称呼。Loenen 是这样解释的：阿尔基努斯仅仅将神视为不动的目的因，而非匠神那样的动力因；宇宙论部分才出现了 δημιουργός 和 δημιουργεῖν 这两个词，而这里是在复述《蒂迈欧篇》的神话，不代表阿尔基努斯本人的理论。参见 J. H. Loenen, “Albinus’ Metaphysics: An Attempt at Rehabilitation: I. The Inner Consistency and the Original Character of Albinus’ Interpretation of Plato”, *Mnemosyne*, Vol. 9, Fasc. 4, 1956, pp. 302-303。

② 对于天界理智和宇宙灵魂是不是两个东西，学界实际上存在一些争论。Giuseppe Invernizzi 注意到了阿尔基努斯在 10.3 的说法，认为这说明天界理智就是宇宙灵魂的理智。参见 Giuseppe Invernizzi, *Il Didaskalikos di Albino e il medioplatonismo: saggio di interpretazione storico-filosofica con introduzione e commento del Didaskalikos*, Vol. 2, Rome: Edizioni Abete, pp. 67-69。当然，Invernizzi 本人认为天界理智体现了《蒂迈欧篇》匠神的特征，参见 Giuseppe Invernizzi, *Il Didaskalikos di Albino e il medioplatonismo: saggio di interpretazione storico-filosofica con introduzione e commento del Didaskalikos*, 1976, p. 104。

③ Alcinous, *The Handbook of Platonism*, p. 106.

是第一神，那么理念在本体论上就获得了独立于神的地位。①

然而，还有一个问题需要解决。如果理念在本体论上独立于神，那么又该如何理解神的至高地位呢？考虑到后来的柏拉图主义者，这个问题就显得很重要了。努麦尼乌斯以区分至善和匠神而闻名。他之所以否认最高本原等于匠神，可能是担心理念分离于神：如果理智对象外在于理智，那么就会存在无限的本原。所以努麦尼乌斯相信，最高理智应该是完全的、纯粹的，包含一切理智对象于自身之中。②作为新柏拉图主义的开创者，普罗提诺完全否认了最高本原是理智。可能的原因在于，太一是绝对的完满，而理智之中毕竟包含了理智活动和理智对象的对立。普罗提诺说："思考的适当对象对于理智来说既是同一又是差异。"（*Ennead* V. 3. 10, 26-27）③在这里，普罗提诺表明理智必然具有主体和对象的二重性。④当然，努麦尼乌斯和普罗提诺毕竟是一元论者。作为三本原的支持者，阿尔基努斯并没有很强的义务证明理念和质料完全依靠于神。不过，神毕竟被视为最高存在，那么依然有必要说明神在何种意义上高于理念。

首先，理念是杂多的存在，神是统一的本原。理念总是以复数形式出现，神在任何情况下都是单数——除非是表示诸神。阿尔基努斯说：

> 第一神是永恒的、不可言说的（ἄρρητος）、自我完满的，即在任何方面无需求；总是完满的，即总是处于完满；完全完满的，即完全是完满的；他是神性（θειότης）、本质（οὐσιότης）、真理（ἀλήθεια）、对称（συμμετρία）、美（καλόν）、善（ἀγαθόν）。但我这么说并不是说它们彼

① 当然，关于阿尔基努斯究竟如何理解神，学界的讨论远比我在这里触及的丰富，实际上有诸多学者主张最高神在匠神之上。我这里无法展开更加具体的论证，更多的文献参见 George Boys-Stones, *Platonist Philosophy 80 BC to AD 250: An Introduction and Collection of Sources in Translation*, p. 164。

② Lloyd P. Gerson, *From Plato to Platonism*, pp. 216-217.

③ Plotinus, *Enneads V. 1-9*, with an English translation by A. H. Armstrong, Cambridge & Massachusetts: Harvard University Press, 1984, p. 106.

④ Eyjólfur Kjalar Emilsson, *Plotinus on Intellect*, Oxford: Oxford University Press, 2007, pp. 84-85.

此分离，而是一即一切。（*Did.* 10.3）

神是最完满的存在，其中的一切完美性质不分彼此。相比之下，“理念是每个事物是其所是的原因和本原”（*Did.* 12.1），所以必然是杂多的存在。

其次，理念和神可以具有生成论的关系。阿尔基努斯说：“他是真理，因为他是一切真理的源头，就像太阳是一切光的源头。”（*Did.* 10.3）作为最高的存在，神可以说是一切的源头，理念当然也不例外。也许可以从这个角度理解上文提到的这句话：“无论神是理智还是拥有理智活动，理智对象都会接近他，它们都是永恒的和不变的。”（*Did.* 9.3）“接近他”可能表示理念是由神生成的，神作为理智的思考可以产生理念。当然，就像 K. Pawlowski 提出的那样，尽管理念是神的产物，但当它们从神生成之后，就成了独立运作的事物，具有完全独立的本体地位（ontic status）。理念只是在生成上依赖于神，在本体上依然是独立的存在。①

六、理念范围的框定

通过以上的论述，基本可以看出神与理念在阿尔基努斯思想体系之中的不同了。然而，还有必要解释这样一个问题：阿尔基努斯为什么要采用“理念是神的思想”这样的描述呢？这当然有此前柏拉图主义传统的影响，但并不是每一个柏拉图主义者都接受“理念是神的思想”，至少不一定会明确表达这个说法。②如果阿尔基努斯直接拒绝这个说法，那么三本原学说岂不是能更加稳妥吗？实际上，已经有学者提出了类似的质疑。Tarrant 认为，将理念设定为神的思想，这没有什么哲学上的价值。理念在传统上扮演着形而上学的角色，但“理念是神的思想”对强化这一点没有任何帮助。从认识论的

---

① Kazimierz Pawłowski, “Aristotelian Motives in Middle Platonic Theology. Aristotelian Threads and Categories in the Theory of God in Alcinous’ *Didaskalikos*”, *Apeiron*, Vol. 56, No. 2, 2023, pp. 357-358.

② 例如，普鲁塔克没有明确表达过“理念是神的思想”，有学者认为他没有接受这个公式。相关讨论参见 John Dillon, “The Ideas as Thoughts of God”, *Études platoniciennes* 8, 2011, p. 40。

角度来看，“理念是神的思想”也会导致我们无法获得知识。① 既然如此，那么就有必要考察阿尔基努斯为何接受了“理念是神的思想”。对于当前的主题来说，最有必要考察的是这个说法对理念的地位有何贡献。

阿尔基努斯虽然接受了亚里士多德的诸多术语，但依然在柏拉图的理念和亚里士多德的形式之间做出了区分。对于理念和形式，阿尔基努斯做出了这样的区分：“因为一些理智对象是第一的，比如理念；另一些是第二的，比如在质料中与质料不可分离的形式。”（*Did.* 4.7）在阿尔基努斯的时代，这是一个常见的区分。例如，塞涅卡这样描述理念（*idea*）和形式（*idos*）的区别：“前者是摹本，而后者是来自摹本并进入作品的形状。”（*Epistles* 58）② 在阿尔基努斯看来，本原是自在的理念而不是质料中的形式。阿尔基努斯将理念提升到神的高度，正是为了表明理念具有超越形式的纯粹性：形式依存于质料，而理念具有独立的地位。

在《巴门尼德篇》中，巴门尼德和青年苏格拉底就理念的范围问题展开了讨论，苏格拉底认为，善、美、正义之类的价值原则具有理念，头发、泥土、污垢之类的卑贱事物没有理念。对于人、火、水等自然事物是否存在理念，青年苏格拉底则表示困惑。（*Parm.* 130b-d）阿尔基努斯这样解决这个问题：

> 理念被定义为根据自然的事物的永恒范型（παράδειγμα τῶν κατὰ φύσιν αἰώνιον）。因为柏拉图的大多数追随者都认为，既没有人工事物的理念，如盾牌或七弦琴；也没有违背自然的事物的理念，如发烧和霍乱；也没有个体的理念，如苏格拉底和柏拉图；也没有低级事物的理念，如污秽和稻草；也没有关系的理念，比如更大和更高。因为理念是神的永恒的、完美的理智活动。（*Did.* 9.2）

---

① Harold Tarrant, *Scepticism or Platonism: The Philosophy of the Fourth Academy*, p. 117.

② Seneca, *Ad Lucilium Epistulae Morales*, Vol. I, London: William Heinemann, 1918, p. 398.

阿尔基努斯接受了色诺克拉底的定义，即理念是“总是根据自然合成的事物的范型原因（αἰτίαν παραδειγματικὴν）”（fr. 30）[①]。在此基础上，阿尔基努斯做出了进一步解释。阿尔基努斯在这里澄清了理念的范围，否认人工事物、违背自然的事物、个体、低级事物和关系存在理念。违背自然的事物和低级事物不能拥有理念，这在《巴门尼德篇》中已经得到暗示。至于个体的问题，柏拉图说：“我们习惯于为许多事物设想一个理念。”（*Rep.* 596a 6-7）从这个“以一摄多”的原则来看，个体当然不可能拥有理念。柏拉图似乎承认关系的理念，但同样意识到关系的理念可能带来的问题。在《巴门尼德篇》中，巴门尼德对于青年苏格拉底就提出了这样的质疑：如果大的事物分有大的理念，那么大的事物就会比大的理念小；如果小的事物分有小的理念，小的理念就会比小的事物大。（*Parm.* 131c-e）不过，柏拉图似乎没有明确放弃关系的理念。至于人工事物，柏拉图似乎从未质疑它们存在理念，例如在《理想国》中他说制造的工匠需要“看着理念”（596b 5）。在其他诸多文本中，柏拉图都提到了人工事物的理念，同时没有证据表明柏拉图改变过相关观点，因此可以说柏拉图是承认人工事物的理念的。[②]根据阿佛洛狄西亚的亚历山大的记录，亚里士多德在《论理念》（*On Ideas*）中讨论了人工事物的理念：“那么，技艺的每个对象都会存在理念，而他们不希望这样。”（80. 8-9）[③]不清楚究竟是谁不希望人工事物存在理念，一个可能的候选人是色诺克拉底，因为他将理念定义为“总是根据自然合成的事物的范型原因（αἰτίαν παραδειγματικὴν）”。色诺克拉底似乎仅仅承认自然事物的理念，但考虑到“自然”在柏拉图那里是一个宽泛的概念，不一定与技艺对立，所以色诺克拉底不一定会排除人工事物的理念。[④]

---

① Richard Heinze, *Xenokrates Darstellung der Lehre*, Leipzig: Druck und Verlag von B. G. Teubner, 1892, p. 170.

② Harold Cherniss, *Aristotle's Criticism of Plato and the Academy*, Baltimore: The Johns Hopkins Press, 1944, pp. 244-245.

③ 译自 Gail Fine 收录的希腊文，参见 Gail Fine, *On Ideas: Aristotle's Criticism of Plato's Theory of Forms*, Oxford: Oxford University Press. 1993, p. 3。

④ Harold Cherniss, *Aristotle's Criticism of Plato and the Academy*, pp. 256-257.

理念的范围成为一个问题时，就有必要明确判断哪些事物属于理念了——这正是阿尔基努斯的任务。[①]那么，阿尔基努斯反对人工制品等事物存在理念的原因是什么呢？他给出的理由是“理念是神的永恒的、完美的理智活动”。因为理念是神的理智活动，所以一切相对的、低贱的、虚假的存在都不足以拥有理念。人工事物只是对于自然事物的虚假的摹仿，违背自然的事物是世界的缺陷，个体只是普遍性的例子，低级事物不具有价值，关系则停留于相对性。所以，如果理念是神的理智活动，那么所有这一切都不能拥有理念。只有那些符合自然的事物才能拥有理念。更准确地说，考虑到自然个体没有理念，所以只有自然种（natural species）拥有理念。[②]由此可见，阿尔基努斯之所以接受“理念是神的思想”，正是为了将理念定义为神圣的、完美的存在。这样一来，理念就能够摆脱那些价值低劣的事物，成为纯粹的本原。

七、结语

阿尔基努斯的本原学说受到了一些学者的质疑。阿尔基努斯一方面主张神、理念和质料的三本原学说，另一方面又将理念视为神的思想，这就使得理念的本原地位变得可疑了。然而，对于阿尔基努斯来说，理念绝不能被还原为神的思想。更精确地说，理念乃是理智对象而非理智活动。从认识论和本体论来看，理念是不同于神的独立存在。最后，阿尔基努斯以理念作为神的思想，其理论动机正是安立理念的位置。由此可见，理念在阿尔基努斯的学说中不能被还原为神的独立本原，他的三本原学说是一个融贯的体系。

---

① John Dillon, *The Heirs of Plato: A Study of the Old Academy (347–274 BC)*, Oxford: Oxford University Press, 2003, p. 120.

② 实际上，这也是中期柏拉图主义者广为接受的观点，参见 George Boys-Stones, *Platonist Philosophy 80 BC to AD 250: An Introduction and Collection of Sources in Translation*, p. 130。

参考文献

1. 古代文献

Alcinoos, *Enseignement des doctrines de Platon*, texte établi et commenté par John Whittaker, Paris: Les Belles Lettres, 1990.

Alcinous, *The Hand Book of Platonism*, translated by John Dillon, Oxford: Oxford University Press, 1993.

Alkinoos, *Didaskalikos*, Einleitung, Text, Ubersetzung und Anmerkungen von Orrin F. Summereil und Thomas Zimmer, Berlin: Walter de Gruyter, 2007.

Nicomachus of Gerasa, *Introduction to Arithmetic*, translated by Martin Luther D'Ooge, New York: The Macmillam Company, 1926.

Philo, Vol. II, with an English translation by F. H. Colson and G. H. Whitaker, Cambridge & Massachusetts & London: Harvard Univerity Press, 1929.

Platonis, *Opera*, Vol. 2, Oxford: Oxford University Press, 1901.

——, *Rempublicam*, Oxford: Oxford University Press, 2003.

Plotinus, *Enneads V. 1-9*, with an English translation by A. H. Armstrong, Cambridge & Massachusetts: Harvard University Press, 1984.

Plutarch, *Moralia*, Vol. 5, Cambridge & Massachusetts & London: Harvard University Press, 1936.

Procli, *in Platonis Timaeum commentaria*, Vol. 1, edited by E. Diehl, Leipzig: B. G. Teubneri, 1903.

Proclus, *Commentary on Plato's Timaeus, Volume II, Book 2: Proclus on the Causes of the Cosmos and its Creation*, Cambridge: Cambridge University Press, 2008.

Seneca, *Ad Lucilium Epistulae Morales*, Vol. I, London: William Heinemann, 1918.

Simplicius, *On Aristotle Physics 1.5-9*, translated by Han Baltussen, Michael Share, Michael Atkinson and Ian Mueller, London & New Delhi & New York & Sydney: Bloomsbury, 2012.

2. 现代文献

A. H. Armstrong, "The Background of the Doctrine 'That the Intelligibles are not Outside the Intellect'", *Entretiens sur l'Antiquité classique*, Band 5, 1960, pp. 391-413.

——, *The Architecture of the Intelligible Universe in the Philosophy of Plotinus: An Analytical and Historical Study*, Amsterdam: Adolf M. Hakkert, 1967.

Audrey N. M. Rich, "The Platonic Ideas as the Thoughts of God", *Mnemosyne*, Fourth Series, Vol. 7, Fasc. 2, 1954, pp. 123-133.

Eyjólfur Kjalar Emilsson, *Plotinus on Intellect*, Oxford: Oxford University Press, 2007.

Franco Trabattoni, "Logos and noēsis in Alcinous, *Didaskalikos* 4", *Phronesis*, Vol. 61, No. 1, 2016, pp. 60-81.

Gail Fine, *On Ideas: Aristotle's Criticism of Plato's Theory of Forms*, Oxford: Oxford University Press, 1993.

George Boys-Stones, *Platonist Philosophy 80 BC to AD 250: An Introduction and Collection of Sources in Translation*, Cambridge: Cambridge University Press, 2018.

Hans von Arnim, *Stoicorum veterum fragmenta*, Vol. 2, Stuttgart: Teubner, 1964.

Harold Cherniss, *Aristotle's Criticism of Plato and the Academy*, Baltimore: The Johns Hopkins Press, 1944.

Harold Tarrant, *Scepticism or Platonism: The Philosophy of the Fourth Academy*, Cambridge: Cambridge University Press, 1985.

Heinrich Dörrie, *Der Platonismus in der Antike*, Band 4, Stuttgart: frommann-holzboog.

Hermannus Diels, *Doxographi Graeci*, Berlin: Apud Walter de Gruyter et Socios, 1965.

Invernizzi Giuseppe, *Il Didaskalikos di Albino e il medioplatonismo: saggio di interpretazione storico-filosofica con introduzione e commento del Didaskalikos*,

Vol. 2, Rome: Edizioni Abete, 1976.

J. Freudenthal, "Der Platoniker Albinos und der falshce Alkinoos," *Hellenistische Studien* 3, 1897.

J. H. Loenen, "Albinus' Metaphysics: An Attempt at Rehabilitation: I. The Inner Consistency and the Original Character of Albinus' Interpretation of Plato", *Mnemosyne,* Vol. 9, Fasc. 4, 1956, pp. 296-319.

——, "Albinus' Metaphysics: An Attempt at Rehabilitation", *Mnemosyne*, Fourth Series, Vol. 10, Fasc. 1, 1957, pp. 35-56.

Jaap Mansfeld, "Gibt es Spuren von Theophrasts Phys. op. bei Cicero?" in *Cecero's Knowledge of the Peripatos*, edited by William W. Fortenbaugh and Peter Steinmetz, London & New York: Routledge, 2019, pp. 133-158.

Jessica Moss, *Plato's Epistemology: Being and Seeming*, Oxford: Oxford University Press, 2021.

John Dillon, *The Middle Platonists 80 B.C. to A.D. 220*, New York: Cornell University Press, 1996.

——, *The Heirs of Plato: A Study of the Old Academy (347–274 BC)*, Oxford: Oxford University Press, 2003.

——, "The Ideas as thoughts of God", *Études platoniciennes* 8, 2011, pp. 31-42.

John M. Rist, "The Neoplatonic One and Plato's *Parmenides*", *Transactions and Proceedings of the American Philological Association*, Vol. 93, 1962, pp. 389-401.

Kazimierz Pawłowski, "Aristotelian Motives in Middle Platonic Theology. Aristotelian Threads and Categories in the Theory of God in Alcinous' *Didaskalikos*", *Apeiron*, Vol. 56, No. 2, 2023, pp. 353-369.

Lloyd P. Gerson, *From Plato to Platonism*, New York: Cornell University Press, 2013.

Marija Todorovska, "The Concept of God in Alcinous", *The Annual of the Faculty of Philosophy in Skopje*, 71, 2018, pp. 91-102.

Philip Merlan, *From Platonism to Neoplatonism*, The Hague: Martinus Nijhoff,

1968.

R. W. Sharples, "Counting Plato's Principles", in *The Passionate Intellect: Essays on the Transformation of Classical Traditions*, edited by Lewis Ayres, New Brunswick & London: Transaction Publishers, 1995, pp. 67-82.

Richard Heinze, *Xenokrates Darstellung der Lehre*, Leipzig: Druck und Verlag von B. G. Teubner, 1892.

Tryggve Göransson, *Albinus, Alcinous, Arius Didymus*, Göteborg: Acta Univeritatis Gothoburgenis, 1995.

运动内在推动者的欲求—认知二象性*

李文琪**

内容提要：亚里士多德《论灵魂》中关于动物运动内在推动者的问题引起了解读上的争议。有学者认为欲求和实践认知中任何一个都是动物运动的内在推动者，也有学者认为欲求和实践认知共同作用才构成动物运动的内在推动者，还有学者认为只有欲求才是动物运动的内在推动者。本文认为这三种解读都不正确，因为它们都建立在一个错误预设上，即欲求活动和实践认知活动是两个不同的现实活动。本文辩护欲求活动和实践认知活动实际上是同一个活动，并在此基础上论证动物运动的内在推动者既是欲求活动也是实践认知活动——动物运动内在推动者具有欲求—认知二象性。本文解读不仅能解释为什么自制者和不自制者都经历欲望和实践理智的冲突，还能解释为什么同一个外在对象既是欲求对象也是实践认知对象，以及为什么它能作用于动物而产生具有统一性和同一性的内在推动者。

关键词：推动者　欲求　实践认知　不自制

---

* 感谢吴天岳、Ursula Coope、程炜、陈彦孚和郑中华多位师友阅读和点评本文不同版本，提高了本文的质量。本文中亚里士多德著作简写：《论灵魂》=*DA*，《论动物运动》=*MA*，《尼各马可伦理学》=*NE*，《欧德谟伦理学》=*EE*，《论题篇》=*Top.*，《修辞篇》=*Rhet.*，《政治学》=*Pol.*，《论梦》=*Insomn*，《论记忆》=*Mem.*，《后分析篇》=*Apo*。

** 李文琪，复旦大学哲学学院博士后。

一、导论

行动是人类生活的基本要素，任何事业的完成都始于行动。从实践活动的角度来看，我们通常在伦理学框架中研究和思考人类行动。然而，人类作为整个动物世界的一环，其行动也只是动物运动的一种特殊类型。比较研究动物运动和人类行动，不仅可以帮助我们理解动物整体如何运动，也能让我们更加清晰地把握人类行动的独特性。亚里士多德在《论灵魂》[①]和《论动物运动》[②]等著作中，将人类行动置于动物运动的框架下，特别关注了推动动物运动的内在机制。本文旨在从运动本体论角度，而非传统的行动伦理学视角，澄清并重构亚里士多德关于动物运动和人类行动的论述，并揭示他的论证在哲学上的重要意义。

在《论灵魂》III.9—III.11 以及《论动物运动》6—7 章中，亚里士多德讨论什么是动物运动的推动者（τὸ κινοῦν/mover）。动物运动既包括非理智动物的目的性运动，例如行走和觅食，也包括专属于人的行动，例如美德行动、恶德行动、自制行动和不自制行动。他提出了三种可能的推动者：（1）欲求能力（τὸ ὀρεκτικόν/faculty of desire）或欲求（ὄρεξις/desire）[③]是动物运动

① 本文《论灵魂》希腊文校勘本为 Aristotle, *De Anima: With Introduction and Commentary*, edited by W. D. Ross, Oxford: Clarendon Press, 1961。英译本为 Aristotle, *De Anima, with Translation, Introduction and Notes*, edited and translated by R. D. Hicks, Cambridge: Cambridge University Press, 1907; Aristotle, *De Anima: Books II and III with Passages from Book I, with Introduction and Commentary*, trans. by D. W. Hamlyn, Oxford: Clarendon Press, 1968/1993; Aristotle, *De Anima: With Introduction and Commentary*, trans. by C. Shields, Oxford: Oxford University Press, 2016; Aristotle, *De Anima: With Introduction and Notes*, trans. by C. D. C. Reeve, Indianapolis: Hackett Publishing Company, 2017; Aristotle, *On the Soul and Other Psychological Works, with an Introduction and Notes*, trans. by F. D. Miller, Oxford: Oxford University Press, 2018。中译本为亚里士多德：《论灵魂》，陈玮译，北京大学出版社 2021 年版；亚里士多德：《论灵魂》，秦典华译，载《亚里士多德全集》（第三卷），苗力田主编，中国人民大学出版社 1992 年版。

② 本文《论动物运动》依照的希腊文校勘本和英译本为：*Aristotle's De Motu Animalium: Symposium Aristelicum*, edited by C. Rapp and O. Primavesi, Oxford: Oxford University Press, 2020。

③ “欲求能力”或“欲求”是亚里士多德用于描述对某对象的倾向性态度的通用术语：当它被用来刻画非理智动物的倾向性态度时，指的是非理智动物的欲望（ἐπιθυμία/appetite），它与人的非理智欲望没有差别（*EE* II.8 1224a24-27，II.8 1224b22）；当它被用来描述人的倾向性态度时，既可以根据不同语境指人的愿望（βούλησις/wish）（*NE* I.2 1094a18-22）、意气（θυμός/spirit）（*DA* I.1 403a30-31）

的推动者（*DA* III. 10 433a21，III. 10 433b10-11；*MA* 7 701a35-36）；（2）实践认知（πρακτικός νοῦς/διάνοια πρακτική/practical cognition）[①]与欲求分别都是动物运动的推动者（*DA* III. 10 433a9-21；*MA* 6 700b17-18）；（3）欲求对象（τὸ ὀρεκτόν/object of desire）和认知对象（τὸ νοητόν/object of cognition）是动物运动的推动者（*MA* 6 700b23-24；*DA* III. 10 433a28-29，433b11）。[②]这三者并不相互排斥，而是都可以作为动物运动的推动者，尽管它们作为推动者的意义有所不同。一方面，欲求对象和认知对象是动物运动“不动的推动者”（τὸ ἀκίνητον κινοῦν/unmoved mover），它虽然被动物认知和欲求，自身却不被推动（*DA* III. 10 433b14）[③]；由于它位于动物之外，也被认为是动物运动的外在推动者。另一方面，欲求活动（ἡ ὄρεξις ἡ ἐνεργείᾳ/desire in activity）是欲求对象的作用下的欲求能力所产生运动，因而是动物运动的“被推动的推动者”（τὸ κινοῦν καὶ κινούμενον/the moved mover，*DA* III. 10 433b14-18；

（接上页）和欲望（DA III. 7 431a8-14，III. 9 433a6-9；*EE* II. 8 1224a24-27，1225a3）三种具体的欲求，也可以抽象地指对某对象的倾向性态度（*DA* I. 5 411a24-25，II. 3 414b2；III. 10 433a25-26；*MA* 6 700b22；*EE* II. 7 1223a24-27，1223b36-38；*EE* II. 8 1224a35）。因此，欲求是动物的推动者指的是欲望是非理智动物运动的推动者，而愿望、意气或欲望是人类行动的推动者。本文《尼各马可伦理学》希腊文校勘本为 Aristotle, *Ethica Nicomachea*, edited by I. Bywater, Oxford: Clarendon Press, 1894。本文《欧德谟伦理学》希腊文校勘本为 Aristotle, *Ethica Eudemia*, edited by C. J. Rowe, Oxford: Oxford University Press, 2023。

① “实践认知”指的是对快乐与痛苦、善与恶的区分，它有狭义和广义两种用法。狭义上，它特指人的实践理智，能对被认知对象做出“善”或“恶”的判断（*MA* 7 701a29-33），并且可以通过理性推理找到实现目的的手段（*NE* VI. 4 1140a1-4）。广义上，它泛指一切对快乐与痛苦、善与恶的区分能力，既包括人类实践理智，也包括对快乐和痛苦的感知以及想象，后两者不仅存在于人类灵魂中，也存在于非理智动物灵魂中（*DA* III. 9 432b16，III. 10 433a10，III. 11 434a5-8；*MA* 6 700b17-23）。在本文中，νοῦς 的广义用法翻译为“认知”，狭义用法翻译为“理智”。

② 在 *DA* III. 10 433b11 处亚里士多德并没有直接说欲求对象和“认知对象”（τὸ νοητόν/the object of cognition）是动物运动的推动者，而是说欲求对象“通过被思考或被想象”（τῷ νοηθῆναι ἢ φαντασθῆναι/by being thought or imagined）成为不动的推动者。当某对象 X 被思考或被想象时，那么 X 就是广义上的“认知对象”，因为思考和想象都是某种认知。因此，欲求对象和认知对象都是动物运动的推动者。

③ 关于欲求对象和认知对象是否是动物运动的不动的推动者存在争论。由于本文的焦点是动物运动的内在推动者而非动物运动的不动的推动者，本文不打算介入这一争论，相关讨论参见 S. S. Meyer, *Aristotle on Moral Responsibility: Character and Cause*, Oxford: Oxford University Press, 2011, pp. 155-159。

MA 10 703a4-6）；而由于欲求活动与实践认知活动在动物之内，它们也被视为是动物运动的内在推动者。

然而，亚里士多德关于动物运动的内在推动者究竟是什么的论述却带来不少解读上的疑惑。根据他对不自制行动和自制行动的讨论，似乎可以推出，欲求和实践认知任何一个都可以作为动物运动的内在推动者（*DA* III.10 433a9-12）。不自制者“依据欲望”（κατὰ τὴν ἐπιθυμίαν/in accord with appetite，*DA* III.9 433a3；*EE* II.7 1223a37）行动而“违背实践理智”（παρὰ τὸν λογισμόν/against rational calculation）（*EE* II.7 1223a37-1223b1；参见 *EE* II.8 1224a36）[①]，这似乎表明单独的欲望活动就是不自制行动的内在推动者。相反，自制者“违背欲望而依据实践理智”（παρὰ τὴν ἐπιθυμίαν κατὰ τὸν λογισμόν/against appetite and in accord with rational calculation）行动（*EE* II.7 1223b12-14；参见 *DA* III.9 433a7-8），这似乎说明单独的实践理智是自制行动的内在推动者。因为欲望是欲求的一个子类型，实践理智是一种实践认知（狭义的实践认知），所以欲求或实践认知在不同的情况下都能成为动物运动的内在推动者。然而，有学者反对这种理解，认为亚里士多德试图以不自制行动和自制行动的例子表明欲求和实践认知必须协同合作，才能共同构成动物运动的内在推动者。[②]她的理由是，亚里士多德在另一处指出，实践认知在缺少欲求的共同作用下无法推动自制者行动，并且欲求在缺少实践认知的共同作用下也无法推动不自制者行动（*DA* III.10 433a22-26）。还有一种观点认为，欲求

---

① 字面意义上，παρὰ τὸν λογισμόν 应该翻译为“违背理性计算”，但是在涉及不自制行动和自制行动时，理性计算（λογισμός/calculation）就是人的理性谋划（βούλευσις/deliberation），它是在寻找可以通过行动来实现目的之手段的理性活动，因而理解为“实践理智”。在 *NE* VI.2 1139a12-13 处亚里士多德说：“谋划和理性计算是等同的”（τὸ γὰρ βουλεύεσθαι καὶ λογίζεσθαι ταὐτόν）。

② 例如 J. Whiting 认为，不自制行动的例子表明实践理智无法推动不自制者行动，自制行动的例子表明欲望无法推动自制者行动，这都意味着单独的实践认知以及单独的欲求都无法推动动物运动，参见 J. Whiting, “Locomotive Soul: The Parts of Soul in Aristotle’s Scientific Works”, *Oxford Studies in Ancient Philosophy*, Vol. XXII, 2002, pp. 141-200, esp. p. 178; J. Whiting, “The Mover(s) of Rational Animals. De Anima III 11 in Context”, in *Aristote et l'âme humaine. Lectures de'Deanima'III offertes à Michel Crubellier*, edited by G. Guyomarc’h, et al., Leuven: Peeters Publishers Leuven, 2020, pp. 303-328, esp. p. 311。

是主要的内在推动者[①]，理由是，亚里士多德明确表明“推动者在形式上是一（εἴδει μὲν ἓν），即欲求能力，就其是欲求能力而言”（*DA* III. 10 433b 10-11）。

本文认为，上述三种关于动物运动内在推动者的看法都存在问题，因为它们共同预设欲求活动和实践认知活动是两个不同的活动。几乎所有学者都接受这一预设。[②]然而，本文将论证，亚里士多德并不认同这一广泛接受的预设，相反，他主张欲求活动和实践认知活动是同一个活动，本文称这一理论为欲求活动的“欲求—认知二象性”。根据这种解读，动物运动的内在推动者既是欲求活动也是实践认知活动，二者只是同一个活动的不同描述，而不是两个独立活动的综合。在不同类型的动物中，欲求活动和实践认知活动表现方式不同。在非理智动物中，欲求活动是欲望活动，而实践认知活动则是实践感知活动，欲求—认知活动表现为欲望—实践感知活动。在人类中，根据个体的具体品质和相应行动，欲求活动可能是欲望活动、愿望活动或意气活动，而实践认知活动可能是实践感知活动或实践理智活动，欲求—认知活动在不同状况下表现为欲望—实践感知活动、愿望—实践理智活动和意气—实践认知活动。这些欲求—实践认知活动可以在同一个人身上同时存在，这解释了为什么同一个人可能会有自制和不自制行动，以及美德和恶德行动。本文旨在阐明动物运动的内在推动者是欲求—实践认知活动，即具有欲求—认知二象性。

本文以快乐和痛苦的感知活动为基础，首先论证欲望活动具有欲求—认知二象性。第二节以《论灵魂》III. 7 431a 8-12 为核心文本，论证感知到快乐和痛苦与对快乐的欲望和对痛苦的躲避是共外延的活动。在此基础之上，第三节结合《论灵魂》III. 7 431a 12-14 的文本，进一步论证欲望活动不仅是对快乐的追求和对痛苦的躲避，同时也是对快乐和痛苦的感知活动，两者是同

---

① 参见 R. Polansky, *Aristotle's De Anima: A Critical Commentary*, Cambridge: Cambridge University Press, 2007, p. 517; J. Moss, “Thought and Imagination: Aristotle's Dual Process Psychology of Action”, in *Aristotle's On the Soul: A Critical Guide*, edited by C. Cohoe, Cambridge: Cambridge University Press, 2022, pp. 247-264, eps. p. 247。

② 例外参见 D. Charles, “Aristotle's Desire”, in *Mind and Modality: Studies in the History of Philosophy in Honour of Simo Knuuttila*, edited by V. Hirvonen, et al., Leiden and Boston: Brill, 2006, pp. 19-40。

一个活动。第四节通过分析《论灵魂》III.7 431a14-17的文本，并以欲望活动为类比，论证愿望（决定）活动同样具有欲求—认知二象性。第五节根据亚里士多德在《修辞学》[①]II.2中对愤怒的定义，论证意气活动也具有欲求—认知二象性。最后，结论部分将阐明本文所提议的欲求活动具有二象性的解读如何能解释动物运动的内在推动者既是欲求活动也是实践认知活动。本文还将指出，自制行动的内在推动者是愿望—实践理智活动，违背行动者的欲望—实践感知活动；不自制行动的内在推动者是欲望—实践感知活动，违背行动者的愿望—实践理智活动。这解释了为什么自制者和不自制者都会经历欲望和实践理智的冲突。本文所提倡的动物运动内在推动者具有欲求—认知活动二象性的意义在于，解释了为什么同一个外在的对象既是欲求对象也是实践认知对象，并能作用于动物产生具有统一性和同一性的内在推动者。

二、快乐与痛苦的感知活动

亚里士多德关于欲望活动等同于感知活动的论述出现在《论灵魂》III.7 431a8-14，该段文本可以分两个部分。第一部分（431a8-11）中，亚里士多德着重刻画了对快乐和痛苦的感知活动，指出这种感知活动与欲望活动具有相同的外延。第二部分（431a12-14）中，他进一步提出了一个更强的观点，论证感知快乐和痛苦的活动与欲望活动实际上是同一个活动。[②]本文将重点分析第一部分的内容，论证感知快乐和痛苦的活动与欲望活动是共外延的。

首先，让我们看看《论灵魂》431a8-11的文本：

---

① 本文《修辞学》希腊文校勘本为Aristotle, *Ars Rhetorica*, edited by W. D. Ross, Oxford: Clarendon Press, 1959。英译本为Aristotle, *Rhetoric, with Introduction and Notes*, trans. by C. D. C. Reeve, Indianapolis: Hackett Publishing Company, 2018。

② D. Charles认为亚里士多德在*DA* III.7 431a8-14不仅论证了感知活动与欲望活动是同一种活动，而且论证了它们是同一种能力。参见D. Charles, “Aristotle’s Desire”。本文认为尽管感知能力与欲望能力是两种本质不同的能力，它们在作用时却能产生同一个活动，在这个意义上，本文的观点比D. Charles的观点更弱。

【T1】那么，感知活动（τὸ αἰσθάνεσθαι）就像单纯地说话和思考；每当（ὅταν）【感知到的对象】是快乐或痛苦的，灵魂就追求或躲避它，就像做出肯定或否定一样。而感到快乐和痛苦（τὸ ἥδεσθαι καὶ λυπεῖσθαι），就是相对于好事物或坏事物（πρὸς τὸ ἀγαθὸν ἢ κακόν, ᾗ τοιαῦτα）的感知中道（τῇ αἰσθητικῇ μεσότητι）的现实活动（τὸ ἐνεργεῖν），就它们是如此【好的或坏的事物】而言的。[①]

在分析引文【T1】之前，我们需要首先明确对 τὸ αἰσθάνεσθαι 的理解，并确定“每当”（ὅταν）从句的主语。本文认为 τὸ αἰσθάνεσθαι 指的是感知活动。尽管亚里士多德有时也用这个词来指感知能力（*DA* II.5 417a11），但他更多时候用它指感知活动（*Apo*. 88a9-11；*DA* I.5 411a27，II.2 413b30-31，III.3 427a22，427a27，427b7；*NE* IX.9 1170a19，b9；*Insomn* 458b4）[②]，以区别于 τὸ αἰσθητικόν（指灵魂的感知能力或感知部分）（*DA* I.1 402b13）[③]。此外，“感到快乐和痛苦”也表明，τὸ αἰσθάνεσθαι 是感知活动而非感知能力，因为感到快乐和痛苦是“现实活动”。由于亚里士多德认为感知对象也具有潜在和现实活动（ἐνέργεια）的两种意义，既可以是潜在的可感对象，也可以是在感知活动中被现实化的对象（*DA* II.5 417a13-14），并且此处讨论的是感知活动，因此本文认为 ὅταν 从句省略的主语是“感知到的对象”（the perceived

---

① 译文为我自译，参考了陈玮译本，第217页。

② 本文《前分析篇》和《后分析篇》的希腊文校勘本为 Aristotle, *Analytica Priora et Posteriora*, edited by W. D. Ross, Oxford: Clarendon Press, 1964。本文《论梦》和《论记忆》的希腊文校勘本来自 Aristotle, *Parva Naturalia: A Revised Text with Introduction and Commentary*, edited by W. D. Ross, Oxford: Clarendon Press, 1955。关于 τὸ αἰσθάνεσθαι 翻译为“感知”（sensation/perception），参见 R. D. Hicks, op. cit., p. 141；秦典华，前引文献，第81页；C. Shields，op. cit., p. 63；陈玮，前引文献，第217页。把它翻译为“感知活动”（perceiving），见 W. D. Ross, op. cit., 1961, p. 301; Hamlyn, op. cit., p. 63; J. Whiting, op. cit., 2002, p. 154；D. Charles, op. cit., p. 19; C. D. C. Reeve, op. cit., 2017, p. 57; J. Miller, op. cit., 2018, p. 59。

③ 正如 Whiting 所指出的，亚里士多德把以“τικόν”为后缀的词在不同的语境中指灵魂的能力或指灵魂的部分（J. Whiting, op. cit., 2002, pp. 142-143）。例如，τὸ αἰσθητικόν 既可以指感知能力又可以指感知部分，τὸ ὀρεκτικὸν 既可以指欲求能力又可以指欲求部分，τὸ νοητικόν 既可以指理智能力也可以指理智部分。

object)。[①] 因此，ὅταν 从句的意思是：只要感知到对象带来快乐，灵魂就会追求它；同理，只要感知到对象带来痛苦，那么灵魂就会躲避它。

紧接着，亚里士多德为“感到快乐或痛苦”这一现实活动添加了两个额外的限定条件：（a）该现实活动涉及“感知中道”；（b）这种感知中道是相对于好或坏的事物，就其是好或坏的而言的。亚里士多德对感知中道的论述在学界引发了很多讨论[②]，本文只需指出，感知中道是能够认知感知对立端的能力（*DA* II.11 424a4-5），它在感知活动中接受感知对象的形式，而不接受其质料（*DA* II.11 424a1-2，参见 *DA* II.5 416b33）。限定条件（b）强调了对快乐和痛苦感知的特殊性，我们把对快乐和痛苦的感知活动称为“实践感知”。条件（b）不仅表明感知快乐和痛苦活动不同于一般的感知活动，因为一般的感知活动并不涉及好的或坏的事物的感知中道的现实活动；还表明它不同于针对好或坏的事物的判断的中道现实活动——美德的行动。美德的行动是符合实践理智对某物是好或是坏的判断的中道活动（*NE* II.6 1106b30-1107a9）。[③]

该如何理解亚里士多德做出的限定呢？存在两种可能的解释。（I）在【T1】中，所谓的感知中道是“相对于好的或坏的事物，就它们是如此【好的或坏的】而言的”，可以被理解为一种客观外延性关系——感知者（动物或人）与潜在感知对象之间存在着一种外部的、客观的好或坏的关系，它并非依赖于感知者的主观感知，而是基于对象本身的性质。[④]（II）另一种解释则认为，所谓感知中道是“相对于好的或坏的事物，就它们是如此【好的或

---

① 相似观点见 J. Whiting, op. cit., 2002, p. 154, p. 173, n. 41; D. Charles, op. cit., p. 19; C. D. C. Reeve, op. cit., 2017, p. 57；陈玮，前引文献，第 217 页。也有学者认为补全的主语是“某物或对象”（the object），参见 R. D. Hicks, op. cit., p. 141; W. D. Ross, op. cit., 1961, p. 301; D. W. Hamlyn, op. cit., p. 63；秦典华，前引文献，第 81 页；C. Shields, op. cit., p. 63; J. Miller, op. cit., p. 59。

② T. J. Slakey, “Aristotle on Sense Perception”, *The Philosophical Review*, 70(4), 1961, pp. 470-484; R. Grasso, “Blind-Spots in Aristotle’s Doctrine of the Perceptual Mean”, *Apeiron*, 53(3), 2020, pp. 257-284.

③ 尽管在 *NE* 中表示中道的词是 τὸ μέσον，但在 *DA* II.11 424a6 处，亚里士多德也用 τὸ μέσον 和 ἡ μεσότης 表达同一个意思，相关讨论见 Polansky, op. cit., p. 333, n. 17。

④ K. Corcilius, “Aristotle’s Definition of Non-Rational Pleasure and Pain and Desire”, in *Aristotle’s Nicomachean Ethics: A Critical Guide*, edited by J. Miller, Cambridge: Cambridge University Press, 2011, pp. 117-143, esp. 124-126; K. Corcilius, “*De Anima* III 7: The Actuality Principle and the Triggering of Mental Episodes”, in *Aristote et l’âme humaine. Lectures de’Deanima’III offertes à Michel Crubellier*, edited by G. Guyomarc’h, et al., Leuven: Peeters Publishers Leuven, 2020, pp. 185-220, esp. 200-201.

坏的】而言的”，指的是一种主观内涵性关系，它所指涉的是感知者把感知到的对象“看作”是好的或坏的，也就是说，对象的好或坏是基于感知者的主观感知。①

我认为途径（II）的主观内涵性解读更可取。途径（I）所强调的外延性解读无法解释一种常见现象：感知者感受到的快乐并不总是有助于其本性的延续或保存，甚至在一些情况下感知对象带来的快乐反而对感知者有害。例如，放纵者经常从自己的放纵行动中感受到快乐，但是这种放纵并不有助于他们本性的延续或保存（见 *NE* III. 11 1118b25 ff.，1119a11 ff.）。而相比之下，途径（II）强调的是感知者自己与感知对象之间的主观关联，这种关联由感知者自身决定。这也可以解释为什么同一个感知对象会被不同的感知者感知为快乐或痛苦。此外，途径（II）的解读也与我们之前对“感知对象本身是快乐或痛苦的”还是“感知到的对象是快乐或痛苦的”的分析是一致的。

途径（II）的主观内涵性解读还有一个特点，它并不要求感知快乐或痛苦者把感知到的对象“判断为是好的或是坏的”，而仅仅要求它把感知到的对象“看成好的或坏的”。因此，亚里士多德在引文【T1】中讨论的感知到快乐或痛苦的活动，以及追求感知到快乐对象或躲避感知到痛苦对象的活动，就与形成命题性判断的活动无关。感知能力和活动是所有动物共同具备的，而形成命题性判断的能力和活动则是人类理智特有的。因此，此处所讨论的“追求或躲避对象的活动”就是欲望活动。在人类中，欲望表现为非理智的欲求，而在非人类动物中，则是它唯一的欲求类型（*DA* II. 3 414b2-6）。

经过深入分析引文【T1】，我们可以得出以下结论：首先，亚里士多德在 *DA* III. 7 431a8-11 所讨论的感知活动，并非所有类型的感知活动，而是特指对快乐和痛苦的感知活动，因为这种活动和价值（即“好”或“坏”）的认知密切相关；其次，感知到快乐的活动与欲望追求感知到的快乐对象的活动在外延上是相同的，感知到痛苦的活动与欲望躲避感知到的痛苦对象的活

① H. S. Richardson, “Desire and the Good in De Anima”, in *Essays on Aristotle's De Anima*, edited by M. C. Nussbaum and A. O. Rorty, Oxford: Clarendon Press, 1992, pp. 381-399, esp. 394-395; J. Whiting, op. cit., 2002, pp. 173-174; D. Charles, op. cit., pp. 27-29.

动也在外延上是一致的。①

三、欲望具有欲求—认知二象性

本文认为亚里士多德不仅试图论证欲望活动与对快乐和痛苦的认知活动是共外延的，他还意在论证这两者在数量上实际上是同一个活动。通过分析引文【T2】，我们可以重构出这个论证。

> 【T2】而厌恶（ἡ φυγὴ）和欲求（ἡ ὄρεξις），就其作为现实活动而言，其实是同一的（ταὐτό），且【灵魂的】欲求部分（τὸ ὀρεκτικόν）与躲避部分（τὸ φευκτικόν）彼此没有区别，与【灵魂的】感知部分也（τοῦ αἰσθητικοῦ）没有区别；不过本质（τὸ εἶναι）则是不同的。②

正如前文所述，引文【T1】讨论的追求和躲避感知到的对象是欲望的活动。基于同样的理由，引文【T2】中的厌恶与欲求活动也是欲望活动，这也就是亚里士多德认为厌恶和欲望活动是同一个（ταὐτό）活动的原因。需要注意 τὸ ὀρεκτικόν 在 *DA* 中既可以指灵魂的欲求能力，也可以指灵魂的欲求部分，此处把它理解为欲求能力还是欲求部分会影响引文【T2】论证的有效性。如果此处 τὸ ὀρεκτικόν 指欲求能力（在此语境中特指欲望能力），τὸ φευκτικόν 指躲避能力，并且 τοῦ αἰσθητικοῦ 指感知能力，那么则有三个等同：

（1）躲避的现实活动和欲望的现实活动是同一个活动。

（2）躲避能力和欲望能力是同一种能力。

---

① 有学者认为在引文【T1】中，亚里士多德试图论证的是动物如何运动的三阶段因果序列：该序列开始于感知对象作为一种现实性被动物感知到，通过感知，动物产生快乐，而通过快乐，动物产生欲望，见 K. Corcilius, op. cit., 2011, p. 123; K. Corcilius, op. cit., 2020, pp. 200-201; K. Corcilius and P. Gregoric, "Aristotle's Model of Animal Motion", *Phronesis*, 58(1), 2013, pp. 52-97, esp. 62。然而，正如下一节分析所示，这种三阶段的因果解读未能很好处理 *DA* III. 7 431a 12-14 的文本。

② *DA* III. 7 431a 12-14；译文来自陈玮，前引文献，第 217 页，有部分改动。

（3）欲望能力和感知能力是同一种能力。

我们不难发现论题（1）和论题（2）都是成立的。[①] 躲避活动和欲望活动都是欲望能力的现实化，就同一个能力的现实化而言，躲避活动也就是欲望活动，它们的差别只在于欲望内容不同。例如，我避免吃糖果就相当于我想要不吃糖果，“不吃糖果”是“吃糖果”的否定，但想要不吃糖果和想要吃糖果却都是欲求活动。然而，学者们对论题（3）却存在不少质疑。[②] 我们不容易理解欲望能力与感知能力是同一种能力，这不仅是因为一些感知活动不是欲望活动，比如感知到球的形状并不是对球的欲望，也因为亚里士多德明确表明欲望和感知的本质（τὸ εἶναι）不同。[③] 面对论题（3）难以成立的困难，学者们也做出了多种尝试以辩护论题（3）某种变体的合理性。例如，K. Corcilius 持有一种感知还原论的立场，认为感知能力等同于欲望能力是因为，首先，感知能力是欲望能力和躲避能力的基底（substrate），而正是因为感知能力的基底作用，感知能力和欲望能力才是同一的。[④] 其次，感知能力作为同一个基底还解释了为什么欲望能力等同于躲避能力，而这个共同的基底能力有助于动物保存其自然。[⑤]

另一种思路则认为引文【T2】中 τὸ ὀρεκτικόν 指“欲求部分”而非“欲求能力”，相应地，τὸ φευκτικόν 指的是躲避部分，τοῦ αἰσθητικοῦ 指的是感知部分。[⑥] 如果把“欲求部分”改为“欲望部分”，则本文认同这个提议。因为这并没有强调感知能力与欲望能力是同一种能力，而这与欲望和感知的本质

---

① 参见 C. D. C. Reeve, op. cit., 2017, pp. 171-172，n. 383。此外，D. W. Hamlyn 认为论题（1）所说的是，欲求 A 和躲避 B 是同一个活动，因此现实的欲求活动和现实的躲避活动是同一个现实活动。参见 D. W. Hamlyn, op. cit., p. 146。而 K. Corcilius 则认为欲求和躲避作为一种能力是同一的，是因为它们都是具有灵魂的事物的自然能力，它朝向有利于动物的好，躲避不利于动物的坏，其目的都是维持动物的本性（自然）。参见 K. Corcilius, op. cit., 2011, pp. 133-134。

② 参见 W. D. Ross, op. cit., 1961, p. 304; C. Shileds, op. cit., pp. 337-338。

③ 参见 J. Whiting, op. cit., 2002, p. 145。

④ 参见 K. Corcilius, op. cit., 2011, p. 134。

⑤ 参见 K. Corcilius and P. Gregoric, op. cit., p. 64。

⑥ 参见 J. Whiting, op. cit., 2002, pp. 159-160。

不同的论述相容。如果 τὸ ὀρεκτικόν 指欲望部分，那么引文【T2】并没有得出论题（2）和论题（3）中的等同，而仅仅得出了论题（2*）和论题（3*）中的等同：

（2*）灵魂躲避部分和欲望部分是同一个部分。

（3*）灵魂欲望部分和感知部分是同一个部分。

论题（2*）与论题（3*）不要求欲望能力等同于感知能力，仅仅认为它们共属于灵魂的同一个部分，它拥有不同的能力，包括欲望的能力、感知的能力和感知想象能力。①

共同属于灵魂的同一个部分使得欲望能力和感知能力可以拥有同一个现实活动。根据第二节的分析，引文【T1】中所讨论的感知并非一般任意类型的感知活动，而仅仅是对快乐与痛苦的感知活动，由于引文【T2】紧接着引文【T1】，也可以推出引文【T2】中所说的感知能力并非指一般意义上的感知能力，而仅仅是对快乐和痛苦的感知能力。结合上文对引文【T1】的分析和论题（1）的有效性，可以推出论题（4）②：

（4）欲望的现实活动与感知痛苦或感知快乐的现实活动是同一个活动。

---

① 这个观点和 J. Whiting, op. cit., 2002 的观点有些相似，但比她的观点更弱。她认为亚里士多德在《论灵魂》III.7431a8-14 处论证了感知能力、欲求能力（包括欲望、意气和愿望）与想象能力（包括感知的想象和谋划的想象）属于灵魂的同一个部分——“位移运动灵魂”（locomotive soul）。本文观点与她的观点有三处不同：第一，本文认为亚里士多德把感知等同于欲望仅限制在对快乐和痛苦的感知；第二，本文认为对快乐和痛苦的感知活动也等同于欲望的活动；第三，本文仅仅认为感知快乐和痛苦的能力与欲望能力属于灵魂的同一个部分——非理智欲求部分，而不认为一般意义上的感知能力与一般意义上的欲求能力属于灵魂的同一个部分。本文的论证不依靠灵魂存在一个位移运动的部分。

② D. Charles 辩护了一个更强的观点：“存在一种类型的【现实】活动，它可以不同地被描述为把 A 感知为快乐的或痛苦的，快乐或痛苦地被 A 所作用（affected），以及追求或躲避 A。” D. Charles, op. cit., p. 21. 然而，Whiting 则反对感知活动和欲望活动是同一个活动，参见 J. Whiting, op. cit., 2002, pp. 157-158。

论题（4）表明来自灵魂同一个部分的两种不同的能力可以在一次运行中产生同一个现实活动。这具体表现为，尽管感知快乐和痛苦的能力本质上不同于欲望能力，但它们的现实活动——感知到快乐或痛苦对象与欲望或躲避它——是同一个现实活动。感知到快乐对象和欲望快乐对象，是对同一个现实活动的两种描述；感知到痛苦对象和躲避痛苦对象，是对同一个现实活动的两种描述。这也就是说，当一个感知者（非理智动物或人）把某对象X感知为快乐，她/他也就对X产生欲望；类似地，当一个感知者把某对象X感知为痛苦，她/他也就对X产生躲避的欲望。

因此，引文【T2】不仅支持了引文【T1】的观点，即欲望的现实活动与对快乐或痛苦的感知活动在外延上是相同的，还进一步证明了欲望活动不仅仅是对对象的趋向活动，它也是对对象的快乐感知活动。换句话说，欲望活动是一种“欲望—实践感知活动”，表现出欲求与认知的双重性质。然而，我们也需要注意，欲望具有欲求—认知二象性并不能拓展到所有类型的感知活动，而仅仅适用于对快乐和痛苦的感知活动。这意味着，尽管所有的欲望活动都是感知活动，因此也是一种认知活动，但并非所有的感知和认知活动都是欲望活动。

四、愿望活动具有认知—欲求二象性

亚里士多德不仅指出欲望活动具有欲求—认知二象性，他认为理智欲求活动（即愿望或决定）[①] 也同样具备这一特性。不过，他所提供的关于理智欲求活动的论证较为简练，因为它是建立在对欲望活动的类比论证之上的。

【T3】不过对于理智灵魂来说，想象内容（τὰ φαντάσματα）的作用

① 决定（προάιρεσις/decision）也是理智灵魂的欲求活动，因为亚里士多德认为它是“思想的欲求”（ὄρεξις διανοητική，*NE* VI.2 1139b4-5）。我认为决定也是一种特殊类型的愿望，具体的论证超出了本文的范围，我会在另一篇文章论证该观点的有效性。

> 类似于感知内容（τὰ αἰσθήματα）。当它肯定或否定【某对象】是好的或坏的，它就给予追求或躲避。这就是为什么灵魂从来不脱离想象产物思考。①

此处表明，灵魂的理智欲求活动与灵魂的欲望—感知活动存在强烈的类比关系：想象内容类比于感知内容，而"实践判断"（判断某对象为好或坏）类比于"实践感知"（对快乐和痛苦的感知活动）。值得注意的是，感知内容自身也是某种"感知对象"（τὸ αἰσθητόν，*Insomn* 460b3），但与外部感知对象不同：外部感知对象是有质料的，而感知内容是外部感知对象作用于感知能力在感知活动中产生的中间物，是感知对象无质料的形式（*DA* II.12 424a18-19；III.2 425b23-24）。因此，感知内容是感知活动的桥梁，连接了感知能力和外部感知对象。同样地，想象内容在理智认知与欲求活动中也发挥类似作用。前文已经论证，当感知到的对象是快乐或痛苦的，即当灵魂通过感知内容的桥梁作用把外部感知对象感知为快乐或痛苦的，它就追求或躲避该对象。感知内容是感知对象被灵魂把握到的形式，是灵魂认知和欲望外部感知对象的桥梁——灵魂通过感知内容感知外部感知对象，产生追求或躲避该外部感知对象的欲望。对于理智灵魂而言，想象内容也有类似的桥梁作用，借助于它，理智灵魂认知并且欲求理智对象，即灵魂"判断"对象X是好的——该"实践判断"就是灵魂的实践理智活动，并且"理智欲求"对象X。

想象内容的桥梁作用在【T4】*DA* III.7 431b2-5中更加明显。② 让我们看一下这段文本：

> 【T4】能思者（τὸ νοητικόν）在想象内容（τοῖς φαντάσμασι）中思考

① *DA* III.7 431a14-17；译文为我自译，参考了陈玮，前引文献，第217—219页。

② 有学者认为这段文本是紧接着【T3】的文本，而431a18-b1则是插入的文本，参见D. W. Hamlym, op. cit., p. 147; C. Shields, op. cit., p. 340。本文认同这种看法。

> 形式（τὰ εἴδη），就如追求的对象和躲避的对象在那些（ἐκείνοις）【按：形式】中为了他【按：能思者】而被区分，而即使在没有感知的情况下（ἐκτὸς τῆς αἰσθήσεως），每当【他】在处理想象内容，【他】就被推动了。（译文为我自译）

此处，“能思者”（τὸ νοητικόν）是 νοῦς（理智认知）的狭义用法，特指灵魂理智部分的认知能力。在重构论证之前，我们需要明晰 ἐκείνοις（那些）所指的内容。有学者认为它与“没有感知的情况下”形成对比，指的是在引文【T1】中所讨论的感知活动。[①]另一些学者则将其与“想象内容”（τοῖς φαντάσμασι）对比，认为它指的是形式。[②]然而，即便要在义理上强调 ἐκείνοις 与没有感知的情况形成对比，也不必认为它仅仅指的是【T1】中提到的实践感知和欲望活动。如果我们将 ἐκείνοις 理解为形式，这种对比同样成立。这里所谓的“形式”指的就是感知对象——追求和躲避的对象——脱离质料的形式，它既可以是外部感知对象作用于感知者而产生的感知内容（τὰ αἰσθήματα），也可以是能思者在想象产物中把握的形式。而“在没有感知的情况下”这一表述的作用是，具体说明能思者在缺乏直接感知的情况下，如何在想象内容中把握形式。而“每当【他】在处理想象内容，【他】就被推动了”，是对 ἐκείνοις 指代形式的第二种情况的推进。

在引文【T4】中，亚里士多德为我们提供了能思者被推动的两种方式：一种方式与感知相关，另一种方式和想象内容相关。当能思者看到移动的灯火A时，就认知到A是来自敌人的（*DA* III.7 431b5-6）[③]，同时他也就产生了快乐或痛苦的感受，即产生了对抗或躲避的欲望。把A认知为敌人从而产生快乐或痛苦的感受，产生对抗或躲避的欲望，实际上是对同一个活动的不同描述。能思者“处理想象内容”的方式，就是在想象内容中对当前没有直接

① 参见 R. D. Hicks, op. cit., p. 143; C. D. C. Reeve, op. cit., 2017, p. 57; 陈玮，前引文献，第219页。

② 参见 D. W. Hamlyn, op. cit., p. 148; D. Charles, op. cit., p. 30。

③ 有学者认为即使在这种情况下，认识到灯火A是来自敌人的也需要想象内容参与，参见 K. Corcilius, op. cit., 2020, p. 209。

感知到的对象做出好或坏的判断（*DA* III.7 431b6-10）。想象内容充当能思者把握那些未直接感知到的对象的桥梁。尽管这些对象是理智对象，但在有的情况下，它们也可以与感知对象重合。例如，未来的健康是能思者的思考对象，但它在外延上也指向某个人未来的身体状况，因此也可以成为感知对象。然而，在另外一些情况下，能思者的判断认知和实践感知认知却可以不同。例如，当实践感知因敌人出现而引发痛苦和躲避的欲望时，能思者仍然可以判断对抗敌人是好的，躲避敌人是坏的，并且产生留下来对抗敌人的愿望或决定。

现在让我们把注意力集中在引文【T3】的第二个类比：感知到快乐和痛苦类比于理智对某事物做出好坏的判断。理智灵魂对某事物X做出肯定判断（即认为它是好的），类似于感知能力感知到快乐；理智灵魂对某事物X做出否定判断（即认为它是坏的），则类似于感知能力感知到痛苦。根据前面对引文【T1】的分析，感知到快乐和追求快乐的对象是共外延的现实活动，我们可以推出：把某物X判断为好的与理智地欲求该物X是共外延的现实活动。

虽然引文【T3】不像引文【T2】那样明确论证了判断某物X是好的与理智地欲求该物X是同一个活动，但我们仍然可以认为亚里士多德会同意这种观点。引文【T1】、【T2】与【T3】之间的文本是连贯的（431a8-17），它们共同讨论实践认知（包括实践感知和实践理智）和欲求（包括欲望和愿望或决定）之间的关系。引文【T1】以“τὸ μὲν”开头（*DA* III.7 431a8），讨论了感知快乐和痛苦与欲望的关系，而引文【T3】则以“τῇ δὲ”开头（*DA* III.7 431a14），讨论了实践判断与理智欲求之间的关系。为了避免重复，亚里士多德没有必要直接写出理智欲求与实践判断等同的论证，而是通过类比，指出理智灵魂中的想象内容与感知灵魂中的感知内容存在相似性，并借此类比做出推论。引文【T2】已经论证了论题（4）“欲望的现实活动与感知痛苦或感知快乐的现实活动是同一个活动”，基于类比论证，他同意可以在引文【T3】中论证论题（5）：

（5）实践理智（ὁ πρακτικός νοῦς）[①] 对事物X是好或坏的判断活动，与理智欲求该事物X的活动，是同一个活动。

由于愿望是理智的欲求（*DA* III. 9 432a5，III. 10 433a22-25；*Top*. 126a13；例外见 *Pol*. 1334b22-23）[②]，论题（5）可以被进一步推导为论题（6）：

（6）实践理智对事物X是好或坏的判断活动，与愿望该事物X的活动，是同一个活动。

论题（6）关于好的事物和愿望的关联，可以得到其他文本的支持。亚里士多德多次强调愿望是对好的事物的欲求："愿望是对善好的欲求"（ἡ βούλησις ὄρεξις ἀγαθοῦ；*Top*. VI. 8 146b36-37，参见 147a8-9），"愿望是对善好的欲求（因为没有人会愿望某事物除非认为它是好的）"（ἔστιν δ' ἡ μὲν βούλησις ἀγαθοῦ ὄρεξις [οὐδεὶς γὰρ βούλεται ἀλλ' ἢ ὅτανοἰηθῇ εἶναι ἀγαθόν]；*Rhet*. II. 13 1369a2-4）。

如果上述分析成立，那么我们成功论证了愿望活动具有欲求—认知二象性：愿望作为一种活动，既是对好事物的欲求活动，也是对某事物是好的肯定判断，理智欲求活动与实践判断活动是对同一个活动的不同描述，都是实践理智活动。

五、意气具有欲求—认知二象性

尽管亚里士多德关于意气活动（θυμός）的讨论远不及他对欲望和愿望的讨论深入，但我们仍可以从现有的少量文本中重构出，意气活动，和欲望活

① 此处为 ὁ πρακτικός νοῦς 的狭义用法，特指实践理智，而不包括实践感知。

② 本文《论题篇》希腊文校勘本来自 Aristotle, *Topica et Sophistici Elenchi*, edited by W. D. Ross, Oxford: Clarendon Press, 1958。《政治学》希腊文校勘本为 Aristotle, *Politica*, edited by W. D. Ross, Oxford: Oxford University Press, 1957。

动与愿望活动一样，都具有欲求—认知二象性。

亚里士多德经常将意气与愤怒（ὀργὴ）交替使用。例如，在《欧德谟伦理学》中他写道："符合愿望的事物比符合欲望和意气（θυμόν）的事物更是自愿的，【该观点的】证明就是：我们自愿地做很多行动而不伴随着愤怒（ὀργῆς）和欲望"（*EE* II.7 1223b26-28，译文为我自译）。该文本比较了符合愿望的事物与符合非理智欲求的事物哪个更属于自愿的行动。在前一句中，他把欲望和意气作为一个整体与愿望对比，而在后一句中则用欲望和愤怒与愿望对比，这说明他认为愤怒就是意气的活动。再如，在《修辞学》中："愤怒（ὀργὴ）和欲望是非理智的欲求，所以人们所做的所有的事情必然出于七个原因：出于运气，出于自然，出于外力，出于习惯，出于理性计算，出于意气（διὰ θυμόν），或出于欲望"（*Rhet.* I.10 1369a4-7，本文《修辞学》中的引文都为我自译）。这段文本更明显地突出亚里士多德认为愤怒就是意气的活动。

此外，即使在没有直接把意气和愤怒等同的文本中，我们也可以发现亚里士多德倾向于认为意气就是愤怒。他认为愤怒和意气具有相同的结果："但报复出自于意气和愤怒"（*Rhet.* I.10 1369b11-12）。此外，他还断言意气伴随着快乐，因为它涉及报复的希望（*EE* III.1 1229b31-32）。而这一点与他在《修辞学》II.2 中对愤怒的刻画一致："愤怒必须总是包含着某种快乐——它来自于希望（ἀπὸ τῆς ἐλπίδος）报复"（*Rhet.* II.2 1378a35-1378b1）[①]。因此，本文以愤怒作为意气的活动来分析它的性质。

亚里士多德在《修辞学》II.2 对愤怒的定义，为我们提供了判断愤怒是否具有欲求—认知二象性的依据。

【T5】把愤怒定义为，由于（διὰ）他或他的朋友受到不当的显现的轻视（φαινομένην ὀλιγωρίαν）而产生的伴随着痛苦的、想要显现的报复

---

① 相关讨论，参见 G. Pearson, *Aristotle on Desire*, Cambridge: Cambridge University Press, 2012, p. 133ff.。

（τιμωρίας φαινομένης）的欲求。（*Rhet*. II. 2 1378a30-32）

这个定义清楚地展示了愤怒是一种欲求活动，其定义有三个构成要素：（1）愤怒主体感受到轻视；（2）伴随着痛苦；（3）欲求报复。亚里士多德认为这三个要素对于愤怒活动而言都是必要的，也就是说，当一个人在愤怒，她/他必然感受到被轻视、经历着痛苦并且欲求报复轻视者。①

然而，这三者之间的关系还需进一步探讨。亚里士多德似乎认为，感受到轻视导致被轻视者产生报复的欲求，这意味着欲求报复是愤怒者认知到被轻视的结果（*Top*. VIII. 1 156a32-33）。值得注意的是，亚里士多德在定义愤怒时特别强调了愤怒者的主观认知感受。②愤怒的原因并非客观上的轻视，而是愤怒者主观上感受到的轻视。“显现的轻视”意味着，引起报复欲的轻视是向愤怒者显现为如此的。即使某人A客观上轻视了另外一个人B或B的朋友，如果B自身没有主观上感受到这种轻视，B也不会对A产生报复欲。同样，愤怒者想要的报复也首要的是她/他自己所认知到的报复——“显现的报复”。只有当某个伤害被认知为对轻视者的报复时，它才真正构成报复。即使B因为另一人A轻视了她/他而做了某件伤害A的事情E，如果B并没有认知到E对A造成了伤害，或E会对A造成伤害，那E也就不构成B对A的报复。③因此，“显现的轻视”和“显现的报复”都表明，在愤怒的活动中认知是报复欲不可或缺的要素。认知到被轻视是产生报复欲的原因，而认知到某行为构成报复则是**报复欲求**活动本身。

在引文【T5】中，亚里士多德仅仅指出报复欲伴随着痛苦（μετὰ λύπης），但并未明确说明二者之间的因果关系。但他在《论题篇》IV.5中认为感知到痛苦是产生愤怒的原因：“当愤怒者感受到痛苦，痛苦在愤怒之

---

① 他也意识到有人可能会反对这个关于愤怒的定义，认为欲求报复并非愤怒的必要条件，因为孩子会对父母愤怒但不会欲求报复他们。他的回应是，只要孩子因为父母感到愤怒，她/他也具有报复父母的欲求，只是她/他寻求的报复是让他们感到疼痛或歉意，并不具有非常大的摧毁性（*Top*. VIII. 1 156a34-156b3）。

② 参见 C. D. C. Reeve, op. cit. 2018, pp. 251-252。

③ 但这并不意味着，B没有对A造成伤害，伤害是客观的，但报复具有主观因素。

前就已经在他身上了；因为愤怒不是他感到痛苦的原因，而他感到痛苦是他愤怒的原因”（*Top*. IV.5 125b32-34，译文为我自译）。这里揭示了愤怒者感知到痛苦和他感知到轻视之间可能存在两种关系：第一，愤怒者感受到被轻视就是他感受到痛苦，两者是对同一个活动的不同描述；第二，愤怒者感受到痛苦是因为他感受到被轻视，两者是两个不同的活动，且后者（感受到被轻视）是感受到痛苦的原因。我认为第一种理解更为合理，因为除了引文【T5】中提到痛苦之外，亚里士多德在其他关于愤怒的定义的文本中并未特别提到痛苦的角色。①

因此，依据引文【T5】，可以得出以下结论：（a）愤怒是一种报复欲，其产生原因是愤怒者感受到轻视；（b）感受到轻视与感受到痛苦实际上是同一个活动的不同表达；（c）报复欲就是愤怒者想要通过某行动给轻视者带来痛苦，并且相信该行动能造成轻视者痛苦。这三点表明，轻视与痛苦并非愤怒的构成要素，而仅仅是愤怒活动产生的原因。从这些推论可以看出，愤怒是具有欲求和认知二象性的活动：一方面，愤怒者欲求给轻视者带来痛苦，另一方面，愤怒者相信他的行为能够给轻视者带来痛苦，欲求通过某种行为让轻视者痛苦，与相信该行为能达到此目的，实际上是同一活动的不同描述。

六、结论

本文论证了欲求活动具有欲求—认知二象性，一方面欲求活动表现为朝向对象的倾向性，另一方面它是对欲求对象的实践认知活动。换句话说，在欲求活动中，欲求者不仅把某对象认知为可欲求的，同时也欲求该对象，这两个方面是对同一个现实活动的不同刻画。实践认知活动和欲求活动也存在不同层次和表现方式。在实践感知—欲望活动中，实践认知活动表现为对与感知相关的快乐和痛苦的感知，与之对应的欲求活动则是欲望活动。对快乐

---

① 他在 *Top*. VIII.1 156a32-33 处给关于愤怒的定义就是“由看似的轻视导致的报复欲”。

与痛苦的感知活动和欲望活动是同一个活动，这类活动既存在于非理智动物身上，也存在于人类身上。在实践理智—愿望（或决定）活动中，实践认知活动表现为对事物是好或是坏的判断（即实践理智活动），与之对应的欲求活动是愿望活动（或决定），即把某对象判断为行动目的或实现目的的手段。实践理智把某对象判断为好或坏的活动，就是愿望把该对象作为目的的活动，或决定视其为实现目的之手段的活动。这类活动只有人才拥有，非理智动物则无法共享。而在涉及意气的活动中，愤怒既表现为对轻视者的报复欲求活动，也是相信某行为构成对轻视者的报复（即一种对某行为构成报复的认知活动），且该报复欲求活动和认知活动是同一个活动的不同表达。不过，目前仍不清楚与愤怒相关的实践认知属于灵魂哪个部分的认知能力的活动，这有待于进一步研究。

既然实践认知活动和欲求活动是同一个活动，那么动物运动的内在推动者则既是实践认知活动也是欲求活动，这并非两者的结合，而仅仅是同一个活动。这解释了为什么亚里士多德在不同语境下有时强调欲求活动为动物运动的推动者，有时则强调实践认知活动。就非理智动物而言，当它看到可食对象 A，并感知到 A 会带来快乐时，其认知活动就是感受到快乐，同时它也产生了对 A 的欲望，感受到快乐和产生欲望是同一个活动。对象 A 是非理智动物运动的不动推动者，也是它运动的外在推动者，而对 A 的快乐和痛苦的感知—欲望活动则是它运动的内在推动者。这类欲望—实践感知活动同样也发生在人类身上，是人类行动的内在推动者之一。然而，人类行动的内在推动者比非理智动物运动的内在推动者更加复杂，它不仅包括欲望—实践感知活动，也包括愤怒活动以及愿望—实践理智活动。这种复杂性体现在人类既能进行美德行动和恶德行动，也能进行有自制行动和不自制行动。

自制者和不自制者在行动时都拥有两种不同的欲求—实践认知活动，都经历了欲望活动与理智活动的冲突，但是推动他们行动的内在推动者不同。自制者既拥有以欲望能力和感知能力为基础的欲望—实践感知活动，也拥有以愿望能力和实践理智能力为基础的愿望—实践理智活动，但是她/他行动的内在推动者是愿望—实践理智活动而非欲望—实践感知活动。在行动时，尽管存在理智和欲望的冲突，自制者的愿望—实践理智活动“战胜”了她/他的欲望—实践感知活动。因此，亚里士多德认为欲望—实践感知活动不是自制行动的内在推动者，从而也排除了欲望活动作为所有动物运动的内在推动者。与自制者类似，不自制者也存在理智和欲望的冲突，既拥有欲望—实践感知活动也拥有愿望—实践理智活动。但与自制者不同，不自制行动的内在推动者是欲望—实践感知活动而非愿望—理智实践活动。在行动时，不自制的欲望—实践认知活动“奴役”了她/他的愿望—实践理智活动。这就是为什么亚里士多德否定了愿望—实践理智活动作为不自制行动的内在推动者，进而否定愿望—实践理智活动是所有动物运动的内在推动者。但自制行动和不自制行动的例子并没有排除欲求—实践认知活动是所有动物运动的内在推动者，它只说明了欲求—实践认知活动作为不同类型动物运动和人类行动的内在推动者具有不同的表现方式：欲望—实践认知活动和愿望—实践理智活动分别在不同状况下推动动物运动。

亚里士多德认为动物运动的内在推动者具有欲求—实践认知二象性的观点在哲学上也具有重要意义。这一观点揭示了非理智动物运动和人类行动推动者的本质结构，搭建了外在不动推动者与内在被推动者之间的桥梁，让我们更好地理解外在不动推动者如何统一地推动动物运动：外在不动推动者——它既是欲求能力的对象也是认知能力的对象——作用于动物灵魂，产生了具有欲求—实践认知二象性的活动（包括欲望—实践感知活动、愿望—实践理智活动和愤怒活动），推动着动物运动。动物运动的内在推动者具有欲求—实践认知二象性，解释了欲求活动与实践认知活动为何总是无法分离，因为它们本身就是灵魂中同一个现实的活动。

参考文献

1. 亚里士多德原始文献

亚里士多德：《论灵魂》，陈玮译，北京大学出版社 2021 年版。

亚里士多德：《论灵魂》，秦典华译，载《亚里士多德全集》（第三卷），苗力田主编，中国人民大学出版社 1992 年版。

Aristotle, *Ethica Nicomachea*, edited by I. Bywater, Oxford: Clarendon Press, 1984.

Aristotle, *De Anima: Books II and III with Passages from Book I, with Introduction and Commentary*, trans. by D. W. Hamlyn, Oxford: Clarendon Press, 1968/1993.

Aristotle, *De Anima: with Translation, Introduction and Notes*, edited by R. D. Hicks, Cambridge: Cambridge University Press, 1907.

Aristotle, *On the Soul and Other Psychological Works, with an Introduction and Notes*, trans. by F. D. Miller, Oxford: Oxford University Press, 2018.

Aristotle, *De Motu Animalium: Symposium Aristelicum*, edited by C. Rapp and O. Primavesi, Oxford: Oxford University Press, 2020.

Aristotle, *De Anima: With Introduction and Notes*, trans. by C. D. C. Reeve, Indianapolis: Hackett Publishing Company, 2017.

Aristotle, *Rhetoric: With Introduction and Notes*, trans. by C. D. C. Reeve, Indianapolis: Hackett Publishing Company, 2018.

Aristotle, *Parva Naturalia: A Revised Text with Introduction and Commentary*, edited by W. D. Ross, Oxford: Clarendon Press, 1955.

Aristotle, *Politica*, edited by W. D. Ross, Oxford: Clarendon Press, 1957.

Aristotle, *Topica et Sophistici Elenchi*, edited by W. D. Ross, Oxford: Clarendon Press, 1958.

Aristotle, *Ars Rhetorica*, edited by W. D. Ross, Oxford: Clarendon Press, 1959.

Aristotle, *De Anima: With Introduction and Commentary*, edited by W. D. Ross, Oxford: Clarendon Press, 1961.

Aristotle, *Analytica Priora et Posteriora*, edited by W. D. Ross, Oxford: Clarendon Press, 1964.

Aristotle, *Ethica Eudemia*, edited by C. J. Rowe, Oxford: Oxford University Press, 2023.

Aristotle, *De Anima: With Introduction and Commentary*, trans. by C. Shields, Oxford: Oxford University Press, 2016.

2. 当代研究文献

D. Charles, "Aristotle's Desire", in *Mind and Modality: Studies in the History of Philosophy in Honour of Simo Knuuttila*, edited by V. Hirvonen, T. J. Holopainen, and M. Tuominen, Leiden and Boston: Brill, 2006, pp. 19-40.

K. Corcilius, "Aristotle's Definition of Non-Rational Pleasure and Pain and Desire", in *Aristotle's Nicomachean Ethics: A Critical Guide*, edited by J. Miller, Cambridge: Cambridge University Press, 2011, pp. 117-143.

K. Corcilius, "*De Anima* III 7: The Actuality Principle and the Triggering of Mental Episodes", in *Aristote et l'âme humaine. Lectures de'De anima'III offertes à Michel Crubellier*, edited by G. Guyomarc'h, C. Louguet, and C. Murgier, Leuven: Peeters Publishers Leuven, 2020, pp. 185-220.

K. Corcilius and P. Gregoric, "Aristotle's Model of Animal Motion", *Phronesis*, *58*(1), 2013, pp. 52-97.

R. Grasso, "Blind-Spots in Aristotle's Doctrine of the Perceptual Mean", *Apeiron*, 53(3), 2020, pp. 257-284.

S. S. Meyer, *Aristotle on Moral Responsibility: Character and Cause*. Oxford: Oxford University Press, 2021.

J. Moss, "Thought and Imagination: Aristotle's Dual Process Psychology of Action", in *Aristotle's On the Soul: A Critical Guide,* edited by C. Cohoe, Cambridge: Cambridge University Press, 2022, pp. 247-264.

G. Pearson, *Aristotle on Desire*, Cambridge: Cambridge University Press, 2012.

R. Polansky, *Aristotle's De Anima: A Critical Commentary*, Cambridge: Cambridge University Press, 2007.

H. S. Richardson, "Desire and the Good in *De Anima*", in *Essays on Aristotle's De Anima*, edited by M. C. Nussbaum and A. O. Rorty, Oxford: Clarendon Press, 1992, pp. 381-399.

T. J. Slakey, "Aristotle on Sense Perception", *The Philosophical Review*, 70(4), 1961, pp. 470-484.

J. Whiting, "Locomotive Soul: The Parts of Soul in Aristotle's Scientific Works", *Oxford Studies in Ancient Philosophy*, 22, 2002, pp. 141-200.

J. Whiting, "The Mover(s) of Rational Animals. *De Anima* III 11 in Context.", in *Aristote et l'âme humaine. Lectures de'De anima'III offertes à Michel Crubellier*, edited by G. Guyomarc'h, C. Louguet, and C. Murgier, Leuven: Peeters Publishers Leuven, 2020, pp. 303-328.

阿奎那论良知的错误判断*

吴天岳 **

内容提要：良知可能出错，然而出错的良知对于行动者来说似乎仍然有束缚力，违背自己良知的错误判断本身很可能在道德上也是错误的，与此同时，按照良知的错误判断行事似乎也同样会受到谴责。如何理解这一错误良知的双重束缚悖论对于任何良知理论都是挑战。本文重构阿奎那的相关理论反思，首先考察良知如何在实践三段论的推演中犯错，阐明阿奎那如何论证良知的错误判断仍然具有道德约束力。过往的研究未能充分意识到，良知之所以具有道德约束力，是因为它所依赖的行动者的主观实践判断与自然法的客观权威之间具有内在关联。同时，我将根据阿奎那有关良知判断（*iudicium conscientiae*）与自由决定的判断（*iudicium liberi arbitrii*）的区分说明，与良知相关的判断是认知性的。阿奎那的相关分析将帮助我们精确地理解良知所具有的道德约束力的根源和限度，同时说明在什么意义上我们可以宽容良知的错误判断而不堕入道德相对主义的陷阱。

---

* 本研究得到 2022 年度教育部人文社会科学重点研究基地重大项目“西方哲学中的自我与主体性研究”（22JJD 720003）资助。An earlier version of this paper was published as Tianyue Wu, “Aquinas on Wrong Judgments of Conscience”, *Res Philosophica*, 99 (2022), pp. 275-296.

** 吴天岳，比利时鲁汶大学哲学博士，现为北京大学外国哲学研究所研究员。

关键词：良知　良心　自由决定　实践三段论　宗教宽容

良知有多种面孔，很难以分析的方式被概念化。在部分哲学家看来，它代表一个客观的价值体系，源自上帝这样的外部存在，以权威的方式支配我们的道德判断①；而在另一部分哲学家眼中，它只是一个人自我的声音，一种主观偏好，与任何实质性的道德主张无关②。无论人们如何理解良知，对于那些在道德生活中严肃对待这一概念的人来说，良知的判断被认为是他们最真实的道德承诺；与此同时，他们大多也会坦率地承认，这些道德判断可能犯错，因为它们可能导致应受谴责的行为。③

有关良知的这两种不同直觉对任何力求融贯的良知理论都提出了一系列挑战：（1）用什么标准来评估良知判断的真假？它们是通过符合特定的道德事实而在客观上得到证明，还是仅仅通过一个人自己的道德信念体系的自洽来得到辩护？（2）错误良知可能导致道德两难困境：遵循错误的良知判断显然是错误的，但忽视作为道德权威的良知的召唤可能同样是错误的，这构成所谓错误良知的双重束缚悖论④。（3）错误良知现象也与良知自由密切相关：在道德和宗教问题上，我们应该基于什么理由以及在何种程度上容忍良知的

---

① William Lyons, "Conscience – An Essay in Moral Psychology", *Philosophy* 84 (2009), pp. 477-494.

② Alberto Giubilini, "Conscience", *The Stanford Encyclopedia of Philosophy* (Summer 2022 Edition), Edward N. Zalta (ed.), https://plato.stanford.edu/archives/sum2022/entries/conscience/(Retrieved 2023.7.8).

③ 即使是声称“错误的良知是一种谬论”的康德，也承认人可以“在客观判断某事是否是一种责任时犯错”（*Metaphysik der Sitten*, A 38），转引自 Werner Wolbert, "Problems concerning Erroneous Conscience", *Studia Theologica* 50 (1996), pp. 165-166。

④ 12 世纪的神学家们已经注意到良知的瑕疵造成的道德困境，13 世纪中叶则有更为系统的论述，见 Odon Lottin, *Psychologie et morale aux XIIe et XIIIe siècles*, Tome II. *Problèmes de morale*, Louvain: Abbaye du Mont César, 1948, pp. 353-354。相关历史论述，参见 M. V. Dougherty, *Moral Dilemmas in Medieval Thought: From Gratian to Aquinas*, Cambridge: Cambridge University Press, 2011, pp. 118-122, 147-167, esp. 118, n. 16。当代哲学讨论，见 Aurel Kolnai, "Erroneous Conscience", *Proceedings of the Aristotelian Society* 58 (1957-1958), pp. 171-198; Jonathan Bennett, "The Conscience of Huckleberry Finn", *Philosophy* 49 (1974), pp. 123-134; Donagan 1977, 131-138; G. E. M. Anscombe, "Must One Obey One's Conscience?" in *Human Life, Action and Ethics*, edited by Mary Geach and Luke Gormally, Charlottesville, VA: Imprint Academic, 2005, pp. 237-242。

错误判断？[①]

有鉴于此，阿奎那关于错误良知的论述至少看起来很有吸引力：一方面，他将道德良知与自然法理论联系起来，以此确立道德判断和推理的独立标准，进而为良知道德权威的客观性辩护。另一方面，阿奎那坚持错误良知的道德约束力，声称违背良知判断的行为在道德上总是错的，无论这些判断是对是错（例如ST, I-II, q. 19, a. 5; DV, q. 17, a. 5, ad.g. ST, I-II, q. 19, a. 5; DV, q. 17, a. 5, ad 4）。[②] 因为一个人的良知和行动之间的不和谐有可能破坏道德主体的整全性，而这被认为是良好的道德行动的必要条件。

在部分现代研究者看来，阿奎那强调良知的权威和主观整全性，似乎揭示了错误良知双重束缚悖论的解决方案：一个人应该按照他认为正确的道德判断行事。至少，这样做似乎无可指责。我将其称为“主观主义进路”，在它看来，错误的良知判断是可以容忍的，因为我们应当保护行动者在道德问题上遵循良知的自由。[③]

---

① 例如，Wolbert 曾质疑错误的良知是否可以为女巫审判或希特勒及其追随者的罪行辩护，见 Werner Wolbert, “Problems Concerning Erroneous Conscience”, *Studia Theologica* 50 (1996), p. 168。相关书目，见 Jean-Luc Solère, “From Invincible Ignorance to Tolerance: Arriaga, Vázquez, and Bayle”, in *Summistae: The Commentary Tradition on Thomas Aquinas' Summa Theologiae from the 15th to the 17th Centuries*, edited by Lidia Lanza and Marco Toste, Leuven: Leuven University Press, 2021, pp. 315-337。

② 值得注意的是，阿奎那在这些文本中直接谈论的是意愿不服从错误理性（ratio errans）的现象，而非违背良知的错误判断行事。然而，这里的“理性”指实践理性，特别是作为道德推理结论的良知判断。正如阿奎那在这些语境中明确指出的那样，与理性相悖的意愿实际上是不服从良知命令的意愿。除非另有说明，以下所有阿奎那的引文都是我自己翻译的，原文见 https://www.corpusthomisticum.org。我使用以下缩写，包括卷（罗马数字）、分部（d.）、题（q.）和条（a.）或讲座编号（n.）。

In Rom. = *Lectura super Epistolam B. Pauli ad Romanos*《保罗〈罗马书〉评注》
In Sent. = *Scriptum super libros Sententiarum*《〈箴言集〉评注》
QDV = *Quaestiones disputatae de veritate*《论真理》
QQ = *Quaestiones quodlibetales*《即席问答》
SLE = *Sententia libri Ethicorum*《〈伦理学〉评注》
ST = *Summa theologiae*《神学大全》

③ Michael G. Baylor, *Action and Person: Conscience in Late Scholasticism and the Young Luther*, Leiden: E. J. Brill, 1977, pp.29-69; Richard Schenk, “Perplexus Supposito Quodam: Notizen Zu Einem Vergessenen Schlüsselbegriff Thomanischer Gewissenslehre”, *Recherches De Théologie Ancienne Et Médiévale* 57 (1990), pp. 62-95; Richard Sorabji, *Moral Conscience through the Ages: Fifth Century BCE to the Present*, Oxford: Oxford University Press, 2014, pp. 69-70.

与这种对良知中道德主体整全性的强调相反，更传统的解释倾向于强调阿奎那良知理论的客观层面，或可称作“客观主义进路”。作为一种道德规范，良知的约束力并不来自本身，而来自其所依据的神圣诫命、自然法或其他客观道德原则。它也因此强化了错误良知产生的双重束缚：一方面，遵循良知的错误判断显然是错误的，因为它违背了客观的道德原则；另一方面，不遵循良知的错误判断同样是错误的，因为它在形式上（*formaliter*）蔑视神的律法或自己的基本道德原则。尤其是当行动者有义务并且能够摆脱良知的错误时，这种两难处境就更为明显。根据这种良知约束力的客观性理论，只有当良知的错误判断源于某种不可战胜的无知，或者说行动者没有义务或不能克服这种无知时，他才能得以免责。①

以上两种解释倾向都有各自的危险：主观主义进路可能会以道德相对主义为代价来捍卫良知的完整性，而客观主义进路则倾向于某种道德教条主义。与这两种思路不同，本文在重建阿奎那关于错误良知的论述时，试图在道德相对主义和教条主义之间寻找第三条路径。②

本文第一节将分析良知如何通过实践三段论来做出判断。在将良知刻画为某种实践谋划的过程的同时，第二节试图说明，阿奎那对错误良知的约束力来源的解释比通常所认为的要复杂，它突出了行动者的良知主观整全性与

① Odon Lottin, *Psychologie et morale aux XIIe et XIIIe siècles*, Tome II; Xavier G. Clavechio, *Erroneous Conscience and Obligations*, Washington, D. C.: The Catholic University of America Press, 1961; Timothy C. Potts, *Conscience in Medieval Philosophy*, Cambridge: Cambridge University Press, 1980; Douglas C. Langston, *Conscience and Other Virtues. From Bonaventure to MacIntyre*, University Park: Pennsylvania State University Press, 2001; Tobias Hoffmann, “Conscience and Synderesis”, in *The Oxford Handbook of Aquinas*, edited by Brian Davies and Eleonore Stump, Oxford and New York: Oxford University Press, 2012, pp. 255-264; Basile Valuet, “La conscience erronée selon saint Thomas”, *Revue Thomiste* 117 (2017), pp. 55-94; Peter Eardley, “Medieval Theories of Conscience”, in: E. N. Zalta (ed.), *The Stanford Encyclopedia of Philosophy* (Spring 2021 Edition), https://plato.stanford.edu/archives/spr2021/entries/conscience-medieval/ (Retrieved 2023.7.8).

② 在有关托马斯主义良知规范性的分析中，Jeffrey 也努力捍卫阿奎那对客观道德真理和错误良知的道德义务的双重承诺，见 Anne Jeffrey, “A Thomistic View of Conscience and Guilt”, in *The Moral Psychology of Guilt,* edited by Bradford Cokelet and Corey J. Maley, London & New York: Rowman & Littlefield International, 2019, pp. 243-267。我在后文中会指出我们的分歧，见本书第 68 页注释③。我要感谢好友于洪波提供这篇文献。

神圣诫命或自然法权威之间的紧密关联。第三节将引入良知判断（*iudicium consentiae*）和自由决定的判断（*iudicium liberi arbitrii*）的区分，表明良知判断是纯粹认知性的（*cognitiva*），而不是偏好性的（*affectiva*），因此并不直接决定意愿的行动倾向。阿奎那的相关分析将帮助我们精确地理解良知所具有的道德约束力的根源和限度，同时说明在什么意义上我们可以容忍良知的错误判断而不堕入道德相对主义的陷阱。在本文的最后，我将提到阿奎那对《罗马书》第 14 章的评注，从更为正面的角度解释为何要宽容良知的错误信念。[①]

一、良心、良知和实践三段论

阿奎那在不同的作品中论及错误良知问题，包括《〈箴言集〉评注》（1252—1256）、《论真理》（1256—1259）、《即席问答》8（1256—1259）和 3（1269—1272）、《神学大全》第二部上半部（1271），以及《〈罗马书〉评注》（1272—1273）。阿奎那尽管会根据不同语境调整他的讲法，但基本立场一直没变，在谈到错误良知的道德约束力时尤其如此。[②]

和同时代的经院学者一样，阿奎那的良知理论建立在对 *synderesis* 和 *conscientia* 的人为区分上。为方便后文的讨论，我将其分别译为“良心”和“良知”，但并不预设它们在汉语中的差异。这一区分可以上溯哲罗姆对《以西结书》1.7 的评论，以及它在 12 和 13 世纪的接受史。哲罗姆报告了对《以西结书》中关于四面动物的异象的早期解释，该解释首先引入柏拉图式的灵魂三分，将灵魂区分为理性、意气和欲望三部分，随后将良知看作灵魂

① 专门讨论阿奎那错误良知理论的文献中，仅有 Valuet 提到这部作品，但他没有意识到其重要性，见 Basile Valuet, “La conscience erronée selon saint Thomas”, *Revue Thomiste* 117 (2017), pp. 89-91。

② Valuet 注意到一处文本差异：在阿奎那最早的《箴言集》评注中，他并没有明确提到错误良知有可能来自无法克服的无知，因而可以免责，见 Basile Valuet, “La conscience erronée selon saint Thomas”, *Revue Thomiste* 117 (2017), pp. 91-92。就本文关心的良知束缚力的来源而言，此处差异无关宏旨。

的第四部分。[①] 或许是由于12世纪抄本中的拼写错误，这个不寻常的灵魂元素被称为 *synteresis* 或 *synderesis*，而不是 *syneidesis*，即良知的标准希腊语单词。[②] 更重要的是，哲罗姆本人似乎也暗示希腊语"*syneideisis*"和拉丁语"*conscientia*"之间存在某种区别。前者被认为是"良知的火花"（*scintilla conscientiae*），所有人类行动者都拥有它，通过它来辨别什么是正确和错误。与之相对，在一些不为自己的恶行感到羞耻的人身上，良知会被抛下并丧失其功能。[③]

自12世纪下半叶起，神学家和教会法学家开始明确认为哲罗姆在这里指的是两种不同的东西。[④] 到了13世纪40年代，所有作者都同意，良心（*synderesis*）是灵魂中一种恒久的力量，它保障了人类行为的正确性。它至少在涉及最普遍和最基本的道德原则时是不可错的，例如断定杀害无辜者是有罪的。与之相反，良知在决定此世的具体行为时则可能犯错，比如把坏事当成好事，把无辜的人错误地认为有罪等等。[⑤] 良心和良知的区分有助于中世纪的作者解释，良知如何既能先天可靠地获得写在我们心中的法律，又会在应用这一法律时犯错。

阿奎那有关良心和良知的思考始于对彼得·隆巴德《箴言集》的评注。隆巴德在论及意愿能力及其自然倾向时引入了哲罗姆的相关评注。他没有直接提到"良心"一词，但使用了"理性的崇高火花"（*superior scintilla rationis*）这一短语，这为后世评注者争论良心究竟属于认知还是偏好，是一种能力还是一种质量敞开了思想空间。[⑥] 方济会的思想家，如《黑尔斯大全》

---

① Jerome, *In Hiezechielem*, edited by F. Glorie, Turnhout: Brepols, 1964, I, 7, pp. 11-12. 哲罗姆报告的可能是奥利金和他的追随者的说法，见 Douglas Kries, "Origen, Plato, and Conscience (*Synderesis*) in Jerome's Ezekiel Commentary", *Traditio* 57 (2002), pp. 67-83。

② Douglas Kries, "Origen, Plato, and Conscience (*Synderesis*) in Jerome's Ezekiel Commentary", *Traditio* 57 (2002), pp. 67-68, n. 4.

③ Jerome, *In Hiezechielem*, edited by F. Glorie, I, 7, p. 12.

④ Odon Lottin, *Psychologie et morale aux XIIe et XIIIe siècles*, Tome II, pp. 105-109.

⑤ Ibid., p. 136.

⑥ Peter Lombard, *Libri IV Sententiarum*, II, d. 39, 参见 Odon Lottin, *Psychologie et morale aux XIIe et XIIIe siècles*, Tome II, p. 106。

（*Summa Halesiana*）的作者和波纳文图拉，将良心视为意愿的动机倾向或质量，而阿奎那则跟随大阿尔伯特认定它属认知而非意愿。[①] 对阿奎那来说，“良心”指我们实践理性的先天质量（*habitus nobis innatus*），它使我们可以不加反思地承认自然法的首要原则，如必须服从上帝，必须按照理性生活等（In Sent., II, d. 24, q. 2, a. 3; DV, q. 16. a. 1 ad 9）。

在此需要对“良心”的本体论地位略作澄清。它之所以被看作一种质量或稳定倾向，而不是一种理性能力，是因为它有特定的朝向，总使人倾向于由自然法第一原则所决定的道德上的善（ST, I, q. 79, a. 12, sc.）。一个人不能拒绝这些基本的道德原则而不丧失以理性方式决定自己行为的能力。良心是先天的，因为它是以自然的方式被赋予我们的，而不依赖于实践理性后天的反复运用。阿奎那经常把“良心”与“理智”（*intellectus*）相提并论：理智是思辨理性的先天质量，它使我们无需探究就能理解理论知识不证自明的原则，如“同一事物不能同时被肯定和否定”（DV, q. 16. a. 1; ST, I, q. 79, a. 12）。然而，这并不意味着我们拥有先天观念或先天命题知识，因为我们仍需通过经验性的手段来了解这些术语的含义，如感知、记忆等（In Sent., II, d. 24, q. 2, a. 3）。我们所拥有的仅仅是一种持续的趋势或倾向，当我们知道这些原则的含义时，就会立即承认它们。例如，我们没有任何关于“上帝”是什么以及“服从”对行动者意味着什么的先天观念；然而，一旦我们通过理性的探究了解了上帝和服从的定义，由于良心的存在，我们就会立即将这两个概念结合在一起，不假思索地同意：必须服从上帝。

阿奎那总是把良心的运用与理性的认知过程（*processus rationis*）联系起来：实践推理始于良心，正如理论推理发端于对第一原理的理解（*intellectus*）（In Sent., II, d. 24, q. 2, a. 3; DV, q. 16. a. 1; ST, I, q. 79, a. 12）。在大阿尔伯特的引导下[②]，阿奎那进一步以亚里士多德的实践三段论来解释上

① Odon Lottin, *Psychologie et morale aux XIIe et XIIIe siècles*, Tome II, pp. 186, 206, 210.

② Albert the Great, *Summa de homine*, q. 72, a. 1, Paris: Vives, 1896, p. 599. Lottin 认为，大阿尔伯特受到欧塞尔的威廉和总执事菲利普的启发，从实践三段论的角度来区分良心和良知。值得注意的是，菲利普将良心解释为一种准备行动的能力（*facilis ad actum*），不是一种认知能力，而是一种意愿能力，见 Odon Lottin, Psychologie et morale aux XIIe et XIIIe siècles, Tome II, p. 139。

述模拟：良心的活动给出大前提或普遍前提，实践理性则将一个更具体的命题看作小前提，而良知无非是对结论的认可。最早的例子可以在他的《〈箴言集〉评注》中找到：

> 例如，良心提出如下建议：（1）“一切邪恶行为都应该避免。”高级理性则补充：（2a）“通奸是邪恶的，因为它被上帝的律法所禁止。”或由低级理性补充：（2b）通奸在它看来是邪恶的，因为【它是】不公正或可耻的。而结论（3）“这个通奸【行为】（*adulterium hoc*）应该避免”则属于良知……因此，它之所以被称为“良知”——【这意味着】就像“与另一【事物】相关的知识（*cum alio scientia*）”——，是因为一般的知识被应用于一个特定的行为（In Sent.,II, d. 24, q. 2, a. 4）。

良心关注的是人类行为最一般的规范性原则。阿奎那偶尔会声称它们是因其自身而可知的（*per se nota*）。这一说法需要予以澄清。因为说事物是因其自身而可知的，有两种不同的方式：一是就事物本身而言，一是相对于作为认知者的我们而言。良心所诉诸的原则就其自身而言是自明的，因为这些原则的谓词包含在主词的本质中，例如“邪恶”的本质就包含“它是应当回避的”。然而，如上所示，我们对于什么是邪恶并没有先天观念，所以，只有当我们真正知道恶的本质时，大前提（1）才对我们而言是不证自明的（In Sent. II, d. 24, q. 2, a. 3; ST, I-II, q. 94, a. 2）。此外，上面提到的此类原则的例子，如“应该服从上帝”“一个人必须按照理性生活”“应该避免所有邪恶行为”等，它们都可以被理解为不包含实质道德主张的形式原则，但并不必然如此。因为阿奎那也把保护自己的存在、教育自己的后代确定为自然法的首要原则（例如 ST, I-II, q.94, a.2）。[①] 简而言之，良心所承认的是一些最为基本的普遍道德戒律，它们构成道德推理的基础。就此而言，良心是不可错的，正如在理论认识中对公理等第一原则的理解是不可错的。缺少了这种不

---

① 对良心原则的形式主义解释，见 Tobias Hoffmann, “Conscience and Synderesis”, in *The Oxford Handbook of Aquinas*, edited by Brian Davies and Eleonore Stump, pp. 256-257。

可错性，我们就不可能在从第一原理推导出来的结论中获得任何真理或确定性（DV, q. 16, a. 2; In Sent., II, d. 39, q. 3, a. 1）。

来自良心的大前提的普遍性为实践理性的运用留下了巨大的空间。在上述引文中，阿奎那借助奥古斯丁对高级理性和低级理性的区分，提供了两个不同的小前提：一个与上帝有关，另一个则与世俗生活有关。[①]理性的这两个部分对通奸之为邪恶给出了不同的解释：要么是因为它蔑视神的诫命，要么是因为它违背传统习俗。然而，从逻辑的角度看，在实践三段论中作为小前提运作的只是通奸是邪恶的这一主张，而无需考虑其道德解释。此外，"通奸是邪恶的，因为它被上帝的律法所禁止"这一命题本身就是一个省略其主要前提的缩略三段论。阿奎那在《〈箴言集〉评注》稍后写成的《论真理》中，对这个缩略三段论做了重构：

> （4）良心判断，"上帝的律法所禁止的事情都不应该做"；
>
> （5）高级理性提供小前提："与这个女人发生性行为是上帝的律法所禁止的。"
>
> （6）良知则得出结论："这个性行为不应该发生。"（DV, q. 17, a. 2）

与此同时，阿奎那坚持认为，人们可以通过运用理性的低级部分来论证同一结论。尽管阿奎那没有说明，但要完成这样的工作，我们不仅需要重新表述小前提，而且需要重构整个论证。因为谈论上帝的律法所禁止的内容，不是低级理性或世俗理性的任务。低级理性需要从另一些命题出发，比如（4'）"不公正的事情都不应该做"。综上所述，我们不得不承认，从纯粹的论证形式角度来看，高级和低级理性的区别与良知的实践三段论的有效性无关。[②]

---

① Augustine, *De Trinitate*, XII, 3, 3, edited by W. J. Mountain and F. Glorie, Turnhout: Brepols, 1968, p. 358. 阿奎那自己在亚里士多德的灵魂能力理论框架内对高级和低级理性的区分，见 In Sent., II, d. 24, q. 2, a. 2; DV, q. 15, aa. 2-3。

② 一些评论家走得太远，错误地声称这种高级和低级理性的区分对阿奎那来说并不重要，例如 M. V. Dougherty, *Moral Dilemmas in Medieval Thought*, p. 152; Tobias Hoffmann, "Conscience and Synderesis", in *The Oxford Handbook of Aquinas*, edited by Brian Davies and Eleonore Stump, pp. 258, 263。

然而，阿奎那所关注的不仅仅是实践三段论的形式有效性。对他来说，良知所涉及的也不仅仅是三段论推演，而是一个完整的道德谋划过程，它利用三段论来发现什么是真正的善（In Sent., II, d. 39, q. 3, a. 2），它需要揭示行动者自身认同的整个道德理由体系。良知的基础是行动者自我认同的道德承诺，而这些道德承诺反过来成为行动者个人良知的特定判断的规范性来源。[①] 我们将在第二节对良知的道德约束力的分析中回到这一点。

与良心的一般道德法则不同，实践理性的具体主张有可能出错，因为它们并非不证自明，而要通过理性的发现或信仰的同意才能被认识（In Sent., II, d. 39, q. 3, a. 2）。这在（5）中比在（2a）或（2b）中更明显。因为当眼前的这个女人是行动者的妻子时，（5）"与这个女人发生性行为是上帝的律法所禁止的"显然是错误的。然而，（2a）或（2b）则不是如此，因为它们只涉及通奸之所以为恶的一般理由。我们稍后还会讲到一个重要的区别：（2a）或（2b）中所包含的小项（minor term）是一类行为，即一般意义的通奸，而（5）关注的是在特定情境下的一个特殊行为。有鉴于此，同样明显的是，我们不能直接从（1）和（2a）或（2b）中推断出结论（3），即"应该避免这个通奸行为"，因为（3）也是一个关于个别行为或行为殊例（token）的主张。一个行动者在明明知道他的行为是邪恶的同时，由于他对快乐的渴求或其他激情的影响而做出这样的行为，这并不罕见。行动者至少看起来可以违背他对应该做什么或避免什么的判断而行动，当相关判断是涉及行为类型而不是行为殊例的一般判断时尤其如此。这正是自亚里士多德以来的哲学传统称之为不自制（*akrasia*）的现象。[②] 考虑到不自制现象的存在，我们不难理解一个人如何可以在相信（2a）或（2b）通奸是邪恶的同时，仍然可以在激情的作用下违背（3）的结论而实施通奸行为。这样一个不自制的人是否真的能在他的头脑中得出（3）的结论，是我们将在第三节回到的一个核心问题。

---

① 关于当代对良知和道德承诺的讨论，见 Alberto Giubilini, "Conscience", *The Stanford Encyclopedia of Philosophy*，特别是第 5 节"良知、自我认同的道德承诺和道德操守"。

② 亚里士多德：《尼各马可伦理学》（以下简称 EN）VII, 1 1145b 12-13。

在当前讨论的文本中，阿奎那把良知的错误主要归结为实践理性在实践三段论中提供虚假的小前提。应该提到的是，即使在大前提和小前提都为真的情况下，良知仍然有可能因为忽视三段论推演的形式法则而得出错误的结论，不过，这种情况极为罕见，可以存而不论。（DV, q. 17, a. 2）

二、错误良知的道德约束

上文的重构足以表明，对阿奎那来说，良知既不是一种动机性力量，也不是道德直觉，而首先是认知性的推理过程。与良心对自然法第一原则近乎本能的认识不同，良知是一种从某种实践三段论中推导出来的价值判断。那么，在什么意义上良知——尤其是当它的判断事实上是错误的时候——具有道德约束力呢？

在《论真理》第17题第3条中，也是阿奎那唯一谈到一般良知的约束力而不仅仅是错误良知的约束力的地方，他解释了约束力（*ligatio, ligere*）在这里的含义：约束力是对强加的必然性的隐喻（DV, q. 17, a. 3）。就良知而言，它是由行动者的道德推理强加给他自己的意愿的一种必然性。用阿奎那的话说，它是一种有条件的必然性（*necessitas conditionata*）或出于目的的必然性（*necessitas finis*），并不会和意愿的自由发生冲突。在这篇论辩中，阿奎那给出了条件必然性的例子：

> （7）必然地，如果行动者S不做某件事情x，那么S就不会得到他的奖励。（DV, q. 17, a. 3）

阿奎那认为，这种必然性可以通过以下方式强加给意愿：

> （8）如果S应该（*debere*）获得这种好处（即奖励），他就必然选择（*eligere*）x。（DV, q. 17, a. 3）

正如阿奎那在其他地方明确指出的那样，选择（*electio*）是意愿的一种具体行为，即欲求某种东西作为达到特定目的的手段（ST, I-II, q. 13, a. 4）。他实际上是在诉诸亚里士多德的“*prohairesis*”概念，即对达到某个目的的手段经过谋划后产生的欲求。亚里士多德认为，当我们有一个对特定目的的愿望时，比如说希望健康，我们会考虑什么能有助于我们的健康，例如吃药或做特殊的运动，并根据谋划做出决定或选择。因此，从（7）到（8）并不难理解，因为人们可以很容易地从（7）中推断出，做 x 是 S 获得奖励的必要手段，而有关的选择只是意愿做 x 的决定或意图。

然而，这种强加于意愿的必然性与良知及其约束力的关系并不明显。阿奎那所断言的只是，唯有通过知识（*per scientiam*）才能约束意愿（DV, q. 17, a. 3）。这将我们引向阿奎那哲学心理学的一个富有争议的原则：像意愿这样的欲求能力是一种被动能力（*potentia passiva*），它天然适合被行动者理解为由值得欲求的对象所推动（例如 ST, I, q. 80, a. 2）。因此，作为意愿行为的选择也从在先的理性认知获得信息，后者从实践三段论的前提中获得结论，从而确认行动的目的和手段（DV, q. 24, a. 1, ad 20; ST, I-II, q. 13, a. 3）。这里所涉及的实践三段论有可能牵扯到良心和良知，良知作为出于良心的三段论的结论断定 x 是 S 获得奖励之善的必要手段。相应地，良知的判断之所以具有约束力，看起来是因为当良知在考虑这个结论时，意愿在心理上必然选择x。

然而，上述解释存在若干问题。首先，良知的约束力在这里被理解为一种心理力量。然而，阿奎那所关注的首先是良知的道德义务，这一点在《论真理》17 题 4 条的四个反对意见和阿奎那在下一条中对错误良知所产生的义务的分析中得到了证实：良知的约束力主要是指在道德上不允许无视其判断，而不是指在心理上不可能这样做（DV, q. 17, a. 4）。

其次，如上所述，尽管我们并不完全清楚一个人如何违背良知的判断行事，但在关于错误良知的双重束缚的讨论中，我们至少假定了这种可能性的存在。阿奎那或他的解释者不能简单地声称，从心理学上讲，这是不可能的。

最后，阿奎那还需要澄清“应该”（*debere*）在良知判断中的规范性意义。[①] 因为条件句“如果想获得奖励，就应该选择 x”中的“应该”，与我们此前提到的良知判断中的“应该避免通奸，因为它是可耻的”的“应该”似乎不是一回事。后者有明确的道德关切，而前者可以出现在更宽泛的语境中，它仅仅表明一个人应该做的事是达到目标的必要手段。更糟糕的是，正如英国学者 Potts 一针见血地指出的，阿奎那的心理学解释只是转移或者悬搁了解释“应该”的含义的困难。因为只有当（8）的前件为真时，即当 S 应该获得奖励时，S 才有义务选择 x，而这又似乎依赖于良知的进一步判断，即奖励是应该获得的。这里存在无穷倒退的危险，我们只有通过假设一个 S 应该实现的终极目标才能使之终止。[②]

最后这个困难将我们引向阿奎那对错误良知的约束力更具体的分析，在那里他澄清了这个终极目的是什么，以及它如何奠定良知的道德（而不是心理）强制力（In Sent., II, d. 39, q. 3, a. 3; DV, q. 17, a. 4; ST, I-II, q. 19, a. 5; QQ, III, q. 12, a. 2）。[③] 阿奎那首先报告了方济会的观点，该观点声称错误良知的强制力取决于其对象的道德属性。如果良知错误地禁止本质上善的事物，或追求本质上恶的对象，如通奸或说谎，它就根本没有约束力，人们也不会因为反对良知错误的指令而受到责备。错误良知只对无关善恶或道德上中立的事情有约束力，例如从地上举起一根稻草。

与方济会的主张截然不同，阿奎那毫不含混地断言，错误良知在**任何**情况下都有约束力。他提出了两条值得仔细研究的理由：一条涉及良知和意愿之间的形式关系，另一条则关系到良知的意向性对象或内容，尤其是上帝的神圣命令。

首先，阿奎那声称，当意愿不服从在先的良知判断时，无论它是对还是错，都已经是一种应予避免的失调。良知的判断是有约束力的，因为

---

① Timothy C. Potts, *Conscience in Medieval Philosophy*, p. 56.

② Ibid., pp. 56-60.

③ Jeffrey 也正确地强调了良知约束力的道德层面，将（8）中的结束的必要性确定为“有条件的道德必要性”，但她没有明确区分良知的心理和道德约束力，参见 Anne Jeffrey, “A Thomistic View of Conscience and Guilt”, in *The Moral Psychology of Guilt*, edited by Bradford Cokelet and Corey J. Maley, pp. 260-261。

意愿只要采取与之不同的行动路线，就不能不产生有害的（心理）畸形（*deformitatis nocumentum*）（In Sent., II, d. 39, q. 3, a. 3）[①]。这种畸形看起来与良知或意愿的意向对象没有直接关系，它只涉及灵魂两种能力之间形式上的不协调。借用一下当代讨论中哈克贝利·费恩和他的奴隶朋友吉姆的著名案例。哈克的良知告诉自己，吉姆是他主人华生小姐的私有财产，他不应该隐藏吉姆的下落。尽管如此，出于同情心，他最终还是决定帮助吉姆，但同时仍然为没有遵循自己良知的判断感到内疚。对大多数人来说，哈克的道德判断是错误的，但他的行为是好的。[②]然而，阿奎那可能会认为哈克自己的罪恶感是合理的，因为无论他最终的决定会带来什么样的后果，他的良知判断和自愿行动之间的不一致本身就是值得谴责的。正是由于这个原因，阿奎那否定了方济会对意向对象的内在道德价值分类，认为它与良知的约束力毫无关联。因为这种内在价值本身需要接受良知的判断，对于行动者来说，重要的不仅仅是对象的内在价值，而且也是他本人的价值判断。如前所述，这有时被解释为是为了捍卫道德生活中良知的主观权威和自由。因为从意愿在这里被错误的良知所束缚的事实来看，似乎可以得出这样的结论：道德主体良知的整全本身为善，人们有权根据这一点来遵循自己的良知。

然而，我们在这里应该谨慎，不要过分夸大心理和谐或良知的整全在决定良知强制力时的作用。阿奎那强调，良知的约束力仅仅表现为，如果一个人违背了良知，他就犯了罪，而不是一个人单单可以通过遵循良知而做出正确的行为（DV, q. 17, a. 4）。阿奎那坚持认为，一个行动要想在道德上是正确的，单单行动者自己的心灵处于和谐状态是不够的，行动本身也应符合相关的客观道德规范。一个道德上好的行动既需要行动者的良知与意愿的和谐，也需要行动的客观正确性。在后面的讨论中可以看出，我们不应该像有些学者建议的那样，把道德的这两个方面截然分开。[③]就目前而言，我们可以暂

---

① Potts 认为阿奎那不把所有违背良知的行为都看作错误，这显然是错误的，参见 Timothy C. Potts, *Conscience in Medieval Philosophy*, p. 56。

② 例如 Jonathan Bennett, “The Conscience of Huckleberry Finn”, *Philosophy* 49 (1974), pp. 123-134。

③ 例如 Joseph de Finance, “Sens Et Limites De L’Objectivisme Moral Chez Saint Thomas: A Propos Du Problème De La Conscience Erronée”, *Revista Portuguesa De Filosofia* 30 (1974), pp. 107-126。

时满足如下结论：一个遵守错误判断的行动者之所以应受谴责，既可能单纯是因为心理失调和道德主体整全性的丧失，也可能是因为同时违背了客观的道德规范。无论何种原因，这样的行动者使自己陷入了两难处境，无论是否遵循良知的错误判断，他都无法摆脱遭受道德谴责的命运。当然，良知主观权威的捍卫者仍然可以争辩说，阿奎那至少把良知的整全确定为道德上好的行为的必要条件。此外，有人认为，上述两难处境可以追溯到行动者过去对良知的滥用，这反过来又证实了个人良知在一个人道德生活中的重要性：一个道德主体不仅有义务不忽视良知的命令，而且还应该对良知判断的形成和表现负责。[①]

为了更好地理解良知的主观权威在确定一个人的道德义务方面的贡献，我们必须提出这样的问题：良知是否因其本身而具有约束力？阿奎那的回答是明确的“不”。

> 良知的约束力不是靠它自己的力量，而是靠神圣诫命的力量。因为良知要求【行动者】做某事并不是因为它自己这么认为，而是因为它是由上帝命令的。因此，良知是因为神圣诫命的力量而偶然地（*per accidens*）具有约束力，只要它将此作为上帝的命令来发号施令：因此，良知的命令比上级的诫命更具约束力，它如同使之具有约束力的神圣诫命【一样具有约束力】，显然，当一个国王的诫命只有以王子为中介才能通达民众时，如果王子说这是国王的诫命，即使这不属实，他的说法也会像国王的诫命一样具有约束力，以致所有蔑视它的人都应受到惩罚。（In Sent., II, d. 39, q. 3, a. 3, ad 3）

一方面，阿奎那将良知判断的权威性追溯到作为道德义务最终起源的神圣诫命。这一点在阿奎那否认劝告（*consilium*）可以像良知一样具有强制力的论

① Michael G. Baylor, *Action and Person: Conscience in Late Scholasticism and the Young Luther*, pp. 56-57.

述中更加明显。他的理由很简单：忽视劝告的人不会犯罪，而我们受到诫命的约束，如果不守诫命就会犯罪（DV, q. 17, a. 4）①。在一个人的良知判断中包含或体现的神圣诫命，哪怕是被误读的诫命，是阿奎那为错误良知的约束力给出的第二个理由。然而，这并不意味着良知只对接受上帝的存在和神圣诫命权威的行动者才有约束力。因为这里需要的只是设定一个基本的道德规范体系，它具有独立于行动者个人良知判断的内在规范性。例如，它可以是写在一个人内心中的法律。②

另一方面，阿奎那并不否认良知在将神圣诫命或一些基本道德原则的权威应用到行动的决定性动机方面的重要贡献。因为除了通过良知的判断，没有人受诫命的约束（DV, q.17, a.3）。上述引文将良知与唯一可以发布国王命令的王子进行类比，它暗示了良知是我们通达神圣诫命的唯一认识论途径（参见 DV, q. 17, a. 4 ad 2）。因此，就**执行**而言，良知在解释整个道德体系方面享有最高的权威。这显然是对良知的主权和自由的一个大胆主张。然而，它应该被我们先前有关良知判断的客观视角的思考所平衡：良知的判断可能是正确的，也可能是错误的。③就**规范性的来源**而言，良知的权威是一种派生的权威，就像国王代表的所有权力来自国王本身一样。当然，这里很自然地会出现这样的问题：如果良知是我们认识神圣诫命的唯一途径，那么我们怎么能限制它的解释自由？对这一挑战的全面回答需要对阿奎那的道德实在论，特别是他的自然法理论进行仔细地重建和辩护，这超出了本文的范

① 在早先的一条论辩中（DV，q.17，a.3，ad 2），阿奎那区分了 *consilium* 的两种不同含义：（1）它可以指意愿进行选择之前的谋划过程。在这种情况下，它与良知通过实践三段论得出结论的工作没有区别，因此具有同样的约束力。（2）它也可以被看作是劝说或诱导某人去做某事，而这并不具有强制力。很明显，阿奎那在这里指的是 *consilium* 的后一种含义。

② 因此，Potts 和 Dougherty 否认从阿奎那的良知理论中提取世俗伦理体系的可能性，显然是错误的，他们显然没有意识到高级理性所依赖的神圣诫命和低级理性所依赖的世俗伦理，它们在由之产生的良知判断的约束力上是等价的，参见 Timothy C. Potts, *Conscience in Medieval Philosophy*, p. 56; M. V. Dougherty, *Moral Dilemmas in Medieval Thought*, p. 152。

③ 正如 Wolbert 所正确指出的，如果没有这样一个客观的良知视角，谈论错误的良知是完全没有意义的，Werner Wolbert, “Problems Concerning Erroneous Conscience”, *Studia Theologica* 50 (1996), p. 165。

围。这里需要强调的是前文提到的良心的不可错性。如果我们的解释是正确的，良心不仅可以提供真正的形式法则来规范我们的基本道德概念，而且还可以提供一些笼统但实质的道德主张，这些主张甚至可以作为所有人心灵的自然之光来衡量良知判断的对错（例如 In Sent. II, d. 39, q. 3, a. 1, ad 3）。此外，以《圣经》为媒介的神圣启示至少为基督徒的良知提供了另一条通达神圣诫命的途径（DV, q. 17, a. 5）。当然，良知在解释或执行神圣诫命时，有从这些基本道德原则中得出相反结论的自由；然而，我们的良心所具有的自然理性的特定结构决定了它一旦知道道德的最基本原则的含义，就会立即接受它们的道德约束。

要恰当地概括阿奎那对良知的道德义务的复杂论述，我们必须同时强调良知的主观权威和神圣诫命或其他道德原则的规范性存在，尤其要注意避免将它们割裂。正如阿奎那所言："戒律和知识的约束力是同一种力量，因为知识只通过戒律的力量来约束，而戒律只通过知识来约束。"（DV, q. 17, a. 3）这里的知识指的正是良知的道德判断。在错误良知这一特殊案例中，道德主体之所以有不忽视其判断的道德义务，主要是因为个人的良知乃是人类基本道德法则的代言人。不遵循自己的良知，就是在违背自己的基本道德承诺或蔑视自己接受的道德法则本身，因此是应受指责的。也正因为这一点，良知的错误判断是可以容忍的，因为它们也分有了神圣诫命的最高权威，并具有类似法律的特征。①

分有的概念恰恰表明，阿奎那对犯错的良知的道德义务的理解，既不同于主观主义也不同于客观主义解释。与纯粹的主观主义进路不同，阿奎那不承认良知整全性可以独立地产生道德强制力。恰恰相反，阿奎那认为，整全性只有在涉及从行动者最基本的规范性原则中直接推断出来的道德判断时才有效。另一方面，错误良知在道德上的约束力不仅仅来自这些基本原则本身，无论它们是以神圣命令还是以写在我们心上的自然法的形式出现，因为

① 阿奎那强调，错误的良知判断仍然是意愿决定之前的理性判断，因此可以决定意愿倾向的道德质量（In Rom c. 14, l. 2）。

这些原则在被给予时并不顾及一个行动者的实际推理。然而，一个现实的行动者需要通过他真诚的实践推理过程而成为这些道德原则的权威支配的对象。一个从良心出发的实践三段论将行动者的特定行为与他的基本道德承诺紧密联系起来。作为这个三段论的结论，良知即使在犯错时，也是自然法的内在表达。上面引用的国王与王子的比喻也证实，在确定道德信息的强制力时，信息的内容和信使的身份都很重要：内容应该直接来自国王的少数基本诫命；而信使应该是国王本人委托的人，因此也是国王本人信任的人。简而言之，良知的客观和主观视角相互交织在一起，共同成就了良知的道德权威。因此，忽视其中任何一个，在道德上都是可责备的。

三、容忍错误的良知判断

在澄清了错误良知道德约束力的来源之后，我们可以清楚地看到，阿奎那确实承认良知在将一个人的基本道德承诺应用于特定行动时的主观权威，但遵循错误良知的指示仍然是错误的，因为它客观上违反了自然法。根据阿奎那的观点，只有在对某些具体条件的无知和没有疏忽之过（*negligentia*）的情况下，良知的错误才能得到宽恕。例如，某人错误地将别人误认为他的妻子，并得出错误结论，认为与她发生性行为在道德上是许可的，那么他错误的判断和事实上的通奸行为都将得到赦免，因为他是由于无知而行事，并非出于自愿（ST, I-II, q. 19, a. 6）。然而，良知通过这种无法摆脱、可以辩护的无知得出错误结论的情形相对罕见。①大多数情况下，行动者的错误所涉及的是他有义务知道的事情（例如通奸是一种罪），并且错误地遵守了他应该而且可以摆脱的良知的错误判断。阿奎那认为，行动者犯了疏忽之过，因此要为他在无知中的所作所为负责，因为它们在间接的意义上是自愿的（ST, I-II, q. 19, a. 6）。

① Jean-Luc Solère, “From Invincible Ignorance to Tolerance: Arriaga, Vázquez, and Bayle”, in *Summistae*, edited by Lidia Lanza and Marco Toste, p. 321.

令人惊讶的是，阿奎那并没有平等地对待所有应受惩罚的良知错误。我们很快就会看到，一方面，他冷漠地声称，可以因为异端分子对基督教信仰的错误良知判断而将他们处以极刑；另一方面，他谆谆告诫我们要容忍一些在宗教问题上的良知错误，例如《罗马书》第14章中提到的错误。显然，良知的整全性本身不足以解释上述态度的差异，因为在这两种情况下，宗教异见者都是在服从他错误的良知。因此有必要仔细研究良知判断的心理机制，它是我们对良知判断的道德反应的基础。这种心理分析能帮助我们更好地理解阿奎那对宗教异见者的不同态度，更重要的是理解良知判断的道德属性。

首先，我们很自然地会问这样一个问题：一个犯错的良知在做什么样的判断？存在各种类型的判断：神的和人的、理论的和实践的、分析的和综合的、描述的和规范的。答案似乎很明显：在这四对范畴中，良知的判断都属于后者，它是属于人的实践综合规范判断。然而，这些区分是不够的。因为我们的分析已经表明，阿奎那热衷于在人的实践综合规范判断内部做出进一步的区分，例如，区分良知的判断和劝告的判断（ST, I-II, q. 108, a. 4）。劝告也是一种关于应该做什么的规范性判断。然而，阿奎那坚持认为，劝告并不具有强制力（*vis coactiva*），因为它只是通过说服、诱导或建议的方式来说明什么是更好的做法。一个好的劝告对行动者实现其目的是有用的。然而，行动者通常不会因为忽视它而受到道德上的指责（In Sent. II, d. 39, q. 3, a. 3, ad 6）。相比之下，良知的判断则能产生服从的道德义务，因为它是从一个人最基本的道德承诺中推导出来的结论。一个行动者违背了良知的诫命就必然犯罪。劝告和良知之间的区别源于它们的内容，但首先体现在它们的道德约束力不同。

我们在上一节中指出，良知判断的强制力或必然性不是心理上的，而是道德上的。其中一个原因是，行动者在意愿最后的决定中仍然可以无视良知的命令。实际上，行动者之所以可以因未服从良知而受到道德上的指责，正是因为他在心理上有可能无视良知的召唤。另一方面，学界普遍认为，阿奎那否定明目张胆的不自制（clear-eyed akrasia）的心理可能性：对阿奎那来说，从心理上讲，违背自己现实地正在考虑的最佳判断（“不该吃过度的甜食”）而选择不同的行动路线（“再吃一块提拉米苏蛋糕”）是不可能的，当该判断作为实践三段论的结论出现时尤其如此。[①] 换句话说，不自制的行动者在违背他的最佳判断时，他的内心现实地考虑的只能是一种与最佳判断不同的实践三段论（例如“甜食是让人愉悦的”），其结论导向不自制的行动意图。显然，一个不自制者的最佳判断看起来像极了作为实践三段论结论的良知判断（In Sent., II, d. 24, q. 2, a. 4）。有趣的是，阿奎那自己也常常引用亚里士多德《尼各马可伦理学》VII, 9 中有关偶然不自制的描述（1151a29ff.），来证明道德主体偶然地受良知错误判断的约束（In Sent. II, d. 39, q. 3, a. 3; DV, q. 17, a. 4; ST, I-II, q. 19, a. 5）。因此，如果我们不认为阿奎那前后不融贯，就有必要澄清良知的判断和明目张胆的不自制者的最佳判断之间的微妙区别。[②]

在《尼各马可伦理学》VII, 3 的结尾处（1147b9-19），亚里士多德声称，一个不自制的人缺乏某种特定的知识。这指的究竟是如下所谓“好的实践三段论”的小前提（10）还是结论（11），一直有很多争论[③]：

---

① 关于阿奎那的意愿薄弱理论的文献非常丰富，例如 Bonnie Kent, “Transitory Vice: Thomas Aquinas on Incontinence”, *Journal of the History of Philosophy* 27 (1989), pp. 199-223; ea., Bonnie Kent, “Aquinas and Weakness of Will”, *Philosophy and Phenomenological Research* 75 (2007), pp. 70-91; Risto Saarinen, *Weakness of the Will in Medieval Thought: From Augustine to Buridan*, Leiden: E. J. Brill, 1994, pp. 118-130; Martin Pickavé, “Aquinas on Incontinence and Psychological Weakness”, in *Aquinas and the Nicomachean Ethics*, edited by Tobias Hoffmann, Jöern Müller and Matthias Perkams, Cambridge: Cambridge University Press, 2013, pp. 184-202。

② 学者们当然注意到阿奎那关于错误良知的论述与他对不自制的理解的密切联系，例如 Douglas C. Langston, *Conscience and Other Virtues. From Bonaventure to MacIntyre*, pp. 39-52; Richard Sorabji, *Moral Conscience through the Ages*, pp. 69-71; Anne Jeffrey, “A Thomistic View of Conscience and Guilt”, in *The Moral Psychology of Guilt,* edited by Bradford Cokelet and Corey J. Maley, pp. 249-252。然而，几乎没有人意识到阿奎那的文本不自洽的危险。一个例外是 Sharon Marie Kaye, *William of Ockham's Theory of Conscience*, PhD dissertation, Toronto: University of Toronto, 1997, p. 19，但他错误地声称，阿奎那对人类行动的唯理智论主张必然导致“充分运作的良知使服从不可抗拒”的结论。

③ 晚近的文献见 David Charles, “*Nicomachean Ethics* VII. 3: Varieties of akrasia”, in *Aristotle: Nicomachean Ethics, Book VII Symposium Aristotelicum*, edited by Carlo Natali, Oxford: Oxford University Press, 2009, pp. 41-71; Henrik Lorenz, “Aristotle's Analysis of Akratic Action”, in *The Cambridge Companion to Aristotle's Nicomachean Ethics*, edited by Roman Polansky, Cambridge: Cambridge University Press, 2014, pp. 242-262。

（9）不该食用过度的甜食。（大前提）

（10）这块提拉米苏蛋糕对我来说是过度的甜食。（小前提）

（11）因此，我不该食用这块提拉米苏蛋糕。（结论）

在对这段话的评注中，阿奎那明确声称，一个不自制者在激情的影响下吃了这块蛋糕，他实际上并不知道小前提（10），因此不能得出这里的结论（SLE, VII, l. 3）。之所以如此，是因为阿奎那认为，与仅仅得出结论的理论三段论不同，只要没有任何东西妨碍行动者，实践三段论会立即将思想引向行动。然而，如果给定了两个前提，一个与结论相对应的行动就必然随之而来。一个行动者不可能在做出结论（11）这样一个现实的、特殊的规范性判断的同时以另一种方式行事（SLE, VII, l. 3）。不难推断，现实地知道大前提（9）的不自制者不可能同时对小前提（10）有现实的知识，否则这两个前提必然导致拒绝这块提拉米苏蛋糕的行动，这个行动者也就不再是不自制的。阿奎那清楚地认识到，命题（10）所包含的特定判断一旦现实化，它将会和命题（9）一起产生行动者无法违背的心理必然性。因此，他宣称不自制者缺少对命题（10）的现实知识，这一失败是由于激情的影响。激情现实化了一个不同的前提，因此构成一个不同的三段论，即所谓“坏的实践三段论”：

（12）所有甜食都是让人愉悦的。（大前提）

（13）这块提拉米苏蛋糕是甜食。（小前提）

（14）因此，这块提拉米苏蛋糕是让人愉悦的。（结论）

换句话说，一个不自制的行动者并不是在违背一个现实的、特定的、作为好的三段论结论的最佳判断。相反，他是在按照坏的三段论的结论来行事。阿奎那的解释小心翼翼地回避了明目张胆的不自制的可能性，拒绝承认好的三段论在现实地达至其结论后仍然有可能因为激情的作用而失败。这一策略可以被理解为是在捍卫一种对人类行动的理智主义解释。

然而，这一策略对于违背良知，特别是违背错误良知的行为的心理学解释是行不通的。正如前文所见，良知是不可错的。由此可见，只有当小前提现实地是错误的，或者当良知的推理现实地采取了一种逻辑上无效的三段论时，良知的判断作为结论才有可能出错。无论哪种情况，这个三段论的错误结论都是关于要做什么或要避免什么的现实的、特定的规范性判断。相应地，当阿奎那谈到违背自己的错误良知行事时，他说的是违背良知三段论的一个现实结论的行为。[①]那么，这在心理上怎么可能不与他的不自制理论相矛盾呢？

阿奎那在其最早关于良心和良知的论述中，就已经从实践推理和行动的角度对良知的判断和自由决定的判断（*iudicium liberi arbitrii*）进行了仔细的区分，这为解决上述难题指明了线索。

> 判断与自由决定、良知和良心都有关，但方式不同：判断之所以属于自由决定，是一种分有性的，因为判断本身不属于意愿；因此，选择的判断本身属于自由决定。但判断本身要么是一个普遍的判断，因此与良心有关，要么是一个特殊的判断，但在认知的限度内持续存在，因此与良知有关。所以，良知和选择都是关于要做或要避免【什么】的特定结论；但良知只是一种认知的（*cognitiva*）结论，而选择则是一种出于偏好的（*affectiva*）结论，因为正如《伦理学》第六卷中所说，这种结论与行动有关。（In Sent. II, d. 24, q. 2, a. 4, ad 2）

关键的区别在于判断与意愿的关系。自由决定中包含的判断是关于为了达到

---

① 阿奎那确实提到，一个人可能由于自己的肉体习性或激情冲动而违背良心对普遍原则的认识。他的分析几乎是对亚里士多德在EN, VII, 3结尾处对不自制的分析的转述（In Sent., II, d. 39, q. 3, a. 1, ad 4）。然而，这不应与错误的良知困境所预设的违背自己良知的行为的可能性相混淆，因为它谈到的是违反良心而不是良知的可能性。参见Jöern Müller, “Agere contra conscientiam. The Relationship between Weakness of the Will and Conscience in Albert the Great”, in *Intellect and Imagination in Medieval Philosophy*, edited by M. C. Pacheco and J. F. Meirinhos, Turnhout: Brepols, 2006, pp. 303-315，他在分析大阿尔伯特的相关讨论时，试图将违背良知的行动解释为违背良心的行动，但这显然不适用于阿奎那。

一个特定的目的应该做什么的实践判断，它基于在先的谋划（*consilium*）。而谋划活动不属于意愿，而是属于实践理智，因此是一种认知行为。然而，对某一特定目的的谋划，乃由意愿对该目的的意向发起。因此，自由决定和选择的判断也是意愿的表达，它在行动者的头脑中作为一种偏好或动机性力量发挥作用。不难看出，自由决定的判断恰恰是不自制者所缺乏的。相比之下，良知只是实践理智的一种判断。良知三段论可以在一个人的头脑中没有任何确定的实践目的的情况下进行。它可以由理性思维的自然欲求发起，即单纯想要了解我们可以从自然法的第一原则中推出什么结论，而并不必然包含将这一结论转化为现实行动的意愿。这就解释了为什么阿奎那对"良知的应用"有一个看似模棱两可的说法：它可以是将最一般的原则应用于某个行为类别，如一般的通奸行为；也可以是将同样的原则应用于具体情况下的个别行为，如在某一时刻与特定的女人发生性行为（第一节）。因为良知并不像自由决定这样的偏好性判断那样，与特定的行为殊例有必然的联系。因此，在心理上，行动者有可能违背良知纯粹的认知结论而采取行动。例如，一个不善于逻辑推理的道德神学家可以在良知做出错误判断的同时，不把它落实到行动中。用阿奎那的话说，他实际上可能犯两种不同的错误：一种是从错误的前提出发进行三段论推演的良知错误，另一种是没有遵守良知诫命的选择错误（In Sent., d. 39, q. 3, a. 2, ad 5）。

那么，这种将良知判断作为认知结论的主张会带来什么样的实践后果呢？我们应该如何对待那些良知的错误判断呢？当然，一个人认知中的错误或某种无知可能是一种道德错误。但是，只有当无知与意愿的能力有关，或者作为一种有意选择的后果，或者作为一种由于疏忽而产生的后果时，它才是道德错误（ST, I-II, q. 19，a. 6）。一个单纯的认知错误，如果一个人没有义务也没有能力去克服，这当然是一种过错，但不是道德过错。相比之下，错误或无知越接近于意愿的失效，这种过错就越不值得指责。对阿奎那来说，良知的错误判断之所以是可以容忍的，主要是因为它们只是认知上的过失，在道德上不值得被谴责，或者不应当像意愿的错误选择那样受到谴责。

我认为上述假设是阿奎那对良知错误判断的不同态度的基础。众所周知，阿奎那对异端有极为严厉的说法：异端分子不仅应被逐出教会，必要时甚至应该处以极刑（ST, II-II, q. 11, a. 3）。异端显然是由于对基督教信仰的错误良知判断。然而，阿奎那坚持认为，这些错误不仅仅是认知上的，而且是偏好性的和动机性的，因为它们也是违背基督教义的选择错误（ST, II-II, q. 11, a. 1）。更糟的是，异端顽固地捍卫这些错误的判断，并拒绝修正他们的观点（ST, II-II, q. 11, a. 2）。换句话说，异端分子对于他们的错误良知有着不可逆转的执着和投入，将其接纳为自身道德体系不可分割的部分，并作为行动的指南，将良知纯粹认知性的判断转化为基于自由决定的偏好性判断。在阿奎那看来，他们根本不可能认识到自己良知的错误。

我们在这里关心的并不是阿奎那关于异端分子应处以死刑的观点是否可以得到辩护。对我们的研究来说，重要的是他在宗教问题上论及良知的错误判断时对认知错误和选择错误的区分。这种区分在他的保罗书信评注中得到了进一步发展。

在《罗马书》第 14 章中，保罗解释了为什么我们应该接纳早期教会中部分信徒在洁净和不洁净食物上的错误判断，不要苛求那些错误地依照犹太教的传统认为存在不洁净的食物的人。阿奎那在对关于良知错误判断的这个著名段落的评注中，强调了保罗要求我们不评判教会内的弟兄的一个重要原因：我们没有判断的权柄，因为只有上帝才有权力"判断隐秘的事情，这主要是指心里的想法和未来"。阿奎那继续引用奥古斯丁在《论登山宝训》中的话，告诫我们不要对一个人做某事的意图，或对一个道德主体的未来做轻率的判断（In Rom. c. 14, l. 1）。

极为重要的是，奥古斯丁提到的两种情况，都涉及良知的功能：一个涉及良知对一个人是否做了什么事的见证功能，特别是行为人的意图；另一个则关系到良知对一个人未来道德生活的实践谋划。这些事件由于其隐蔽性和认知的不确定性而不能被评判。这一解释提醒我们，阿奎那对异端的憎恨预设了他对正统教义的绝对确定，认为它是从基督教信仰的基本原则中得出的真实结论。这就意味着，当他不那么确定我们可以立即获得良知的真理时，他对宗教问题异议者的态度就会急剧软化。我们有理由进一步推断，当我们没法确定良知的宗教判断是否有误时，我们就应该容忍良知的错误，因为判断的权柄不在我们手中。

阿奎那对良知错误判断的态度建立在对其道德和心理特征的理解之上。作为规范性判断，良知错误判断是由一个道德主体不容忽视的神圣诫命的唯一传令者得出的结论。作为纯粹的认知性判断，它所包含的错误如果不与意愿的扭曲倾向相结合，它的罪就是有限的。当然，阿奎那的错误良知理论不能为良知的主权和自由提供强有力的支持。相反，它是一种更为平衡的理性尝试，试图将道德主体的整全性和客观的道德规范体系融入良知的判断中。他对异端的良知判断是苛刻甚至残酷的，看起来缺少宽容的姿态。然而，每一个宗教宽容理论都必须面对如下棘手问题：如何宽容你真诚地判断为道德上错误或邪恶的主张而不沦为相对主义者？如何忠于你判断为道德上真实的命题而不成为教条主义者？阿奎那有关宽容教内弟兄良知的错误判断的评论至少暗示了一种更可辩护的姿态：一个人应该真诚地听从良知的召唤，同时不忘良知可能出错，而错误可能只在自己的认知中。

参考文献

Albert the Great, *Summa de homine*, Paris: Vives, 1896.

Alberto Giubilini, “Conscience”, *The Stanford Encyclopedia of Philosophy* (Summer 2022 Edition), Edward N. Zalta (ed.), URL = 〈https://plato.stanford.edu/archives/sum2022/entries/conscience/〉. (Retrieved 2023.7.8)

Anne Jeffrey, “A Thomistic View of Conscience and Guilt”, in *The Moral Psychology of Guilt*, edited by Bradford Cokelet and Corey J. Maley, London & New York: Rowman & Littlefield International, 2019, pp. 243-267.

Augustine, *De Trinitate*, edited by W. J. Mountain and F. Glorie, Turnhout: Brepols, 1968.

Aurel Kolnai, “Erroneous Conscience”, *Proceedings of the Aristotelian Society* 58 (1957-1958), pp. 171-198.

Basile Valuet, “La conscience erronée selon saint Thomas”, *Revue Thomiste* 117

(2017), pp. 55-94.

Bonnie Kent, "Aquinas and Weakness of Will", *Philosophy and Phenomenological Research* 75 (2007), pp. 70-91.

Bonnie Kent, "Transitory Vice: Thomas Aquinas on Incontinence", *Journal of the History of Philosophy* 27 (1989), pp. 199-223.

David Charles, "*Nicomachean Ethics* VII. 3: Varieties of *akrasia*", in *Aristotle: Nicomachean Ethics, Book VII Symposium Aristotelicum*, edited by Carlo Natali, Oxford: Oxford University Press, 2009, pp. 41-71.

Douglas C. Langston, *Conscience and Other Virtues. From Bonaventure to MacIntyre*, University Park: Pennsylvania State University Press, 2001.

Douglas Kries, "Origen, Plato, and Conscience (*Synderesis*) in Jerome's Ezekiel Commentary", *Traditio* 57 (2002), pp. 67-83.

G. E. M. Anscombe, "Must One Obey One's Conscience?" in *Human Life, Action and Ethics*, edited by Mary Geach and Luke Gormally, Charlottesville, VA: Imprint Academic, pp. 237-242.

Henrik Lorenz, "Aristotle's Analysis of Akratic Action", in *The Cambridge Companion to Aristotle's Nicomachean Ethics*, edited by Roman Polansky, Cambridge: Cambridge University Press, 2014, pp. 242-262.

Jacques de Blic, "Conscience ou syndérèse? " *Revue d'ascétique et de mystique* 25 (1949), pp. 146-157.

Jean-Luc Solère, "From Invincible Ignorance to Tolerance: Arriaga, Vázquez, and Bayle", in *Summistae: The Commentary Tradition on Thomas Aquinas' Summa Theologiae from the 15th to the 17th Centuries*, edited by Lidia Lanza and Marco Toste, Leuven: Leuven University Press, 2021, pp. 315-337.

Jerome, *In Hiezechielem*, edited by F. Glorie, Turnhout: Brepols, 1964.

Jöern Müller, "*Agere contra conscientiam*. The Relationship between Weakness of the Will and Conscience in Albert the Great", in *Intellect and Imagination in Medieval Philosophy*, edited by M. C. Pacheco and J. F. Meirinhos, Turnhout:

Brepols, 2006, pp. 1303-1315.

Jonathan Bennett, "The Conscience of Huckleberry Finn", *Philosophy* 49 (1974), pp. 123-134.

Joseph de Finance, "Sens Et Limites De L'Objectivisme Moral Chez Saint Thomas: A Propos Du Problème De La Conscience Erronée", *Revista Portuguesa De Filosofia* 30 (1974), pp. 107-126.

M. V. Dougherty, *Moral Dilemmas in Medieval Thought: From Gratian to Aquinas*, Cambridge: Cambridge University Press, 2011.

Martin Pickavé, "Aquinas on Incontinence and Psychological Weakness", in *Aquinas and the Nicomachean Ethics*, edited by Tobias Hoffmann, Jöern Müller and Matthias Perkams, Cambridge: Cambridge University Press, 2013, pp. 184-202.

Michael G. Baylor, *Action and Person: Conscience in Late Scholasticism and the Young Luther*, Leiden: E. J. Brill, 1977.

Odon Lottin, *Psychologie et morale aux XIIe et XIIIe siècles*, Tome II, *Problèmes de morale*, Louvain: Abbaye du Mont César, 1948.

Peter Eardley, "Medieval Theories of Conscience", in E. N. Zalta (ed.), *The Stanford Encyclopedia of Philosophy* (Spring 2021 Edition), URL = ⟨https://plato.stanford.edu/archives/spr2021/entries/conscience-medieval/⟩. (Retrieved 2023.7.8)

Richard Schenk, „Perplexus Supposito Quodam: Notizen Zu Einem Vergessenen Schlüsselbegriff Thomanischer Gewissenslehre", *Recherches De Théologie Ancienne Et Médiévale* 57 (1990), pp. 62-95.

Richard Sorabji, *Moral Conscience through the Ages: Fifth Century BCE to the Present*, Oxford: Oxford University Press, 2014.

Risto Saarinen, *Weakness of the Will in Medieval Thought: From Augustine to Buridan*, Leiden: E. J. Brill, 1994.

Sharon Marie Kaye, *William of Ockham's Theory of Conscience*, PhD dissertation, Toronto: University of Toronto, 1997.

Timothy C. Potts, *Conscience in Medieval Philosophy*, Cambridge: Cambridge University Press, 1980.

Tobias Hoffmann, "Conscience and Synderesis", in *The Oxford Handbook of Aquinas*, edited by Brian Davies and Eleonore Stump, Oxford and New York: Oxford University Press, 2012, pp. 255-264.

Werner Wolbert, "Problems concerning Erroneous Conscience", *Studia Theologica* 50 (1996), pp. 162-175.

William Lyons, "Conscience – An Essay in Moral Psychology", *Philosophy* 84 (2009), pp. 477-494.

Xavier G. Clavechio, *Erroneous Conscience and Obligations: A Study of the Teaching from the Summa Halesiana, Saint Bonaventure, Saint Albert the Great, and Saint Thomas Aquinas*, Washington, D. C.: The Catholic University of America Press, 1961.

“超验”
——形而上学统一性的建构

王　莉*

内容提要：本文主旨在于论述从古希腊到中世纪，形而上学如何成为一个系统研究“超验”的统一学科。从古希腊哲学出发，形而上学的源头在于古希腊哲学家对“超验”的理解，亚里士多德的《形而上学》是第一部专门论述“超验”的著作；到中世纪，阿维森纳等学者经过对形而上学的“主题”的讨论，形成了形而上学的第二次开端；最后，托马斯·阿奎那将“共通存在”（ens commune）确定为形而上学的“主题”，将形而上学确定为一门研究“超验”的学科并确定其研究的相关内容。由此，形而上学的统一性基本形成。

关键词：超验　形而上学　统一性

一、引入：问题、方法和概念

仰望星空、思考无限以希冀超越有限世界和自身的局限是人的本性。从

*　王莉，北京大学哲学系、宗教学系 2020 级博士生。

古至今，从东方到西方，人类从没有停止过对“超验”的追求。人对“超验”的思考和追求不仅表达了人对终极超验——那作为本原存在的仰望；更表达了人对自身的“超验性”的探索——人对自身的认知、人与终极超验存在关系的体验，即超验内在性的体验；因此，人，才是精神的存在。①人，才能将自身体验为人。

（一）问题和方法

从古希腊哲学出发，无论中世纪还是近现代西方哲学，对“超验”的讨论从未停止过。第一部系统讨论“超验”的问题的著作是亚里士多德的《形而上学》。《形而上学》的重要性在于：其他学科只研究某一领域的问题，而形而上学作为“超验学科”研究了“全部存在”；那么，是什么统领了这个“全部存在”？研究“全部存在”应该从何处出发？“全部”涉及的核心问题是什么？涉及的内容有哪些？这些发问都在质询形而上学的统一性和学科的性质，这也是中世纪学者们对形而上学关注的主要问题。本文仅围绕“中世纪学者们如何将亚里士多德的形而上学形成一门统一的‘超验学科’”这一问题展开论述；其中，主要涉及“形而上学主题”的讨论，因为，确定了“主题”，其他问题就可以以此“主题”为核心展开，“主题”就是学科的主旨和纲领，它决定学科的统一性、研究的内容以及原则，这是亚里士多德《后分析篇》中对一门学科的研究方法，也是本文所采用的主要分析方法——由确定形而上学主题而确定形而上学作为“超验学科”的统一性。除对中世纪“超验”问题的纵深方向研究外，为更清晰地呈现“超验”问题的整体，本文还将从概念史和哲学思想史的角度简略言说“超验”概念的发展历程，使这一问题在整体中彰显其特殊的意义。

（二）“超验”概念的词源追溯

现代西文 Transzendental（德文）/Transcendental（英文）的拉丁文词源

① Karl Rahner, *Hörer des Wortes: Schriften zur Religionsphilosophie und zur Grundlegung der Theologie*, Freiburg im Breisgau: Herder, 1997, S. 83-106.

来自于动词 transcendere。trans 的意义是穿过、跨越、超出、在远端，作为前置词加名词第四格相当于动词，表述超越的行为。①Scando 作为动词表示去攀爬。②Transcendere 表述越过、穿过、战胜、胜过、超越③，它的分词形式是 transcensus，不仅有超越的意义，还有 transition④（过渡、转变、变革、变迁）的意义；它的名词形式是transcendens⑤（pl. transcendentia），表达自由于物质存在的高贵性。⑥ 拉丁文动词 transcendere 或名词 transcendens 相当于普罗提诺的术语 ἀναβαίνειν（他们上升）。在古希腊文本中约略出现过以下含义：（1）奥古斯丁的文集可能沿用了普罗提诺的翻译，现在已经失传；（2）μεταβίνειν（正在经过）；（3）διαβαίνειν（他们经过）；（4）μεταταχθῆναι（已转移）；（5）παρατραπῆναι（宽恕、原谅）；（6）ὑπέρ（超过）以及其合成词；（7）ὑπερέχειν（过量的）；（8）ὑπερβαίνειν（他们超过了）；（9）ὑπερβεβηχός（最高级的）；（10）ὑπερβάλλειν（超越、完善）；（11）ὑπερκείμενος（超级的）；（12）ἐξηρημένος（萃取的）；（13）ἐπέκεινα（超越界限）；（14）ὑπεριδρύεσθαι（超过）；（15）ἐκβεβηκός（加强）；（16）ἐπιβεβηκός（超级）；（17）κρεῖττον（更强的）⑦；（18）所有这些术语都源于古代学术或新柏拉图主义的语境，部分表示绝对者的“超验”以及我们在超越一切存在的上升过程中向着绝对者的超越，部分也只表示从本体论上，从属的存在层面上升到本体论上高于它的存在层面，因此，“超验”既可以是各自的高级存在者对各自的下级存在者的渐进（ὑφειμένη 卓越、ὑπεροχή 向前）；（19）尤其是对存

---

① *William Freund - Latin Dictionary Lewis & Short, Founded on Andrew's Edition of Freund's Latin Dictionary*, edited by Charlton T. Lewis and Charles Short, USA: Oxford University Press, 1956, p. 1887.

② Ibid., p. 1639.

③ Ibid., p. 1888.

④ A. S. Horn，《牛津高阶英汉双解词典》，李旭影等译，商务印书馆 2018 年版，词条“transition”。

⑤ 根据拉丁语语法，transcendere 作为动词不能变格，在使用中它需要变格，于是就有了它的动名词形式 transcends，动名词就可以变格，可以作为名词使用。

⑥ *The Stanford Encyclopedia of Philosophy*, Edward N. Zalta (Princ. ed.), The Metaphysics Research Lab Philosophy Department Stanford University, Article: “Medieval Theories of Transcend”.

⑦ *Benselers Griechisch-Deutsches Schulwörterbuch*, Bearbeited von Adolf Kaegi, Verlag und Bruck von B. G.Teubner in Leipyig und Berlin, 1931, S. 129/455; *Greek-English Lexicon*, Liddelland Scott (ed.), Oxford, 1977, p. 392.

在者的连续层次序列中的最高层次的渐进，也可以是向着绝对存在的超越；（20）对存在本身和存在整体的超越[①]。

Transcategorical（超越范畴）最先出现在12世纪的逻辑论述中。有学者认为，12世纪的菲力浦（Philip the Chancellor，1160s—1236）在其作品《论善大全》（*Summa de bono*）中对超验论（transcendentals）的讨论是西方哲学史上最早对超验问题进行的正式讨论[②]。在15—16世纪的著作中，transcendentalis（pl. transcendentalia）在transgeneric（超越属）的意义上与transcendens是同义词；transzendental在15—16世纪被使用，也许是为了将transzendent从古老的、表示存在的高贵性的含义中解脱出来。[③]总之，transzendent/transcendent与transzendental/transcendental都对应于拉丁语transcendere，中文翻译为“超越”或“超验”。根据阿艾斯坦（Aertsen）教授的研究，transzendent/transcendent表述超越一切的存在，即用来表述上帝；对于transzendental/transzendental，自苏亚雷斯（Francisco Súarez，1548—1617）始，表述每个存在，即超越的是事物的范畴的多样性和特殊性，包括上帝。[④]

---

① *Historisches Wörterbuch der Philosophie*, Joachim Ritter (ed.), Schwabe, 1971-2007, S. 1442-1443.

② *The Stanford Encyclopedia of Philosophy*, Edward N. Zalta (Princ. ed.), Article: “Philip the Chancellor”.

③ *The Stanford Encyclopedia of Philosophy*, Edward N. Zalta (Princ. ed.), Article: “Medieval Theories of Transcend.”

④ 参见Jan A. Aertsen, *Medieval Philosophy as Transcendental Thought: From Philip the Chancellor (ca. 1225) to Francisco Súarez*, Brill, 2012, pp. 13-20. 该书对transcendens和transcendentalis做了解释和区分：中世纪没有文本出现过transcendentalis，这个词的出现很可能是现代学者加上去的。匿名作品*Tractatus de transcendentalibus entis conditionibus*，被认为是波那文图拉的作品，但transcendentalis在此作品中并非随处可见。中世纪作者把transcendens用作形容词或实义名词，它的中性复数形式是transcendentalis。在16世纪，苏亚雷斯在他的*Disputationes metaphysicae*作品中把transcendens和transendentalis作为同义词，但transcendentalis的确切的最初应用者尚未可知。在14世纪，在Armand de Belvezer的作品*Declaratio difficilium terminorum*中，他给transcends一个名词解释：“trans omne ens or transien omne ens”（超越一切存在）。他区分了“transcendens”的三重含义：（1）超越一切的存在，以存在的高贵性为基础（*nobilitas entitatis*），在这个意义上，上帝被称为“transcendens”。（2）不以存在的高贵性为基础，而以谓词的公共性（communitas praedicationis）为基础，transcendens意味所能言说每个存在，它的六个谓项包括：ens, unum, verum, bonum, res and aliquid（存在、至一、真理、善、事物和每一个）。所被超越的是事物的范畴的多样性和特殊性。（3）由动词衍生的谓词，可以言说上述第二种意义，也有第一种的意义。在英文和德文中，transcendens的第一种含义作为transcendent/transzendent应用，即超越一切的存在；第二种含义，自苏亚雷斯开始作为transcendental/transzendental使用，即每个存在。第三种意义，并不常见。

在康德的《纯粹理性批判》中，transzendental 的意义被重新诠释，有学者将 transzendental 翻译为“先验（的）”，将 transzendent 翻译为“超验（的）或超越（的）”。①

中世纪 Transcendentals 的发展从菲力浦开始，到苏亚雷斯《形而上学的讨论》（*Disputationes metaphysicae*）。经院派超验哲学（transcendental philosophy）有三个方向：本体论的、逻辑性的、知识论的。在本质上，“超验”是本体论的，在某种程度上指向 transcendentia，这个词表达超越存在范畴；在语言一逻辑方向上，指向最共通的（communissima）；知识论上，指向首要、第一（prima），那些理性第一概念。这三个意义的内在联系为：“超验”（transcendentals/transzendentale）是那些第一，因为它们是最共通的；因为它们的共性，所以它们是超越范畴的。②

概而言之，从拉丁语词源出发，由 trans 决定以及希腊语“ὑπερ 一超”结构中，“超验”无论是动词或在其发展历史中所衍生的名词或形容词，首先表达的都是超越的行为，都提示了“上升”的过程，特别是表达人的精神向上的提升；即使用“超验”称呼或形容上帝时，这个词的行为性得到极致的表达，因为在哲学上，“上帝”一词的原意就是纯粹行为（actus purus）③。哲学家们对“超验”的理解约略有两个维度：在纵向维度上，表达了人对至高者的思维和向着至高者的提升，这样的提升不仅仅超越时间和空间，而且超越一切维度、一切层级直达最高存在；在横向维度上，表达了本原的存在及其普世价值参有一切、洞彻一切的品性以及“超验”的内在性。但在这两个理解维度上，表达的是同一个“超验”。当我们言说一个概念时，意味着给这个概念下定义，但当我们言说“超验”时，却无法给它下定义，因为它超越范畴，我们姑且用“概念”称呼它。

---

① 文炳：《Transcendental 的中译论争历史考察》，上海交通大学出版社 2012 年版，第 317—323 页。熊伟：《先验与超验》，《在的澄明——熊伟文选》，商务印书馆 2011 年版。

② Jan A. Aertsen, *Medieval Philosophy as Transcendental Thought: From Philip the Chancellor (ca. 1225) to Francisco Súarez*, p. 657.

③ *New Catholic Encyclopedia*, edited by J. Hirschberger, Thomson/Gale Group, 2003, article: “Leibniz, Gottfried Wilhelm von”.

（三）“超验”概念在西方哲学史的发展概述

Transcendere来源于旧学园派和新柏拉图主义的思想框架，从本体论意义的起源上，表达超越一切物质存在才能达到绝对存在，同时表达从低级存在上升到高级存在的上升过程。柏拉图认为哲学的目标就是“超验”和上升的过程，直到一切存在的源头——至一、善，在“超验”的基础上，存在和思想的确定性才能达成。在此，柏拉图为“超验”定下基调。旧学园派强调存在者需要超越维度回溯到奠基者那里，晚期柏拉图主义强调从感性到理念世界的跨越。[①]Transcendere在形而上学的意义上，描述一物高于另一物且外在的两物之间的关系，如上帝与世界、动物与植物、知者与被知者。所涉及的是现在之间和从一个到另一个的传递方式之间的不连续性或间断，无论是在现实中还是在知识中。“超验性”相对于“内在性”，尽管两者可以被视为互补。因此，上帝是至高无上的“超验”（transzendent/transzendentale），因为他是世界的最高存在和根本原因；他也是内在的，因为他通过参与的方式和因果关系存在于世界中[②]，这一点更多地被呈现在亚里士多德的形而上学中。

中世纪学者们在继承希腊古典哲学，特别是亚里士多德形而上学的基础上，考察必然伴随存在而存在的并且在每个存在物中的各种属性，并用“最共通的概念”（communissima）来解释“存在”（ens）。因为所有哲学思想背后的推动力都是“存在”的概念，其中最常见的存在属性是至一、真理和善（being, one, truth and goodness；Seiendes, Eines, Wahres, Gutes；ens, unum, verum, bonum），这些概念超越了亚里士多德的范畴，所以经院哲学家们通常把它们称为“超验”（transcendental），并解释了这些概念内在的关系和秩序，它们是理性最基本的概念，也是认识的最确定无疑的出发点。经院哲学家们也在形而上学的概念中处理“超验”概念，并将形而上学视为“事实的学科”（scientia realis）。“超验学说”的引入从根本上改变了中世纪形而上学概念，形而上学在新的意义上成为“超验学科”，同时也是与神圣沟通的

---

① *Historisches Wörterbuch der Philosophie*, Joachim Ritter (ed.), Schwabe, 1971-2007, wortartikel: “Transzendenz”.

② *New Catholic Encyclopedia*, J. Hirschberger (Princ. ed.), Thomson/Gale Group, 2003, p. 141.

方式。[①]

在现当代西方哲学思想中，莱布尼兹的思想在一元学说中达到顶峰，他宣称存在作为一个单子，因而可以作为一、真理、善。康德的标志是先验方法（transzendental），先验方法的中心要素是对纯粹理性概念的先验演绎；这种方法表明，经验的可能性条件也是一切经验对象的条件[②]，也就是说，对象对于我们，不是事物本身。因此，对于我们来说，除了可能的经验的对象[③]，即人类经验之外，没有一种先验的认识是可能的。在19世纪下半叶，只有尼采是值得注意的。他试图以权力意志（Wille zur Macht）克服统一和多元、真与假、善与邪恶的绝对对立，这样，存在的本质属性便不再凌驾于它们的对立面之上，而成为同一的东西了。[④]

在哲学史上，对“超验”的表达和研究从没有间断过，它与“存在”同样重要，“超验”是“存在”的另一种表达方式。庶几可以说，整个西方哲学史就是一部研究“超验”的历史。

二、“超验”概念的古典哲学基础

（一）前苏格拉底时期——对世界本原的思考作为“超验”概念的源头

古希腊的哲学家们关注的首要问题是万物的起源或原则——ἀρχή。泰勒斯认为万物的本原是水，阿那克西曼德认为是无定，阿那克西美尼认为是气，赫拉克里特认为是火，恩培多克勒认为是“水、火、土、气”是万物的本原；到毕达哥拉斯，对本原的思考由质料本原转向数本原。直到巴门尼德提出Being的概念，为哲学史奠定了本体论、知识论和语言学的基础。[⑤]

前苏格拉底时代哲学家们对万物本原的思考就是思考“超验”。因为，

---

① *The Stanford Encyclopedia of Philosophy,* Edward N. Zalta (ed.), Article: “Medieval Theories of Transcendentals.”

② Immanuel Kant, *Kritik der reinen Vernunft*, Verlag Von Felix Meiner, 1956, B 161.

③ Ibid., B 166.

④ *New Catholic Encyclopedia*, J. Hirschberger (Princ. ed.), Thomson/Gale Group, 2003, “transcendental”.

⑤ 苗力田编：《古希腊哲学》，中国人民大学出版社1989年版，第1—171页。

哲学家们理解的万物本原普遍具有使世界存在的原因性、推动世界的发生性、运动性、建构性和超越物质世界的永恒性等特征。在思考的方法上呈现出以下特点：在本体论的意义上，首先确定万物有本原，并且它有超越物质的永恒性；在形而上学的意义上，本原是世界的原因也是万物的根基，万物来源于它，也朝向于它；在知识论的意义上，哲学家们对本原的认识由可感知对象转向思维的最高对象，并且它作为本原，超越人的认知范畴。由此，前苏格拉底时代哲学家们对世界本原的思考给后世哲学家们对“超验”的思考提供基本取向。

（二）柏拉图哲学“理念论”作为“超验”概念的基础

柏拉图的本原学说呈现在“理念论”思想上，万物是对理念的参有，“善的理念”是所有理念中最高的，其超验思想就奠基在“善的理念”的基础上。理念是“存在”或“真正的存在”，其中闪耀着存在的真正的本质。在这里，“存在”显示自身即是与多元性相对的至一，与表象相对的真理，与恶对立的善。因为有形的存在，在理念中有一个分有，因而在存在中占有一份，即使它们并不完满，但它们在存在中分有这些属性。在《理想国》中，柏拉图将“善的理念”比作太阳，在可知世界里，人们最后看到的是“善的理念”，它是所有美好事物的原因；在可见世界里，它产生了光，由于它在可知世界里是真理和理智的真正来源，它又是光和它自己的创造者。任何人要想在私人或公共的场合做明智的事，就必须先看见这个“善的理念”。[①] 在这段比喻里，柏拉图提出“善的理念”是万物的本原，因为它是自身的原因，也是万物的原因；在认识论意义上，超验体现在它是认知的终极对象、思维的终极对象；在形而上学意义上，它不仅是所有美好事物的原因，真理和理性的真正来源，而且“善的理念”的“光”沟通了可见世界和可知世界，是“善的理念”主动给予可见世界真理和理性以及一切的善，人的明智之举来源于看见“善的理念”，人的善行在于对“善的理念”的仰望

① 柏拉图：《理想国》，谢善元译，上海译文出版社 2016 年版，517BC。

和观照，因此，人的“超验”才成为可能的和可行的，人的超越就表现为对“光”的接受，人的精神因此得到提升。柏拉图的理念是外在于世界的存在，万物通过参有事物的理念而存在。

柏拉图把内在超越作为人的目标。对终极概念的理解必然与人的终极目标相联系。柏拉图构想了灵魂的提升运动。在《理想国》中，柏拉图把在肉体中的灵魂比作“努斯”（νοῦς）埋在泥里，灵魂本是纯洁的“努斯”，投身于肉体就不纯洁了，要通过教育把灵魂的注意力重新转向理念。这里灵魂提升的方向是回归，因为灵魂本来纯洁，投身的灵魂的方向是向着本原的回归；同时，这样的回归也是向上的、向着终极的理念的提升，所以灵魂的回归就是提升、就是超越，以到达本原的超越者那里。在这里，指示给我们的是灵魂的运作，是内在生命的来源、内在生命与外在生命的关系以及内在生命的朝向，因此，生命从一开始就有它本然的意义——朝向本原的回归。在《斐多篇》[①]中，柏拉图指出了灵魂提升的方法，借苏格拉底之口，构想灵魂如果有好的转世，就要摆脱不和谐，从而提升成为和谐的灵魂。在这里，提升有了摆脱的意义，摆脱了不纯洁的，同样是灵魂净化和提升的方法，继而灵魂凭借理性朝向“努斯”。

柏拉图最先提出了“超验”最基础也是最本质的两个层面：至高无上性和内在性。柏拉图的“超验”不仅仅关涉世界的本原，更关涉世界与“超验”的关系、人与“超验”的关系，特别是提出了人内在的超验性。柏拉图提出理念论，把“善的理念”作为本原、最高目标和“超验”本身；从认识论、本体论和形而上学上指示给人超越的方向和方法，使人能够提升自身的认知，让哲学思考成为每个愿意思考的人能够运用的方法；进而提出生命的内在超越，即灵魂的提升以回归本原。柏拉图对“超验”的哲学思考分布在他的诸多著作中，本文因篇幅有限，仅列出两例[②]。柏拉图的哲学为西方哲学

---

① 柏拉图：《斐多篇》，《柏拉图全集》，王晓朝译，人民出版社 2002 年版。Fine/ Gail, *The Oxford Handbook of Plato*, Oxford University Press, 2019, pp. 20-28.

② 柏拉图涉及讨论“超验”的文本如：《会饮篇》211，《巴门尼德篇》141-142，《理想国》514-516，《斐多篇》99 等。

奠定了“超验”的基石，并使整个西方哲学都建立在此基石上。

（三）亚里士多德的《形而上学》第一次系统论述了“超验”

柏拉图“善的理念”虽然受到了亚里士多德的批判[①]，但亚里士多德的“超验”概念无不是建立在柏拉图的基础上，因为这个否定的结论有其积极的根据：善就像存在一样，存在于一切范畴之中。因此，亚里士多德含蓄地将一种共同性归于善，这个“善”超越一个属的共同性。亚里士多德《形而上学》第六和第十卷中，讨论了“真理”和“一”，在《尼各马可伦理学》第一卷中讨论了“善”，在《形而上学》的第四卷中，对“存在”和“一”的概念之间的关系进行了典型的处理，为“transcendentals”奠定了基础，提供了“超验学说”的基本框架。

亚里士多德在《形而上学》中系统论述了自己的“超验学说”。在《形而上学》第六卷中，亚里士多德提出：“如果有一个不可移动的实体，那么这一学科就必须是先在的（prior），必须是第一哲学。但接着说，这门学科是普遍性的是因为它是第一的，它的任务是考量‘作为存在的存在’、存在的本质（是什么）以及存在的各种属性。”[②]在《形而上学》第四卷中，亚里士多德宣称“有一门学科，它研究‘作为存在的存在’和本质上属于存在的事物”。因此，第一哲学是研究普遍存在的。[③]亚里士多德强调，这门学科必须把握存在的最初原因，因为他在第一卷中已经表明，他所寻求的学科是关于最初的和最高的原因。[④]亚里士多德说，第一哲学是关于不动和为自身存在的事物的科学，即关于上帝的科学、不动的推动者、一切存在的第一个原因，因而，形而上学被称为“神学”。对于亚里士多德来说，神学和研究“存在”的学科并不是两门独立的科学，神学是研究“存在”的学科（本体论）的结论和顶峰，不仅对年轻的亚里士多德来说，而且对老年的亚里士多

① Aristotle, *Nicomachean Ethics*, I, 6, 1096a 17-34.

② Aristotle, *Metaphysics*, VI, 1026a 22-32.

③ Aristotle, *Metaphysics*, IV, 1003a 21-32.

④ Aristotle, *Metaphysics*, I, 981b 30-982b 10.

德来说也是如此。[①]亚里士多德在《形而上学》中系统论述了“超验”理论（transcendens），并且把形而上学作为研究“最初和最高原因”、“作为存在的存在”、“作为存在的存在”与“存在”之间关系的专门学科。无疑，亚里士多德的《形而上学》是一部论述超验论的开山之作，后人对“超验论”的研究都是以这部著作为基础展开的。

亚里士多德将“存在不是一个属（genus）”论述为“存在”的超验性（transcendentality）。“存在”的超验性的一个引子可能是亚里士多德的陈述：“存在（ens）不是一个属”。亚里士多德在他的《形而上学》第三卷中与柏拉图主义讨论时，提出了这一论点。关于第一类属（genera）是否就是事物的开端的问题。如果最高的属是开端，那么这特别适用于“存在”和“一”。因为根据柏拉图主义，“存在”和“一”是最伟大的属（genera），它们是一切事物的谓项。但亚里士多德反对，他认为“存在”与“一”不可能是属。他的论点的核心是关于“存在”与差异的关系。如果“存在”是一个属（genus）（“一”也是如此），就必须找到差异，以限制“存在”的多样性。但一个属的本质并无差别，因为这样一个属就会两次被包括在种（species）的定义里，区别是在属（genus）的本质之外。然而，对于“存在”之外的差别，我们是找不到任何区别的，因为“存在”之外无物存在，而“非存在”也不可能是区别。因此，“存在”不能是一个属。[②]

亚里士多德在这里以“存在不是一个属”确定了“存在”的超验性，因为没有概念能够规定它，没有范畴能够限制它，没有属把它包含在内。相反，存在是一切事物的出发点，这是不证自明的，也因此，中世纪把“作为存在的存在”确定为形而上学的基础。然而，中世纪人改变了“存在并非种属”这一否定命题，把它转变成：“存在是一个超验（transcendens）”。中世纪的重新表述是对“存在”的语义价值的一种更积极的解释：“存在”不能被添加任何差异；“存在”是丰富的标志，因为它包含了所有的差异。亚里

① Jonannes Hirschberger, *Geschichte Des Philosophie- Altertum und Mittelalter*, Herder, 1974, S. 183-185.

② Aristotle, *Metaphysics*, III, c. 3, 998b 17-28.

士多德对“存在”的诠释，使“存在”成为形而上学的讨论的中心。

三、中世纪哲学家们建构了形而上学的统一性

（一）形而上学作为“超验学科”（transcendens scientia）

12世纪，亚里士多德《形而上学》的拉丁译本的出现，意味着中世纪形而上学新时代的开启。[①]13世纪欧洲学术活动是由接受亚里士多德的学术作品所塑造的，包括物理学、形而上学、伦理学。哲学家们特别感兴趣的是形成超验（transcendentals）的开端：形而上学的概念，关于“存在”“一”“真”和“善”等的共通概念（common notions），以及这些术语的谓项模式。1250年后，中世纪学者们对第一哲学的另一种理解，也就是对存在普遍性的理解与“transcendens”的概念联系起来：由此，接受形而上学作为研究“超验的学科”（scientia transcendens）。[②]中世纪学者们对亚里士多德《形而上学》的理解和批判形成了形而上学在西方的第二次开端。

波爱修斯在他的《论三位一体》（*De trinitate*）中，传达了新柏拉图主义对神学的理解：形而上学研究“超越自然”（beyond nature）和“超越的哲学”（philosophy of the transcendent）。他学术研究的基础是《形而上学》第六卷提出的理论学科的陈述：“如果有什么东西是非物质的和不可改变的，它的探究既不属于物理也不属于数学，而是属于神圣学科或‘神学’。最尊贵的存在、第一存在乃是第一哲学的主题。”[③]波爱修斯是从超验的高贵性和神圣性维度理解形而上学。

中世纪研究形而上学最著名的哲学家之一，阿拉伯哲学家阿维森纳的重要著作《论第一哲学或神圣科学》（*Liber de philosophia prima sive scientia*

---

① Jan A. Aertsen, *Medieval Philosophy as Transcendental Thought: From Philip the Chancellor (ca. 1225) to Francisco Súarez*, p. 54.

② Ibid., p. 55.

③ Aristotle, *Metaphysics,* VI, c. 1, 1026a 10-23; Jan A. Aertsen, *Medieval Philosophy as Transcendental Thought: From Philip the Chancellor (ca. 1225) to Francisco Súarez*, pp. 54-55.

divina）在 12 世纪下半叶被翻译成拉丁文，在西方形而上学中占重要地位。这部著作不是简单的亚里士多德《形而上学》的评论，而是具有原创性的著作，因为它为形而上学提供了新的结构，决定了中世纪对亚里士多德《形而上学》的阅读和接受。阿维森纳的形而上学对中世纪形而上学产生影响的两项贡献是：首先，提出形而上学要讨论的问题，继而提出形而上学的主题（subiect）问题。其次，提出了首要概念理论，包括引入了不同于“存在”的“事物”的概念，直接关系到中世纪系统超验论的形成。这部著作不仅使亚里士多德的形而上学形成完整的思想体系，而且引导了人类思想开始形成系统。

（二）中世纪哲学家们把确定形而上学的“恰当主题”（proprium subiect）作为中世纪哲学的基本问题

上文提到，阿维森纳首先提出形而上学主题的问题。亚里士多德在《后分析篇》中虽然衍生出“学科的主题”的概念，但在《形而上学》中，他并没有明确形而上学的主题以及其结构上的统一性。阿维森纳把“主题”概念应用在亚里士多德形而上学，开启了中世纪形而上学的新时代。主题问题的重要性在于，通过确定主题，拉丁学者们既可以确立第一哲学本身的统一，又能够确立第一哲学与其他学科的区别。对于前者，中世纪学者们需要明确形而上学结构上的统一性，阿维森纳在《论第一哲学或神圣科学》中为这种讨论提供了模式——确定学科主题，厘清第一哲学主要概念；对于后者，由于中世纪基督教神学的兴起，学者们陈述形而上学主题，主要关心的是形而上学与基督宗教神学的区别，将人类思考的哲学维度与神学维度划清界限，这是中世纪学者们对学科主题思考的中心动机。因此，“恰当主题”成了中世纪哲学研究的基本问题。①

1. 阿维森纳——形而上学主题问题的第一质询者

首先，阿维森纳以质询形而上学主题问题开始他的第一哲学：

---

① Jan A. Aertsen, *Medieval Philosophy as Transcendental Thought: From Philip the Chancellor (ca. 1225) to Francisco Súarez*, pp. 54-59, 75-77.

> 一切学科都有它们的恰当主题，我们要质询这门学科的主题是什么。①

质询形而上学的主题，就是先对第一哲学赋予学科的统一性，并且确定这门学科的属性，以区别于其他学科。在论述中，阿维森纳首先摒弃了上帝主题论：

> 我们认为至高的上帝作为这门学科的主题；但是他不是，至一自身是在这门学科中被每一个人所寻求的。然而，我说上帝不可能是这门学科的主题，因为一切学科的主题是那被这个学科认可的，并且，学科不询问自身，除非那个主题未确定，并且这个认知来自其他领域。但是，不能确定的是上帝在这门学科中并且是主题，他在这个学科中是被寻求的，因为如果不是这样，那么，不可能的是：要么他是在这个学科中被证明并在其他学科中被寻求，要么在这里被证明并不需要在其他学科中被寻求。②

在这段文字中，阿维森纳否定了上帝作为形而上学的主题并给出了理由：第一，他用了 Deus excelsus 和 unum 指同一个至高者，显然这个至高者是带有至一特殊属性的形而上学的至高者，这里区分了神学的上帝和哲学的上帝，也就划清了神学和形而上学的界限。第二，阿维森纳把上帝确定为形

① Avicenna latinus, *Liber de philosophia prima sive scientia divina*, I-IV, edited by S. Van Riet and G. Verbeke, Brill, 1977, p. 4: “Constat autem quod omnis scientia habet subiectum suum proprium. Inquiramus ergo quid sit subiectum huius scientiae.”

② Ibid., p. 4: “et consideremus an subiectum huius scientiae sit ipse Deus excelsus; sed non est, immo est ipse unum de his quae quaeruntur in hac scientia. Dico igitur impossibile esse ut ipse Deus sit subiectum huius scientiae, quoniam subiectum omnis scientiae est res quae conceditur esse, et ipsa scientia non inquirit nisi dispositiones illius subiecti, et hoc notum est ex aliis locis. Sed non potest concedi quod Deus sit in hac scientia ut subiectum, immo est quaesitum in ea, scilicet quoniam, si ita non est, tunc non potest esse quin sit vel concessum in hac scientia et quaesitum in alia, vel concessum in ista et non quaesitum in alia”.

而上学所寻求的，即这门学科认识和思考的终极目的而非前提。因此，上帝不能是这种学科的主题。第三，如果上帝作为主题，上帝的存在或是被其他学科证明，或被本学科预设，或通过自身证明，阿维森纳否定了上述可能。因此，他也否定了上帝作为形而上学的主题。

同时，阿维森纳也以相似的理由否定了最终原因作为形而上学的主题：

> 接下来指出的是认为最终的诸多原因是这门学科的主题的意见也不成立，但是，你必须知道因为这些原因同样是完备的和所追求的。①

继而，阿维森纳在书中第二部分，确定了形而上学的主题为“共通存在”（ens commune）：

> 我们要指出的是那因自身而存在，出自一切事物，是作为存在的存在，是这“共通存在”并且因其自身而必须被置于这个有权威的主题之位。②

阿维森纳进一步解释了此存在非彼存在：

> 首先，形而上学主题是“存在”，是“作为存在的存在”，是“必然的存在”“无条件的存在”。有些如种类，如实体、数量和其他范畴，这些范畴是存在的最初的分类。其中一些是恰当的偶然性（accidentalia propria），如一与多、潜能与行为、普遍与特殊、可能与必然。也并非

---

① Avicenna latinus, *Liber de philosophia prima sive scientia divina*, I-IV, S. Van Riet, G. Verbeke (ed.), pp. 8-9: “Monstrata est igitur destructio illius opinionis qua dicitur quod subiectum huius scientiae sunt causae ultimae, sed tamen debes scire quod haec sunt completio et quaesitum eius”.

② Ibid., p. 12: “Igitur ostensum est tibi ex his omnibus quod ens, inquantum est ens, est commune omnibus his et quod ipsum debet poni subiectum huius magisterii”.

特指自然的、数学的或道德的或其他别的存在。[①]

这里，阿维森纳进一步澄清了“作为存在的存在”的特性：是超越范畴的，不是偶性的，不是特指某个领域、某个学科的存在。超越范畴提示了“共通存在”的高贵性，同时以否定提示了其普遍共通性的意义；并且“共通存在”是现实的存在，不是依附的偶性，而是使存在者成为现实的必然存在。

综上所述，亚里士多德在《形而上学》第四卷中认为形而上学是思辨“作为存在的存在”的学科，他把研究“作为存在的存在”作为形而上学的本质，以区别于其他研究某一个领域的学科。[②]阿维森纳把亚里士多德在《形而上学》第四卷中的“作为存在的存在”解释为“共通存在”（ens commune），将“共通存在”确定为形而上学的主题，并确定这门学科最显著的特点是它的“共通性”（commonness）。这个结论既是本体论的也是形而上学的，共通性存在于每个存在者中，共通性体现了每个其他存在与“共通存在”的关系。

其次，阿维森纳需要回答：存在是如何共通的？“共通存在”与上帝的关系是什么？

我们回应，除非对这个主题的诸多结果质询，否则不存在对诸多开端的假设。开端不是所有存在的开端。如果一切的存在的开端存在，那么“作为存在的存在”的开端就是它自身；另一方面，在自身内的绝对存在没有开端，但是，每一个被认知的存在有开端。对其他存在，才有开端。因此这门学科质询的不是针对绝对主题的诸多开端，而是针对其

---

① Avicenna latinus, *Liber de philosophia prima sive scientia divina*, I-IV, edited by S. Van Riet and G. Verbeke, p. 13: “Ideo primum subiectum huius scientiae est ens, inquantum est ens; et ea quae inquirit sunt consequentia ens, inquantum est ens, sine condicione. Quorum quaedam sunt ei quasi species, ut substantia, quantitas et qualitas, quoniam esse non eget dividi in alia priusquam in ista (…). Et ex his quaedam sunt ei quasi accidentalia propria, sicut unum et multum, potentia et effectus [lege actus], universale et particulare, possibile et necesse. Per hoc autem quod ens recipit haec accidentia et coaptatur illis, non est necesse illud proprie fieri vel naturale vel disciplinale vel morale vel aliquid aliorum”.

② Aristotle, *Metaphysics*, IV, 1003a 23- 33.

他存在的诸多开端。①

这段文字回答了“作为存在的存在”如何与所有存在物共通。首先，阿维森纳确定了“作为存在的存在”是所有存在物的开端，也就是“作为存在的存在”赋予万物以存在，万物的存在是对开端依附的存在；其次，确定“作为存在的存在”是自身的开端，因此有不证自明、必然性的特点，相对于偶性存在，它是绝对存在。

阿维森纳对形而上学主题的建构，首先，用排除法排除了上帝和第一因作为主题的可能性。其次，提出“共通存在”作为形而上学的主题，这个“共通存在”就是亚里士多德在《形而上学》第四卷中所说的“作为存在的存在”。再次，阿维森纳给出“共通存在”的特殊属性，即它的共通性、普遍性。最后，阿维森纳认为“共通存在”是一切存在的开端，具有必然的、绝对的特点。阿维森纳对形而上学主题问题的提出具有开创性，他的论证方式层层深入。但是，对一些问题的论述，学者们并不赞同，比如，“共通存在”是否包含上帝的问题，“共通存在”与第一推动者的关系等等。在诸多的反驳意见中，本文仅举出阿威罗伊对阿维森纳神学概念的批判这一例子。

2. 阿威罗伊对阿维森纳神学概念的批判

在阿拉伯哲学中，阿威罗伊对阿维森纳的立场提出了尖锐的批评：“值得注意的是，存在的属，可以知道从物质中脱离出来，除非不在这门学科中被自然地宣布。有人说，第一哲学研究个别的存在，这是错误的。也就是说，这些存在是第一哲学的诸多主题。并且，《后分析篇》称，不可能的是任何学科证明它自身的主题存在，而是存在自身，或存在是自明的，或在其

---

① Avicenna latinus, *Liber de philosophia prima sive scientia divina*, I-IV, edited by S. Van Riet and G. Verbeke, p. 13: “Ad quod respondemus quod speculatio de principiis non est nisi inquisitio de consequentibus huius subiecti (...). Deinde principium non est principium omnium entium. Si enim omnium entium esset principium, tunc esset principium sui ipsius; ens autem in se absolute non habet principium; sed habet principium unumquodque esse quod scitur. Principium igitur est principium aliquibus entibus. Quapropter haec scientia non erit inquirens principia entis absolute, sed principia alicuius entium”.

他学科中被证明。阿维森纳的最大错误是，他说第一哲学要证明第一原因存在。”①

首先，阿威罗伊用了亚里士多德《后分析篇》中的学科原则：一个学科不能证明它自身的主题。前文提到，阿维森纳给出的上帝不能是形而上学主题的理由是：上帝是形而上学预设的前提，或在其他学科中被证明，或是自明的。显然，亚里士多德在《物理学》中，通过运动证明了第一推动者的存在。物理学的终点自然过渡到形而上学。第一推动者并非物质存在，可以作为形而上学的前提、第一因。因此，阿威罗伊批评阿维森纳认为上帝在第一哲学中需要证明的观点。显然，阿威罗伊支持形而上学的神学概念。

阿维森纳和阿威罗伊的争论实质上是形而上学的本体论和神学之间的讨论，上帝是否能够成为形而上学主题成为中世纪学者们持续讨论的话题。最重要的是：形而上学“主题”的提出，标志着《形而上学》不再仅仅是亚里士多德写在《物理学》之后，论述一系列“超验”理论的一本书，而是逐渐发展成为一门具有统一性的学科。

（三）托马斯·阿奎那——形而上学统一性的确定

1. 形而上学作为“共通的学科”

正如上文所述，诸多中世纪学者对形而上学的主题问题、结构问题以及学科的性质问题进行过讨论，其中最著名的是托马斯·阿奎那。托马斯两次系统地解释了他的形而上学概念，并且确定了形而上学的主题。第一次是在他对波爱修斯的著作《论三位一体》（*De trinitate*）的评论中，要表明第一哲学和基督宗教神学的区别；第二次是在他对亚里士多德的《形而上学》的评

---

① *Aristotelis opera cum Averrois commentariis* IV, Venetiis, Apud Junctas (ed.), (reprinted in Frankfurt, 1962,) Vol. IV, p. 47: “Sed notandum est, quod istud genus entium, esse, scilicet separatum a materia, non declaratur nisi in hac scientia naturali. Et qui dicit quod prima philosophia nititur declarare entia separabilia esse, peccat. Haec enim entia sunt subiecta primae Philosophiae, et declaratum est in *posterioribus Analyticis* quod impossibile est aliquam scientiam declarare suum subiectum esse, sed concedit ipsum esse, aut quia manifestum per se, aut quia est demonstratum in alia scientia. Unde Avicenna peccavit maxime, cum dicit quod primus Philosophus demonstrat primum principium esse”.

论中，为确立第一哲学本身的统一性。我们关注后一个文本，因为从中我们可以把握阿维森纳的“形而上学的第二开端”以来这一学科的演变。①

托马斯确立形而上学统一性的第一步是确立形而上学在诸多学科中的地位以及形而上学与其他学科的关系。他在《形而上学研究》的序言中这样描述形而上学：“正如哲学家在《政治学》中所教导的那样，当几件事被指向一个时，其中的一个必须是规范者或统治者，其余的事必须被管理或被引导。现在所有的学科和艺术被规范到一中，那就是人的完美，那就是幸福。因此，在这些学科和艺术中，必定有一门是其他所有学科和艺术的引导者，这引导也可以被称为智慧的名号。因为它使其他学科有秩序是为了指向智慧。”②

首先，托马斯在这段文字中确立了形而上学在诸多其他学科中的地位以及和其他学科的关系，形而上学作为一切学科的统领者无疑是最高的学科，规范者意味着它的规则的普遍性，形而上学的主题也必须具有最高和最普遍的意义；其次，托马斯认为这门学科的目的是人的完美和最终幸福，并且将其他学科引导向这一终极目的是形而上学的任务之一。托马斯把形而上学定位为最高的、最普遍和终极的学科。对形而上学的定位必然直接决定了托马斯对形而上学主题的定位。

在这篇序言中，托马斯给出了这门最高和第一的学科的特性：“最理性的”并且“最可理解的”：

> 自然地，这门学科必须是其他学科的规范者，是最理性的。也是最可理解的。③

① Jan A. Aertsen, *Medieval Philosophy as Transcendental Thought: From Philip the Chancellor (ca. 1225) to Francisco Súarez*, p. 231.

② Thomas Aquinas, *In Metaphysicorum, prooemium*. (html-edited Joseph Kenny, O.P. with addition of Latin and Greek.) “Sicut docet philosophus in politicis suis, quando aliqua plura ordinantur ad unum, oportet unum eorum esse regulans, sive regens, et alia regulata, sive recta.(...) Omnes autem scientiae et artes ordinantur in unum, scilicet ad hominis perfectionem, quae est eius beatitudo. Unde necesse est, quod una earum sit aliarum omnium rectrix, quae nomen sapientiae recte vindicat. Nam sapientis est alios ordinare”.

③ Ibid. “ita scientia debet esse naturaliter aliarum regulatrix, quae maxime intellectualis est. Haec autem est, quae circa maxime intelligibilia versatur.”

并且给出来理解的三种方式：

“我们能用三种方式接受‘最可理解’。第一，从认识顺序。因为理解从事物中接受确定性，可理解的被看作是更大的。这个学科的确定性是通过理性由于因果而获得的，对诸多因果的认知被看作是高贵的、理智的。这个学科考量诸多第一原因，在最大程度上是其他学科的规范者。”① 托马斯认为从认知的顺序考量，这个学科是考量第一因的。

“第二，通过对比理性与感觉来理解。因为感觉认知是特殊的知识，理智不同于感觉，被认为是通过事物的原因理解普遍性。这个学科是最高理性的，被视为最大程度上考量普遍原则。这些原则就是存在，和伴随存在的那些，如一和多、潜在与现实……这些普遍原则应该在一个共通的学科中被处理；因为理智在最大程度上是其他学科的规范者。”② 在第二段论述中，托马斯认为，相比感觉是对特殊事物的认知，理性认知是对事物普遍性、普遍原则的考量，理性与普遍性相关。形而上学以最高的理性考量最普遍的原则，这样的原则不能在某一个别学科中考量，因此，形而上学应该是研究普遍性（universalias）的学科，是共通的学科（communi scientia）。

“第三，可以从理性自身认知角度来理解。因为每个事物都有出自自身的可理解的能力，这个能力不受物质控制，这些事物有最大程度的可理解性，这些事物最大程度上与物质分离，如：上帝和理智。”③ 在第三段文字中，

---

① Thomas Aquinas, *In Metaphysicorum,* prooemium. (html-edited Joseph Kenny, O.P. with addition of Latin and Greek.) “Maxime autem intelligibilia tripliciter accipere possumus. Primo quidem ex ordine intelligendi. Nam ex quibus intellectus certitudinem accipit, videntur esse intelligibilia magis. Unde, cum certitudo scientiae per intellectum acquiratur ex causis, causarum cognitio maxime intellectualis esse videtur. Unde et illa scientia, quae primas causas considerat, videtur esse maxime aliarum regulatrix”.

② Ibid. “Secundo ex comparatione intellectus ad sensum. Nam, cum sensus sit cognitio particularium, intellectus per hoc ab ipso differre videtur, quod universalia comprehendit. Unde et illa scientia maxime est intellectualis, quae circa principia maxime universalia versatur. Quae quidem sunt ens, et ea quae consequuntur ens, ut unum et multa, potentia et actus(...). Unde restat quod in una communi scientia huiusmodi tractentur; quae cum maxime intellectualis sit, est aliarum regulatrix.”

③ Ibid. “Tertio ex ipsa cognitione intellectus. Nam cum unaquaeque res ex hoc ipso vim intellectivam habeat, quod est a materia immunis, oportet illa esse maxime intelligibilia, uae sunt maxime a materia separata..., sicut Deus et intelligentiae”.

托马斯把可理解性与非物质联系起来，形而上学关注的是最大程度脱离物质的，也就是最高的理智或者说是上帝。

综合以上三点，可以看出在最可理解的层面上，托马斯给出了形而上学考量的三个候选：第一因、“作为存在的存在”和上帝，这三个候选也是亚里士多德分别在《形而上学》第一、第四和第六卷中所给出的对第一哲学的理解。托马斯认为这三重考量属于同一学科：“这三重考量必须属于一个学科，而非不同学科。因为之前提到实体是普遍的、首要的存在的原因。此外，研究一个属的恰当原因和这个属本身，也属于同一门学科。例如，自然哲学考虑的是自然实体的原理。因此，必须是同一门学科的工作，去考虑那些个别的实体和‘共通存在’（ens commune），即上述的实体的共性和原因的普遍性。”①

2.“共通存在”作为形而上学的主题

托马斯建立形而上学统一性的下一步是确定这门学科的主题，他的程序证实了这个问题是中世纪形而上学的基本问题：

> 彰明较著的是，这个学科之前的三重考量，都并非作为主题，而是只有“共通存在”自身是。实际上，这才是这个学科的主题，我们找寻的它的原因和属性不是其他任何属的自身的诸多原因。因为，对其他属的诸多原因的认知是一个学科研究要达到的终点。然而，这个学科的主题是“共通存在”，整体在可理解的建构和存在中，被脱离于物质的事物所言说。这些事物不存在于物质中并且脱离物质被言说，在可理解的结构和存在中，如上帝和理性实体，而且这些能脱离物质而存在，如

① Thomas Aquinas, *In Metaphysicorum,* prooemium. (html-edited Joseph Kenny, O.P. with addition of Latin and Greek.) “Haec autem triplex consideratio, non diversis, sed uni scientiae attribui debet. Nam praedictae substantiae separatae sunt universales et primae causae essendi. Eiusdem autem scientiae est considerare causas proprias alicuius generis et genus ipsum: sicut naturalis considerat principia corporis naturalis. Unde oportet quod ad eamdem scientiam pertineat considerare substantias separatas, et ens commune, quod est genus, cuius sunt praedictae substantiae communes et universales causae”.

"共通存在"。如果存在依靠物质，就不能这样建构。[①]

托马斯在提出三重考量后，确定了学科主题："共通存在"（ens commune）。进而提出形而上学的普遍结构：存在的原因、属性以及存在之间的相互关系。

> 根据以上提到的三个考量，这个学科从三个考量中达到了它的完美，这三个名号被提出。神圣学科或神学被言说，也就是考量实体。形而上学，考量存在和伴随存在的事物。超越物理的学科在解决问题中被发现，如同在研究小的共相后发现大的共相。第一哲学以考量事物的第一因被言说。因此，这门学科的主题是什么、这门学科与其他学科有怎样的关系以及它被命名为什么，就清楚了。[②]

在这篇序言的结尾，托马斯解释了形而上学作为神圣学科是对最可理解性中推演出的三重考量，神圣学科在三重考量中达到完美，总之，形而上学考量存在以及与存在相关的事物，是一切学问的规范者。托马斯对形而上学的理解不是超自然的，而是共通的，所谓超越物理学和物理学之后，是指

---

① Thomas Aquinas, *In Metaphysicorum,* prooemium. (html-edited Joseph Kenny, O.P. with addition of Latin and Greek.) "Ex quo apparet, quod quamvis ista scientia praedicta tria consideret, non tamen considerat quodlibet eorum ut subiectum, sed ipsum solum ens commune. Hoc enim est subiectum in scientia, cuius causas et passiones quaerimus, non autem ipsae causae alicuius generis quaesiti. Nam cognitio causarum alicuius generis, est finis ad quem consideratio scientiae pertingit. Quamvis autem subiectum huius scientiae sit ens commune, dicitur tamen tota de his quae sunt separata a materia secundum esse et rationem. Quia secundum esse et rationem separari dicuntur, non solum illa quae nunquam in materia esse possunt, sicut Deus et intellectuales substantiae, sed etiam illa quae possunt sine materia esse, sicut ens commune. Hoc tamen non contingeret, si a materia secundum esse dependerent."

② Ibid. "Secundum igitur tria praedicta, ex quibus perfectio huius scientiae attenditur, sortitur tria nomina. Dicitur enim scientia divina sive theologia, inquantum praedictas substantias considerat. Metaphysica, inquantum considerat ens et ea quae consequuntur ipsum. Haec enim transphysica inveniuntur in via resolutionis, sicut magis communia post minus communia. Dicitur autem prima philosophia, inquantum primas rerum causas considerat. Sic igitur patet quid sit subiectum huius scientiae, et qualiter se habeat ad alias scientias, et quo nomine nominetur."

在方法上，从小共相推演到大共相，从某一学科推演到普遍学科的共通。最后，托马斯在确定了形而上学主题、与其他学科关系以及名号后，意味着确定了形而上学自身的统一，并建立了与其他学科的区别，特别是与基督宗教神学的区别。

3. 小结

托马斯理解形而上学主题的方法，是从人的理性出发，给出了人的理性最可理解的三重终极考量：第一因、作为存在的存在、上帝或理智。人的理性思考的终向是人的完美，因此，这个学科必须是所有学问的统领者，它关注的问题是人类理性思考的终极问题。由此，形而上学的问题应该围绕最基本的事物展开，那就是“存在”；因为，没有存在，任何最基本和最终极的问题就无从谈起；这个“存在”必须能够共通于所有形而上学的问题，具有普遍性、共同性和终极性。托马斯从学科的特质推演出学科主题应该具有的特质，从而确定了形而上学的主题。

托马斯作为集大成者，同意阿维森纳关于形而上学的主题不是上帝，而是“共通存在”。但他们对上帝的理解和对“共通存在”的理解都不同。如上文所说，阿维森纳认为“共通存在”没有开端，“共通存在”是其他存在的开端，上帝在共通存在之中。而托马斯认为，上帝不能仅仅被沦为存在者，上帝不是主题的一部分，而是“共通存在”的原因。

四、结语

回溯前言中提出的问题，本文从“超验”的概念史和哲学史出发，讨论了中世纪将亚里士多德的形而上学接受为“超验学科”，形成了形而上学的第二次开端。形而上学主题的讨论成为中世纪哲学的基本问题，中世纪的学者们经过数个世纪的讨论，基本将“共通存在”作为形而上学的主题，建立了形而上学本身的统一性，由此确立这门学科研究的内容和结构，即存在、存在的属性以及存在者之间的相互关系。进而区别于基督宗教神学，基督宗教神学是将神圣本身作为其主题。“共通存在”“作为存在的存在”，显然具有本体论的意义（虽然本体论是17世纪的名词），它在万物之中，使万物成为现实。“超验”哲学的系统建构，必然要包含那些超验的首要概念以及首要概念之间关系的讨论，这些概念同样是哲学家们争论的重要问题，比如：存在、至一、真理、善、物和每一个（ens, unum, verum, bonum, res and aliquid），这些问题暂且不在本文进行讨论。

“超验”一词源于拉丁语的“trans—穿越”，以及希腊语的“ὑπέϱ—超”，表达了西方哲学对形而上问题的思考方向，它带有共通性、超越性和原初性。中世纪对“超验”的关注与诠释基督宗教的上帝的属性相关，伪狄奥尼修斯把“超验”的哲学思考与上帝的名号联系在一起。奥古斯丁在《论三位一体》中，用“存在”“至一”“善”和“真理”来理解上帝三位一体的神学本质和差异性。① 托马斯的形而上学的本体论一神学概念使他能够把柏拉图的存在本身或善本身与超验的观点联系起来，因为，上帝是最高准则的原因。因此，“超验”不但是哲学处理知识和存在的基础，也是神学和宗教认识上帝的基础。② 在《中世纪哲学精神》一书中，吉尔松认为，在基督宗教的推动下，中世纪的思想改变了希腊哲学，中世纪哲学必须被理解为“基督宗教哲学”，其中最重要的创新是“出谷纪形而上学”。③ 可以说，在相当长的一段时间内，信仰与理性都是中世纪基督宗教哲学的纲领。④

“超验”是宗教、哲学或精神实践中所追求的终极的、神圣的维度，它不仅表达人本能的举心向上的追求，也显示超验性内在于人的精神之中，“超验”还预示了人与终极存在的关系，人总是向着被称为“超验”的终极存在而“不断返乡”⑤。“超验”必然也是宗教关于感知神圣维度的术语，在信仰、礼仪、祈祷或其他行为中希冀达到的神圣的维度，甚至可能是定义宗教

---

① 徐龙飞：《形上之路——基督宗教的哲学建构方法研究》，北京大学出版社2013年版，第322—405页。

② Wade Clark Roof (ed.), *Contemporary American Religion*, Macmillan Reference, 2000, 2 vols, pp. 743-744.

③ 吉尔松：《中世纪哲学精神》，沈清松译，上海人民出版社2008年版，第一章至第三章。

④ 徐龙飞：《形上之路——基督宗教的哲学建构方法研究》，第504页。

⑤ 同上书，第126—134页。

的一种方式。因此，对“超验”的认知就是人对自身、对人自身精神性的终极认知。

参考文献

《牛津高阶英汉双解词典》，A. S. Hornby 主编，李旭影等翻译，商务印书馆 2018 年版。

柏拉图：《柏拉图全集》，王晓朝译，人民出版社 2002 年版。

柏拉图：《理想国》，谢善元译，上海译文出版社 2016 年版。

吉尔松：《中世纪哲学精神》，沈清松译，上海人民出版社 2008 年版。

苗力田编：《古希腊哲学》，中国人民大学出版社 1989 年版。

文炳：《Transcendental 的中译论争历史考察》，上海交通大学出版社 2012 年版。

熊伟：《先验与超验》，《在的澄明 —— 熊伟文选》，商务印书馆 2011 年版。

徐龙飞：《形上之路 —— 基督宗教的哲学建构方法研究》，北京大学出版社 2013 年版。

Aristotelis opera cum Averrois commentariis IV, edited by Venetiis and Apud Junctas, 1562-1574 (reprinted in Frankfurt, 1962).

Aristotle, *Metaphysics* I, III, IV, VI, Oxford University Press, 2019.

Aristotle, *Nicomachean Ethics*, translated by Robert C. Bartlett and Susan. D. Collins, The University of Chicago Press, 2011.

Avicenna latinus, *Liber de philosophia prima sive scientia divina*, I-IV, edited by S. Van Riet and G. Verbeke, Brill, 1977.

Benselers Griechisch-Deutsches Schulwörterbuch, Bearbeited von Adolf Kaegi, Verlag und Bruck von B. G.Teubner in Leipzig und Berlin, 1931.

Fine/ Gail, *The Oxford Handbook of Plato,* Oxford University Press, 2019.

Greek -English Lexicon, edited by Liddelland Scott, Oxford, 1977.

Immanuel Kant, *Kritik der reinen Vernunft*, Verlag Von Felix Meiner, 1956.

Jan A. Aertsen, *Medieval Philosophy as Transcendental Thought: From Philip the*

Chancellor (ca. 1225) to Francisco Súarez, Brill, 2012.

Joachim Ritter (Hrsg.), *Historisches Wörterbuch der Philosophie*, Schwabe, 1971-2007.

Jonannes Hirschberger, *Geschichte Des Philosophie-Altertum und Mittelalter*, Herder, 1974.

Karl Rahner, *Hörer des Wortes: Schriften zur Religionsphilosophie und zur Grundlegung der Theologie*, Herder, 1997.

Nolan and F. J. Crosso (ed.), *New Catholic Encyclopedia*, Thomson/Gale Group, 2003.

The Stanford Encyclopedia of Philosophy, edited by Edward N. Zalta, The Metaphysics Research Lab Philosophy Department Stanford University.

Thomas Aquinas, *In Metaphysicorum prooemium*, html-edited Joseph Kenny, O.P. with addition of Latin and Greek.

Wade Clark Roof (ed.), *Contemporary American Religion*, Macmillan Reference, 2000.

William Freund - Latin Dictionary Lewis & Short, Founded on Andrew's Edition of Freund's Latin Dictionary, edited by Charlton T. Lewis and Charles Shor, Oxford University Press, 1956.

激进化斯宾诺莎

——以奈格里对德勒兹的斯宾诺莎解读的改造为视角

雷泌阳 *

内容提要：20 世纪 60 年代开始，法国和意大利复兴了斯宾诺莎研究，其中德勒兹的斯宾诺莎研究通过奈格里，对激进左翼思想产生了重大影响。本文主要论证，奈格里对斯宾诺莎的激进化，是对德勒兹的斯宾诺莎内在性解释的改造。奈格里在德勒兹对斯宾诺莎的不满之处，发展出了一种强调样式的生产性力量的“创构性本体论”，揭示出了斯宾诺莎内在性哲学中的激进面向，并为其强调工人阶级的生产性或建构性力量的激进思想提供了革命主体——“诸众”，以及本体论基础。本文最后指出，奈格里的解释在释放斯宾诺莎思想力量的同时，也在一定程度上偏离了斯宾诺莎文本的推理顺序。
关键词：斯宾诺莎　德勒兹　奈格里　激进化　力量

斯宾诺莎的思想是激进的。这种激进性首先体现在他的哲学、宗教和政

*　雷泌阳，同济大学人文学院博士后。

治观点对17世纪荷兰的社会秩序构成了严重挑战[①]。其次，他对君主制、贵族制和传统宗教的颠覆，以及对平等、自由、宽容和民主理念的倡导，使他成为18世纪激进启蒙的代表人物[②]。到了20世纪70年代，欧洲左派转向斯宾诺莎，试图寻找一条超越黑格尔辩证法的新的激进哲学道路。左派之所以关注斯宾诺莎，是因为他们认为斯宾诺莎是第一位在人类生命的"情感纬度"的基础上，构建一种激进的唯物主义伦理和政治的哲学家。

激进的斯宾诺莎主义者包括阿尔都塞（Louis Althusser）、德勒兹（Gilles Deleuze）、奈格里（Antonio Negri）、巴里巴尔（Etienne Balibar）、马舍雷（Pierre Macherey）和马泰隆（Alexandre Matheron）等人。本文主要思考的是奈格里对斯宾诺莎的激进化：这种激进化，一方面是相对于德勒兹的斯宾诺莎解释而言，另一方面是就奈格里所解释的斯宾诺莎思想自身而言。德勒兹的斯宾诺莎研究对安东尼·奈格里产生了重要影响，奈格里在1981年发表的《野蛮的反常：巴鲁赫·斯宾诺莎那里的权力与力量》（*L'anomalia selvaggia: Saggio su potere e potenza in Baruch Spinoza*，1981。以下简称《野蛮的反常》）[③]一书中声称，"若无德勒兹的工作，我的工作也将是不可能的"[④]。然而，奈格里并非只是延续德勒兹的解读。作为激进左翼的代表，奈格里认为德勒兹没有足够激进地思考斯宾诺莎有限样式的力量[⑤]。他试图用斯宾诺莎哲学为强调工人阶级的生产性或建构性力量的激进思想提供基础。本文旨在说明奈格里在《野蛮的反常》中对斯宾诺莎的激进化，是对德勒兹的斯宾诺莎内在

---

① 参见 W. N. A. Klever, "Spinoza's Life and Works", in *The Cambridge Companion to Spinoza*, edited by D. Garrett, Cambridge University Press, 1996, pp. 36-53。

② 参见 J. I. Israel, *Philosophy and the Making of Modernity 1650-1750*, Oxford University Press, 2002, pp. vi-vii。

③ *L'anomalia selvaggia: Saggio su potere e potenza in Baruch Spinoza*, Milano: Feltrinelli, 1981. 英文版对题目进行了修改，A. Negri, *The Savage Anomaly: The Power of Spinoza's Metaphysics and Politics*, trans. by Michael Hardt, University of Minnesota Press, 1991. 本文引文主要来自中译本，并参考英译本做了部分修改。中译本参见奈格里：《野蛮的反常：巴鲁赫·斯宾诺莎那里的权力与力量》，赵文译，西北大学出版社2021年版。

④ 参见奈格里：《野蛮的反常：巴鲁赫·斯宾诺莎那里的权力与力量》，赵文译，第484页。

⑤ 参见 T. Nail, "Expression, Immanence and Constructivism: 'Spinozism' and Gilles Deleuze", in *Deleuze Studies*, Vol. 2, No. 2, Edinburgh University Press, 2008, p. 211。

性解释的改造。奈格里从德勒兹对斯宾诺莎的不满之处，发展出了一种强调样式的生产性力量的“创构性本体论”（constitutive ontology）[①]，揭示出了斯宾诺莎内在性哲学中的激进面向。

一、“内在性”与“内在性平面”

在德勒兹之前，“内在性”（immanence）并不是一个受学术界关注的概念，很少被应用在对斯宾诺莎的解读上。德勒兹可以说是第一个将“内在性”作为重要概念纳入斯宾诺莎研究的学者[②]。在《斯宾诺莎与表现问题》（*Spinoza et le problème de l'expression*，1968）中，德勒兹将斯宾诺莎的上帝或自然看作是一种内在性的、无限的因果性力量。内在的因果性（immanent causality）不同于卓越的或类比的因果性（eminent or analogical causality）。对于后者，原因和结果之间的差别是层级上的差别，“原因表现为一种超越的终极性视域中的善”[③]，从原因流溢出的结果不在自身之内[④]。而对于前者，结果内在于原因之中[⑤]，并且诸存有之间的区别“寓含了存有的平等性”[⑥]。

根据德勒兹的解释，“内在性”通过“表现”展现出来，而“客观属性”是表现主义解释的关键[⑦]。客观属性是实体和样式的“形式共同体”[⑧]，一方面实体由属性的多样性构成，属性是实体的无限力量的无限的形式或质（qualities），它们将实体表现为“能生的自然”（natura naturans）。另一

① “创构性本体论”（constitutive ontology）不是奈格里本人所使用的术语，参见 C. T. Wolfe, “Materialism and Temporality: On Antonio Negri's ‘Constitutive’ Ontology”, in *The Philosophy of Antonio Negri*, Vol. 2, edited by T. S. Murphy and Abdul-Karim Mustapha, Pluto Press, 2007, p. 208。

② 参见 Jack Stetter, “Un homme ivre d'immanence: Deleuze's Spinoza and Immanence”, *Crisis and Critique*, 8 (1), 2021, pp. 391-393。

③ 参见德勒兹：《斯宾诺莎与表现问题》，龚重林译，商务印书馆 2019 年版，第 169—170 页。

④ 同上书，第 169 页。

⑤ 同上。

⑥ 同上书，第 169—170 页。

⑦ 同上书，第 4—5 页。

⑧ 同上书，第 37 页。

方面，通过属性，实体表现为无限多样性的样式，它们作为该种质的“量”（quantity）或“程度”，是由“能生的自然”所由出的“被生的自然”（natura naturata）。通过属性的中介，实体的单一存在表现为样式的多样性存在，而样式的多样性作为结果，又内在于实体的单一性之中。

内在性概念随着德勒兹思想的发展而变化，其核心意涵逐渐被“内在性平面”（plane of immanence）所占据。①在《斯宾诺莎的实践哲学》第二版（1981）的附录文章《斯宾诺莎与我们》（1978）中，德勒兹不再断言有唯一的实体存在，而是认为所有身体或物体，以及灵魂，共同构成一个“内在性平面”。诸微粒子之间的动静快慢关系是某形体的经度，形体的感受或遭受影响之性能是该形体之纬度，它们合在一起构成大自然，或内在性层面。②“内在性平面”是样式的施动与受动，组合与分解的“截面、交集、图解”③。在之后的《什么是哲学？》（1991）和《内在性，一种生命》（1995）中，“内在性”和“内在性平面”的意涵进一步发生变化，不过已经在很大程度上脱离了斯宾诺莎的具体文本，成为德勒兹创造性思想的重要部分。

奈格里的斯宾诺莎研究深受德勒兹的启发。他称赞德勒兹的表现主义理解极具优点，“因为他抓住了斯宾诺莎思想中有关个别性和平面的那个纬度”④。因此，在《伦理学》前两部分的实体和样式关系问题上，奈格里沿袭了德勒兹的内在性解释，他和德勒兹都站在内在性的立场上反对包含着超验性和等级制的新柏拉图主义流溢说解释：“正如德勒兹很好地证明了的那样，新柏拉图主义显露出一种趋势，易于被改造成为一种表现哲学、一种关于平面的思想，从而将超验的、等级的、流溢和堕落的那些方面彻底清除。”⑤

不过，奈格里否定了客观属性在样式表现实体时的中介作用。在他看

① 相关介绍参见 Mauricio Rocha, “Spinozist Moments in Deleuze: Materialism as Immanence”, in *Materialism and Politics*, edited by B. Bianchi, E. Filion-Donato, M. Miguel, and Ayşe Yuva, *Cultural Inquiry*, 20, ICI Berlin Press, 2021, pp. 76-77。

② 参见德勒兹：《斯宾诺莎的实践哲学》，冯炳昆译，商务印书馆 2004 年版，第 154 页。

③ 同上书，第 148 页。

④ 参见奈格里：《野蛮的反常：巴鲁赫·斯宾诺莎那里的权力与力量》，赵文译，第 484 页。

⑤ 同上书，第 72 页。

来，《伦理学》第一部分中的“属性”概念是含混的，不能将其理解为客观的[①]，正确的是属性的主观解释，“属性仅仅是对实体之一瞥，不存在流溢，只是对整体之多样性的参与”[②]。并且他认为客观属性在《伦理学》的第二部分被取消了，实体的力量直接表现在有限样式上，实体转变成了处于同一水平面的具有力量的个体事物。这样一来，实体既是单一的无限存在，又是无限多的多样性的有限存在。“神就是自身构成自身的世界。没有中介：个别事物表现这一特殊的真实视阈。神活在个别事物之中。样式既是世界也是神。”[③]

奈格里同样将实体理解成一种内在性平面，并且将《伦理学》后三部分中样式的“努力”运动所构成的相互冲突的内在性平面，解释为一种强调样式的生产性或建构性力量的“创构性本体论”。这样看来，奈格里似乎只是继承和延续德勒兹的解释，他们之间没有根本性的差异。

然而事实并非如此。《斯宾诺莎与表现问题》中有一个题为“对《伦理学》一书之方案，及对附释在其现实中的作用之形式上的研究：两部《伦理学》”的附录，在附录中德勒兹认为，《伦理学》实际上包含两部：一部是由概念之展开而形成的“河流”，一部是隐藏在推理论证的“附释”中的构成一条火山山脉的断裂的“支点”[④]。德勒兹在《斯宾诺莎与我们》中提出的“内在性平面”，只存在于他所说的第二部《伦理学》。而它之所以会被突出出来，实际上是因为德勒兹对斯宾诺莎的理解在《差异与重复》前后发生了变化。具体来说，它是德勒兹通过尼采改造斯宾诺莎实体—样式理论而提出

---

① 斯宾诺莎对“属性”的定义是：“属性，我理解为由知性看来是构成实体的本质的东西。”客观解释认为，无限属性是真实的和客观的，即是形式地存在的，也是主观地存在于被认识者的心灵中的。主观解释认为，“从知性看来”指的是被人的心灵所发明，因此“属性”仅仅是人的有限理智的发明，而不具有真正独立的存在。主观解释以沃尔夫森为代表，客观解释以弗朗西斯·S. 哈塞罗特（Francis S. Haserot）为代表。参见 H. A. Wolfson, *The Philosophy of Spinoza*, Vol. I, Harvard University Press, 1934, p.147; F. S Haserot, “Spinoza’s Definition of Attribute”, *The Philosophical Review*, Vol. 62, No. 4, 1953, pp. 512-513。

② 参见奈格里：《野蛮的反常：巴鲁赫·斯宾诺莎那里的权力与力量》，赵文译，第 165 页。

③ 同上书，第 177 页。

④ 参见德勒兹：《斯宾诺莎与表现问题》，龚重林译，第 355—356 页。

的差异哲学的延续和深化。这种经过改造后的内在性思想，已经偏离了他在《斯宾诺莎与表现问题》中以第一部《伦理学》为核心的内在性解读。

然而，奈格里则将某种与德勒兹改造后相类似的内在性思想，运用于他对《伦理学》的整体解读上。在《野蛮的反常》的脚注中，奈格里直接表示："当他强调说有'第二个斯宾诺莎'存在——也就是存在于《伦理学》附释中的斯宾诺莎、存在于《伦理学》论证配置结构中的斯宾诺莎——的时候，他差不多已经达到了对这一点的意识。"[①] 奈格里似乎也并不满意德勒兹在《斯宾诺莎与我们》中对样式的内在性平面思想的解读，因为在他看来德勒兹并没有明确用这种"内在性平面"思想取代其在《斯宾诺莎与表现问题》中对实体—样式的内在性关系的理解。但是，对于奈格里来说，根本不存在所谓的两部《伦理学》，附释中的思想与《伦理学》后三部分思想是一致的，是最终的《伦理学》思想。并且在后三部分，奈格里将德勒兹那里内在性平面中的身体或物体的组合与分解，激进化为一种建构实体的生产性活动。

这种激进化的改造是如何展开的，属性的取消在其中又具有何种作用，是论文第三部分思考的重点。在此之前需要证明，德勒兹在《斯宾诺莎与我们》中所理解的内在性平面思想，对于他来说，是一种经过其差异哲学影响的，片面理解斯宾诺莎实体—样式的内在性关系的思想。

二、斯宾诺莎的内在性与德勒兹的"差异哲学"

20 世纪 70 年代的斯宾诺莎复兴以 60 年代法国思想界的反黑格尔主义为背景[②]。在黑格尔的辩证哲学解释中，斯宾诺莎只将未特殊化的、普遍的实体视为真正实在的东西，而否认作为实体的规定或否定的样式具有实在性。斯宾诺莎哲学被看作是"一切特殊性和个别性都消失在实体之中"的"无世界

---

① 参见奈格里：《野蛮的反常：巴鲁赫·斯宾诺莎那里的权力与力量》，赵文译，第 484 页脚注。
② 参见李科林：《校正斯宾诺莎——德国理念论和法国后结构理论中的斯宾诺莎》，《哲学研究》2018 年第 11 期。

论”（Acosmsim）[①]。德勒兹试图借助对斯宾诺莎的重释，追溯不同于黑格尔“辩证哲学”的“差异哲学”的哲学谱系[②]。德勒兹将黑格尔的辩证哲学看作“表象主义思想”[③]。这种思想将存在看作是歧义的，即实体和被造物是在不同的意义上被称之为存在。根据这种存在论，认识多样性的事物只能借助由独立的权威或超验领域施加给人类的同一、类比性或否定等中介。这导致差异性被同一性所抑止，差异被降低为同一。因此，传统的表象主义哲学并未超出同一性思想的范畴，根本无法真正地思考和把握差异本身。

德勒兹批评一切形式的“表象主义思想”，他所思考的是自在的差异。德勒兹的差异哲学认为，差异不是矛盾，而是先于矛盾，差异存在于一切客观事物系统及思维的过程中，是万物的基始，世界是由差异所生产的。在他看来，只有单义性存在论才能思考在其自身之中的差异（difference-in-itself）。如果存在是单义的，对于所有事物是同一的，那么是什么构成了存在者之间的差异？德勒兹认为，“唯一能够想象的差异是力量或强度的程度的差异”[④]，而斯宾诺莎的内在性的单义性本体论是唯一纯粹和完全现实化的本体论[⑤]。根据斯宾诺莎的表现逻辑，样式是对实体力量不同程度的表现，它们之间的差异是非范畴的差异。

然而，在和《斯宾诺莎与表现问题》同年发表的《差异与重复》（1968）中，德勒兹表示，斯宾诺莎的实体相对于样式仍然具有优先性，有限样式的多样性依赖于实体的同一性[⑥]。虽然德勒兹在《差异与重复》中没有具体说明这种依赖，但《斯宾诺莎与表现问题》中的论述能够提供证明。根据他在该书中的分析，斯宾诺莎在《伦理学》第三部分区分了有限样式的本质和有限

---

① 参见黑格尔：《哲学史讲演录》（第四卷），贺麟、王太庆译，商务印书馆 1983 年版，第 100—103 页。

② 参见 Simon Duffy, “The Logic of Expression in Deleuze’s *Expressionism in Philosophy: Spinoza*: A Strategy of Engagement”, *International Journal of Philosophical Studies*, 12(1), 2004, p. 47。

③ 参见德勒兹：《差异与重复》，安靖、张子岳译，华东师范大学出版社 2019 年版，第 67 页。

④ 参见 D. W. Smith, “The Doctrine of Univocity: Deleuze’s Ontology of Immanence”, in *Deleuze and Religion*, edited by Mary Bryden, Routledge, 2001, pp. 177-178。

⑤ Ibid., p. 169.

⑥ 参见德勒兹：《差异与重复》，安靖、张子岳译，第 80 页。

样式的现实本质即“努力”。不同于有限样式的本质，“努力”作为维持一定形式下的构成部分的倾向，是特定的、受影响的能力即“potestas”（权能）或情感[①]，同时也是一种组合与分解的非主体的“情感”或能力。通过“努力”，其他有限样式得以被组成或分解，而这一“努力”本身也是由其他有限样式的“努力”组合或分解而成，如此以至于无穷。

这种组合与分解，不仅受到周围其他有限样式的影响，还以实体为前提。一方面，样式不是一种建构性的力量，而是一种组合与分解的力量。原因在于，实体是完全现实性的，样式的本质、形式和构成部分都是永恒的，而非被创造出来的。有限样式在绵延中的多样性只是永恒存在的部分在一定形式下的结合与分解，没有任何新的东西被生产出来。另一方面，“诸关系是否相互结合形成新的、更‘扩展的’关系，诸性能直接相互组合构成更‘强化的’性能或力量，并非以任意的方式结合，而是按照律则进行”[②]。无论是能够产生“快乐”激情的关系的结合，还是产生“痛苦”激情的关系的分解，都受到机械律的支配[③]。这种自然法则，正是实体的本质或属性。

由于实体的存在，虽然事物的现实本质是运动和静止，或运动和静止的比率，但是这种现实本质与形式相关联，使得实体之中仍然保留了事物的永恒形式，个体事物仍然以某种形式被定义。由此可知，斯宾诺莎的内在性哲学并不包含样式的多样性的生产力量，包含的只是非主体的组合与分解的能力，这种能力受到实体的同一性的支配。这种对实体—样式关系的理解，延续了《伦理学》前两部分的思想，或者说以其为形而上学和物理学基础，也更符合德勒兹在该书中对《伦理学》前两部分中的实体—样式的内在性关系的理解。

在《差异与重复》中德勒兹认为，要想彻底清除样式对实体的依赖，就需要存在论的颠倒：“根据这种颠转，存在要述说生成，同一要述说不同，一要述说多，等等。同一性并不是第一位的，它虽然是原则，但却是被当

---

① 参见德勒兹：《斯宾诺莎与表现问题》，龚重林译，第 227 页。

② 同上书，第 251 页。

③ 同上书，第 220 页。

作次要的原则，被当作生成出来的原则。”[①] 而最终提出这种存在论的是尼采[②]。根据这种存在论，实体的同一性被视为样式多样性生产的结果。欲望的生产本身，虽然仍是一种无主体的组合与分解，但是成了无规则的、无目的的运动。德勒兹的差异哲学也被看作一种“减去了实体的斯宾诺莎主义”（Spinozism minus substance）[③]。

德勒兹在《斯宾诺莎与我们》中对身体或物体的组合与分解的强调，正是受到这种取消实体的欲望的生产思想的影响。德勒兹表示，他不是从第一原理，即不是从对唯一实体之肯定开始，而是从“内在性共同层面之展开，而一切形体，一切心灵，以及一切个体都在那上面”[④] 开始。他对样式的描述，彻底摆脱了实体的束缚。“当德勒兹宣称存在者 —— 身体 —— 不应基于以形式为着眼点的实体主义（substantialisme）被构想时，不再是关系以实体为前提……，而是实体以关系为前提。须要注意的是：在这看似简单的颠倒中，‘关系’的含义已经发生了变化，……不是实体之间的外在关系，而是与速度密切相关的微分关系。”[⑤] 个体不再具有固定的、永恒不变的本质或形式。样式的内在性平面，只存在尚未成形的元素和多种粒子间的动和静、快和慢，它们的组合促使个体的形成。德勒兹将这一平面也称为容贯性平面或组合性平面。

可以说，德勒兹的内在性思想，随着他受自身差异哲学的影响，开始侧重所谓第二部《伦理学》，进而发展出“内在性平面”思想并不断丰富，但也不断偏离斯宾诺莎本人。这种从“内在性”到“内在性平面”的发展是《差异与重复》中德勒兹对斯宾诺莎哲学反思的延续和深化。

---

① 参见德勒兹：《差异与重复》，安靖、张子岳译，第 80 页。

② 同上。

③ 参见 D. W. Smith, “The Doctrine of Univocity: Deleuze’s Ontology of Immanence”, in *Deleuze and Religion*, edited by Mary Bryden, pp. 177-178。

④ 参见德勒兹：《斯宾诺莎的实践哲学》，冯炳昆译，第 148 页。

⑤ 参见安靖：《德勒兹的自然哲学纲要 —— 对〈斯宾诺莎与我们〉的评注》，《法国哲学研究》（第四辑），上海人民出版社 2021 年版，第 41 页。

三、“存在论颠倒”与“二次奠基”：奈格里对斯宾诺莎的激进化

作为一位马克思主义者，奈格里早年致力于马克思理论研究和革命的实践活动，反对资本主义的压迫和支配。自治马克思主义的失败，促使奈格里转向斯宾诺莎，寻求新的解决方案。[①] 虽然奈格里高度评价了德勒兹的斯宾诺莎解释：“吉尔·德勒兹从另外的方面、从不同的体系前提出发——但或许甚至是更具创新力地——以全景的、阳光朗照的视野为我们勾勒了斯宾诺莎哲学：这一哲学夺回了作为样式多样性空间的唯物主义，具体地解放了作为构成性权力的欲望。”[②] 但是，奈格里认为德勒兹没有考虑有限样式的力量的生产性，没有触及存在论的颠倒，而“这种颠倒才是斯宾诺莎那里极其重要的东西”[③]。在奈格里看来，斯宾诺莎内在性哲学可以被扩大和推进，“有关个别性和平面的思想发展为建设性的和构成性的思想”[④]。

在德勒兹的差异哲学中，有限样式的多样性/差异性的力量的彻底解放，是通过取消实体的存在论颠倒实现的。但在《斯宾诺莎与我们》中，德勒兹仅仅是悬置了斯宾诺莎的实体，而并非真的认为斯宾诺莎《伦理学》中存在实体的取消或存在论的颠倒。为了证明斯宾诺莎的样式的确是一种生产性力量，奈格里需要证明斯宾诺莎的内在性哲学中包含这种存在论的颠倒。为此，他采取了一种特殊的解释方法。与传统上大部分学者一样，德勒兹认为《伦理学》包含系统连贯的推演体系。然而，奈格里则将其视为一本哲学的成长小说。在奈格里的解释中，推动文本发展的不是文本本身的演绎逻辑，而是时代的危机和克服危机的努力[⑤]。这种特殊的阅读方式打破了理论和实践的二元划分。通过存在论的颠倒所形成的“创构性本体论”，正是为了解决时代的危机而被提出的。

---

① 参见阿里安娜·波芙：《论奈格里社会本体论逻辑的演进之路》，张福公译，《贵州师范大学学报（社会科学版）》2018 年第 6 期。

② 参见奈格里：《野蛮的反常：巴鲁赫·斯宾诺莎那里的权力与力量》，赵文译，第 29 页。

③ 同上书，第 218 页。

④ 同上书，第 484 页。

⑤ 同上书，第 143—144 页。

奈格里将斯宾诺莎哲学看作是文艺复兴人文主义反抗超验性和等级制的革命思想仍然存在于17世纪荷兰的证明。人文主义反中介的内在性思想对超验和中介思想的反抗，目的是将生产力从生产关系的支配中解放出来，实现人的自由和解放。在他看来，斯宾诺莎在《伦理学》第一部分所提出的实体理论，是各种因素的混合，包含着新柏拉图主义的残余①。在《伦理学》的第二部分，斯宾诺莎将这种带有新柏拉图主义流溢说色彩的实体—属性—样式理论，改造为实体—样式的乌托邦“内在性平面”哲学②。

根据奈格里的解释，这一目的是通过取消属性实现的。客观属性被视为支配着有限样式的生产性力量的先验形式和理性法则。通过客观属性来说明实体对样式的生产，意味着事物的生产性被归属于某种先验秩序的统辖之下，实际上是将斯宾诺莎与那个世纪通过在有限样式的情感中引入一种中介标准，使它们从属于超越它们的理性规范的思想潮流相等同③。奈格里认为这种“属性”概念在《伦理学》的第二部分被取消了。这样一来，样式的力量就不再受实体的支配，也不再是一种组合与分解的能力，而成为对实体的生产性力量的直接表现。实体相对于样式的优先性就不存在了，实体的总体性和样式的多样性处于和谐一致的关系之中。这一乌托邦的内在性哲学被看作是对当时的资产阶级乐观精神的反映④。

17世纪最后25年，荷兰资本主义持续衰退。随着荷兰资本主义的危机，总体性与多样性相一致性的乌托邦市场意识形态也出现了危机。乌托邦的发展理想在社会和政治层面遭遇危机。这一社会危机导致斯宾诺莎一度回到中介思想之中⑤。

但是奈格里认为这只是暂时的偏向。内在性的危机是由现实、政治经济

---

① 参见 P. Macherey, “Negri’s Spinoza: From Mediation to Constitution”, in *The Philosophy of Antonio Negri*, Vol. 2, edited by T. S. Murphy and Abdul-Karim Mustapha, Pluto Press, 2007, p. 8。

② 参见奈格里：《野蛮的反常：巴鲁赫·斯宾诺莎那里的权力与力量》，赵文译，第174—177页。

③ 参见 P. Macherey, “Negri’s Spinoza: From Mediation to Constitution”, in *The Philosophy of Antonio Negri*, Vol. 2, edited by T. S. Murphy and Abdul-Karim Mustapha, p. 8。

④ 参见奈格里：《野蛮的反常：巴鲁赫·斯宾诺莎那里的权力与力量》，赵文译，第188—189页。

⑤ 同上书，第204页。

危机造成的，对危机的解决和对现实的新的规划也必须植根于社会和政治之中。1665—1670年，斯宾诺莎中断了《伦理学》的写作，并在《神学政治论》中引入了新的逻辑。其中对启示想象的批评，肯定了人的行动力量。这意味着，《神学政治论》中已经出现了存在论颠倒，样式的生产性力量已经展露出来。在这一新的方案中，政治是想象的形而上学，是人类构建现实、构建世界的形而上学。对君主制的否定，是将集合体看作一种存在论层面的解决方案的标志。“集合体的概念无非是对多元性一统一性关系的一种存在论决定。”① 因此，奈格里将《神学政治论》看作是斯宾诺莎思想转变的转捩点②。

然而，《神学政治论》“尚缺少存在论的再奠基”③，还处于形而上学的停顿、理论的悖论之中，物质的想象力量还没有完成对传统的自然权利和社会契约理论的彻底改造。斯宾诺莎的国家理论还保留着传统形而上学理论下的自然法思想的残余。为了克服这一困难，斯宾诺莎在《伦理学》的后三部分对存在论进行了“二次奠基”。这一“二次奠基”的本体论即是样式建构实体的“构成性本体论”。

“二次奠基”的关键是样式的“努力”理论④。而属性的取消，是样式的“努力”成为建构性力量的关键。根据奈格里的解释，“属性”在《伦理学》第二部分就被取消了。随着作为中介的“属性”的取消，有限样式的本质和有限样式的现实本质之间的区分被取消了，实体之中不存在先于有限样式的现实本质的永恒本质。有限样式的现实本质，即“努力”或“欲望”作为受动的激情，因此不再受到有限样式的本质或中介性权能的支配，而是对实体力量的直接表现，是实体的无限力量表现自身的一个存在位置⑤，“是一个高踞于存有之上的一个本质要素、永远积极的动力、纯然内在的因果性”⑥，也

① 参见奈格里：《野蛮的反常：巴鲁赫·斯宾诺莎那里的权力与力量》，赵文译，第328页。
② 同上书，第315—316页。
③ 同上书，第283页。
④ 同上书，第353页。
⑤ 同上书，第511页。
⑥ 同上书，第351页。

即是一种主体性的生产性或建构性力量。

正是借助这一改造后的样式的“努力”理论，奈格里将《伦理学》第三部分解释为实体将自身表现为样式的自发性构建过程的现象学描述[①]。物体的努力或趋势，首先集合为人，人这一主体被建构之后将自然建构为第二自然。“第二自然”即是人类建构的世界。最终“在斯宾诺莎那里，不再有自然，有的只是第二自然；世界不是自然，而是生产”[②]。实体或世界的构建是通过“努力”的自发性力量的直接对抗推动的。“欲望”这一特殊形式的“努力”，将有限样式世界纳入受动激情的理论之中，“快乐”的激情使身体的力量增长，“痛苦”的激情使身体的力量减退。想象在时间和空间上扩展了“爱—恨”和“快乐—悲伤”等基本情感。通过想象，情感的冲突和对抗在社会领域展开，并推动社会性不断攀升和存在论完满化，同时也扩大主体性的范围[③]。在“努力”“力量”“心灵的力量”和“心灵的本质”的自发性的构成性链条中，冲突和对抗取代中介的激情辩证法，推动解放朝向更高水平发展[④]。最终，世界不是无主体的情感的组合与分解，而是主体性力量的建构。实体表现为通过有限样式的力量将自身建构为主体。这里的主体是不同于笛卡尔原子化主体的集体性主体。斯宾诺莎将人类的本质定义为是直接地社会性的。个体不是先于集体或诸众（multitude）的，相反，个体只能在集体或诸众之中被认识。奈格里认为，内在性的平面是一个集体性的平面，这一集体性平面的名字就是诸众。

这样一来，奈格里就完成了对斯宾诺莎的激进化，即将其形而上学解释成一种“创构性本体论”。这一“创构性本体论”在政治方面得以进一步深化。奈格里表示《伦理学》后两部分中新的唯物主义伦理学对苦修主义伦理学进行的批判和综合仍然包含困难[⑤]，因而最终推动《伦理学》向政治发展。

---

① 参见奈格里：《野蛮的反常：巴鲁赫·斯宾诺莎那里的权力与力量》，赵文译，第348页。

② 同上书，第508页。

③ 同上书，第368—369页。

④ 同上书，第367页。

⑤ 参见上书，第411页。

人的自由和解放最终只能通过诸众的政治得以实现，《政治论》才是《伦理学》的最终完成[①]。在《政治论》中，传统的社会契约理论被取消了，国家直接成为诸众建构的结果，“由诸众的力量所确定的共同法权通常称为国家”[②]。在奈格里看来，尽管德勒兹取得了很大的成就，但是他没能发现能够组织社会的社会性主体[③]。而这主要是因为德勒兹没有解放斯宾诺莎那里的样式的生产性力量。激进化的斯宾诺莎为奈格里提供了革命的主体——诸众，不过“诸众”这一概念在《野蛮的反常》中还没有被充分地讨论。在《帝国》中，奈格里和哈特试图通过将其构造为后现代的政治主体概念来超越德勒兹[④]。

四、结语

在德勒兹早期思想中，斯宾诺莎的内在性哲学只在其发展反黑格尔“辩证哲学”的差异哲学中起着过渡作用。根据奈格里的解释，德勒兹以客观属性为基础的内在性解读，仍然属于律法主义（作为表象主义一部分）传统。有限样式的生产性力量，受到了作为中介的属性的支配，只有取消属性才能真正释放样式的生产性力量。斯宾诺莎通过“二次奠基”，建立了一种关于人类主体的构成和解放的唯物主义力量本体论。这一唯物主义本体论作为应对时代危机的解决办法，是对其时代资产阶级意识形态的超验和中介思想的拒斥，是相对于整个欧洲思想的反常，它表明内在性哲学中包含着激进的选择方向。

这种激进化的斯宾诺莎，既不同于德勒兹差异哲学中的尼采，也不同于其差异哲学视野之中的斯宾诺莎。对于后两者，样式多样性的生产并不建构实体的同一性。然而，对于奈格里来说，斯宾诺莎的样式多样性的生产力，

---

① 奈格里：《野蛮的反常：巴鲁赫·斯宾诺莎那里的权力与力量》，赵文译，第 381 页。

② 参见斯宾诺莎：《政治论》，谭鑫田、傅有德、黄启祥译，广西师范大学出版社 2016 年版，第 175 页。

③ 参见 N. Tampio, “Assemblages and the Multitude Deleuze, Hardt, Negri, and the Postmodern Left”, *European Journal of Political Theory,* 8(3), 2009, p. 384。

④ Ibid., p.384.

生产或建构同一性、秩序和国家。这一分歧在政治上也有所体现：德勒兹为资本主义寻找的是一条逃逸路线，而奈格里则试图用诸众的力量，重新构造一种替代资本主义的政治秩序。

我们可以从很多方面来思考奈格里的反常解读是否合理，不过，属性的取消和存在论的颠倒直接关系到“二次奠基”的“创构性本体论”解读能否成立。马泰隆对前者表示了怀疑。在他看来，“属性理论，按照斯宾诺莎意图人们理解的那样来理解的属性理论，才是‘二次奠基’本身的基础”①。尽管属性的客观主义解释和主观主义解释长久以来存在争论，但是奈格里将客观属性解读为支配样式的生产力的中介性权力是否合理，是值得怀疑的。更关键的是，相对于德勒兹的传统的解读方法，奈格里的结合语境的解读更加偏离斯宾诺莎文本的推理顺序，甚至可以说奈格里没有严肃对待斯宾诺莎的文本本身。但这并不意味着奈格里的解读没有价值，他也让我们看到了斯宾诺莎思想与其时代的复杂关系，及其所蕴含的唯物主义潜能。

参考文献

阿里安娜·波芙：《论奈格里社会本体论逻辑的演进之路》，张福公译，《贵州师范大学学报（社会科学版）》2018 年第 6 期。

安靖：《德勒兹的自然哲学纲要 ——对〈斯宾诺莎与我们〉的评注》，《法国哲学研究》（第四辑），上海人民出版社 2021 年版，第 37—53 页。

德勒兹：《斯宾诺莎的实践哲学》，冯炳昆译，商务印书馆 2004 年版。

德勒兹：《差异与重复》，安靖、张子岳译，华东师范大学出版社 2019 年版。

德勒兹：《斯宾诺莎与表现问题》，龚重林译，商务印书馆 2019 年版。

李科林：《校正斯宾诺莎 ——德国理念论和法国后结构理论中的斯宾诺莎》，《哲学研究》2018 年第 11 期。

奈格里：《野蛮的反常：巴鲁赫·斯宾诺莎那里的权力与力量》，赵文译，西北大学出版社 2021 年版，第 484 页。

① 参见奈格里：《野蛮的反常：巴鲁赫·斯宾诺莎那里的权力与力量》，赵文译，第 20 页。

黑格尔：《哲学史讲演录》（第四卷），贺麟、王太庆译，商务印书馆 1983 年版。

斯宾诺莎：《政治论》，谭鑫田、傅有德、黄启祥译，广西师范大学出版社 2016 年版。

A. Negri, *The Savage Anomaly: The Power of Spinoza's Metaphysics and Politics*, translated by Michael Hardt, University of Minnesota Press, 1991.

C. T. Wolfe, "Materialism and Temporality: On Antonio Negri's 'Constitutive' Ontology ", in *The Philosophy of Antonio Negri*, Vol. 2, edited by T. S. Murphy and Abdul-Karim Mustapha, Pluto Press, 2007.

D. W. Smith, "The Doctrine of Univocity: Deleuze's Ontology of Immanence", in *Deleuze and Religion*, edited by Mary Bryden, Routledge, 2001.

F. S Haserot, "Spinoza's Definition of Attribute", in *The Philosophical Review*, Vol. 62, No. 4, 1953.

H. A. Wolfson, *The Philosophy of Spinoza*, Vol. I, Harvard University Press, 1934.

J. I. Israel, *Philosophy and the Making of Modernity 1650-1750*, Oxford University Press, 2002.

Jack Stetter, "Un homme ivre d'immanence: Deleuze's Spinoza and Immanence", in *Crisis and Critique*, 8 (1), 2021.

Mauricio Rocha, "Spinozist Moments in Deleuze: Materialism as Immanence", in *Materialism and Politics*, edited by B. Bianchi, E. Filion-Donato, M. Miguel, and Ayşe Yuva, *Cultural Inquiry*, 20, ICI Berlin Press, 2021.

N. Tampio, "Assemblages and the Multitude Deleuze, Hardt, Negri, and the Postmodern Left", *European Journal of Political Theory,* 8(3), 2009.

P. Macherey, "Negri's Spinoza: From Mediation to Constitution", in *The Philosophy of Antonio Negri*, Vol. 2, edited by T. S. Murphy and Abdul-Karim Mustapha, Pluto press, 2007.

Simon Duffy, "The Logic of Expression in Deleuze's *Expressionism in Philosophy: Spinoza*: A Strategy of Engagement", in *International Journal of Philosophical*

Studies, 12(1), 2004.

T. Nail, "Expression, Immanence and Constructivism: 'Spinozism' and Gilles Deleuze", in *Deleuze Studies*, Vol. 2, No. 2, Edinburgh University Press, 2008, p. 211.

W. N. A. Klever, "Spinoza's Life and Works", in *The Cambridge Companion to Spinoza*, edited by D. Garrett, Cambridge University Press, 1996.

从非还原论立场看莱布尼茨认识论的谦卑问题

何珺妍*

内容提要：蕾·兰顿认为，莱布尼茨将关系和关系属性还原为实体的内在属性，因此其认识论是不谦卑的。认识论上的谦卑，通常是指对实体内在属性的不可知性的承认。兰顿的不谦卑指控依赖于还原论解读。还原论解读把莱布尼茨的关系看作理念性的，与之相对，非还原论的解读把关系看作一个事实，因此不能被还原为单子的内在属性。与不谦卑指控相反，莱布尼茨在其形而上学和认识论中采取了非还原论的策略。非还原论的支持者，如石黑浩和亚瑟对莱布尼茨哲学中的关系、关系谓词和关系属性做了明确的区分。最终，非还原论表明，即使基于认识论上的谦卑，也将撤销对莱布尼茨的不谦卑指控。

关键词：莱布尼茨　认识论　还原论　非还原论　谦卑

兰顿在《康德式的谦卑：我们对物自体的无知》[①]一文中，认为莱布尼茨

*　何珺妍，中国人民大学哲学学院2020级博士生。

①　原文标题为“Kantian Humility: Our Ignorance of Things in Themselves”，为行文方便简洁，以下将其缩略为KH。

“将现象还原为物自体，物理领域还原为单子领域，关系属性还原为内在属性”[①]，由此得出结论：康德认识论上的谦卑在于我们对实体的内在属性一无所知，同时莱布尼茨认识论上的不谦卑在于其将实体的外在属性彻底还原为内在属性。兰顿关于莱布尼茨认识论上的还原论解读策略在莱布尼茨形而上学的标准解读中有迹可循。这始于罗素（Rusell, 1900）对莱布尼茨的定位，即莱布尼茨形而上学源于其对主谓词逻辑的保证，由此莱布尼茨对关系的否认成为学界广为接受的普遍观点。尽管许多学者拒绝罗素对莱布尼茨主谓词逻辑过于简单的推导模式，但大多数学者如布罗德（C. D. Broad, 1975）、帕金森（G. W. R. Parkinson, 1969）、雷切尔（Nicholas Rescher, 1967）、马特斯（Benson Mates, 1986）、卢瑟福（Donald Rutherford, 1995）、卡夫和霍索恩（Jan Cover and John O'Leary Hawthorne, 1999）等均认为，莱布尼茨的关系作为一种理想的而非现实的状态隐含于其主谓词逻辑中，并且由于莱布尼茨的本体论承诺，可以直接将关系还原为单子的内在属性。与此同时，石黑浩（Hidé Ishiguro, 1972）、欣蒂卡（Jaakko Hintikka, 1981）、亚瑟（Richard T. W. Arthur, 2021）等人认为，对莱布尼茨还原论的解读忽视了莱布尼茨对永恒真理和偶然真理的区分，并且在语义开放状态下，需区分关系和关系属性。由此，关于莱布尼茨的还原论和非还原论之争一直是一个极具争议性的话题。本文的目标是基于对莱布尼茨形而上学的非还原论解读，论证莱布尼茨认识论并非不谦卑。

需要强调的是，本文预设的重要前提之一是兰顿对康德哲学的解读在结论上是合理的，尽管论证步骤上是有争议的[②]。因此，本文不意欲涉及有

---

① KH, p. 73.

② 如《纯粹理性批判》中存在大量文本（B 67, A 265/B 321, A 274/B 330, A 277/B 333, A 285/B 341 等）与兰顿的观点相反，即表象仅仅只是外在属性。兰顿对康德“phenomena substantiata”的原创性解释，也引发了对兰顿内在属性的两种解读：同一性解读与非同一性解读。具体见 Lucy Allais, “Intrinsic Natures: A Critique of Langton on Kant”, *Philosophy and Phenomenological Research*, 2006, Vol.73 (1), pp.143-169; Lorne Falkenstein, “Debate: Langton on Things in Themselves: Critique of Kantian Humility”, *Kantian Review*, 2001, Vol. 5, pp. 49-64; Graham Bird, “Rae Langton, ‘Kantian Humility: Our Ignorance of Things in Themselves’” (Book Review), *Philosophical Quarterly*, 2000, Vol. 50, p.105; Angela Breitenbach, “Langton on Things in Themselves: A Critique of Kantian Humility”, *Studies in History and Philosophy of Science*, Part A, 2004, Vol. 35 (1), pp.137-148。斯坦福哲学百科全书“康德的先验唯心主义”词条对此也略有论述：https://plato.stanford.edu/entries/kant-transcendental-idealism/#Bib。

关康德的哲学争论，只对其做共识性的哲学解读，目的在于讨论兰顿基于对康德的解读而对莱布尼茨哲学产生的一系列结论是否公允。本文将主张由于兰顿在还原步骤上将“附带”（Supervenience）仅作强附带解释并且误解了莱布尼茨的“谓词在主词中”（PIN），造成了兰顿对双主体结构的忽视。又由于兰顿将“还原”区间完全封闭，从而混淆了莱布尼茨提出的永恒真理与偶然真理，并且莱布尼茨的“暗室假设”也削弱了兰顿的非感性接受性解读。最后本文还将基于石黑浩和亚瑟对莱布尼茨非还原论立场的解读，进一步澄清莱布尼茨的关系理论中关系、关系谓词和关系属性之间的区别，最终认为，即使同意兰顿对谦卑的康德式定义，莱布尼茨在认识论上也不是不谦卑的。

一、兰顿的莱布尼茨认识论解释思路

在行文开始之前，我们先在本文中设立如下几个前提。首先，如果兰顿认为莱布尼茨对关系的否认的理论来源仅基于“主谓词逻辑”[①]，那么“这个问题在整个逻辑史中应是无意义的，因为一个偶然事件不可能存在于多个主词中，（多元）关系不能存在于现实中，论毕”[②]。因此本文预设兰顿在认同主谓词逻辑的前提下，即不否认关系陈述的真实性，她的论述语境包含了在经验（现实生活）中是否存在关系的表述。其次，对关系和关系属性的区分。遗憾的是，我们并没有在兰顿的文本中发现她对二者做出明确的界定。虽然本文承认对关系和关系属性给出可行的区分标准是十分困难的，但根据石黑浩，本文做出最基本的界定：关系作为各种关系的抽象，是一种抽象实体，用康德式表述即为关系作为一种理念性的事物，当关系是抽象实体时，在莱

① 这是本文推测的结论，但本文认为理由是充分的，原因在于对莱布尼茨还原论立场的表述最先见于罗素（1900：9），其主要根据即是主谓词逻辑，尽管之后对莱布尼茨还原论立场的解释各有侧重，但所依据的仍是主谓词逻辑。又因为莱布尼茨的主谓词逻辑（本文认为其原型是 PIN）是其哲学中基础定律之一，从兰顿对莱布尼茨文本的熟悉程度上看，她不可能不了解这一原则。

② Richard T. W. Arthur, *Leibniz on Time, Space, and Relativity*, Oxford University Press, 2021, p. 340.

布尼茨看来这涉及对时空的表述；关系属性意味着关系事实的实在性[①]。从抽象实体的角度出发势必将展开对莱布尼茨时空观的讨论，这远超出本文的讨论范围，因此本文将沿着兰顿行文表述，在必要时区分关系和关系属性。最后，并非所有命题的主词都是实体，对主词和实体的强调能够避免一种仅从本体论出发的哲学偏见，即莱布尼茨的主谓词逻辑仅涉及实体和偶性，从而忽视了莱布尼茨哲学中命题的主词与实体不可等同。

兰顿在KH的第二章确立了康德哲学中的三个议题：

> 区分（Distinction）：物自体是具有内在属性的实体，现象是实体的关系属性。
>
> 谦卑（Humility）：我们对实体的内在属性一无所知。
>
> 感性接受性（Receptivity）：人类的知识依赖于感性，感性是具有接受性的，即只有客体对我们有影响时，我们才能对其拥有知识[②]。

在第六章中，兰顿重提这三个议题并增加了不可还原性议题：

> 不可还原性（Irreducibility）：实体的关系和关系属性不可还原为实体的内在属性[③]。

根据兰顿，“区分”在一定程度上体现出莱布尼茨和康德哲学之间的相似，但“感性接受性”和“不可还原性”则标识出二者间的区别。感性接受性由连续原则而来，兰顿似乎认为，基于康德语境，这可以产生两个前提：（1）表象会发生变化，（2）实体内在属性是独立且确定的。由前提1可以推出：（3）表象的变化是基于表象间的相互影响。（1）+（3）则有（4）表象间的变化是可表象为物理世界的因果关系。由前提2可以单独推出（5）实

① Ishiguro, *Hidé: Leibniz's Philosophy of Logic and Language*, London, Duckworth, 1972, p. 101.

② KH, pp. 20-23.

③ KH, p. 125.

体的内在属性不能自我改变也无法相互影响。(3)+(5)推出(6)表象的变化与实体内在属性的变化无法产生映射。(3)+(5)+(6)推出康德哲学的主要观点：实体内在属性，即物自体不可知。(1)+(3)+(4)推出现象界的因果关系是一种物理上的连续律，由此物理连续律所隐含的结论是“实体内在属性的变化因果地依赖于事物间关系的变化”[①]。虽然康德在“第二类比”中论述了基于时间关系的因果相继，但兰顿在自己的解读中并没有很好地定义康德的连续律，因为连续律的基本要求在莱布尼茨看来是“自然不做跳跃”，兰顿意义上的康德连续律部分地仅仅基于逻辑推导，其中逻辑推导的合法性、逻辑强度与形而上学强度的等价性都值得进一步思考。由于兰顿对“不可还原性”的部分定义“实体的关系和关系属性”实际上是基于对物理连续律的描述，显然兰顿提出的连续律需要被要求更多。最终，物理连续律只是对实体外在属性的关系性描述，使得康德能够“推翻莱布尼茨的前定和谐学说”[②]。

利用对实体内在属性和外在属性的区分，兰顿引入莱布尼茨的镜像隐喻，即“单子间没有窗户”，“每个单子都像镜子在不同程度上反映着世界”(《单子论》第 7、56、57 条)，并认为在康德看来莱布尼茨认为表象即是物自体，并且对表象的感知即是对物自体的感知，因此由感性而来的知识就是实体的内在属性[③]。即使兰顿承认莱布尼茨认识论肯定了知觉(perception)的作用[④]，但由于莱布尼茨对人类感知的区分只是程度上的不同，并没有区分康德意义上的感性、知性和理性，而是将感性“同化为知性”[⑤]，因此莱布尼茨意义上的知觉和察觉基于其怪异的镜像论和不可交通论，仍然拒绝了感性接

---

① KH, p.106，脚注 14。

② KH, p.105.

③ KH, pp. 89-90.

④ 此处采用陈修斋在《人类理智新论》和《以理性为基础的自然和神恩原则》(§4) 中的译法，perception 译为知觉，若涉及 appetition，则译为察觉。需要强调的是，perception 和 appetition 涉及莱布尼茨认识论中更复杂的问题，如二者的关系问题，perception 与 expression、representation 的同一性问题，派生力对原始力的调整问题等。但似乎兰顿—康德对莱布尼茨认识论的解读流于表面，因此本文也不涉及对二词的辨析。

⑤ KH, p.91.

受性。这诱使兰顿得出结论：莱布尼茨哲学与康德哲学相反，既没有认识上的接受性，也没有认识上的谦卑[①]。

基于康德第三类比中的共存性原则，兰顿认为康德对感性接受性的肯定为不可还原性提供了基础，因为康德认为关系作为一种属性是外在的，即使康德没有否认关系属性不是真实的，因此实体的存在并不能解释实体的关系属性[②]。同样，兰顿并没有花费篇幅在共存性原则是如何作为不可还原性基础这一点上。但这并不影响兰顿的核心论述，其论点在于“不可还原性”中的对还原步骤的论证。在康德语境上，兰顿认为（1）不可还原性在量词上是全称的，即“涉及全称的关系都是不可还原的”；（2）附带性可理解为单边还原，双边还原需在类 / 集合上进行还原；（3）关系和关系属性二者的区分存在模糊性，康德在两种意义上谈论“关系的限制”[③]：暗示某主体存在或某种关系模式，如小红被爱（is loved）和小红可爱（is lovable），前者暗示除小红外还有另外的感情施动者存在，后者暗示关系属性可建立关系模式[④]。

首先兰顿采用了金（Kim, 1984）在附带性定义中的强附带解释，其关系和关系属性双边依附和单边依附的逻辑论述源自坎贝尔（Campbell, 1990）的区分[⑤]。先看兰顿对强附带的定义[⑥]：

> A 类属性附属于 B 类属性，当且仅当有任意客体 X，有属性 F 属于 A 类属性且客体 X 拥有属性 F，那么存在属性 G 属于 B 类属性使得客体 X 拥有属性 G；必然地，对任意客体 Y，若客体 Y 有属性 G 则客体 Y 有属性 F。

---

① KH, p.90.

② KH, p.108.

③ determinatio respectiva: relative limitation/qualification.

④ KH, pp. 109-111.

⑤ KH, p.78，脚注 25；p.85，脚注 43。Kim, “Concepts of Supervenience”, *Supervenience and Mind: Selected Philosophical Essays*, Cambridge: Cambridge University Press, 1993, p. 57; Keith Campbell, *Abstract Particulars*, Oxford: Blackwell, 1990, pp. 104-107.

⑥ KH, p.78.

显然，这里的强附带是一种蕴含关系，即兰顿意义上的内在属性必定包含关系属性。由此推论莱布尼茨关于现象和物自体的划分，即R-P-I结构（substantial-quasi-substantial-res mentalis）：单子—物理世界—时空成了静态包含关系，即单子领域包含物理世界，物理世界包含时空，单子领域在本体论层面直接包含时空[①]。我们会在本文第二部分详细讨论这一结论。其次，由于兰顿对关系属性可还原性的关注度高于关系可还原性，因此我们只看兰顿对关系属性双边依附和单边依附的定义。定义如下：

> 关系属性的双边依附：A类关系属性双边依附于B类内在属性当且仅当，必然地，对任意客体x，有关系属性F属于A类关系属性，若x是F，则存在客体y，且存在内在属性G和H属于B类内在属性，使得客体x有属性G，客体y有属性H；必然地，有任意一对客体w和z，若w有属性G且z有属性H，则w有F。[②]
>
> 关系属性的单边依附：A类关系属性单边依附于B类内在属性当且仅当，必然地，对任意客体x，有关系属性F属于A类关系属性，若x是F，则存在内在属性G属于B类内在属性，使得客体x有属性G；必然地，有任意客体w，若w有属性G，则w有F。[③]

兰顿列举身高关系和距离远近等例子，认为它们都是关系属性的双边依附，如阿胖比阿轻重7公斤，变换主格和宾格则有：（1）当阿胖作主格、阿轻作宾格时，“比……重7公斤”则为阿胖体重与阿轻比较中的外在表现；（2）当阿轻作主格、阿胖作宾格时，“比……轻7公斤”则成为阿轻体重与阿胖比较中的外在表现。将阿胖和阿轻换成A、B，则

---

① 关于莱布尼茨对现象/物自体的划分，可参考 Vassil Vidinsky, “Dynamical Interpretation of Leibniz’s Continuum”, *Humanities Commons*, No.10 (2008); Glenn A. Hartz and J. A. Cover, “Space and Time in the Leibnizian Metaphysic”, *Noûs* 22, No. 4 (1988).

② KH, p. 85.

③ KH, p. 87.

有：在条件x下，A和B相等或不等。换言之，兰顿定义下的关系属性的双边依附可称为双主体结构，二者缺一不可。同样地，阿胖比阿轻重7公斤，不需交换主格宾格，“比阿轻重7公斤”实际上已经包含在阿胖的内在属性之中，“比阿胖轻7公斤”包含在了阿轻的内在属性中。换言之，兰顿定义下的关系属性的单边依附是单主体结构，宾格作形容词使用。兰顿认为单边依附包含双边依附，但双边依附不能包含单边依附①。换言之，单主体结构的形容词性宾格是任意的，但单主体结构中的单主体和形容词性宾格能组成一对偶然的双主体结构；相应地，双主体结构是固定的，因此并不能解构为单主体结构。按照坎贝尔的解释，单边依附是真蕴含关系②。兰顿承认，并不能肯定莱布尼茨究竟采取哪一种还原策略，但根据帕金森（Parkinson, 1969），她认为莱布尼茨始终采取了两种可约性论点③。

概言之，兰顿认为，莱布尼茨虽然区分了现象和物自体，但由于莱布尼茨拒绝感性接受性，所以莱布尼茨不得不采取将一切外在属性（包括关系属性）还原为实体的内在属性的策略，由此莱布尼茨意义上的外在属性（包括关系属性）仅仅是想象的属性，并不具有实在性。最终莱布尼茨对感性接受性的拒绝导致其还原论立场，从而使兰顿得出莱布尼茨的认识论并不谦卑的结论。

二、兰顿关于莱布尼茨还原论的可能存在的论证问题

（一）附带和还原

兰顿声称自己对还原和依附的灵感来自金、坎贝尔和帕金森④，由此本小节将从金、坎贝尔和帕金森的文本出发，看兰顿的还原论推论过程存在哪些

---

① KH, p. 87.

② Keith Campbell, *Abstract Particulars*, pp. 104-107.

③ KH, p. 88.

④ KH, p. 85，脚注 43。

其他可能。

显而易见，还原和依附都要求某种单一或多个同质关系。金区分了强依附和弱依附：

> A弱依附于B，当且仅当必然地，A中的任意属性F，如果一客体x有F，那么B中存在一个属性G，使得x有G，且若任一y有G则有F。
>
> A强依附于B，仅当必然地，对每一x及在A中的属性F，若x有F，则在B中存在属性G使得x有G，且必然地若任一y有G则有F[①]。

金认为"既不必要也不必须去理解模态词'必然地'"[②]，二者的关键区别之处在于第二个子句，即在弱依附中"这个子句的力量在于在每个世界中，G-F的归纳必须成立；这并不要求G-F的联结在各世界间是稳定的"[③]，而在强依附中既要求G-F的归纳必须成立，也要求G-F的联结在各世界间是稳定的。换言之，假设存在世界W1、W2、……Wn和x、y，存在有x1有F，当存在任一y，即yn有G则有F，则弱依附成立；假设存在世界W1、W2、……Wn和x、y，存在有x1有F，当且仅当每一y，使得y有G则有F，则强依附成立。即在弱依附中，仅需存在一对G-F的映射成立，则命题成立；在强依附中，需每对G-F的映射成立，命题才能成立。用金的例子则是，设想集合A包含了成为好人的属性，集合B包含了属性勇敢、善良和诚实，有两个人共享集合B中的属性，如都善良、诚实但缺乏勇气，在弱依附中则二者要么都是好人要么都不是；在强依附中，若想称某人是好人（金举例方济各），则二者必须同时勇敢、善良、诚实[④]。现在让我们回想莱布尼茨与阿诺德关于"可能亚当"的争论[⑤]。莱布尼茨认为：

---

① Kim, "Concepts of Supervenience", *Supervenience and Mind: Selected Philosophical Essays*, pp. 64-65.

② Ibid., p. 66.

③ Ibid., p. 64.

④ Ibid., pp. 58, 66.

⑤ 这涉及莱布尼茨模态哲学中本质主义和超本质主义之争。但这一争论与本文目的关系不大，因此不提及。LAC, pp. 45-46/G II pp. 41-42/AG pp. 72-73.

所有人类事件都不能简单地通过假设创造了一个模糊的亚当来推断，而是通过假设创造了一个根据所有这些情况而确定的从无限个可能的亚当中选择出来的亚当，……我同意，当我谈到数个亚当时，我并没有把亚当当作一个确定的个体。……我的意思是，例如，当我们在亚当中考虑他的部分谓词时，例如，他是第一个男人，被安置在一个快乐的花园（garden of pleasure）里，上帝用他的肋骨创造了一个女人，并且用普遍的方式设想类似的事件（即在不提及夏娃、天堂和其他完成他个体性的情况），将这些谓词归因于的个体即是亚当，但所有这些都不足以确定个体，因为能够有无限个亚当，即无数个相互不同的人都符合这一描述。……不可能存在两个完全相似的个体或仅仅只是号数上的不同，因此，我们绝不能设想一个模糊的亚当，即一个人拥有某些亚当的属性时，我们所关心的是确定是否所有人类事件都遵循他的假设。我们必须赋予他一个如此完整的概念，以至于可以从中推断出每一件归因于他的事件，……因此，如果他经历了其他的事件，他就不会是我们的亚当，而是另一个人，因为没有什么能阻止我们说他是另一个人。因此他就是另一个人。

这只是莱布尼茨"可能世界"理论的一个缩影。不得不承认这段话极具误导性，因为莱布尼茨似乎在说，如果从"我"这个概念可以推出"我应该身高175厘米"，但事实上我身高175.5厘米，那"我"就不再是"我"，即个体的一切属性都与个体的本质直接相关。事实是否如此？考虑以下两种区分：

基本独立性：如果A的存在不需要B的存在，A就独立于B。

严格（逻辑）独立性：如果A的存在既不需要也不排除B的存在，那么A独立于B[①]。

---

① A. Harmer, "Leibniz's World-Apart Doctrine", *Leibniz on Compossibility and Possible Worlds*, edited by Gregory Brown and Yual Chiek, The New Synthese Historical Library, 2016, p. 39.

二者的区别是显然的，关键是莱布尼茨会倾向于哪一种。本文认为没有严格及明确的文本支撑莱布尼茨会支持第二种独立性，即严格（逻辑）独立性[①]。换言之，按基本独立性，［亚当—吃禁果］的存在独立于［亚当—没吃禁果］的存在；按严格独立性，［亚当—吃禁果］的存在会排除［亚当—没吃禁果］的存在。按照莱布尼茨与阿诺德的对话，“将这些谓词归因于的个体即是亚当，但所有这些都不足以确定个体，因为能够有无限个亚当，即无数个相互不同的人都符合这一描述”[②]。现在让我们考虑《关于概念和真理的一般探究》。莱布尼茨在其中认为：“除非那个被称为‘人’的被毁灭，否则就不能不是人；某人可以开始成为或停止成为一位国王或学者，尽管他本人保持不变。”[③] 即设存在［亚当—0］有基本称之为人的属性，在世界 W1 中，有［亚当—吃禁果］，在世界 W2 中，有［亚当—没吃禁果］，在世界 W3 中，有［亚当—有智慧］……根据基本独立性原则，每个世界中的亚当都可能存在且不相互排斥，又根据莱布尼茨，只要［亚当—0］作为人的基本属性保持不变，就保证了［亚当—称谓］不会成为唯名论意义上的集合概念[④]。进一步而言，假设存在世界 Wn，其中［亚当—鲸鱼］是一切事件的始祖，在莱布尼茨看来，这与人的基本属性相矛盾，可以排除。即，［亚当—0］实际上已经成了类概念，我们把它写作 quasi-Adam[⑤]。准确来说，根据莱布尼茨，在可能世界中，只有当个体概念完全时，个体才能存在，即 quasi-Adam 实际上不能被看作是存在的，而 quasi-Adam 的意义在于对应或统摄一组在

---

① 关于莱布尼茨对这两种独立性的可能倾向，A. Harmer 做了严格论证证明莱布尼茨更可能倾向基本独立性。本文仅基于文本支撑。A. Harmer, “Leibniz’s World-Apart Doctrine”, *Leibniz on Compossibility and Possible Worlds*, edited by Gregory Brown and Yual Chiek, The New Synthese Historical Library, 2016.

② LAC, 45/G II 42/AG 73.

③ The General Inquiries about the Analysis of Concepts and of Truths (Generales Inquisitiones de Analysi Notionum et Veritatum), OFI, pp. 356-357/LLP 47. 实际上这也在讨论部分与整体的关系。相似的论述出现在《神正论》和《人类理智新论》中。

④ 实际上关于莱布尼茨是唯名论还是唯实论也有相关讨论。但基本一致的是，莱布尼茨是较温和的唯名论者。但这里为了讨论方便，仅借用唯名论的含义，不做立场划分。

⑤ 该写法来源于斯坦福词条“莱布尼茨模态形而上学”：https://plato.stanford.edu/entries/leibniz-modal/#Aca.

所有可能世界中所有可能存在个体的实在性和完整性。现在，让我们重新回忆金关于弱依附和强依附的区分。例证则变成：集合 A 包含了成为亚当的属性，即 quasi-Adam，集合 B 包含了第一个男人、偷吃禁果、被上帝抽了一根肋骨的属性，设世界 W1 中亚当 1 与世界 W2 中亚当 2 共享集合 B 中第一个男人、偷吃禁果但肋骨完整的属性，结合莱布尼茨“可能亚当—可能世界”理论，世界 W1—亚当 1 与世界 W2—亚当 2 不冲突，即成立，即与金的弱依附等价。换言之，当所有可能世界中，仅存在一组世界 Wn—亚当 n 与《圣经》中的亚当形成映射，即与金的弱依附等价。让我们再次回忆兰顿在 KH 78 页脚注 25 中的立场：金的强依附“是我们在这里和接下来的章节中所要关注的唯一一种依附性”[①]。又根据本文目前的论证，即莱布尼茨采取的是弱依附而非强依附策略，这使得兰顿关于莱布尼茨的论点之一变得可疑。

现在让我们考虑坎贝尔关于关系的论述。坎贝尔犹豫地将莱布尼茨归为基础主义，并认为“所有关系事实都有相应的基础事实，并且在每一情况下，关系事实都不超出基础事实本身所涉及的本体论”[②]。这在表面上为兰顿的论证确立了坚实的基础。但下文即将表明，正是坎贝尔对关系精准的描述，直接反对了兰顿所依据的帕金森的观点，即莱布尼茨同时持有单边还原和双边还原两种观点[③]。从而引出本文第一个主要结论：根据文本解读，莱布尼茨仅在消极 / 温和意义上能被称为还原论者，即莱布尼茨并没有彻底否认关系事实的现象特征。

坎贝尔将关系分为单边关系和双边关系，写作 aRb。按坎贝尔，依据量词的不同[④]，单边关系和双边关系有三类可能。（1）A 和 B 均为特称；（2）A 和 B 均为全称；（3）A 和 B 一特称一全称。现 A、B 表全称，a、b 表特称，

---

① KH, p.78，脚注 25.

② Keith Campbell, *Abstract Particulars*, p.101.

③ KH, p. 88.

④ 实际上有观点认为量化并不总是带来真正的本体论承诺，因为存在着不可观察的实体，因此我们可以对某些命题持“反现实主义的态度”。J. A. Cover, “Non-Basic Time and Reductive Strategies: Leibniz’s Theory of Time”, *Studies in History and Philosophy of Science*, Vol. 28, No. 2, 1997, pp. 289-318.

则有：

	单边关系	双边关系
ARb	√	
aRb		√
ARB	√	√

其中 aRb 排除上帝与个体。实际上兰顿也做出了类似的判断，认为需要区分全体（collectively）和分散（distributively）[①]。现定义 A/B 和 a/b 满足可连接性（语义值上有共同的语词基础）与可衍生性（属性同源）[②]，因此我们就认为关系中的每一步回归即使是非终止的，但也是可接受的，其意义仅在于使得关系更抽象。回忆本文的例子：阿胖比阿轻重 7 公斤，其中区分了双主体结构和单主体结构；同样，兰顿依据坎贝尔的路径，也做出类似区分，“考虑一件事物本身的事实就包含其所有关系事实而言是充分的”[③]，即单边关系，以及“所有的关系性质和关系都可以还原为关系的内在性质”[④]，即双边关系。与本文相同，兰顿同意莱布尼茨在其文本中均有对双边关系和单边关系的使用。与本文不同之处在于，在对双边关系的语境下，兰顿根据帕金森将莱布尼茨对关系的界定直接赋予内在属性，而本文提及的双主体结构将更好表现其中差别。

首先，认为莱布尼茨持还原论立场的观点主要基于所谓的莱布尼茨提出的“主谓词逻辑”，该命题可以表述为：所有的关系性命题都可以还原为主谓词命题[⑤]（SPP）。需要澄清的是，莱布尼茨似乎并没有在其文本中明确

---

① KH, p. 87.

② 理论来源自 Ernest Nagel, *The Structure of Science: Problems in the Logic of Scientific Explanation*, Harcourt, Brace & World, 1961, pp. 338-366。但 Nagel 讨论的情况更为复杂。本文涉及的只是桥论的极简版本。

③ KH, p. 86.

④ KH, p. 85.

⑤ All relational propostions are reducible to subject-predicate propostions. Mark A. Kulstad, “A Closer Look at Leibniz’s Alleged Deduction of Relations”, *The Southern Journal of Philosophy*, Winter 1980, 18 (4), p. 417.

阐述过 SPP，但研究者可以从莱布尼茨庞杂的文献和笔记中整理与推断出 SPP[①]。因此这种推断包含了某种不确定因素。相应地，莱布尼茨提出：

> 当我说每个人都是动物时，我的意思是所有的人都包括在所有动物之中；但与此同时，这同样意味着动物的概念被包括在人的概念之中。“动物”比“人”包含更多个体，但“人”包含了更多的思想或更多的属性……一个有更大的外延，一个有更多的内涵。[②]

这是莱布尼茨“谓词在主词中”原则（PIN）较为明确的版本：在每一个肯定命题中，谓词都被包含于主词中[③]。其关键在于莱布尼茨意味的“肯定命题”具有真值，即有些命题，我们并不能通过构成命题的概念去确保其真实性。如帕里斯爱海伦，在这样的命题中，我们不能将心理状态归结到帕里斯或海伦这个概念中去，即当还原要求某些心理状态或认识条件时，即使 A 逻辑上必然附带于或还原成 B，如帕里斯爱海伦还原成海伦是被爱的或海伦是可爱的，也不能认为这个还原步骤是先天的。又如有些人是邪恶的，我们不能因此说所有人是邪恶的，即人的概念并不能导出邪恶。因此，莱布尼茨 PIN 的真正力量就在于，逻辑论证上的力量是需要以本体论论证的力量为保证的。兰顿所认为的莱布尼茨还原论实际上预设了逻辑论证与本体论论证强度是等值的。然而，在莱布尼茨看来，PIN 只是保证了永恒真理的必然性，而事实真理或偶然真理仍需要加入经验作为其前提[④]。

再看兰顿所根据的帕金森的观点。在开始之前，如前所述，我们首先区分在莱布尼茨文本中“主词”和“谓词”的几种基本可能解释[⑤]。主词：（1）

---

① All relational propostions are reducible to subject-predicate propostions. Mark A. Kulstad, “A Closer Look at Leibniz’s Alleged Deduction of Relations”, *The Southern Journal of Philosophy*, Winter 1980, 18 (4), pp. 417-419.

② 《人类理智新论》（下），第 599 页；A VI 486；NE IV 486: § 8。

③ Richard T. W. Arthur, Leibniz, pp. 38-39; PPL 1: 57; OFI: 49.

④ 《人类理智新论》（下），第 434—439 页；A VI 372；NE IV 372: § 14。

⑤ 对主词和谓词的区分来自 Mark A. Kulstad, “A Closer Look at Leibniz’s Alleged Deduction of Relations”, *The Southern Journal of Philosophy*, Winter 1980, 18 (4), pp. 417-418。

命题是关于什么的；（2）命题是关于什么概念的；（3）命题内容所表示的语言表达。谓词则有关系谓词和非关系谓词。还是考虑帕里斯爱海伦这个例子。根据 Kulstad 对主词和谓词所作的区分，我们就能够得到两种不同的关于这个例子的解释：（1）主语概念和关系谓词概念，即主谓命题 / 单主体结构；（2）两个主体概念和两主体所依据的关系谓词，即双主体结构①。帕金森认为，在莱布尼茨的哲学语境中，所有关系命题都可以还原为主谓命题，即单主体结构②。让我们考察莱布尼茨十分钟爱的例子：

> 由于凯撒大帝将成为共和国永恒的独裁者和领袖，并将摧毁罗马人的自由，那么这一行动就包含在他的概念中；因为我们假定，主体概念的完美本质就包含所有事件，因此谓词就包含在其中。
>
> 另一方面，上帝在看到亚历山大的个体概念时，就同时看到所有可以真实描述他的所有谓词的基础和理由，例如，他是大流士和普鲁士的征服者。③

这看似十分不利于本文论点。需要重申的是，莱布尼茨哲学中逻辑论证的力量是需要本体论的真实性来保证的。因此，“主体概念的完美本质”必然在本体论层面为真，那么谓词被包含在主词中，是关于主词的第一种区分，即命题是关于凯撒大帝的。而行动包含在概念中，本文认为这是需要指向性的动作状态，即行动可以既是关系谓词又是非关系谓词。原因在于莱布尼茨的充足理由律（PSR）。PSR 的经典形式是“nihil est sine ratione”，没有事情是不需要理由的。换言之，在事件未发生的状态下，只要事件之间不包含矛盾，所有事件都是可能发生的，凯撒可以成为领袖也可以不成为领袖，凯撒可以摧毁罗马也可以不摧毁罗马。因此凯撒的行动是偶然事件或事实真

---

① 对主词和谓词的区分来自 Mark A. Kulstad, “A Closer Look at Leibniz’s Alleged Deduction of Relations”, *The Southern Journal of Philosophy*, Winter 1980, 18 (4), pp. 417-418.

② G. H. R. Parkinson, “Logic and Reality in Leibniz’s Metaphysics”, 1965, pp. 42-44.

③ LPW, pp. 19, 24.

理，而凯撒的概念或名为凯撒的主体则是永恒真理。因此在偶然事件的情况中，aR... 的第二个主体并不能在第一个主体中被保证，即莱布尼茨意义上的关系或关系属性并不能被完全还原成实体的内在属性。只有在上帝之中，偶然事件和永恒真理才是同时完成的。换言之，兰顿对莱布尼茨还原论的解读遗漏了作为变量的时间 t，即事件的发生不是回溯状态，而是面向未来的展开状态；换言之，莱布尼茨所谓的“包含”都是在布尔运算下的封闭属性集，金的强依附与弱依附也需要布尔运算的封闭性做前提，但当集合处于开放状态，也就是引入变量时间 t 时，a 到 b 的还原或 b 对 a 的包含是无法完成的。因此，通过偶然事件的发生，莱布尼茨不仅赋予关系以实在性，也赋予了关系以现象特征，即在经验中或时间维度中发生的偶然性。由此，兰顿基于帕金森的论点也值得商榷。

（二）“暗室假设”

如前所述，兰顿认为莱布尼茨对感受接受性的拒绝主要在于其理论中单子间的不可交通，本文认为兰顿对单子的基本把握是正确的，但可争议之处在于“人”作为感性接受的主体，是否能被称为单子。原因在于单子作为“单一实体”，而非“复合物”，“无广延”“无形状”[①]，易证在莱布尼茨看来人并不能被称为单子。那接下来的问题便是，人是否具有感性接受性，若有，体现在莱布尼茨的哪些学说中。莱布尼茨认为：

> 理智很有点像一间一片漆黑的小房间，只有几个小孔能让一些外部的和可见的影像从外进入……在这小房间和人的理智之间有很大的相似性。要使这种相似性更大一些，就应该假设这暗室中有一幅幕布来接收这些影像……当我们考察那些复杂观念时还自己造成新的影像。因此那代表我们大脑的幕布应该是能动的和有弹性的。……至于灵魂则是一种单纯的实体或单子，它并无广延而表象着有广延的团块的同样这些变化

---

① *The Monadology*, § 1,2,3, PPL 2:643.

多端的情状，并且有对它们的知觉。①

莱布尼茨将知识分成三类：天赋知识、直接知识和复杂知识。其中直接知识和复杂知识都需要对“影像或痕迹”进行接收，而且复杂知识需要进一步加工与反思。其中莱布尼茨认为，“当器官和媒介是按照其正当方式构成时”②，（1）即会产生幕布与影像的共振，即仅需要单纯的知觉③。当需要“内部的运动以及在灵魂中表象这些活动”④时，（2）即从感官过渡至思维状态，则涉及区分和记忆，也就是大脑的主动性所带来的简单能力或认识功能。（3）当思维状态过渡至灵魂状态时，则需要理性的原则结合记忆或曾经所提供的感性知识，这样莱布尼茨认为有可能达到或获得某种天赋的知识⑤。达到天赋知识仅能够用可能性表述，根本原因在于莱布尼茨对人类“微知觉”有限性的承认，换言之，人类的感觉器官具有迷惑性。但感觉器官的迷惑性不代表否认感性接受性，相反，在莱布尼茨看来，如果人类对影像和精确的观念进行更细致的区别，就能够达到某种更高级的知觉状态⑥。这三类知识都需要在大脑这个暗室内进行，因此本文称之为“暗室假设”。莱布尼茨对人类认识活动的表述仅涉及“暗室假设”是远远不够的，但这已经超出了本文的讨论范围，我们只需要澄清这一假设与关系和关系属性的联系即可。

莱布尼茨在认识论上与其形而上学哲学体系基本一致，在经验层面，他认为“对具体事物的认识永远是先于对抽象事物的认识”⑦，换言之，我们总是先获得特殊知识，即某种 aRb 关系。本文认为“先于”是由特殊知识抽象出的一般知识，即 ARB 关系是莱布尼茨意义上的集合物的观念，意味着认

---

① 《人类理智新论》（下），第 126 页；A VI 144；NE II 145: § 3。

② 同上。

③ 见本书第 131 页注释④。

④ 《人类理智新论》（上），第 111 页；A VI 132；NE II 132: § 21。

⑤ 对莱布尼茨认知状态的三种划分可参考 Alison Simmons, “Changing the Cartesian Mind: Leibniz on Sensation, Representation and Consciousness”, *The Philosophical Review*, Jan., 2001, Vol. 110, No. 1, pp. 31-75。

⑥ 《人类理智新论》（上），第 110—120 页；A VI 133-139；NE II 134-140: § 1-14。

⑦ 《人类理智新论》（上），第 128 页；A VI 145；NE II 145: § 6。

识上的统一性。现在让我们借用 Sleigh 对莱布尼茨“表达”（expression）的定义：

> X 表达 Y，当且仅当存在固定且恒定的关系 R，如果 p 是 Y 的真值，那么对（可以是真值）p' 而言，p 与 p' 间存在着关系 R（不论 R 究竟是什么），且 p' 是 X 的真值。[①]

这里本文认为 X 和 Y 都是客体，且 p 和 p' 是 Y 和 X 的属性，就有 X 表达 Y 是以存在关系 R 为前提的。如果关于莱布尼茨的“表达”，Sleigh 的定义在一般意义上能够成立，那么假设 X 和 Y 是行为主义，当由 p'Rp 得到 XRY 时，则“我表达你”这一命题必然以感受的直接性为前提，这既符合莱布尼茨的“暗室假设”，也符合我们的常识判断。现在我们就能够得到“暗室假设”的步骤（1）、（2）中，p'Rp 可以是某种直觉知识，也可以是推证的知识，根据莱布尼茨，推证的知识可以还原为直觉知识，虽然这种还原在莱布尼茨看来在操作性上是可疑的，并且必须排除数学和几何学上的证明，因为数学和几何学知识能够以“补题”的形式去推证[②]。由于推证的知识和直觉知识并不需要结合理性的原则，即仅限于步骤（1）、（2），因此二者都是原始的事实真理，“它们不能用某种更确实可靠的东西来证明”[③]，因此原始的事实真理和原始的理性真理不能够相互还原。原始事实真理的真实性保证了 p'Rp 的真实性，p'Rp 的真实性不仅需要 p 和 p' 的真值，由于感受的直接性，也保证了 R 的真实性，即 Sleigh 所谓的“固定且恒定的关系 R”。此外，莱布尼茨也强调了感性知识基于概然性，“感觉对象方面的真正的标准是现象间的联系，也就是在不同的时间和地点，在不同的人的经验中所发生者之间的联系。……现象间的联系，它保证着在我们之外的感性事物的事实的真

---

① Robert Sleigh, “Expression, Perception and Harmony in the *Discourse*”, *The Southern Journal of Philosophy*, Jan 1, 1983, 21 (5), p. 72. 莱布尼茨原文见 letter to Arnauld, G 2: 112/LAC 339。

② 《人类理智新论》（下），第 428—431 页；A VI 367-370；NE IV 368-370: § 2-8。

③ 《人类理智新论》（下），第 428 页；A VI 367；NE IV 367: § 1。

理，是通过理性的真理得到证实的”[①]，换言之，莱布尼茨的认识论不仅肯定了行为主体间关系的真实性，也肯定了感性事物间关系的真实性。这两种关系都不能被还原为实体的内在属性。因此，我们可以简要地得出结论，即在原始的事实真理中，一般知识逻辑上附带于特殊知识，但特殊知识并不蕴含一般知识，且原始的事实真理和原始的理性真理无法相互还原，即对莱布尼茨而言，从认识论角度，对知识的区分也不能仅还原为实体的内在属性。

概言之，本小节主要基于兰顿的三个还原理论支点，即金强弱依附理论、坎贝尔的单双边关系论述和帕金森的单主体结构论点，认为兰顿关于莱布尼茨还原论立场的分析是可疑的，并且从莱布尼茨认识论中的“暗室假设”出发，正面证明了莱布尼茨非还原论立场的可能性。

三、从非还原论角度看莱布尼茨的关系理论

兰顿对莱布尼茨还原论的解读是有迹可循的，将对关系和关系属性的陈述还原为实体的内在属性是对莱布尼茨形而上学标准解读中的一个重要分支，然而莱布尼茨关系理论的庞杂程度远超出“还原论 / 非还原论”这对基本概念，因此在这里仔细讨论关于莱布尼茨关系理论的各种解读是不切实际的。本节的目标是从非还原论立场分析莱布尼茨的关系理论，将主要遵从石黑浩和亚瑟的解读思路，对莱布尼茨的关系理论做进一步澄清。

石黑浩对莱布尼茨关系理论的非还原论立场是基于其对关系属性的解读。她区分了关系的观念性（the ideality of relations）的四个议题：（1）预设议题，即关系属性预设了非关系属性；（2）实体的非关系个体化属性；（3）个体概念和关系谓词；（4）唯名论议题，即关系的具体化。[②]其中议题（1）、（2）互为佐证，按莱布尼茨：

---

① 《人类理智新论》（下），第 438—439 页；A VI 373-375；NE IV 373-375: § 14。

② Hidé Ishiguro, *Leibniz's Philosophy of Logic and Language*, London, Duckworth, 1972, pp. 95-105.

> 考虑到确切的事情，我发现除了纯粹的抵抗（力）外，这些抵抗（力）没有为自己设定任何内在的名称，并且我发现，这种关系需要从性质的范畴或偶然的内在名称中获得基础。①

即当 aRb 为真时，a 和 b 分别所具有的属性均为真，且其中部分属性 Pa 和 Pb 为非关系属性。换言之，议题（1）保证了内在属性或内在偶性的必然性，由于议题（1）不涉及时空，因此议题（2）涉及对关系属性的使用，如位置，保证 a 和 b 的区分。议题（1）、（2）与本文涉及的理性真理和事实真理论点一致。议题（3）关于莱布尼茨的镜像理论，石黑浩的论点在于，如果每个单子能从自身角度反映世界，那么单子的谓词必然与知觉和欲望不可分离，即与关系属性不可分。这与本文论证的人的感性接受性问题不谋而合。议题（4）在于区分关系作为抽象实体和关系作为秩序和联系的事实，当其中涉及一个开放句中存在两个及以上变量时，语法还原无法对称，即当蕴含作为一种还原的特殊情况时，单一主词和一元谓词是无法处理的，即本文强调的双主体结构。虽然石黑浩并未言明，但本文认为议题（1）、（2）、（4）也涉及了不可分辨者的同一性原理（PII），这将引出对石黑浩观点的部分批评。

Mates 认为在一个具有自变量的开放句中，若每一谓词都表达了一种属性，这将使莱布尼茨的 PII 变得微不足道，因为如果"个体 a 和 b 不同"，且"……与 b 不同"表达了一种属性，那么这就是 a 具有而 b 缺乏的属性，则没有两个不同的个体 a 和 b 能够拥有它们所有共同的属性，则所有的个体都是不可识别的②。紧接着，Mates 提出类似的反对理由，认为石黑浩并没有仔细

---

① OFI, p. 9; 参见 Hidé Ishiguro, *Leibniz's Philosophy of Logic and Language*, p. 96. 自译。

原文：re tamen accuratiùs considerata vidi non esse nisi meras resultationes, quae ipsae per se nullam denominationem intrinsicam constituant adeoque esse relationes tantum quae indigeant fundamento sumto ex praedicamento qualitatis seu denominatione intrinsica accidentali.

自译（英）：With considering the accurate thing, I saw that there is nothing unless pure resistance, which would set no intrinscial denomination through themselves and so far such relations are which need received foundation from the category of quality or accidental intrinsical denomination.

② Benson Mates, *The Philosophy of Leibniz-Metaphysics and Language*, Oxford University Press, 1989, pp. 214-217. 参见 Richard T. W. Arthur, *Leibniz on Time, Space, and Relativity*, Oxford University Press, 2021, p. 343。

使用外在名称和内在名称，即莱布尼茨对单纯外在名称的拒绝（denominatio pure extrinseca）。尽管石黑浩注意到了这一点，但Mates认为即使“……与b不同”可以作为一种非单纯外在的名称而还原为一种自存的内在构成，也没有很好的理由解释谓词“……与b不同”不应该表示为一个关系属性，因为石黑浩似乎认为在形式aRb中，若...Rb作为关系谓词将归因于主词a[①]。亚瑟在支持石黑浩立场的同时认为，一方面，Mates在论证莱布尼茨不可能将关系谓词作为关系属性归因于个体时，Mates需要更强的主张去证明没有任何关系谓词能够真正被描述为单个个体的属性；另一方面，Mates坚称在莱布尼茨哲学中没有单纯的外在名称，但即使关系谓词作为外在名称，也不意味着莱布尼茨拒绝这样一种关系，即实体拥有与他者的特征关系，因此尽管Mates的区分避免了语言使用上的混淆，但他回避了关键的问题：是否有真正的关系属性对应于关系谓词[②]。

本文认为关系谓词与关系属性有着本质上的不同，根据金，基于无限连词和无限分离的布尔运算在属性中是可行的，但同样情况在谓词中却是可疑的，从属性的构造细节到它的复杂性，并不涉及直接的推断，即无论这些事对属性意味着什么，我们也不能保证有相当简单和明晰的谓词来构成所需的基本定义[③]。让我们回忆本文关于坎贝尔关系论点的阐述：现定义A/B和a/b满足可连接性（语义值上有共同的语词基础）与可衍生性（属性同源），因此我们就认为关系中的每一步回归即使是非终止的，但也是可接受的，其意义仅在于使得关系更抽象。可连接性和可衍生性的意义就在于保证回归的合法性，二者的基点在于对属性而非谓词的构造。原因在于，如果将属性和谓词视作两个集合，属性是基于时间回溯性的描述，而谓词则是基于时间的开放描述；换言之，谓词在莱布尼茨哲学中是基于本体论的描述，而属性则有

① Benson Mates, *The Philosophy of Leibniz-Metaphysics and Language*, pp. 214-217, 218-221; Hidé Ishiguro, *Leibniz's Philosophy of Logic and Language*, pp.101-105. 参见 Richard T. W. Arthur, *Leibniz on Time, Space, and Relativity*, pp. 342-344。

② Richard T. W. Arthur, *Leibniz on Time, Space, and Relativity*, pp. 345-346.

③ Kim, “Concepts of Supervenience”, *Supervenience and Mind: Selected Philosophical Essays*, pp. 72-73.

着现象和物理意义。因此在 aRb 关系中，当 ...Rb 被称为关系属性，在现象层面是可行的，但在本体论层面，仅能将 ...Rb 视为关系谓词，因此保证了 b 即使在语言描述中是宾格状态，也不能取消其独立性，从而保证了本文支持的双主体结构的稳定性。就“单纯外在名称”，的确，据莱布尼茨：

> 虽然就形而上学的严格意义说，是没有单纯外在名称的，因为一切事物都有实在的联系。[①]

但本文要求（同样也是石黑浩和亚瑟的要求）回忆莱布尼茨在同一章节中所言：

> 没有什么名词是这样绝对或这样分离开，以至于不包含关系，并且对它做完全的分析不会导致其他事物甚至一切事物……[②]

换言之，与其认为莱布尼茨完全否认外在名称，不如说在对实体进行语言描述时，无法将关系属性和非关系属性完全分离。概言之，本节主要从非还原论立场出发，主要依据石黑浩和亚瑟的论证，正面回应了兰顿对莱布尼茨还原论的看法，本文认为莱布尼茨的关系理论中需要对关系、关系谓词和关系属性做明确的区分，得出结论：莱布尼茨的关系属性无法还原为单子或实体的内在属性。

四、小结

本文从兰顿基于的还原论三个论点出发，即金的强附带论、坎贝尔的单双边关系理论和帕金森的还原论，证明了（1）与兰顿的强附带论结论相反，

---

① 《人类理智新论》（上），第 235—236 页；A VI 227；NE II 227: § 5。

② 《人类理智新论》（上），第 236—237 页；A VI 228；NE IV 228: § 10。

莱布尼茨哲学是弱附带论；（2）兰顿支持的帕金森还原论是单主体结构，而本文认为莱布尼茨对永恒真理和偶然真理的区分保证了双主体结构的稳定性；（3）本文对莱布尼茨“暗室假设”的讨论，与兰顿所持观点相反，即本文认为莱布尼茨在认识论上没有拒绝感性接受性。因此兰顿对莱布尼茨认识论持彻底的还原论立场是可疑的，即使遵守兰顿对谦卑的定义框架，即“我们对实体的内在属性一无所知”，她对莱布尼茨的定位也是不准确的。本文站在非还原论立场，采用石黑浩和亚瑟的论证模式，进一步澄清了莱布尼茨哲学中关系、关系属性和关系谓词间的区分，认为莱布尼茨的关系属性无法还原为实体的内在属性，因此莱布尼茨的认识论不是不谦卑的。

参考文献

1. 原著及对应缩写

莱布尼茨：《人类理智新论》，陈修斋译，商务印书馆 2017 年版。

——，《神正论》，段德智译，商务印书馆 2016 年版。

——，《莱布尼茨后期形而上学文集》，段德智、陈修斋译，商务印书馆 2019 年版。

康德：《纯粹理性批判》，李秋零译，中国人民大学出版社 2004 年版。

Leibniz, [A] *Sämtliche Schriften und Briefe*, edited by the Deutsche Akademie der Wissenschaften zu Berlin, Darmstadt, 1923, Leipzig, 1938, Berlin, 1950.

——, [AG] *Philosophical Essays*, translated and edited by Roger Ariew and Daniel Garber, Indianapolis: Hackett, 1989.

——, [G] *Die philosophischen Schriften*, 7 vols., edited by C. I. Gerhardt, Berlin, 1875-1890, Reprint, Hildesheim: Georg Olms, 1965.

——, [LAC] *The Leibniz-Arnauld Correspondence*, edited by Landgrave, Voss, H. T. Mason: The Yale Leibniz Series, Yale University, 1967.

——, [LLP] *Logical Papers*, translated and edited by G. H. R. Parkinson, Oxford: Clarendon Press, 1966.

——, [LPW] *Philosophical Writings*, translated by Mary Morris, London: Aldine

Press, 1961.

——, [NE] *New Essays on Human Understanding*, translated by Peter Remnant and Jonathan Bennett, Cambridge: Cambridge University Press, 1981.

——, [OFI] *Opuscules et fragments inédits de Leibniz*, par. Couturat, Louis, Paris: Boulevard Saint-Germain, 1903.

——, [PPL] *Philosophical Papers and Letters*, edited by Leroy E. Loemker, Chicago: Chicago University Press, 1989.

——, [TH] *Theodicy: Essays on the Goodness of God, the Freedom on Man and the Origin of Evil*, translated by E. M. Huggard, La Salle, IL: Open Court, 1985.

2. 二手文献

A. Harmer, *Leibniz's World-Apart Doctrine, Leibniz on Compossibility and Possible Worlds*, edited by Gregory Brown, and Yual Chiek, The New Synthese Historical Library, 2016.

Alison Simmons, "Changing the Cartesian Mind: Leibniz on Sensation, Representation and Consciousness", *The Philosophical Review*, Jan., 2001, Vol. 110, No. 1 (Jan., 2001), pp. 31-75.

Angela Breitenbach, "Langton on Things in Themselves: A Critique of Kantian Humility", *Studies in History and Philosophy of Science*, Part A, 2004, Vol. 35 (1), pp.137-148.

Benson Mates, *The Philosophy of Leibniz-Metaphysics and Language*, Oxford University Press, 1989.

C. D. Broad, *Leibniz: An Introduction*, edited by C. Lewy, Cambridge: Cambridge University Press, 1975.

Donald Rutherford, *Leibniz and the Rational Order of Nature*, Cambridge: Cambridge University Press, 1995.

Ernest Nagel, *The Structure of Science: Problems in the Logic of Scientific Explanation*, Harcourt: Brace & World, 1961.

G. H. R. Parkinson, *Logic and Reality in Leibniz's Metaphysics*,1965.

Glenn Hartz, "Space and Time in the Leibnizian Metaphysic", *Noûs* 22, No. 4, 1988.

Graham Bird, "Rae Langton, 'Kantian Humility: Our Ignorance of Things in Themselves' (Book Review)", *Philosophical Quarterly*, 2000, Vol. 50, p.105.

Hidé Ishiguro, *Leibniz's Philosophy of Logic and Language*, London, Duckworth, 1972.

J. A. Cover, "Non-Basic Time and Reductive Strategies: Leibniz's Theory of Time", *Studies in History and Philosophy of Science*, Vol. 28, No. 2, 1997.

——, *Substance and Individuation in Leibniz*, Cambridge: Cambridge University Press, 1999.

Jaakko Hintikka, "Leibniz on Plenitude, Relations and the 'Reign of Law'", *Reforging the Great Chain of Being: Studies of the History*, edited by Simo Knuuttila, Synthese Historical Library, Vol. 20, 1981, pp. 259-286.

Keith Campbell, *Abstract Particulars*, Oxford: Bkckwell, 1990.

Kim, "Concepts of Supervenience", *Supervenience and Mind: Selected Philosophical Essays*, Cambridge: Cambridge University Press, 1993.

Lucy Allais, "Intrinsic Natures: A Critique of Langton on Kant", *Philosophy and Phenomenological Research*, 2006, Vol. 73 (1), pp.143-169.

Lorne Falkenstein, "Debate: Langton on Things in Themselves: Critique of Kantian Humility", *Kantian Review*, 2001, Vol. 5, pp. 49-64.

Mark A. Kulstad, "A Closer Look at Leibniz's Alleged Deduction of Relation", *The Southern Journal of Philosophy*, Winter 1980, 18 (4).

Nicholas Rescher, *The Philosophy of Leibniz*, London: Englewood Cliffs, 1967.

Rae Langton, *Kantian Humility: Our Ignorance of Things in Themselves*, Oxford: Clarendon Press, 1998.

Richard T. W. Arthur, *Leibniz*, Cambridge: Polity Press, 2014.

——, *Leibniz on Time, Space, and Relativity*, Oxford University Press, 2021.

Robert Sleigh, "Expression, Perception and Harmony in the *Discourse*", *The*

Southern Journal of Philosophy, Jan 1, 1983, 21 (5).

Vidinsky Vassil, "Dynamical Interpretation of Leibniz's Continuum", *Humanities Commons*, No.10, 2008.

3. 网页

斯坦福哲学百科全书：

康德先验理念，https://plato.stanford.edu/entries/kant-transcendental-idealism/#Bib。

莱布尼茨模态逻辑，https://plato.stanford.edu/entries/leibniz-modal/#Aca。

究竟该如何理解康德的“第三者”？

——以纯粹知性概念的演绎为线索*

罗正东**

内容提要：“第三者”是康德批判哲学构建中的一个极为重要的概念，但究竟该如何理解它，不同学者之间却有很大争议。本文以纯粹知性概念的演绎为切入口，通过对其中所涉及的诸多“第三者”的考察，一方面试图指出纯粹知性概念之演绎的有效展开需要诸多“第三者”的参与，如此才能使得这一演绎的内在逻辑趋于紧凑和连贯，从而使得整个演绎体系更加有序和完整。另一方面试图说明对自然科学的可能性这一命题中所包含的“第三者”的发掘需要纯粹知性概念的演绎这一逻辑线索作为引导，如此才能使得这些“第三者”的发现更为全面且系统，从而借此突显出演绎逻辑对于理解和把握康德整个批判哲学中所包含的“第三者”的指导性意义。

关键词：康德　纯粹知性概念　形而上学演绎　先验演绎　第三者

* 本文受国家社会科学基金项目“胡塞尔与康德的认识论比较研究”（批准号：19BZX084）的资助。

** 罗正东，华中科技大学哲学学院外国哲学专业讲师，主要研究方向为康德哲学。

“第三者”（das Dritte）是康德批判哲学构建中的一个尤为重要的概念。长期以来，国内外康德学界围绕着这一关涉先天综合判断之可能性得以实现的关键问题，从不同角度进行了深入的探讨。仅就康德理论哲学中的先天综合判断所涉及的“第三者”而言，一种观点认为，“第三者”是一个单一的要素，这一要素要么是时间图型①，要么是可能经验②，要么是范畴③；另一种观点认为，“第三者”存在于一个条件整体之中，即一种由“内感官”“想象力”和“统觉”构成的条件整体④。无疑，这些研究为我们深入理解康德的“第三者”提供了丰富的理论视角，但同时也呈现出一种值得我们反思的共有特征，即它们都把研究目光聚焦于使范畴和现象之间的联结得以可能的那个中介即“第三者”之上，而忽视了其他与先天综合判断相关的诸多“第三者”。当然，这一“第三者”在康德的“第三者”思想中占据着举足轻重的地位，但本文认为，先天综合判断的证实并不仅仅是由这个单独的“第三者”独自承担的，换言之，先天综合判断的实现是一个复杂的过程，它需要一系列的“第三者”作为中介。

为了印证这一观点，本文将立足于康德的《纯粹理性批判》及相关著作，并以与先天综合判断根本相关的纯粹知性概念的演绎为切入口，通过对其中所涉及的一系列“第三者”的考察，一方面试图指出纯粹知性概念之演绎的有效展开需要诸多“第三者”的参与，如此才能使得这一演绎的内在逻

---

① 参见盖耶尔：《康德》，宫睿译，人民出版社2015年版，第104页；刘凤娟：《时间图型作为第三者概念探析》，《理论月刊》2012年第3期；胡好：《康德自然科学命题的第三者是什么？》，《哲学研究》2019年第7期；彭志君：《先验图型何以是“纯粹自然科学判断”的第三者？》，《外国哲学》第40辑，商务印书馆2020年版。

② 参见H. J. Paton, *Kant's Metaphysic of Experience: A Commentary on the First Half of the Kritik der reinen Vernunft*, Vol. II, George Allen & Unwin Ltd., 1936, pp. 93, 89; Eric Watkins, "The System of Principles", in *The Cambridge Companion to Kant's Critique of Pure Reason*, edited by Paul Guyer, Cambridge University Press, 2010, p.152。

③ 参见舒远招：《完美神圣的理性存在者的意志：定言命令之第三者》，《山东科技大学学报》2012年第5期。

④ 参见Hermann Cohen, *Kommentar zu Immanuel Kants Kritik der reinen Vernunft* (Vierte, Unveränderte Auflage), Felix Meiner Verlag, 1925, S.77; Sebastian Gardner, *Kant and the Critique of Pure Reason*, Routledge, 1999, p. 104; Paul Natterer, *Systermatischer Kommentar zur Kritik der reinen Vernunft: Interdisziplinäre Bilanz der Kantforschung seit 1945*, Walter de Gruyter, 2003, S.403。

辑趋于紧凑和连贯，从而使得整个演绎体系更加有序和完整。另一方面试图说明对自然科学的可能性这一命题中所涉及的“第三者”的发掘需要纯粹知性概念的演绎这一逻辑线索作为向导，如此才能使得这些“第三者”的得出具有秩序性和逻辑性。通过上述两方面的考察，本文将表明，要想全面且系统地发现康德哲学中所包含的诸多“第三者”，并深入地理解和把握这些“第三者”，我们必须找到一种有效的视角和有效的逻辑线索，而演绎逻辑恰恰能够充当这一视角和线索，也就是说，演绎逻辑对于理解和把握康德整个批判哲学中所包含的“第三者”具有指导性的意义。而且，当我们以演绎逻辑为指导线索去关照这些“第三者”时，我们也将会发现，尽管上述诸观点之间存在较大的分歧，但它们在根本上并不必然是相互冲突的，而是都内嵌于先天综合判断得以实现的各个环节之中。

一、纯粹知性概念的形而上学演绎与“第三者”

在纯粹知性概念的形而上学演绎中，康德试图借助“对知性能力本身的分解”来探寻纯粹知性概念的起源机制。在他看来，知性不单单是一种思维的能力，更是一种借助于概念的综合能力，这一能力的直接表现就是运用概念做判断。

康德认为，不同于感性直观，判断中所涉及的知性概念自身是不可能直接关联于某个经验对象的，它只能和一个经验对象间接地发生关系，即和关于这个对象的某个另外的表象（直观的表象或概念的表象）发生关系。对此，康德以“一切物体都是可分的”这一判断为例加以说明。他认为，在这一判断中，“可分性”这一概念尽管可以与许多其他概念发生联系，但在此却只和“物体”这一概念相互关联，并借助于系词“是”的联结而和“物体”概念一起组建起了这一判断。（参见A 68-69/B 93-94）[①] 之所以能够如此，

---

① 本文引用康德《纯粹理性批判》一书文本依国际学界惯例以“A/B（版）+德文页码”的形式在文中标出，中译本参照邓晓芒译本《纯粹理性批判》（康德：《纯粹理性批判》，邓晓芒译，杨祖陶校，人民出版社 2017 年版）。

是因为“可分性”和“物体”这两个概念共同关联于同一个对象的同一个直观的表象，或者说，由于“可分性”概念关联于与这一“物体”概念相对应的某一对象的直观的表象，并由直观到的现实的这一个物体来反映出物体的可分性质。所以，这一判断中两个重要概念之间的联结并不是无中介的，而是必须和一个对象的直观的表象，或者用康德的术语来说，就是和一个“给予的表象”发生关系才能真正形成这一判断。由此可见，在这一判断中，正是“给予的表象”这一“第三者”使得“物体”和“可分的”这两个概念之间的联结有了可能性，从而使得这一判断真正成为关于对象的一个表象的表象。

照此理解，在康德那里，判断不仅是一种使诸表象在一个更高的表象之下得以统一的能力[①]，而且这种能力曾以对诸表象所进行的分析的统一而实现了它在普遍逻辑中的逻辑形式，即知性在判断中的逻辑机能表。在康德看来，正是判断在普遍逻辑中的这一逻辑形式为我们发现纯粹知性概念提供了一条线索，并且，如果我们能够把知性在判断中的逻辑机能给揭示出来，那么我们就可以根据这一逻辑机能而推导出知性的真正机能，即推导出纯粹知性概念。因为，无论是在普遍逻辑中，还是在先验逻辑中，发挥作用的乃是受同一套规则所支配的同一个知性。正因此，康德曾说：“同一个知性，正是通过同一些行动，在概念中曾借助于分析的统一完成了一个判断的逻辑形式，它也就借助于一般直观中杂多的综合统一，而把一种先验的内容带进它的表象之中，因此这些表象称之为纯粹知性概念。”（A 79/B 105）

如此看来，康德正是借助于对判断的分析，才引出判断的逻辑机能表，并因此为发现纯粹知性概念提供了一条原则，从而使得这些概念不是凭借机缘而随意搜集来的经验性的概念，而是人类思维所固有的具有系统性和**完备性**的概念体系。对于这一过程，康德哲学研究专家阿利森（Henry E. Allison）

---

① 根据黑格尔对“判断”（Urteil）一词所做的字源学考察，“判断表示概念的统一性是原始的，而概念的区别或特殊性则是对原始的东西予以分割。这的确足以表示判断的真义”（黑格尔：《小逻辑》，贺麟译，商务印书馆 2015 年版，第 339 页）。由此可见，判断所具有的统一能力是一种原始的、本真的能力。

曾指出，形而上学演绎作为一个整体所关注的正是从判断形式到纯粹概念的推进，并且，这一推进是非直接的，是以对判断的分析为中介的。[①]也就是说，在形而上学演绎中，康德所理解的判断实际上就扮演着一种“第三者”的角色，因为正是它的中介不仅使得从判断的逻辑机能表到纯粹知性概念表的过渡成为可能，同时也使得从普遍逻辑到先验逻辑的过渡成为可能。

除此之外，在纯粹知性概念的形而上学演绎中，康德为了揭示纯粹知性概念的**先天性**品质，还专门分析了这些概念在知识的建构中的重要作用。在他看来，“为了达到一切对象的先天知识，必须首先给予我们的是纯粹直观的杂多；其次是通过想象力对这种杂多加以综合，但这也还没给出知识。给这种纯粹综合提供统一性、并只是以这种必然的综合统一的表象为内容的那些概念，则为一个出现的对象的知识提供了第三种东西，而且是建立在知性上的”（A 78-79/B 104；着重号为引者所加）。与此类似的表达也出现在《未来形而上学导论》一书中，即“如果人们对自己的所有综合判断，就它们客观有效而言，都进行分析，那么就将发现，它们绝不是纯然由像人们通常认为的那样仅仅通过比较而在一个判断中联结起来的那些直观构成的；相反，如果不在从直观抽象出的概念之上再附加一个纯粹知性概念，那么，上述综合判断就会是不可能的”[②]。从这两句论述中可以看出，即使我们通过空间和时间获取了直观杂多，而且也通过想象力在这些直观杂多之上形成了一些综合，并由此产生了一些经验性的概念，但这些依然不能给我们带来任何具有普遍有效性的知识；换言之，要想实现这种知识，除了这些东西外，还必须拥有一个必不可少的“第三种东西”，即纯粹知性概念。

为了更为清晰地说明这一点，我们就以对“一切物体都是有重量的”这一命题的分析为切入点。当我在做这一判断时，事先已经拥有了“我的手在托举一个物体，并感到这个物体有重量”这一知觉经验，并对此知觉经验用经验性的概念加以描述。但这还不是知识，而只是一些私人性的感觉。要想

---

① 参见阿利森：《康德的先验观念论：一种解读与辩护》，丁三东、陈虎平译，商务印书馆 2014 年版，第 195 页。

② 康德：《未来形而上学导论》，李秋零译，中国人民大学出版社 2013 年版，第 43—44 页。

把这一私人性的感觉转变成一种公共性的知识，就需要先天范畴的参与。因为，当我做“一切物体都是有重量的”这一判断时，我必须超出一切被给予的形形色色的具体可感物之外去寻找“物体”的一般概念，而要想找到这一概念，就必须借助“实体”范畴作支撑；而且，对这个“一切物体”做判断，我还需要“全体性”的范畴，如此等等。[①] 由此可见，只有作为人类所共有的一般认知结构，即先天性的纯粹知性概念的参与，才能使得一个判断真正成为一种具有客观有效性的判断；否则，一切判断都将只是一些主观判断。所以，不难发现，这里的纯粹知性概念实际上充当了一种“第三者”，它使得判断能够实现从主观知觉向客观知识的过渡，从而使得一个具有知识学意义上的判断得以可能。

由上述分析可见，康德借助于诸多“第三者”组建了纯粹知性概念的形而上学演绎：首先，借助于“给予的表象”这一“第三者”，判断中的诸概念之间的联结得以可能，从而实现了一个判断的统一性；其次，借助于“判断”这一“第三者”，从判断的逻辑机能表到纯粹知性概念表的过渡得以可能，从而实现了纯粹知性概念的完备性；最后，借助于“纯粹知性概念”这一“第三者”，一个判断从主观判断到客观判断的转换得以可能，从而揭示了纯粹知性概念的先天性。因此，不难发现，一方面，纯粹知性概念的形而上学演绎的实现需要诸多“第三者”的参与；另一方面，这些“第三者”也只有在这一演绎之中并以这一演绎为逻辑线索，才能得到清晰地展现。

二、纯粹知性概念的先验演绎与“第三者”

在纯粹知性概念的先验演绎中，康德最为重要的任务就是论证纯粹知性概念的客观有效性，即论证先天范畴与被给予的感性杂多之间的联结的有效

---

① 对于这一命题的分析，请参见钱捷：《判断逻辑与康德的范畴形而上学演绎》，《哲学研究》2009年第7期。

性。然而，按照他的理解，先天范畴和感性杂多毕竟是两种完全不同质的东西，二者之间要想发生综合，就必须有一个既与范畴同质，又与现象同质的“第三者”作为保障，如此才能使范畴应用于现象之上成为可能。根据康德的文本，我们可以分别站在作为这一综合的两端的范畴和现象这两个角度之上去探寻这一“第三者”。

首先，从**范畴的角度**来看，这一“第三者”就是范畴的图型，即“先验的时间规定”。具体来说，康德认为，为了使范畴和被给予的感性直观杂多这两种完全不同质的东西发生关联，就必须引入作为中介的“想象力”，因为，想象力是一种独特的能力，即它既是感性的，又能够行使自发性。说它是感性的，是因为它能够借助于“形象的综合”而对感性直观杂多进行规定，并使得这些直观杂多成为一个“规定了的直观”（B 154），因而是一种能够为纯粹知性概念提供一个相应直观的主观条件；说它具有自发性，是因为想象力的这种对感性直观杂多进行规定的综合能力最终来源于统觉的本源的综合统一这一根本能力。所以，在这里，想象力实质上就是一个“第三者”，它“既属于感性，又属于知性，是介乎感性和知性之间的能力”[①]。

尽管如此，在康德看来，想象力借助于形象的综合只能为概念提供一个具体的形象，或者说，只能表达概念的某一种特殊的样态，因而它是无论如何也无法达到概念的普遍性的。这样一来，康德就对作为“第三者”的想象力做了进一步的界定，并指出，要想借助于想象力而为“一个概念取得它的形象的某种普遍的处理方式的表象”，那么就得引出作为想象力的先验产物的“图型”，因为，图型就是一种“依照由范畴所表达的一般概念的统一性规则而进行的纯综合”，凭借它，想象力就能为概念的普遍化作保障。（参见A 140-141/B 179-180）正因此，康德对纯粹知性概念和感性直观杂多这两种异质东西之间的联结所需要的“第三者”做了进一步的说明，即“这个中介的表象必须是纯粹的（没有任何经验性的东西），但却一方面是智性的，另一方面是感性的。这样一种表象就是先验的图型”（A 138/B 177）。康德把这

① 齐良骥：《康德的知识学》，商务印书馆 2011 年版，第 235 页。

一先验图型叫作“先验的时间规定”，在他看来，“一种先验的时间规定就它是普遍的并建立在某种先天规则之上而言，是与范畴（它构成了这个先验时间规定的统一性）同质的。但另一方面，就一切经验性的杂多表象中都包含有时间而言，先验时间规定又是与现象同质的”（A 138-139/B 177-178）。所以，先验的时间规定作为范畴的图型对于范畴应用于现象之上起到中介作用。

另外，从**经验现象的角度**来看，这一“第三者”指的是“可能经验”。对此，康德指出，由范畴和现象的结合所形成的综合判断要想得以可能，就要求“我们必须超出一个给予的概念以便把它和一个别的概念综合地加以比较，所以就需要一个第三者，只有在它里面两个概念的综合才能产生出来。但什么是作为一切综合判断的媒介的第三者呢？只有某种把我们的一切表象都包括在自身中的总括，也就是内感官，及其先天形式时间。对诸表象的综合基于想象力，但想象力的综合统一（这是作判断所要求的）则基于统觉的统一。所以在这些东西里我们将必须寻找综合判断的可能性，而由于所有这三项［即内感官、想象力和统觉］都包含有先天表象的根源，也就必须去寻找纯粹综合判断的可能性”（A 155/B 194）。

但令人遗憾的是，在上述这段如此明确地肯定“第三者”之重要作用的论述中，康德本人并没有清晰地指出这个“第三者”到底是什么，这也就使得后来的研究者对这一“第三者”的解读莫衷一是。比如，新康德主义者柯亨（Hermann Cohen）就认为：“第三者是由‘内感官’，此外还有‘想象力的综合’，以及有限的‘统觉的综合统一’构成的一个‘整体’。”[①]而当今国际著名的康德哲学专家盖耶尔（Paul Guyer）则认为：“这个第三者必须是我们经验的时间性结构，因为‘存在着是我们的一切表象都包含在其中的综合，也就是内感官及其先天形式，时间’（A 155/B 194）。”[②]

本文认为，尽管内感官、想象力和统觉这三个要素和先天综合判断的可

---

① Hermann Cohen, *Kommentar zu Immanuel Kants Kritik der reinen Vernunft*, S. 77.

② 盖耶尔：《康德》，宫睿译，第 104 页。

能性之间有着紧密的联系，但是，我们却不能因此而把这三个要素（甚或其中的某一个要素）看作是先天综合判断得以可能的“第三者”，因为，它们只是一切经验得以可能的先天的主观根据（参见A94-95、A115）。而恰恰是由这三个要素共同作用所形成的“可能经验”或“经验的可能性”才是康德这里所说的“第三者”。因为，在康德看来，可能经验首先是一种经验，但它不是此时此地的现实经验，而是一种不受具体时空限制的具有普遍性和必然性的经验一般，因而，它表征的领域是“对象借以能够被给予我们的一般直观”（A95）；另外，可能经验还是一种以纯粹知性概念为先天原则（参见A93-94/B126），并受内感官、想象力和统觉这些使经验得以可能的先天条件的规置的经验。所以，在康德那里，可能经验具有双重品质，即一方面与经验现象同质，另一方面又与范畴同质，因而，我们可以把它看作是使范畴和现象的综合得以可能的“第三者”。

而且，按照康德的理解，正是这一作为“第三者”的可能经验才使得先天综合判断的综合的客观实在性得以建立。因为，在他看来，纯粹知性概念的“一切实例都只是从某个可能的经验借来的，从而除了在一个可能的经验中，也不能在任何别的地方发现那些概念的对象”[①]。也就是说，纯粹知件概念要想具有意义，它最终必须得有一个经验现象与之对应，但是这个作为对象的经验现象不能是自在之物，而只能是可能经验领域中的对象，否则就会产生理性与自身相分裂的辩证法。所以，如果站在经验现象的角度上看待先天综合判断，那么我们会发现，可能经验既是使范畴和现象的联结得以可能的“第三者”，也是使纯粹知性概念的客观实在性得以实现的对象基础。因而，正是在这个意义上，康德如是说：“经验的可能性就是赋予我们的一切先天知识以客观实在性的东西。……没有这种关系，先天综合命题就是完全不可能的，因为它们没有第三者，亦即没有任何让其概念的综合统一能在上面呈现出客观实在性来的对象。”（A156-157/B195-196）

以上从两个角度就范畴与现象之间得以联结的“第三者”做了考察。在

① 参见康德：《未来形而上学导论》，李秋零译，第54页。

此，还需说明的是，尽管这里提到了两种“第三者”，但这并不意味着范畴和现象之间的综合分别需要这两种“第三者”做担保，因而也不意味着康德在处理这一问题时提出了两种完全不同的“第三者”。毋宁说，它们都是为了解决同一个问题所需的同一个“第三者”，只是切入的角度不同罢了，这就像我们从正反两面去观看一枚硬币一样，虽然观看的面向不同，但所看的都是同一枚硬币。并且，需要进一步指出的是，无论是从作为主体能力的范畴的角度所看的先验的时间图型，还是从作为对象的经验现象的角度所看的可能的经验，它们归根结底都要以作为一切知识之最高原理的“统觉的本源的综合统一”为基础，换言之，统觉的本源的综合统一从根本上保障了这两个“第三者”的有效性。因为，这两个“第三者”之所以能够充当范畴和现象这两种异质性的东西之间交通的中介，关键在于它们一方面能够与主观范畴相容，另一方面又能够与客观现象相容；换言之，在它们身上，我们能够发现范畴与现象的统一，抑或说主体和对象的统一，而这种统一在根源上是由统觉的本源的综合统一保证的。

之所以如此断定，是因为在康德看来，统觉的本源的综合统一内在地蕴含着自我意识（主体）和对象意识（对象）的辩证统一。细言之，一方面，直观的一切杂多表象要想得以联结而成为我的表象，它们必须首先进入到我的意识之中去与“我思”（自我意识的先验的统一）发生关系，如此才使得一切杂多表象统一到我的意识之中而成为我的表象，所以，自我意识的先验统一是一切杂多表象得以统一到意识之中从而形成对象意识的根本条件。但另一方面，这一自我意识的先验统一并不会由于它是使一切杂多表象成为我的表象的根据而使得自身得以形成，而是在与对象意识的对勘中才形成的；也就是说，只有使一切直观杂多表象综合统一为我的表象，即把被给予的杂多表象综合统一在一个意识之中（对象意识），才能使伴随着这一切表象的自我意识成为自我的同一性意识。对此，康德指出，无论是自我意识还是对象意识，它们无一例外都是统觉的本源的综合统一的表现，即先验统觉在对直观杂多进行综合并将之统一为一个对象意识的同时也使我们意识到了自身的同一。（参见 B136-143）所以，正是在这个意义上，笔者也把统觉的本源的综合统一看作是范畴和现象之间的联结得以实现的“第三者”，并且这一“第三者”是上述两种“第三者”得以可能的基础，因而更具本源性和奠基性的意义。①

综上所述，在纯粹知性概念的先验演绎中，为了实现范畴和现象之间联结的可能性，从而实现范畴的客观有效性，就必须有一种既能与范畴又能和现象发生亲和性关系的“第三者”的介入。按照康德的文本，我们可以从两个视角出发去理解这一“第三者”：从作为主体能力的范畴的角度看，这一“第三者”是先验的时间图型；从作为对象的经验现象的角度看，这一“第三者”则是可能经验。然而，无论是先验的时间图型，还是可能经验，它们所具有的“第三者”的效力都来源于统觉的本源的综合统一能力，因为在这一能力中蕴含着自我意识和对象意识的根本统一。正因此，我们也将发现，尽管学界关于康德知识论中的“第三者”思想的研究观点各异，但它们在根本上并不必然是相互冲突的，只是观察的角度和切入的层面不同罢了。

三、从纯粹知性概念的演绎看康德“第三者”思想的理解维度

在上文中，我们已经较为全面且详细地阐述了纯粹知性概念的形而上学演绎和先验演绎，并分析了其中所包含的诸多“第三者”。这样一来，不难发现，正是借助于对这些“第三者”的分析，不仅使纯粹知性概念的演绎体系更加完备，而且也为我们理解康德的“第三者”思想提供了一种恰切的进路，即演绎的逻辑进路，并且这一理解进路还表现为两重维度，即形而上学演绎之维和先验演绎之维。之所以能够这样说，主要是源于以下两点原因：

首先，把“第三者”放在纯粹知性概念的演绎之中去理解，这具有它的**正当性**的意义。这种正当性见诸这样一种关系之中，即“第三者”和纯粹知性概念的演绎这两个要素在康德的知识论中是相互影响、彼此作用的：一

① 有关这一“第三者”的详细分析，请参见张廷国、罗正东：《论康德的先天综合判断与“第三者”》，《哲学研究》2016年第12期。

方面，纯粹知性概念的演绎要想得以完成，离不开“第三者”的参与；另一方面，“第三者”也只有放在纯粹知性概念的演绎之中才能得到清晰地展现。细言之，就前一个方面而言，正如上文所述，在纯粹知性概念的演绎中，康德为了证实先天综合判断，不仅要探寻概念的起源的先天性和系统的完备性，又要考察概念的客观有效性。而在这一过程中，康德又不得不去面对一些异质要素之间的亲和性问题，比如要面对普遍逻辑和先验逻辑之间的亲和性、范畴和现象之间的亲和性、先天必然性和普遍有效性之间的亲和性等。这就要求他必须去思考保证这些不同质的要素之间的联结得以可能的“第三者”这一问题，否则，就根本谈不上知识的科学性，也根本谈不上形而上学的革命性。

就后一个方面来说，我们知道，康德在其知识论中对“第三者”问题的思考和处理主要集中在纯粹知性概念的演绎这一部分。在这一部分中，他为了实现演绎的每一个环节内部的各个要素之间的勾连以及环节与环节之间的过渡，勾画出了诸多能够发挥中介作用的“第三者”，并对这些“第三者”做了详细的介绍。这就不仅为我们理解康德的“第三者”思想提供了一套完整的构架，而且为我们发现其知识论中的诸“第三者”绘制了一条明晰的路线，使得我们对这些“第三者”的探寻不至于是漫游式的、偶然的、随意的和无目的的。

这样一来，在康德的知识论中，我们既可以说，“第三者”的参与使得纯粹知性概念的演绎的逻辑和体系变得更加清晰和完备；也可以说，纯粹知性概念之演绎的引导使“第三者”的内涵和意义变得更加丰富和完整。所以，我们应当把“第三者”放在纯粹知性概念的演绎这一逻辑结构之中去理解。

其次，从纯粹知性概念的演绎这一线索出发去理解“第三者”，这为我们探寻康德知识论中其他部分所蕴含的“第三者”提供了**示范性**的作用。在康德的知识论中，一方面，由于他把“第三者”看作是其纯粹哲学的根本特质[①]，所

---

① 参见康德：《判断力批判》，邓晓芒译，杨祖陶校，人民出版社 2017 年版，第 26 页；康德：《康德书信百封》，李秋零编译，上海人民出版社 2006 年版，第 191 页。

以，“第三者”思想就不仅蕴含在他对“纯粹自然科学是如何可能的”论述中，也蕴含在他对与先天综合判断的可能性紧密相关的其他几个重要命题，即“纯粹数学是如何可能的”“一般形而上学是如何可能的”以及“作为科学的形而上学如何可能”的思考之中。另一方面，正如纯粹自然科学的可能性需要借助纯粹知性概念的演绎而展开，纯粹数学的可能性、一般形而上学和作为科学的形而上学的可能性这二者也需要借助演绎的逻辑才能得到论证，这就是时空的阐明和纯粹理性概念的演绎。这就说明了，在与先天综合判断的可能性相关的其他几个命题中，不仅蕴含“第三者”思想，而且也包含演绎的逻辑，所以，这就使得我们有理由效仿上文在纯粹知性概念的演绎中对“第三者”的处理方式，也从形而上学演绎和先验演绎这两个维度出发去思考这几个命题中的“第三者”问题。

如此看来，我们确实可以将康德知识论中的“第三者”问题放到演绎的逻辑之中去加以理解和把握，也就是说，这些“第三者”确实具有形而上学演绎和先验演绎这两重重要的理解维度。正是凭借这一主张，笔者对如何把握康德知识论中的“第三者”思想提出如下几点说明：

第一，对康德知识论中的“第三者”的思考不能是无目的的，而应当始终围绕“先天综合判断何以可能”这一纯粹理性的总课题进行。因为，康德知识论的根本任务就是探索先天综合判断的可能性，并且，也正是为了实现这样一种兼具先天必然性和普遍有效性的先天综合知识，他才去思考一些异质元素之间的结合，因而才引出使得这些异质元素之间得以沟通的“第三者”问题。正因此，我们应当始终在这一总课题的指导下去思考康德的“第三者”，并分别围绕“纯粹数学是如何可能的”“纯粹自然科学是如何可能的”“一般形而上学是如何可能的”以及“作为科学的形而上学如何可能”这四个子问题去有针对性地展开其中所涉及的所有“第三者”，如此才能使得我们对康德知识论中的“第三者”的思考具有确定的指向性，而不至于偏离康德知识论的根本意图。

第二，对康德知识论中的“第三者”的理解不能是无原则的，而应当首先站在形而上学演绎和先验演绎这两重维度之上进行。这主要是因为，“康德所主张的法学意义上的演绎不仅与他的纯粹理性的批判之间有着本质的关联，而且这一关联还具体地体现在他对'真理的逻辑'和'幻相的逻辑'的相关思考之中"。[①]所以，可以说，演绎是理解康德知识论的一条贯穿始终的重要的逻辑线索。正因此，我们也有理由把它看作是帮助我们理解康德知识论中的"第三者"的一条关键的逻辑线索，因而有理由分别从形而上学演绎和先验演绎这两个维度出发去发掘其中所蕴含的诸多"第三者"。并且，如果我们按照演绎的逻辑去探索康德知识论中的"第三者"，那么，我们就既能够以一个明晰的线索为向导去发掘诸"第三者"，又能够以一个核心的原则为统领去关联这些"第三者"。

第三，对康德知识论中的"第三者"的探寻不能是片面的和孤立的，而应当多角度、全方位地进行。一直以来，学界对康德知识论中的"第三者"的关注主要集中在关于范畴和现象之间的联结这一问题上。当然，这确实是其知识论中最为重要的"第三者"，但如果按照康德的理解，即综合命题总是需要一个"第三者"，如此才能使得主词和谓词之间的联结得以可能，从而才能为知识的产生提供保证（参见 A 259/B 315），那么，当我们在研读《纯粹理性批判》一书的过程中，凡是涉及与康德批判哲学的根本意图紧密相关的那些综合命题，我们都应该联系上下文找出其中所涉及的"第三者"，并分析这些"第三者"是如何起到中介作用的。只有这样，我们才能更为透彻地理解这些综合命题，也才能更为全面地揭示出康德哲学中所蕴含的诸多"第三者"。所以，我们不能将康德所理解的"第三者"仅仅局限在他的文本显白之中，而应当从不同的角度和不同的层面出发去全面且深入地挖掘这些"第三者"。

总而言之，对纯粹知性概念的演绎中所包含的"第三者"的上述考察为我们理解康德的"第三者"思想提供了一种进路，如果我们能够效仿这一理解进路，分别从形而上学演绎和先验演绎这两个维度出发去思考康德

---

① 参见罗正东：《重勘"演绎"在康德知识论中的地位》，载《德国哲学》2022 年卷（下），社会科学文献出版社 2023 年版。

知识论其他部分所涉及的“第三者”，那么，我们就不仅能够有目标、有原则地考察这些“第三者”，而且能够多角度、全方位地展现这些“第三者”。如此一来，我们对康德知识论中的“第三者”思想的理解才会更加全面且深入。

费希特知识学中恶无限向真无限的提升

——以“关系的充分性”概念为线索*

潘楚璇**

内容提要：黑格尔以及受黑格尔影响的研究者们往往将费希特知识学视为恶无限的代表。知识学招致批评的主要原因在于，它将无限的实在性总体预设为有限自我之外的自在存在、遥不可及的彼岸理想。但是，费希特在知识学中还提出了另一种总体概念——关系的充分性。通过该概念，知识学否定了一切自在的实在性总体，表明真正的总体仅仅在于以非我为中介的自我的自身关联。由此，知识学提供了一条从恶无限上升至真无限的道路。真正的总体并不存在于彼岸，而是落实在自我的实践行动中，体现为其中包含的自我与非我的充分关系及自我与自身的充分关系。因此，有限的实践行动已然包含着真无限的结构。

关键词：恶无限　真无限　知识学　关系

---

* 本文系国家社科基金项目“德国唯心论在费希特、谢林和黑格尔哲学体系中的不同终结方案研究”（批准号：20BZX088）阶段性成果。

** 潘楚璇，北京大学哲学与宗教学系博士生，主要研究方向为德国古典哲学。

黑格尔对费希特知识学最著名的批评，莫过于将知识学视为恶无限的代表。在黑格尔看来，在知识学中，非我始终保持为自我之外的阻碍和他者。[①]只要自我努力超越非我，那么自我就会重新遭到非我的限制，如此反复，以致无穷。自我应当是无限的，应当实现与非我的同一；但它却始终停留在有限的此岸，永不停歇地追求不可实现的彼岸理想。[②]由此造成的有限性和无限性的根本对立，正是恶无限困境。由于这一困境，知识学沦为主观的、有限的唯心主义，它必然被黑格尔本人的以真无限为基础的客观的、绝对的唯心主义所超越。恶无限批评影响深远，这一概念不仅标志着两种德国唯心主义形态的根本区别，也被黑格尔及其后继者们视为一切坚持对立和分裂的哲学体系的最终后果[③]，更被视为对现代性主体的精神困境的精准刻画[④]。

鉴于该批评的深远影响，我们有必要回到该批评的原初语境中。黑格尔将知识学的恶无限困境具体规定为量的无限进展问题。[⑤]之所以出现这一问

---

① 黑格尔：《逻辑学 I》，先刚译，人民出版社 2021 年版，第 218 页。另可参考黑格尔：《哲学史讲演录》（第四卷），贺麟、王太庆译，商务印书馆 1978 年版，第 324 页。

② 可参考黑格尔：《哲学史讲演录》（第四卷），贺麟、王太庆译，第 320 页。

③ 恶无限概念不仅被用于批评费希特的知识学，也被用于批评康德的道德哲学、谢林的同一性哲学和德国浪漫派的美学思想。在黑格尔看来，这些思想都固执于有限和无限、思维与存在、现实与理想的对立，无法看到它们在对方那里实现了自身关联，因此陷入了恶无限困境。

④ 正如 Daniel Unger 所说，恶无限概念刻画了主体性的基本结构，它描绘了现代个体坚持自身固有的直接性、对抗一切对自身存在规定的否定和超越时的状态。Daniel Unger, *Schlechte Unendlichkeit: Zu einer Schlüsselfigur und ihrer Kritik in der Philosophie des Deutschen Idealismus*, Verlag Karl Alber, 2016, S.4. 由于恶无限概念刻画了现代个体基本特征，该概念的影响力也从哲学领域延伸至社会理论中，被用以抨击造成异化劳动的生产方式。例如，卢卡奇将资本主义社会形态斥责为恶无限体系。参见卢卡奇：《历史与阶级意识》，杜章智等译，商务印书馆 2018 年版，第 282 页。

⑤ 《逻辑学》认为，无限进展是有限者和无限者的对立导致的必然结果。由于两者的对立在质与量的层面都呈现出来，因此，无限进展也可以被区分为质的无限进展和量的无限进展。在两种无限进展的关系上，一方面，质的无限进展是更根本的；有限量和无限量的对立归根结底仍是定量和定量的非存在之间质的对立。另一方面，相比于质的无限进展，量的无限进展则更加明显地揭示出这种对立引发的困难。因为，质的有限者和无限者还具有直接的规定性，它们还没有把与彼此的关联设定在自身之内。但是，在量的层面上，有限者（定量）本身就否定着自身的有限性，在自身那里就推进到非受限状态；同样，无限者（无限大和无限小）也把定量在自身之内设定下来。因此，双方都在自身之内包含着与对方的关联。由此可见，有限性和无限性之间的统一与对立的矛盾在量的无限进展中更加尖锐地表现出来。参见黑格尔：《逻辑学 I》，先刚译，第 216—217 页。由于这一原因，也由于知识学着重强调量的关系，因此《逻辑学》主要在论述量的无限进展时批评了知识学的恶无限困境。参见黑格尔：《逻辑学 I》，先刚译，第 222—223 页。

题，是因为知识学第三原理强调，在实在性总体（Totalität der Realität）内部，彼此对立的自我与非我是在量上相互限制的两个部分，它们仅仅具有某个定量（ein Quantum）的实在性。基于此，许多当代研究者和黑格尔一样，认为无限总体和有限部分、自我和非我在知识学中保持着不可调和的对立。例如 Wolfgang Janke 指出，费希特的辩证法是基于限制关系的辩证法。自我和非我的综合统一依赖于两者对实在性总体的分割和它们在量上的相互限制。① 由于自我和非我之间量的界限是不可扬弃的，因此自我只能无限地接近但却永远无法实现与非我的绝对统一。② Ludwig Siep 同样认为，自我和非我在第三原理中被设定为相互限制的定量，这导致了有限自我只能在量上增加自身的实在性，但永远不可能成为无限的实在性总体。③ 在这种解读模式中，实在性总体概念起到了关键作用。研究者们认为，知识学预设了一个自在的实在性总体，这个总体在量上进行自身分割，进而将一定量的实在性分配给有限自我，但总体也由此成了自我无法触及的彼岸。

但是，很少有研究者注意到，费希特除了将总体界定为"实在性总体"外，还给出了另一种对总体的定义。在知识学第四节结尾处，费希特提出："总体仅仅是由充分的关系构成的，根本没有什么自在的固定的东西来规定总体。总体在于关系的充分性，而不在于实在性的整全性。"④ Christian Klotz 由此认为，费希特修正了对总体的理解。⑤ 遗憾的是，Klotz 没有将此和恶无限问题联系起来。在他看来，由于自我与非我保持着根本的差异，因此自我永远无法实现充分的自身规定。⑥

---

① Wolfgang Janke, „Limitative Dialektik: Überlegungen im Anschluß an die Methodenreflexion in Fichtes Grundlage 1794/95 § 4 (GA 1, 2,283-85)", *Fichte-Studien*, Vol.1, 1990, S. 20-21, 23-24.

② Wolfgang Janke, *Fichte: Sein und Reflexion—Grundlagen der kritischen Vernunft*, de Gruyter, 1970, S. 77.

③ Ludwig Siep, *Hegels Fichtekritik und die Wissenschaftslehre von 1804*, Karl Alber, 1970, S. 42.

④ Fichte, SW I, 203-204. 本文中所引用的费希特文本均按照德文版标注卷次与页码。参见 J. G. Fichte. *Sämmtliche Werke*, Band I. Hrsg. von I, H. Fichte, Berlin: De Gruyter, 1845-1846。引文由笔者自行翻译，翻译中参考王玖兴先生中译本，特此感谢。

⑤ Christian Klotz, „Der Ichbegriff in Fichtes Erörterung der Substantialität", *Fichte-Studien*, Vol.10, 1997, S.161.

⑥ Christian Klotz, "Fichte's Explanation of the Dynamic Structure of Consciousness in the 1794-95 *Wissenschaftslehre*", in *The Cambridge Companion to Fichte*, edited by D. James and G. Zöller, 2016, pp. 83-84, 87.

本文希望以“关系的充分性”概念为线索，重新理解知识学中自我和非我、理想和现实的关系，论证知识学包含着一条从恶无限提升至真无限的道路。如果并不存在固定不变的实在性总体，那么实在性总体就不必被预设为无法企及的彼岸理想。毋宁说，真正的总体在于自我和非我的充分关系，更进一步在于以非我为中介的自我与自身的充分关系。换言之，自我的每一次实践行动都内在地包含着关系的总体；在其中，自我扬弃了自身与非我、现实与理想的对立，实现了自身关联与自身规定。就此而言，自我的实践行动以真无限为内在结构。

一、恶无限困境的根源：实在性总体

在黑格尔的批判中，量的无限进展问题包含着三个环环相扣的方面。首先，自我和非我被设想为两个定量，它们处于相互限制和此消彼长的关系中。“自我对于非我、对于感性和外在自然界的掌控，就被设想成这样，即道德性应当愈加增大，而感性的力量应当愈加减小。”[①] 但量的增减变化却无法取消自我与非我之间质的区别，反而将这种区别固定下来，让它们始终作为彼此的他者而持存。对于任何一方来说，增大或变小都成了无关紧要的外在变化。其次，这种不可扬弃的对立导致自我陷入了量的无限进展中。受限的自我是一个有限的定量。当它力图超越非我时，它也在超越自身的受限状态，过渡为“定量的非存在”或无限量。但是，后者作为对定量的单纯否定，与定量相对立，因此恰恰遭到了有限化，重新沦为了一个定量。[②] 这促使自我再一次超越这个新的受限状态，走向新的无限量。这样一来，自我在“定量的扬弃、设定、重新扬弃、重新设定”之间恒久往复，以致无穷。[③] 进一步看，由于无限量总是再一次地过渡为定量，始终无法摆脱有限性的束缚，因此，无限量的概念——对定量的彻底否定——成了恒久的“应当”。

① 黑格尔：《逻辑学 I》，先刚译，第 222 页。
② 同上书，第 217 页。
③ 同上书，第 218 页。

对于自我来说，这意味着，一切受限状态的扬弃、自我和非我的真正统一，是永远无法实现的彼岸理想，它与有限的此岸世界处于永恒的对立中。[①] 总的来说，在量的无限进展中，有限者和无限者保持为对对方的单纯否定，与对方处于外在的关系中。因此，一条无法跨越的鸿沟也在理想和现实之间被设定下来。

无限进展离揭示真无限的真理还差一步之遥。有限者和无限者之所以保持着外在的关系，是因为无限进展将两者向对方的过渡视为交替出现、各自独立的两个行动，没有将这个双重的过渡设定为一个统一体。[②] 换言之，无限进展没有看到：在有限者超越自身、过渡为无限者的同时，新的界限立刻在无限者中产生出来，无限者否定自身重新成为有限者。因此，有限者在无限者那里再次出现。同样，在无限者扬弃自身、过渡为有限者的同时，这个有限化的无限者也会立刻否定自身的有限性，重新超越界限，成为新的无限者。因此，无限者在有限者那里同样再次出现。[③] 就此而言，有限者和无限者经历了同一个通过否定自身而回归自身的运动：在其中，双方否定自身成为自己的他者，又通过他者的自身否定重新返回自身之内，因此每一方都是否定之否定。通过双重否定，每一方都扬弃了自身的直接性和与他者的外在关联。每一方都不是直接地**是**它自己，也不是通过对他者的单纯否定而获得自己的规定性，而只有通过他者和在他者那里重新回归自身的完整过程，才能**转变为**它自己。[④] 这种在他者那里“已经回归自身的存在”（In-sich-Zurückgekehrtsein），被黑格尔称为真无限：“每一方本身就表明，它在自身那里具有它的对立面，并且在这个对立面那里与它自身融为一体，所以肯定的真理就是这个在自身内运动的统一体。”[⑤] 对此，霍尔盖特解释道，真无限并不是与有限者分离的无限者，而是有限者通过自身否定而重新与自身联合的

① 黑格尔：《哲学史讲演录》（第四卷），贺麟、王太庆译，第 328 页。
② 参见黑格尔：《逻辑学 I》，先刚译，第 217 页。
③ 同上书，第 128 页。另可见同书，第 133 页。
④ 参见上书，第 129 页。
⑤ 同上书，第 133 页。

运动。只有当有限者同时是一个关联回自身的运动过程，亦即以真无限为自身的本质时，有限者才能存在。①

如果说无限进展的形象是一条由相互外在的对立面所组成的无限延伸的直线，而真无限的形象则是一个借助于对立面而重返自身的圆圈，那么，我们不禁要问，费希特的知识学是否真的像黑格尔说的那样，停留于无限进展中，缺乏向真无限的提升？

费希特1794年《知识学》的诸多论述印证了黑格尔的批判。这些论述均以实在性总体和对总体的分割为基础，展现自我和非我、有限定量和无限总体的关系。其中尤为重要的是知识学前三节对三大原理关系的论述。首先，第一原理表明了自我的绝对自身设定行动（绝对自我）。正是通过该行动，自我返回到自身之内，建立直接的自身关联，形成自我意识。这种自我意识是一切的实在性根据。因为，在费希特看来，某事物（例如A）具有实在性的前提，在于自我做出了关于A的同一性判断。换言之，自我必须把A分别设定在主词和谓词位置上，并确立两次设定行动之间的必然关联。②这进一步要求自我在判断过程中的自身意识。“设定谓词的自我必然知道它设定主词的行动。自我知道它自身，自我再度直观它自己，我对于我来说乃是同一个东西。”③也就是说，作为设定行动的主体，自我必然能够意识到自身在两次设定行动中的同一性，这是它将两次设定行动——设定主词A和设定谓词A——关联起来、并做出“A是A”的同一性判断的前提。由此可见，以同一性判断为基础的实在性并不是事物固有的静态属性，而是包含着自我的一系列设定行动；在其中，自我通过设定自身的同一性，设定事物的

① 霍尔盖特：《黑格尔〈逻辑学〉开篇》，刘一译，中国人民大学出版社2021年版，第473页。

② 费希特指出，“凡可应用命题‘A=A’的一切东西，只要这个命题可对之适用，就有实在性。” Fichte, SW I, 99. 对此，Stolzenberg认为，A的实在性是自我设定行动的成果（Leistung）。Jürgen Stoltenberg, „Fichtes Satz »Ich bin«: Argumentanalytische Überlegungen zu Paragraph 1 der Grundlage der gesamten Wissenschaftslehre von 1794/95“, *Fichte-Studien*, Vol. 6, 1994, S. 20.

③ 这一句话并没有包含在《知识学》的第一版（1794年刊印）中。它是由费希特在1802年重新刊印《知识学》第三版时才加上去的。参见Johann Gottlieb Fichte, *Grundlage der gesamte Wissenschaftslehre: als Handschrift für seine Zuhörer (1794)*, Einl. und Reg. von Wilhelm G. Jacobs, Meiner, 1997, S. 15。

同一性。Baumann 总结道，实在性是“自我通过原初的自身设定而产生存在的行动方式”①。就此而言，自我的自身设定行动成了一切实在性的源泉和根据，它确定了一切存在的范围：“一切存在着的东西，都是它（自我）设定的，它不设定的东西，都不存在……从这个角度看，自我把一切包含于自身之内，也就是说，自我是一种无限的，没有限制的实在性。”②

但是，第二原理则提出，自我设定非我为自身的对立面，并由此设定了与非我相对的有限自我。对立设定行动使得自身设定行动的奠基性地位受到了威胁。因此，第三原理需要将前两条原理综合起来。在这里，费希特引入了量的范畴。他认为，要设想有限自我和非我在绝对自我的统一体之内彼此对立，只有一种方式是可能的：有限自我和非我相互限制，亦即，每一方都不把对方的“实在性整个地扬弃掉，而只部分地扬弃掉”③。也就是说，每一方都没有彻底地否定对方，而仅仅否定对方那里属于我方的实在性。同样，每一方也缺失了对方所具有的实在性。这种限制关系进一步意味着，实在性的总体已然在量的层面上被设定下来，而且对自身所包含的实在性进行分割。④“凭借着这个概念（可分割性概念），意识之中存在着一切实在性。在其中，不属于自我的实在性属于非我，反之，不属于非我的实在性属于自我。”⑤这个总体将自身划分为两个相互排斥的部分，将两个部分分别归属于自我和非我。在不变的总体中，对立的双方交互规定着彼此。例如，假设实在性总体被分割为 10 个相等份额，其中 5 个份额被设定在自我之中，那么，非我就一定具有剩余的 5 个份额。

进一步看，量上的限制关系不仅存在于总体内的两个部分之间，也存在

---

① Peter Baumanns, *Fichtes Wissenschaftslehre. Probleme ihres Anfangs. Mit einem Kommentar zu § 1 der Grundlage der gesamten Wissenschaftslehre*, Bouvier, 1977, S. 187-188.

② Fichte, SW I, 255.

③ Fichte, SW I, 108.

④ 参考 Fichte, SW I, 109。

⑤ Fichte, SW I, 109-110. Klotz 提出，在实在性总体“在逻辑上被分割为相反的谓词，这些相反的谓词被分别归属于自我和非我”的意义上，实在性总体是可量化的、可分割的。Christian Klotz, “Fichte’s Explanation of the Dynamic Structure of Consciousness in the 1794-95 *Wissenschaftslehre*”, in *The Cambridge Companion to Fichte*, edited by D. James and G. Zöller, p. 72.

于每个部分和总体之间。相比于实在性总体，有限自我缺失了 5 份额的实在性，这种缺失构成了对实在性总体的否定。在这里，费希特进一步发展了康德提出的普遍规定原理。康德提出，不仅需要将特殊的谓词与它的对立面进行比较，而且也要将它与所有可能的谓词进行比较，将它视为对实在性大全的限制。① 遵循着同样的思路，费希特提出，一切有限的实在性都意味着总体的非存在。② 而且，正是通过与实在性总体进行比较，自我才能认识到，由于自身的实在性的量小于总量，并没有包含全部的实在性，因此自我必然受到了非我的限制。③

综上来看，绝对自我、有限自我和非我被设定在实在性的总体—分割模式中，它们的关系被归结为总量和不同定量的大小差异。在这里，绝对自我及以其为基础的实在性总体发挥着双重作用：一方面，由于有限自我和非我的实在性都以自我的绝对自身设定行动为根据，因此两者的对立是实在性总体内部的两个部分的对立。由此，两者能够在总体之内通过交互规定实现综合统一。另一方面，实在性总体是对一切有限性的否定；它不是任何部分，而是“实在性的总和”（Inbegriff）④；不是任何有限的定量，而是“充实无限性的量”（ein die Unendlichkeit ausfüllendes Quantum）⑤。就此而言，在总体—分割模式中，自我的有限性和无限性都得到了保留。正如费希特总结的那样，在一切的实在性都由自我设定的意义上，自我设定自身为无限的。但在自我对立设定非我，亦即为自身设定界限，并将存在的总体分配给自我和非我的意义上，自我设定自身为有限的。⑥

值得注意的是，实在性总体以第一原理为根据，因此与之一样具有直接

① 康德：《纯粹理性批判》（第二版），《康德著作全集》第 3 卷，李秋零译，中国人民大学出版社，第 376、378 页（B599-600, B604）。

② Fichte, SW I, 138.

③ 参见 Christian Klotz, „Der Ichbegriff in Fichtes Erörterung der Substantialität“, *Fichte-Studien*, Vol.10, 1997, S.160。

④ Fichte, SW I, 263.

⑤ Fichte, SW I, 274.

⑥ Fichte, SW I, 255.

性的特征。费希特强调，第一原理中的自身设定行动是无条件的、直接的，相对于在第二和第三原理提出的对立、分割和限制来说，具有优先性。绝对自我在自身之内进行分割、设定界限，由此设定有限自我与非我相对立，这对于绝对自我来说是一种从不可分割的质的层次向可分割的量的层次的“下降”（herabsteigen）。“自我本身被降低为一个较低的概念、一个可分割性概念，以便它可以被设定为与非我等量齐观。”① 这仿佛在暗示，在第二和第三原理之前，自我能够独立地进行自身设定，并因此自在地具有绝对的实在性；只有在第二和第三原理之后，自我才将可被非我限制的（einschränkbar durch das Nicht-Ich）或可量化的实在性（einer Quantität fähige Realität）设定下来。② 由于设定总体的行动优先于分割行动，因此，无限的实在性总体也同样优先于其内在包含、以分割为条件的有限自我与非我。这样一来，实在性的总体与部分、无限量与定量之间出现了分裂。

第一原理与其他原理、实在性总体与部分的分裂，造成了自我的自身矛盾，并导致了量的无限进展困境。根据绝对的自身设定行动，自我“包含着一切实在性，充满着全部无限”③；但是，根据对立设定的行动和与非我的限制关系，自我又被设定为对总体的否定和完满性的缺乏，仅仅占据部分的实在性。这样一来，自我成了一个本应当是无限的，但实际上是有限的矛盾体。这种矛盾以无限进展的形式表现出来。在与一切现实定量的对立中，无限总量成了超越现实的单纯理想，它对现实中的有限自我提出“应当成为总体”“应当充实无限性”的实践要求。④ 根据这一要求，自我努力超越非我的限制，走向限制之外，让非我服从于自我的规定。⑤ 但是，作为与总体对立的有限部分，自我无法占据全部的实在性。尽管它持续不断地超越自身，但却永远不能真正实现无限性。

---

① Fichte, SW I, 119.

② Fichte, SW I, 126.

③ Fichte, SW I, 277.

④ Fichte, SW I, 277.

⑤ Fichte, SW I, 260, 263.

在这里，黑格尔的恶无限批评得到了印证。究其根源，一旦知识学将实在性总体设定为与有限性对立的无限者，承认总体具有独立于分割行动的优先性和自在性，那么，恶无限困境就是不可避免的，有限自我只能保持为总体的非存在。 但值得追问的是，这种模式是否就是知识学的全貌呢？费希特是否提供了一条走出恶无限的路径，使有限自我不再是有限的部分，而是无限的总体？

二、走出恶无限：关系的充分性概念

通过改变总体概念的内涵，费希特开辟了一条从恶无限提升至真无限的路径。在《知识学》第四节的实体性范畴中，费希特突破了实在性的总体一分割模式，提出了对总体的新理解：并不存在固定的、自在的实在性总体，真正的总体在于“充分的关系”（vollständige Relation）、“纯粹的交互”（ein blosser Wechsel）和“可规定性”（Bestimmbarkeit）。[①] 在新的总体性概念中，自我不再直接地设定自身，而是只有通过设定非我并在非我中返回自身的完整的中介行动，才能设定它自己。这个完整的过程包含着自我与非我的充分关系，并在更根本的意义上包含着以非我为中介的自我与自身的充分关系。就此而言，新的总体性概念为知识学从恶无限向真无限的提升做好了准备。

由此可见，充分的关系概念具有“牵一发而动全身”的意义，它的提出意味着对第一原理的内容及其与其他原理关系的重新界定。和第一节相似，在第四节中费希特表明，通过第一原理，自我绝对地设定自身，划定了实在性的全部范围。该范围代表着“被绝对设定下来的自我的实在性的总体”[②]。但与第一节不同的是，设定自身的行动是一种特殊的、有限的行动——“自我设定自身为自身设定的”（sich setzen als sich setzend）。这意味着，自我必

① Fichte, SW I, 204, 200.

② Fichte, SW I, 200.

然能够意识到，自己的行动设定了自身，而不是“没有设定自身”，换言之，不是“设定非我”。[①] 自我的自身设定不再是直接的，而是需要自我将设定自身的行动与设定非我的行动区别开，将后者排斥在前者所在的领域之外。[②] 自我的自身设定包含着对非我的排斥。反过来说，排斥行动也包含着自我的自身设定行动。只有自我将自身设定在一个完全由自身所充实的总体领域中，非我才能不被设定在这个领域中。换言之，排斥是“通过设定进行的不设定”(ein Nicht-Setzen durch ein Setzen)。[③]

但是，排斥行动并不意味着非我的消失。非我仍旧被设定下来了，只不过仅仅以否定的方式被设定为“非自我”，被设定在自我之外的未规定的、无限的领域中。[④] 这种设定对应于第二原理中的对立设定。[⑤] 值得注意的是，设定非我的行动本身就被自我视为自身的行动。也就是说，自我的自身设定行动渗透到了设定非我的行动之内，它使得自我意识到，设定非我的行动归属于自身。设定非我不仅仅意味着“自我没有设定自身”(sich nicht setzen)，而且意味着“自我**设定自身为**没有设定自身的”(sich setzen als sich nicht setzend)。[⑥] 就此而言，它能够与“自我设定自身为设定自身的”行动综合起来，共同构成统一的行动总体。正如费希特所说：“自我设定一个客体……这个客观的设定却应当被归属于(zugeschrieben)自我。因此，我们得到了

---

① 费希特将“自我设定非我”和“自我没有设定自身”(sich nicht setzen)等同起来。Fichte, SW I, 193.

② 研究者们一般关注《知识学》第一节和第五节的区别，认为第一节中的自身设定表明了自我的直接的自身同一性，它与任何区别无关。而在第五节提出“自我设定自身为自身设定的”时，自我的同一性包含着区别的结构。因此，第五节提出了一种与第一节不同的对绝对自我的刻画。Philipp Schwab, “Difference within Identity? Fichte's Reevaluation of the First Principle of Philosophy in §5 of the *Foundation of the Entire Wissenschaftslehre*”, *Fichte-Studien*, Vol. 49, 2021, S. 94-118. 但容易被忽略的是，后一种自身设定并不是在第五节中才提出的，而是在第四节的末尾就已经被提出了。参见 Christian Klotz, „Der Ichbegriff in Fichtes Erörterung der Substantialität“, *Fichte-Studien*, Vol.10, 1997, S.158-159,170-171。

③ Fichte, SW I, 191, 192.

④ 可参见 Fichte, SW I, 191。

⑤ 参见 Fichte, SW I, 194-195, 206。

⑥ Fichte, SW I, 214. 粗体字为本文作者所加。

（至今仍是无限的）自我行动的总体。”[①] 自我行动的总体被费希特称为“一般意义上的设定”。它作为更高的种（A+B），是“未规定但可规定的”，将设定自我（A）和设定非我（B）这两种可能的行动统一起来。[②] 值得注意的是，这种综合统一并不是在排斥行动之后发生的对对立双方的外在合并。毋宁说，综合与排斥行动同样是相互包含的。在自我进行排斥时，它就同时将排斥行动归属于自身，为自身设定了更广泛的行动领域。[③]

由此可见，自我的自身设定行动不再是直接的，而是具有三位一体的结构：自我的自身设定（A）已然包含着对非我的排斥，将非我设定在无规定的领域中（B）。而设定非我的行动并非与自我无关，它立刻被自我视为自身的行动，被收归回自我之内，与自我的自身设定共同构成一个更广泛的、可规定的总体（A+B）。因此，自我的自身设定同时包含着A、B和A+B三个环节。它不再独立于对立设定与综合统一的原理，而是将它们包含在自身之内。

为了进一步澄清这种统一关系，费希特提出，设定自身和设定非我的行动不仅仅像硬币的正反两面那样，是两个相互依赖、但又彼此外在的方面。毋宁说，每一方都在他者那里返回自身之内，而且只能作为一种在他者那里回转自身的关联而存在。因此，每一方都内在地包含着他者。这种辩证思想突出地体现在这段话中：“自我通过排斥非我，设定自身为自身设定的；或者说，自我通过排斥自身，设定自身为设定非我的。”[④] 每个分句的前半部分表明，自我对自身和非我的设定以对对立面的排斥为前提。两者通过否定对立面而获得自身的规定，也通过否定自身来规定对立面。但这种交互规定还算不上充分的关系。因为，此处的自我和非我仍然处于彼此之外，保持为对对方的单纯否定，仅仅在与对方的界限上相互关联。分句的后半部分则呈现出对立双方的内在统一。费希特强调，无论是自身设定还是非我设定，都必

---

① Fichte, SW I, 200. 中译本第120页。

② 可参见Fichte, SW I, 201。中译本第120页。

③ 可参见Fichte, SW I, 194。

④ Fichte, SW I, 201.

须被自我设定为它的行动。自我必须把自身设定在某个特殊行动中，才能使这个特殊的行动成为可能。这里的自身设定，不再是与非我设定相对的自身设定，而是运作在两个特殊行动内部、使得自我有意识地进行特殊行动的自身设定。这种自身设定行动被费希特称为“无条件的设定”。[①] 正是通过它，自我才会将设定非我的行动归属于自身。Christian Klotz 也将这种根本的自身设定称为“主体性的本原”，并将它视为上文提到的一般的设定行动的基础。通过它，自我反思到自己“具有的自身设定和对象设定这两种可能的行动方式”，将自身设定为“可规定的”。[②]

将分句的前后两部分结合起来，我们将会发现完整的关联过程：（1）如果自我要设定自身为自身设定的，那么它就需要排斥非我，将非我设定为对立面。后者意味着“自我没有设定自身”，意味着自我的自身否定和自身排斥。（2）自我要设定非我，又需要一个更根本的、无条件的自身设定行动：在其中，自我把自身设定为设定非我的，不把设定非我的行动视为自身的对立面，而是将它视为自身设定行动的一种可能方式，在其中实现自身关联。由此可见，自我的自身设定行动是包含着“否定自身—设定非我—非我的自身否定—非我向自我的回归”等环节的完整的中介过程。这个过程既包含着自我与非我的充分关系——自我和非我的对立和自我对两种设定行动的综合，也在更根本的意义上包含着自我与自身的充分关系——自我的自身否定和自身否定向自身肯定的回归。最重要的是，自我的自身设定并不是开端，而是结果。自我并不是首先设定自身，然后对立设定非我，最后又将非我与自我综合起来。毋宁说，自我只有首先作为在对设非我的同时包容非我的综合行动，才能设定它自己；只有首先在自身否定中回归自身，才能实现自身关联。因此，一切直接性和自在性都被扬弃了：没有直接的自身设定，每一个自身设定都已然是“二重化了的”设定。同样，对立双方彼此外在的关系也被扬弃了。自我之所以是自我，是因为自我已然将自身设定行动贯彻

---

① Fichte, SW I, 201.

② Christian Klotz, „Der Ichbegriff in Fichtes Erörterung der Substantialität“, *Fichte-Studien*, Vol.10, 1997, S.170.

到非我内部，通过在非我那里呈现自身。在这个意义上，知识学走出了原先的“实在性总体一分割”模式。在原先的模式中，自我是非我所不是的东西，非我是自我所不是的东西，两者“部分地扬弃”对方的实在性。[①] 而现在，对立双方不再“部分地并存，而是能够完整地并存”，因为每一方都在对方那里完整地回到了自身之内。[②]

基于充分的关系，费希特重新界定了总体的内涵。费希特说，总体不应当是A，也不应当是A+B，而应当是由A+B所规定的A，由A所规定的A+B。[③] 换言之，真正的总体并不存在于任何孤立的环节，而在于每个环节内在包含的完整的关联过程，在于A与A+B的内在统一。只有当自我同时设定自身为设定非我的（B），因而已然将非我内在化、将自身设定为与非我的综合统一体（A+B）时，自我才设定自身（A）。同样，只有当自我设定自身（A）时，它才能将自身设定行动贯穿在非我内部，设定自身“既可以设定自我、也可以设定非我”的可规定性（A+B）。因此，费希特指出，有规定的A和可规定的A+B“重叠在一起，共同充实一个唯一的有限领域”[④]。也就是说，规定性和可规定性并不构成两个大小不同的、相互分离的领域。相反，只存在着唯一的有规定的有限领域，但这个领域就其规定性而言同样是可规定的。它包含着包揽对立面、将自身设定为可规定性和排斥对立面、从可规定性向规定性过渡的完整过程。

总的说来，关系的总体在于以他者为中介的自身关联。费希特甚至指出，“纯粹的关系不包含任何处于关系中的事物”[⑤]。因为，一旦预设了处于关系中的事物，那么也就预设了这个事物在关系之外的自在存在及其与其他事物的分裂。这正是《知识学》前三节中实在性的总体一分割模式的局限。在关系的总体概念中，一方面，自身设定行动不再具有优先性和直接性，因

---

① Fichte, SW I, 108.

② Fichte, SW I, 207.

③ Fichte, SW I, 200. 关于总体的论述，可以参见 Fichte, SW I, 199, 200, 201, 202。

④ Fichte, SW I, 200-201.

⑤ Fichte, SW I, 207.

此，以其为基础的实在性总体也消解在充分的关系中。这意味着，原先那个遥不可及的、与现实自我相对立的彼岸理想，同样遭到了扬弃。另一方面，只有通过在非我中回归自身的完整过程，自我才能设定自身。因此，自我与非我之间的外在的限制关系也被消解在自我与自身的内在关联中。就此而言，关系的总体概念构成知识学从恶无限走向真无限的转折点。借助关系的总体概念，知识学已然扬弃了原先造成恶无限困境的原因，并揭示了真无限的核心结构。那么，接下来的问题是，上述的充分关系如何体现在自我的实践行动中？自我的有限的实践行动何以成为内在包含关系总体的真无限？

三、向真无限的提升：包含着充分关系的实践行动

在最初的“实在性总体—分割”模式中，自我的实践行动表现为在量上增加自身的实在性、成为实在性总体的努力。但是，基于总体的新含义，努力的内涵在《知识学》第五节中也发生了变化。努力被视为“自我借助于一个从不同方面看待的非我而实现的自身交互作用”，包含着自我与非我的充分关系与以非我为中介的自我与自身的充分关系。[①] 立足于努力行动中的充分关系，费希特提出了一种不同于总体—分割模式的关于有限性和无限性的理解。两者不像黑格尔所批评的那样相互排斥、交替登场，而是符合真无限的要求，实现了与彼此的内在统一。

费希特论证的第一步，就是从自身设定行动中推出了努力概念，进而将前者包含的充分关系落实到后者中。在第五节演绎的开始，费希特重申了第四节末尾的结论。设定非我，意味着自我的自身设定行动已然贯穿在设定非我的行动中。“自我返回自身内的行动与向外设定非我的行动本身就是同一个主体的同一个行动。”[②] 基于这种统一关系，费希特进一步发展了自身设定与非我设定的内涵。一方面，设定非我意味着自我设定了一个外在的对象，

① Fichte, SW I, 282.

② Fichte, SW I, 257.

这个对象处于自身设定行动的对立面并对之进行抵抗，构成了自身设定行动的界限。[①]它意味着自我与自身的非同一性。与之相应，另一方面，那个贯穿在设定非我的行动内部的自身设定行动则表现为自我超越非我的限制、在非同一性中“重建自身的同一性”的努力。[②]因为，超越性地走到非我之外，这恰恰意味着自我克服了来自非我的抵抗力量，将非我对自身的外在的、否定性的限制内化为了自我对自身的肯定性规定。在此基础上，费希特演绎出了努力的概念。“自我的返回自身的纯粹行动在与一个可能的对象发生关联时，这种纯粹行动就被设定为努力。”[③]换言之，努力就是自我的自身设定行动的现实定在。[④]只不过，它更突显自身设定行动中向外设定非我与向内返回自身这两个方面的同一性。只有在非我中实现自身关联，自我才能设定自身。这样的自身设定行动就是设定限制又超越限制的努力。因此，如果说《知识学》第四节中的关系总体的概念揭示了自我和非我、自我与自身的充分关系，那么第五节的努力概念则在高度动态化的受限和超越、对抗与克服、束缚与解放过程中清晰地展现出关系的每个环节，并突出了各个环节的不可分割，它们内在地包含着关联过程的整体。

为了强调努力的受限性和超越性的不可分割，费希特将两者称为两个方向（Richtung）。具体来说，尽管非我构成了对自身设定行动的抵抗和限制，但是这种抵抗和限制一定不是与自我完全相异的东西，而恰恰是“与自我同类、可以归属于自我”的东西；否则，它们根本无法被自我视为对自身的抵抗和限制。[⑤]既然自我的本质在于行动，那么，就本质而言，非我的抵抗与限制同样意味着自我的行动。它与自我的自身设定的区别仅仅是同一个行动

---

① Fichte, SW I, 258.“对象”（Gegenstand）在构词法上表达出了“站在对面”（gegenstehen）、进行抵抗的意思。

② Fichte, SW I, 268. 另可见 Fichte, SW I, 259。

③ Fichte, SW I, 261, 263.

④ 可参见 Marco Ivaldo, „Die praktische Konstitution des 'Setzens' nach der Wissenschaftslehre Fichtes“, *Internationales Jahrbuch des Deutschen Idealismus: Der Deutsche Idealismus und die Rationalisten*, hrsg. von Dina Emundts and Sally Sedgwick, 2016, S. 173。Ivaldo 认为，从实践的角度看，自我的自身设定就表现为努力。

⑤ Fichte, SW I, 272.

所包含的不同方向的区别。就自我对立设定非我、由此受到限制而言，自我的行动具有从非我那里被驱逐回自身之内的向心方向（centripetal）。[①] 与之相对，就自我设定自身为设定非我、由此将非我收回自身之内而言，自我的行动超越了非我的限制，具有走向无限性的离心方向（centrifugal）。[②] 方向概念是纯粹的交互概念，某个方向只有在与相反方向的关联中才能被设想。[③] 因此，正如向心方向和离心方向不可分割，努力行动中的受限方面与超越方面同样不可分割。对此，费希特提出，一方面，“如果自我的活动只到受阻点为止，并不越过所有可能的阻碍而前进，那么在自我中（并对自我而言）就没有产生阻碍的东西，没有非我”[④]。也就是说，假如没有超越限制的离心方向，没有让非我服从于自身的努力，自我就不会感受到来自非我的限制和抵抗。因此，超越界限的离心方向，恰恰使得自我能够从界限那里折返自身，意识到自身行动的受限性。另一方面，如果没有向心方向呈现出的界限，那么离心方向对界限的超越将无从谈起。努力将成为无规定的、盲目的行动，根本算不上是努力，也无法进入自我的意识。因为，关于超越行动的意识建立在其与受限状态的区别之上。因此，受阻而折返自身的向心方向，恰恰使得从确定的基点出发向外延展的离心方向成为可能。就此而言，努力行动的受限性或超越性、向心方向或离心方向不能孤立地存在。当一方被设定下来时，使之可能的另一方必然同时被设定下来。

值得注意的是，此处受限与超越的统一并不是彼此分离的两个事态的外在结合；相反，两者实现了与对方的内在统一。上文关于关系总体的论述已然表明，自我对非我的设定（对立设定）与自我在非我中实现的自身设定（综合统一），二者并不是先后发生、彼此独立的两个行动。与之相应，受限和超越也不像黑格尔批评的那样，是先后出现而彼此独立、交替发生且相互排斥的两种事态。换言之，并非自我首先遭到限制、被驱赶回自身之内，然

① Fichte, SW I, 272.

② Fichte, SW I, 275-276.

③ Fichte, SW I, 273.

④ Fichte, SW I, 277-278.

后超越限制、向外走向无限性。这种说法暗示有限性和无限性的对立和分裂，仿佛受限状态是在先的既定状态，而无限的超越行动则是后续出现的、否定一切有限性的新行动。[①] 但真正说来，努力行动的受限性与超越性就其自身而言就是与对方的统一体。因为，从根本上说，自我在设定非我的行动中已然实现了自身关联。因此，来自非我的限制与自我为自身设定的限制本身就是同一的。对于努力来说，这意味着：一方面，在自我遭到非我的限制时，由于非我的限制同时也是自我为自身设定的限制，这种设定行动“仅仅依赖于自我的自发性”[②]，因此限制不是有待被超越，而是已然得到了超越，已然转化为了自我的自身肯定。另一方面，在自我超越限制时，超越行动并没有就此摆脱限制、将限制全然抛在脑后。相反，超越行动同时是自我对立设定非我、使得非我成为可能的行动。因此，超越行动恰恰自己限制了自己，设定了自身与非我相对的有限性。在这个意义上，费希特说：“（同一个行动）只有在它被设定为受阻的意义上才能被设定为被重建的；而且，只有在它被设定为被重建的意义上才被设定为受阻的……要加以统一的两种状态自在自为地（an und für sich）就已然得到了综合统一；除非被设定为统一的，否则它们根本就不能被设定下来。”[③] 每一方自身已然是以对方为内在环节的完整过程。

为了进一步强调受限性和超越性的内在统一性，费希特将努力称为自我的自身交互作用，并将这种统一体奠基在自身设定行动的反映结构中。“任何自我与非我的交互作用同样是自我与自身的交互作用。自我能够将自身设定为受非我限制的，只要自我没有反思到，正是自我自身设定了那个进行限制的非我；自我能够将自身设定为限制非我的，只要它反思了上述这一点。”[④] 换言之，在与非我的关系中自我是受限的还是超越的，这取决于自我

① 在这种说法中，受限性和超越性也是统一的。超越是对限制的超越，因此包含着限制的概念。限制是要被超越的东西，因此也包含着超越的概念。但是，这种统一建立在对立双方之间的彼此排斥和否定之上。这并不是费希特真正表明的统一体。

② Fichte, SW I, 258.

③ Fichte, SW I, 266.

④ Fichte, SW I, 281.

如何看待自身在“设定自身为设定非我的”行动中发挥的作用。如果自我片面地关注“设定非我”的结果，那么自我就会将非我视为对自我的限制；如果自我认识到该行动中还包含着“设定自身为……”的原初自发性，那么自我就会认识到，自我在对设非我时没有单纯地否定自身，而是通过自身否定实现了自身肯定，因而已然超越了非我。因此，自我与非我之间的关系，归根结底是自我与自身的关系。但是，正如受限性和超越性、非我设定与贯穿其中的自身设定内在地包含着彼此，自身交互作用中自身否定和自身回归的环节同样内在包含着彼此。而且，这种包含关系早已蕴含在“自身设定为自身设定”的行动结构中。在该结构中，自我将自身内在地区分为反映者与被反映者，将自身限制在被反映者上；但反映者又能意识到被反映者的有限性正是自我赋予自身的有限性。对此，费希特指出：“假如自我不设定自身，就没有任何行动受到限制；但假如自我不设定自身为自身设定的，就没有对我而言的有限行动，自我不能将自身设定为受限的。”① 换言之，自身设定行动原初地经历了自身双重化和自身交互作用；其中，自身限制过程与让限制“为我存在”的自身关联过程正是同一个过程。当双重化的自身设定行动落实为努力时，就呈现为努力中受限性与超越性的统一体。②

在此基础上，费希特演绎出新的有限性和无限性概念。它们的含义及关系与总体一分割模式中两者的含义及关系完全不同。在新的模式中，一方面，无限性并不属于直接的自身设定行动，而属于那个贯彻在非我设定行动中的自身设定行动；后者意味着，非我和限制恰恰只有通过自身设定行动才能被设定下来，被设定为已然被内化的非我和已然被超越的限制。就此而言，无限性并不意味着对有限性的“事后”否定或摆脱有限性的彼岸世界，而是呈现为有限性之内的超越行动。它在有限性中呈现自身。另一方面，有

---

① Fichte, SW I, 276.

② Klotz 指出，当进行反映的自我限制自身时，这种限制会使得自我认为自己和对象产生了关联，将对象假定为自身受限状态的现实原因。可参见 Christian Klotz, „Reines Selbstbewußtsein und Reflexion in Fichtes Grundlegung der Wissenschaftslehre (1794–1800)“, *Fichte-Studien*, Vol. 7, 1995, S. 37。换言之，自我在自身设定行动中与自身既区分又同一的结构，是自我接受非我的影响，将来自非我的限制视为“对我而言”的限制的可能性条件。

限性并不是先行的自在事实，它存在于自我的自身设定行动内；后者作为“自身设定为设定非我”的行动整体，包含着对非我和限制的设定。换言之，自身设定行动自己限制和否定了自己，它使得限制成为可能。就此而言，有限性呈现为无限性内部的自身限制过程，它在无限性中呈现自身。因此，费希特的无限性与有限性并没有像黑格尔的恶无限概念表明的那样，外在地否定着彼此，保持着与彼此在质和量上的差别。相反，两者只有通过在对方那里关联回自身的过程，才能成为它自己。尽管费希特没有将这一过程明确地称为真无限，但他无疑已然阐明了黑格尔真无限概念的核心内涵。

四、结论

综上所述，费希特知识学包含着一条从恶无限提升为真无限的道路。关系的总体概念正是这一道路的转折点。通过它，知识学否定了自身设定行动的直接性与优先性，澄清其中包含的自我在非我中回归自身的完整过程，扬弃了实在性总体—分割模式中总体与部分、理想与现实、无限与有限的对立。通过将自身设定行动进一步落实为努力，知识学表明，前者中非我设定和自身设定的统一体呈现为后者中受限性与超越性、向心方向和离心方向的统一体。在努力中，有限和无限每一方都扬弃了自身的直接性，只能通过对方的自身否定而转变为自己。有限性不是既定的事实，而是超越行动本身自身限制的结果；同样，无限性不是摆脱限制的解放，而是内在于设定限制的行动中的、使限制成为可能的超越性。由此可见，每一个有限的努力行动都包含着真无限的结构。Sven Jürgensen 曾指出，自我通过努力行动不断地生产自身的统一体，因此它也通过努力行动维持着自身的本质。① 现在，我们可以清晰地看到，努力所生产的统一体正是黑格尔所言的“在自身内运动的统一体”，是有限者在他者那里的否定之否定与肯定的自身关联。②

① Sven Jürgensen, „Die Unterscheidung der Realität in Fichtes *Wissenschaftslehre* von 1794“, *Fichte-Studien*, Vol. 6, 1994, S. 67.

② 黑格尔：《逻辑学 I》，先刚译，第 133 页。

由此可见，费希特与黑格尔的唯心主义不应简单地被打上恶无限和真无限的标签，并被视作截然对立的体系。相反，它们共同包含的真无限结构表明，两者保持着内在的连贯性。这种连贯性首先体现在，知识学中自我的自身交互作用是黑格尔否定之否定的辩证法的原型。知识学表明，非我并非外在的他者，而是自我的自身交互作用中自身限制的环节。自我通过这一环节超越限制，回到自身之内。黑格尔将这种自身交互作用转化为他本人的唯心论中概念的辩证运动，后者同样强调概念自身区分又自身回归的完整过程。其次，相比于黑格尔，费希特最先将自身关联着的主体等同为总体与实体，为黑格尔“主体即实体”的著名论断提供了基础。在知识学中，费希特提出，实体概念的真正内涵在于大全与总体；而后者又在于充分的关系，亦即自我在非我中的自身关联。这一点被黑格尔继承，用以刻画概念的运动：通过发展出全部的环节，概念表明自身是完满的现实性。就此而言，黑格尔的绝对唯心主义并不是对知识学的唯心主义的彻底扬弃，而是知识学中已然包含的从恶无限向真无限的提升道路的必然终点。

无法返回的“家”

——从黑格尔《精神现象学》对古希腊伦理的批评出发 *

刘　哲 **

内容提要：中国传统的“家”正受到学界广泛关注。以孙向晨为代表的学人从华夏“家”传统中挖掘出具有普适性的“生生”与“亲亲”生存论经验，并要以此为“家”伦理提供独特的自然主义奠基。在《精神现象学》中，黑格尔论证古希腊家的自然关系不具备伦理向度要求的自我普遍性以及承认关系的对称性。借助黑格尔对古希腊家伦理反自然特征的分析及其对古希腊伦理秩序之规范性可能的怀疑论反思，本文尝试阐明黑格尔在古希腊家传统中察觉到的自然向度与伦理向度之间的规范性鸿沟。通过对黑格尔现象学论证的重构，本文得以重新开启被孙向晨“家”哲学所遮蔽的自然主义奠基之可能性问题。离开对黑格尔现象学反思的真正回应，华夏传统中自然温暖的“家”仍然只是现代自由个体无法返回的思想乐园。

*　本项研究受北京大学外国哲学研究所教育部人文社会科学重点研究基地重大项目“社会意识的认知奠基和语言表征研究”（22JJD720005）资助。

**　刘哲，哲学博士，北京大学外国哲学研究所、北京大学哲学系教授。

关键词：家　自我意识　精神　规范性　自然主义

百年来，中文学界对现代性的反思不绝如缕。由于中华古老文化被裹挟进入现代世界的独特遭遇，“古今中西”难免成为学人们进行反思的主导性理论框架。伴随着全球现代进程的不断深化，现代世界秩序中的底层结构问题日益凸显。然而，囿于“古今中西”框架中崇“西”尚“今”的价值倾向，中华文化传统在人们讨论和反思现代性问题的场域中长期失语。毕竟，无论从古代还是从中国这样的视角出发，华夏传统相对于现代世界秩序而言都始终缺失普遍性向度，从而只能被默认为是过时的和局域的。近年来，中文学界不断尝试矫正这种不当的失语状态，力图把华夏传统重新引入对现代性问题的深刻反思并当作重塑现代性根基的重要理论资源。孙向晨于2019年出版的《论家：个体与亲亲》就是其中的一部力作。[①] 在对现代性的反思中，他自觉突破“古今中西”的藩篱，以便从华夏传统中挖掘出具有**普遍价值**的人类生存论结构。孙向晨认为近代西方文化建立的“权利个体”既构成现代秩序的必要根基，也造成今天的“个体本位”及虚无主义困境。[②] 在基督教、社群与共和传统以及民族国家这些西方思想资源之外，他要从中国“家”伦理传统中找到制约“个体本位”的思想资源。他发掘出“生生”与“亲亲”这两个普遍性人类生存论经验。通过**同时**捍卫现代个体自由与传统“亲亲”价值这“双重本体”，孙向晨要建立“为亲亲”主体论，并以此为现代思想秩序重新奠基。[③] 因此，他对现代性问题回应的关键就是让现代自由个体回“家”。

---

① 孙向晨：《论家：个体与亲亲》，华东师范大学出版社2019年版。孙向晨的这部著作及其相关论文在中文学界引发了诸多回应与讨论。参见程乐松：《洞见与鸿沟》，《复旦学报》2022年第2期；李科林：《论家的超越性》，《复旦学报》2022年第2期；余玥：《家哲学在德国古典哲学中的转型及其当代意义》，《四川大学学报》2024年第3期；李勇：《家哲学的边界》，《哲学动态》2024年第6期。在笔者看来，这些颇富洞见的回应均未触及孙向晨“家”哲学之主体论根基隐藏的根本问题。

② 孙向晨：《论家：个体与亲亲》，第59—72页。

③ 同上书，第1—56页；以及孙向晨：《亲亲：在同一与他者之间》，《复旦学报》2022年第2期。

孙向晨格外强调自己“双重视野，互为坐标”的独特方法论。[①] 他对中国“家”传统的重新发掘并非在“中学”内部简单复古，而是要借助“西学”来实现“迂回”。在从古希腊到当代的漫长迂回路上，孙向晨格外重视亚里士多德、黑格尔、海德格尔与列维纳斯。其中，黑格尔对“家”的反思在近代哲学中具有转折地位。[②] 他认同黑格尔“以‘爱’来拯救‘个体’的局限，以‘伦理’来界定‘家’的意义”[③]。但他同时批评黑格尔“最后还是以‘家’的瓦解来理解现代社会的开端，把‘拯救’的终极任务落在了‘国家’的层面上”[④]。他分析指出，黑格尔为“拯救”现代个体而归家之失败根源于其“世代性”向度的缺失以及对“生生”与“亲亲”问题的忽视。[⑤] 孙向晨存在论意义的“生生”依赖“生衍”的生物学关系原型，“亲亲”则包含着子亲及家庭成员之爱。[⑥] 他所构想的“家”哲学要把“亲亲”作为家“伦理”的发生地。[⑦] 由此，他对黑格尔的上述批评**至少**意味着后者的家庭理论缺乏某种**自然主义**基础。

孙向晨认为黑格尔意义的家庭“遗漏”了“世代性”这个重要向度，因而更不可能深入到“生生”与“亲亲”问题。[⑧] 但在《精神现象学》的《精神》这一章中，黑格尔在追问古希腊伦理秩序合法性之问题框架中不仅分析了家与城邦的复杂关联，而且深入辨析了古希腊家庭伦理向度同自然向度的**紧张关系**。[⑨] 孙向晨对黑格尔相关反思的忽视首先源于他把《精神现象学》

---

① 孙向晨：《论家：个体与亲亲》，第 345 页。

② 同上书，第 142 页。

③ 孙向晨：《何以归家：现代性的救赎》，《学术月刊》2024 年第 3 期。

④ 同上。

⑤ 同上。

⑥ 孙向晨：《论家：个体与亲亲》，第 223 页，以及《何以归家：现代性的救赎》，《学术月刊》2024 年第 3 期。

⑦ 孙向晨：《论家：个体与亲亲》，第 223 页，以及《何以归家：现代性的救赎》，《学术月刊》2024 年第 3 期。

⑧ 孙向晨：《何以归家：现代性的救赎》，《学术月刊》2024 年第 3 期。

⑨ G. W. F. Hegel, *Phänomenologie des Geistes*, Frankfurt a. M.: Suhrkamp, 1986, S. 327-354；黑格尔：《精神现象学》（下卷），贺麟译，商务印书馆 1996 年版，第 6—33 页。本文使用的《精神现象学》中译文以贺麟先生译本为基础并在必要之处有所修正。为便于读者查阅，引文脚注中先后标出德文原文与中译本页码。

与《法哲学原理》中对“家”的反思笼统视为一致。[①] 但《法哲学原理》在自由意愿概念框架中反思家伦理原则，《精神现象学》则关涉（包含城邦与家的）古希腊伦理秩序能否为行动合法性提供规范性根源。[②] 根据黑格尔的反思，正是由于无法为行动者提供规范性根据，古希腊伦理秩序最终崩塌，并导致作为现代个体理念原型的罗马法“权利个体”观念出现。[③] 既然孙向晨关注家庭伦理向度的自然主义基础以及家伦理对现代个体的“拯救”，那么黑格尔《真实的精神：伦理》这一节理应成为他回“家”之途必经的思想驿站。但由于孙向晨的解读策略及其归“家”之情切，黑格尔这里的关键反思被直接屏蔽了。本文并不试图批评他对黑格尔理论的整体诠释，更无意用黑格尔来反驳他的“家”哲学。相反，本文旨在通过重构《精神现象学》关于古希腊家伦理的论证，揭示家庭伦理与自然向度之间紧张关系的内在构成。在此基础上，古希腊家伦理对权力个体观念的排斥也会进一步获得澄清。离开对《精神现象学》中家伦理反思的回应，孙向晨通过“生生”与“亲亲”构想的“家”哲学或许会沦为在现代性焦虑中开显华夏古老传统的一厢情愿。

本文将以《真实的精神：伦理》前两部分为主要文本依据，尝试阐明古希腊家伦理反自然的根由及其最终丧失规范性根源地位的必然原因。为此，本文将通过如下四个步骤重构黑格尔关于古希腊伦理生活的批评反思。首先，我们将依据《精神现象学》导论（以下简称《导论》）来阐明黑格尔独特的怀疑论形式。其次，我们将从（自然）意识结构的角度来阐明精神的“真实性”含义。由此，我们才能理解在什么意义上古希腊的伦理生活会预设两种分立的伦理秩序。再次，我们将分析在什么意义上古希腊家的伦理向度是对自然关系的否定。最后，我们将通过分析黑格尔的怀疑论论证来揭

---

① 孙向晨：《论家：个体与亲亲》，第 142 页。

② 关于黑格尔《精神现象学》与《法哲学原理》对伦理生活、法权个体以及道德问题的论述差别及相关解释争论，参见 W. Dudley, “Ethical Life, Morality, and the Role of Spirit in the *Phenomenology of Spirit*”, in D. Moyar and M. Quante (ed.), *Hegel’s Phenomenology of Spirit: Critical Guide*, New York: Cambridge University Press, 2008, pp. 130-149。

③ 孙向晨：《论家：个体与亲亲》，第 61 页。

示古希腊伦理秩序终结的根源及直接的理论和历史后果。我们将看到，作为两种对立的伦理秩序，古希腊的家和城邦都无法为现实个体自我提供伦理空间。黑格尔的怀疑论指出，古希腊家与城邦伦理秩序的崩塌正是罗马法确立权利个体观念的理论和历史前提。[①] 借助黑格尔怀疑论论证的观照，孙向晨“家”哲学所遮蔽的深层问题将会更加清晰地呈现出来。

一、自然意识的自我验证

在《导论》中，黑格尔明确界定了《精神现象学》独特的研究对象、理论目标以及论证方法。他指出《精神现象学》的理论目标是逐步达到对科学性或哲学“认识”的**知识论**反思。[②] 在黑格尔看来，（科学性）认识同“自然意识”相对。只有彻底否定了“自然意识”的立场，科学性或哲学认识才能够最终建立。为此，《精神现象学》要以“自然意识”为研究对象。因为“自然意识”把自己宣称为“实在的认识”，《精神现象学》的整个进程就只能被理解为对“自然意识”的“怀疑之路”。既然这种怀疑最终要彻底否定其立场本身，那么我们就不难理解黑格尔会把《精神现象学》视为“自然意识”的“绝望之路”。出于本文的有限目标，我们不再对科学性认识及其与“自然意识”的关系做进一步的阐释。在此，我们仅仅关注黑格尔在《精神现象学》中所使用的论证方法。

黑格尔的知识论反思拒绝像他同时代的哲学家那样把知识理解为把握真理的工具或媒介。在他看来，这种理解预设了知识把握到的对象与对象本

---

① 在《论家》中，孙向晨援引麦克弗森指出现代权利个体的理念要回溯到罗马法和基督教伦理中。参见孙向晨：《论家：个体与亲亲》，第 62 页。

② 晚近半个多世纪以来，国际黑格尔学界对《精神现象学》的研究早已突破之前各种错误解释框架。当代解释者对《精神现象学》知识论内涵的广泛探究成为我们理解这部著作的必要出发点。德国已故哲学家 Hans Friedrich Fulda 是引领国际黑格尔研究范式变革的旗帜性人物。他对《精神现象学》中知识论“纲领及其执行”的阐释是本文的理论前提。在 Fulda 研究的基础上，本节尝试对《精神现象学》导论做出部分解读。参见 H.-F. Fulda, "'Science of the Phenomenology of Spirit': Hegel's Program and Its Implementation", in D. Moyar and M. Quante (ed.), *Hegel's Phenomenology of Spirit: Critical Guide*, pp. 21-42。

身的二元分立，从而根本无法跨越两者间的知识论鸿沟。为了辩护（科学性）认识之可能，我们就必须避免这种怀疑论后果。富尔达（Hans-Friedrich Fulda）指出，《精神现象学》关涉的知识并不限于我们的日常经验认识以及科学理论，还涉及实践之知、艺术（规范）认识以及宗教认识。另外，知识主体也不限于孤立的感知者，还涉及各种认知能力、态度、行动以及不同类型的共同体与机构。[①] 因此，黑格尔的知识论反思拒绝对知识一揽子式的反思方式。其次，同所有知识论反思一样，他针对具体认识类型的知识论反思也要借助怀疑论完成。再次，黑格尔把那些无法获得辩护的知识类型总称为"自然意识"。因为《精神现象学》的最终目标是否定"自然意识"立场本身，所以他运用的怀疑论有别于古代和近代怀疑论。[②] 他指出古代怀疑论使用的反证法最终只是返回到初始假定的知识命题中，近代怀疑论则要摈弃所有权威从而把知识建立在自我确定的基础上。虽然黑格尔认同近代怀疑论指向主体一侧，但他出于知识类型的多样性反对笛卡尔主义把怀疑作为方法来单独达到自我确定。在他看来，无论借助权威还是基于自我确定，两者都无法分判知识内容的真理与错误。最后，黑格尔对科学可能性的辩护要基于对"自然意识"立场的否定。因此，他使用的怀疑论绝不能在先假设同"自然意识"对立的科学立场。由于"自然意识"独断宣称拥有真实的知识，对科学性认识立场的外在假设就令其具有同等的独断性。由此可见，《精神现象学》中的知识论反思只能借助具体的怀疑论来**从"自然意识"内部**逐步实现其自我否定。

在此，我们不免要追问《精神现象学》独特的怀疑论论证模式如何从"自然意识"内部进行。黑格尔指出知识论反思就是要验证知识的为真性。因为所有验证都要把被验证对象同拟定标准相比较，知识论反思同样要根据拟定的标准来检验具体类型的知识是否同其为真的标准相匹配。如果知识论

---

① 参见 H.-F. Fulda, "'Science of the Phenomenology of Spirit': Hegel's Program and Its Implementation", in D. Moyar and M. Quante (ed.), *Hegel's Phenomenology of Spirit: Critical Guide*, p. 24。

② 根据 Fulda 的解释，黑格尔认为古代怀疑论仅关注假定实存的对象，近代怀疑论则同时还要关注意识把握真理与知识的能力。参见 Ibid., p. 30。

反思要从“自然意识”内部进行，那么检验标准就不能来自外部而只能来自被检验的具体“自然意识”本身。既然“自然意识”（独断地）宣称自己知识的为真性，那么它必然预设知识符合自己有意或无意设定的为真标准。为了澄清知识概念与其标准之间的关系，黑格尔在《导论》中引入“意识”的操作性概念。他明确指出，

> 如果我们首先注意一下认识和真理的抽象规定如何出现在意识中。意识把自己跟某种东西区别开来而同时又与它相关联；或者用流行的话说，这就是，有某种**为意识的**东西；而这种**关联**或某种东西**为意识的存在**，这个特定侧面就是**认识**。但是我们把**自在存在**跟这种为他物的存在区别开来；与认识关联的事物既跟它区别开来并且也被设定为是外在于该关联的**存在者**；这个自在存在的侧面，就叫做**真理**。①

显然，知识论反思就是要检验认识的为真性。在这段文字中，黑格尔明确把真理同独立于意识的自在之物区分开。真理是意识结构内部所包含的“自在存在”这个侧面。因此，知识论检验根本不是把意识内容同独立实存的自在之物进行比较。相反，黑格尔的知识论反思要检验意识内部“为意识存在”与“自在存在”这两个侧面之间的关系。但我们该如何理解意识内部这两侧的含义？在《导论》中，黑格尔进一步指出“自在存在”一侧意味着关于“对其自身而言真理所是的意识”，而“为意识存在”一侧则意味着关于“该真理所是的认识之意识”。② 换言之，真理这一侧是“自然意识”关于其对象所预设的**前本体论范畴**，而认识这一侧则是其关于该对象知识预设的**前知识论范畴**。③ 既然知识论反思要检验认识的为真性，“自然意识”必然把真理作为检验标准。因此，“自然意识”呈现的具体形态要受真理或自己预设的前本体论范畴规定。在此意义上，《精神现象学》的知识论检验就是

---

① G. W. F. Hegel, *Phänomenologie des Geistes*, S. 76；《精神现象学》（上卷），第 58 页。

② G. W. F. Hegel, *Phänomenologie des Geistes*, S. 77；《精神现象学》（上卷），第 59—60 页。

③ 参见 A. F. Koch, *Die Evolution des logischen Raumes*, Tübingen: Mohr Siebeck, 2014, S. 21。

把“自然意识”预设的前知识论范畴同前本体论范畴进行比较。针对每一具体“自然意识”形态的怀疑论就是要揭示这两者间的不一致，并由此导致该意识形态的自我瓦解。因为这两套范畴都是“自然意识”自我预设的，所以《精神现象学》要求的知识论反思就是各种具体“自然意识”形态的自我检验及自我否定。

二、精神的真实性

在《精神现象学》中，自然意识不断经历各种具体怀疑论挑战并逐步放弃了意识、自我意识以及理性这些先前的主要形态。基于理性遭遇的知识论失败，自然意识获得了精神这种全新形态。古希腊伦理生活正属于自然意识之精神形态的初始阶段。黑格尔把初始形态的精神称为“真实的精神”。显然，精神在初始发展阶段具有的“真实性”含义只有借助其所包含的自然意识结构才能获得说明。为此，我们首先需要基于黑格尔在《导论》中提出的“意识命题”来澄清“精神命题”。①

在上一节中，我们已经看到黑格尔在《导论》中基于意识的操作性定义来界定认识与真理这两个关键概念。既然《精神现象学》的整个进程指向“自然意识”立场的彻底自我否定，这就意味着“自然意识”始终无法规避怀疑论的挑战。换言之，“自然意识”根本无法建立认识与真理的匹配关系。在操作性定义中，黑格尔指出，“意识把自己跟某种东西区别开来而同时又与它相关联”。如果我们仔细分析这个极为简洁的定义，我们不难发现黑格尔的意识概念包含着两组关系之间的关系。如果意识能够把对象和自己区分开来，这至少要预设意识的自我把握关系。因为意识同时要与对象相关联，所以意识概念中包含着自我关系与对象关系之间的关系。黑格尔对认识与真理之间的区分恰恰基于意识结构中包含的这两重构成性关系。由此可见，黑

① 有关黑格尔《精神现象学》中“意识命题”与“精神命题”的提法以及相互关系，参见 J. Stolzenberg, “Geschichten des Selbstbewußtseins: Fichte-Schelling-Hegel”, in B. Sandkaulen, V. Gerhardt und W. Jaeschke (Hrsg.), *Gestalten des Bewußtseins*, Hamburg: Meiner, 2009, S. 40-43。

格尔知识论反思要求的意识之自我检验同时是意识结构中自我关系同对象关系之间一致性的比较。显然，“自然意识”面对怀疑论挑战的失败就意味着其无法建立意识结构中这双重关系之间的一致关系。在此意义上，我们可以把两者间不一致的意识结构视为“意识命题”。

同样在《导论》中，黑格尔指出“自然意识”的演进最终要指向“真认识”，即认识与真理之间的完全一致。[①]与此同时，他把“自然意识”向“真认识”的转变等同为心灵向“精神”的纯净化。经过这种纯净化，心灵得以达到“其自在所是”。显然，精神同心灵或意识的根本区别在于其自我意识同对象意识两者完全一致。同上述“意识命题”相对立，我们把意识结构中双重关系要素的一致称为“精神命题”。因为在《导论》中黑格尔仅仅笼统地刻画知识论纲领，我们还无法准确理解“精神命题”的具体构成含义。囿于篇幅所限，我们仅从知识论角度来澄清《精神》这一章中“精神命题”的具体含义。在此基础上，我们得以澄清精神发展最初阶段的“真实性”特征。

当近代各种形式的个体主义经历了怀疑论的挫败后，“自然意识”从理性阶段发展到精神阶段。根据理性阶段的怀疑论结果，黑格尔在《精神》这一章的导论部分中简明扼要地刻画了精神概念的内在构成。他指出精神要把握或展现的对象实在是“伦理实体”或规范性实在。精神对规范性实在的意识就意味着把“伦理实体”展现为“伦理现实”或规范性实在的现实化。显然，规范性实在的现实化既要以“伦理实体”为根基和出发点，同时又要依赖所有个体的共同参与。从后面这一侧来看，规范性实在的现实化同时又是所有个体自我意识共同努力的规范性目标和成就。通过规范的现实化，精神得以把意识结构中的对象关系与自我关系统一起来。因此，黑格尔明确指出，

> 作为实体，精神是不可动摇的、正义的自我同一；但作为自为存在，精神是被瓦解的、自我牺牲的善良本质……这种对本质的瓦解和个体化正是所有人的行动和所有人的自我这个因素；该因素是实体的运动

① G. W. F. Hegel, *Phänomenologie des Geistes*, S. 72；《精神现象学》（上卷），第 55 页。

与灵魂，是被实现出来的普遍本质。[①]

从意识结构角度来看，精神的内在构成中必然同时包含着同一的规范性实在和个体自我意识以及共同体意识这两个侧面。尽管这两个侧面在精神概念中相互统一，但两者并不同一而是具有对立特征。具体而言，在自在存在这一侧，精神作为伦理实体具有自我同一的稳定性。相反，在自为存在这一侧，个体自我意识以及共同体意识则不断变化。事实上，精神的整个发展进程都离不开这两侧之间的对立关系。

在发展的初始阶段，精神概念中两个结构要素的对立关系尚未作为精神具体形态的构成原则。相反，两者以各自为基础原则来同对立侧面直接统一在一起。由于两者的直接统一，个体行动者以及共同体自我意识同规范性意识之间并无差别。由此，规范性真理就是现存的规范，并被行动者个体以及共同体不加质疑地视为有效。在此意义上，黑格尔把精神最初的发展阶段刻画为“真实的精神”。因为精神的双重构成要素存在差别，两者以各自为基础形成的直接统一体必然也具有形态差别。在古希腊伦理生活中，以自为存在为基础建立的直接统一体把规范性真理建立在城邦制定的法律中，相反，以自在存在为基础建立的直接统一体则把规范性真理锚定在家所遵循的神律中。因为法律和神律都具有不容置疑的直接有效性，精神内部包含的双重结构要素差异首先就呈现为两类律法以及规范性机制的截然区分。简言之，古希腊伦理生活必须要恪守法律与神律以及城邦与家这两种规范性秩序的彼此分离。

三、反自然的古希腊“家”伦理

黑格尔的章节标题“真实的精神：伦理”明确提示了反思古希腊（家和城邦）伦理的理论视角。作为自然意识之精神形态发展的初始阶段，精神的

---

① G. W. F. Hegel, *Phänomenologie des Geistes*, S. 325；《精神现象学》（下卷），第2—3页。

“真实性”特征意味着自我意识与对象意识处于直接统一体中而尚未彼此分别。在这种精神形态中，自然意识把对象实在理解为规范性实在。对黑格尔而言，精神把握的规范性实在需要通过行动者个体之间相互承认的共同努力来获得实现。由此，精神“真实性”包含的直接统一就具体展现为自我意识个体与普遍共同体之间直接的规范性统一。基于这种直接的规范性统一，自我理解仅仅由共同体的普遍性规范构成。在黑格尔看来，真实精神要求的直接规范性统一**典型地**展现在古希腊伦理世界。① 在古希腊伦理生活中，现代意义上具有个体差异的独立自我尚未出现。因为古希腊伦理秩序中的自我与共同体并无区分，古希腊个体自我意识只能把自己视为遵循现实伦理秩序的共同体成员。

在《真实的精神：伦理》这一节中，黑格尔明确指出，古希腊伦理世界不可避免地包含着具有内在对立关系的两种现实形态——城邦与家。在古希腊城邦中，自然形成的民族及其颁行的律法与沿袭的习俗构成了现实伦理秩序。城邦公民对律法与习俗的亲熟与遵循既是对共同体伦理秩序的意识，也是行动者的自我意识。同城邦及其公开透明的法律习俗相对立，古希腊伦理世界还包含另一种形态的伦理共同体。这种伦理共同体的出现并不像城邦那样来自公民相互承认的规范性努力而具有直接的统一实在。另外，这种伦理共同体的直接实在统一并不排斥差异化个体，而是要在不断自我差异化中保持自我统一。黑格尔把这种在自我差异化进程中保持自身统一的直接伦理共同体视为“自然的伦理共同体”或家。② 在古希腊传统中，家所遵循的伦理规范不再是人们自己制定的律法与习俗，而只能是从远古代代流传的律条。因为人们既无从知晓这些律条的来源，也无法理解其规范性的理由，古希腊人把家所遵循的伦理秩序恰当地称为神律。根据黑格尔，古希腊伦理生活判

① 在《精神》这一章的导言中，黑格尔明确指出精神发展出的各种形态不仅是“意识的形态”，而且是“世界的形态”。我们无意辨析这一章展示的世界历史进程与意识概念演进之间的复杂关系。在此，我们仅仅指出两种形态的对应使得古希腊伦理世界这个偶然的历史阶段获得了典型化特征。在此意义上，黑格尔刻画的古希腊伦理结构就不再仅限于古希腊世界本身。

② G. W. F. Hegel, *Phänomenologie des Geistes*, S. 330；《精神现象学》（下卷），第8页。

然分别城邦与家这两种不同的伦理机制。通过怀疑论论证，黑格尔试图批评性反思古希腊伦理生活是否真能维持其预设的规范性秩序。我们将在下一节中具体分析他的怀疑论证明。本节将首先澄清**在何种程度上**古希腊传统中作为**自然**共同体的“家”得以具有**伦理**意涵。

在《伦理的世界》这一节文本中，黑格尔强调把古希腊传统中家的伦理意涵同家庭成员之间的自然关系区分开来。他明确指出：“因为伦理自在是普遍的，而这种自然关系本质上同样是精神，并且只有作为精神性本质它【该自然关系】才是伦理的。”① 显然，黑格尔不仅区分了家所蕴含的伦理关系和自然关系，而且拒绝把家的伦理意涵植根在家庭成员的自然情感关系之中。在他看来，家的伦理意涵必须依赖具有**普遍性**特征的“精神性本质”。相反，家庭成员之间的自然关系缺乏伦理维度所必须的普遍性。因此，黑格尔认为古希腊传统中的家伦理始终具有反自然的根基。

然而，上文已经指出黑格尔把家理解为“自然的伦理共同体”。在此，我们不得不追问在什么意义上他能够认为古希腊传统中家的伦理意涵是反自然的。显然，我们只有进一步澄清伦理普遍性的含义才能准确把握黑格尔看似自我矛盾的命题。前面我们已经指出家的自然实在统一并不排斥家庭成员之间的个体差异。由此，家的伦理普遍性就只能依赖家庭成员个体之间的**相互承认**。首先，黑格尔指出家庭成员的相互承认可以展现在个体之间的“情感关系”或“爱的关系”中。② 但他指出夫妻之间的爱情关系基于偶然的自然情欲。由此，夫妻之爱是对彼此个体自然欲望的承认而不具有伦理属性。因为子亲关系中混杂着物种生衍的自然关联，子亲间的承认具有非对称性。父

---

① G. W. F. Hegel, *Phänomenologie des Geistes*, S. 330；《精神现象学》（下卷），第 8 页。

② 同孙向晨对西方文化中爱的理解相悖，黑格尔指出在古希腊家庭中不仅存在夫妻之间的情爱，还有子亲之间的亲亲之爱（Pietät）。黑格尔并不像孙向晨那样把这种亲亲之爱解释为生存论经验，而仅仅视为基于物种生衍的自然情感。孙向晨解释的“生生”与“亲亲”这两种生存论经验均有自然原型关系基础。在他看来，这两种生存论经验共同构成了中国传统理解的“家”。基于这两种生存论经验的普遍性，他进一步认为中国传统的“家”概念也具有普世价值。然而，经过列维-斯特劳斯对亲属关系的研究，人们不免怀疑孙向晨基于“生生”与“亲亲”经验阐发的“家”包含人类学误解。参见孙向晨：《论家：个体与亲亲》，第 235—247 页。

母在对子女的承认中获得了对自我生命的承认，反之则不然。其次，黑格尔指出家中的相互承认还可以表现为成员个体参与家的共同目标。他指出，家的共同目标就是获得并维持权力与财富。因为权力与财富是自然欲望的对象，家庭成员基于这种共同目标的相互承认无法建立伦理关系。即使家庭权力与财富被看作城邦的构成因素，家庭共同体目标的伦理属性也只能来自城邦的普遍性而非家庭自身。在黑格尔看来，城邦普遍性带来的伦理维度恰恰要否定家所根本关切的个别性本身。同城邦伦理秩序相对立，黑格尔指出，“家所固有的、正面的目的就是个别个体本身（der Einzelne als solcher）”[①]。古希腊家伦理要求的相互承认必须建立在对成员个体个别性的承认与支持基础上。

因为相互承认要依赖成员个体的伦理普遍性，古希腊家伦理要求作为个别个体的家庭成员之间**反自然的**彼此承认。由此，家庭成员的相互承认就无法基于成员个体暂时的和偶然的需要与欲求。换言之，在家伦理关系中相互承认的个体**自我**首先必须摆脱个体自然需要与欲求的暂时性与偶然性。这意味着伦理意义上相互承认的家庭成员个体首先必须是“**整全的**个别个体”[②]。黑格尔指出，家庭成员个体具有的整全性或者表现为一生追求的幸福，或者经过教育塑造的生命，或者在紧急情况中受威胁的生命。然而，前两种整全性包含的内容存在改变的可能，后一种整全性则仅仅依赖偶发的事件。如果我们无法在现世生活为个体生命找出其他整全形式，那么在家庭伦理关系中能够具有**普遍性**的整全自我就不可能是有生命的个体。在此，黑格尔颇具洞见地指出，在古希腊传统中只有死者才是**同时**具有普遍性与整全性的自我。死亡到来之际，个体生命丧失了继续改变的可能从而形成一个整体。因为死亡剥夺了个体间的所有差别，死者展示出永远安息的单纯普遍性。

虽然只有死者个体才同时具有整全性与普遍性，但在什么意义上这种普遍性同家伦理要求的共同体普遍性相关？上文已经指出，作为自然伦理共同体，家要通过不断生衍新个体的进程来延续家族生命自身。由此，黑格尔指出，古希腊传统把家的伦理普遍性视为个体间的血脉关联。在古希腊家伦理

---

① G. W. F. Hegel, *Phänomenologie des Geistes*, S. 331；《精神现象学》（下卷），第9页。

② G. W. F. Hegel, *Phänomenologie des Geistes*, S. 331；《精神现象学》（下卷），第9页。

中，整全自我具有的伦理普遍性就只能意味着对家族血亲关系的承认。因为只有死者才是具有普遍性的整全自我，我们就必须进一步澄清死亡带来的普遍性与家族血脉普遍性之间的关联可能。事实上，死亡带来的单纯普遍性并不直接具有伦理意涵。在黑格尔看来，死亡首先意味着个体承受的单纯生命自然进程。从这个角度来看，单纯普遍性仅仅意味着死者融为大自然进程的一部分。但个体死亡不只是被动的自然生命进程，同时也通过个体的顺从而成为其主动的行动。黑格尔指出，死亡行动意味着亲人通过节省资源来为家族共同体做最后的贡献。① 在死亡行动中，亲人把自己的整体生命等同为对家族血脉的延续。在复归尘土带来的单纯普遍性中，死者才可能摆脱自然的偶然性从而成为具有普遍性的**伦理自我**。由于死亡对个体生命的限制，死者无法自我实现单纯普遍性与家族血脉普遍性的统一，或者无法在死亡中实现自我意识。显然，已故亲人所要建立的自我必须依靠其他家庭成员的帮助才能完成。通过丧葬义务，家庭成员不仅使死者回归尘土的进程彻底摆脱了自然属性，而且承认和告慰死者对共同体的贡献。通过丧葬仪式，死者脱离了个体的自然生命并成为被永久铭记的家族成员。因为丧葬义务是家族成员对亲人伦理自我的承认，黑格尔指出丧葬义务成为神律的典范。②

同城邦伦理相反，古希腊家的伦理目标是承认和支持个别个体。在精神的真实性结构中，古希腊家伦理关涉的个别个体必然是展示家族血亲关系的自我。根据上面的分析，这种自我只有通过彻底否定自然生命才能获得伦理的普遍性。在古希腊家的伦理秩序中，构成家族血脉的伦理自我首先是被安葬的亲人亡灵。古希腊家伦理要求的相互承认首先是家族成员对亲人亡灵的回应。由此可见，古希腊家的伦理维度**必须**植根在家庭成员之间反自然的相

---

① 参见 J. Schmidt, *"Geist", "Religion" und "absolutes Wissen"*, Stuttgart: W. Kohlhammer, 1997, S. 80。

② 在《论家》中，孙向晨指出“丧祭”对中国传统“家”伦理的重要意义。根据他的阐释，“丧祭”在生存论意义上是要继续保持“共世代”的结构。他指出，“在祭奠中，‘亲人’的现象栩栩如生地保持着，这既是情感的投射，也是在时代中继续保持‘亲人’的位置”。另外，他也指出，“基于‘世代性’的结构，生命不是单纯的‘个体’，而是‘生命的连续性’”。参见孙向晨：《论家：个体与亲亲》，第270—275页。对黑格尔而言，丧葬恰恰是帮助故去的亲人脱离其个体自然属性，从而展现出家族血脉的伦理普遍性。从黑格尔的角度来看，孙向晨这里强调的“共世代”只能是反自然的伦理关系。

互承认关系中。正如神律昭示的那样，家族成员对这种反自然的相互承认虽不理解但必须无条件遵守。对古希腊传统而言，无条件遵守神律才能将家族成员凝聚在家神的佑护之下成为伦理共同体。由于古希腊伦理生活严格区分城邦与家这两种伦理机制，古希腊女性被禁闭在家庭中并通过对家神的感应来遵循神律的规范。黑格尔指出，古希腊女性作为女儿、妻子和母亲都只具有自然个体生命但缺乏自我意识。通过为父母送终，女儿意识到自己离开了生养者并由此仅以否定方式意识到自我。在妻子和母亲角色中，古希腊女性直接把个体情感视为延续家族血脉的特殊工具。但在兄妹或姐弟关系中，兄弟对姐妹的承认摆脱了夫妻以及子亲单向承认的自然情感而单纯依赖双方共属的血脉关联。因为兄弟可以在城邦生活中形成自我意识，兄弟的承认使女性获得了自我意识。① 在兄弟承认中，女性把自我等同为神律的捍卫者和家族的守卫者。古希腊家的伦理关系不仅奠基在对已故亲人的丧葬义务中，而且也通过兄弟与姐妹的相互承认实现在现世家庭生活中。

至此，我们已经看到黑格尔阐释的古希腊家伦理必须展现家族血脉的普遍性。虽然古希腊的家是自然伦理共同体，但家的伦理维度必须依赖对家庭成员个体生命的普遍化。无论在亲人亡灵还是在女性那里，这种普遍化都要求个体生命摆脱所有自然需要和欲求。在亡灵那里，个体生命的普遍化蕴含着脱离尘世回归黄土。在家庭生活中，古希腊女性个体生命的普遍化则意味着她通过兄弟的承认把自己看作延续家族血脉的工具。黑格尔正是在古希腊家伦理要求的普遍化中辨识出其反自然的根基。由于其反自然特征，古希腊的家伦理根本无法为现世的个体自我提供伦理空间。

四、古希腊伦理的终结与权利个体

在《精神现象学》中，黑格尔并不孤立地反思古希腊的家伦理。相反，

① 关于古希腊女性在家庭中只有通过兄弟的承认才能建立自我意识，参见 T. Pinkard, *Hegel's Phenomenology*, Cambridge: Cambridge University Press, 1994, p. 143。

他的批评性反思在根本上要追问古希腊伦理生活整体的可辩护性。为此，他对古希腊家的阐释始终服务于对家与城邦关系的考察。作为精神发展的第一阶段，《真实的精神：伦理》这一节既包含古希腊的城邦生活，也涉及古罗马的法律秩序。根据黑格尔，古典时期现世个体自我观念的出现必须依赖从古希腊向古罗马伦理风尚的转变。正是罗马法通过权利个体概念最终把现世个体自我的（规范）有效性确立起来。上文已经指出，《精神》一章中意识发展出的不同形态同时也是历史进程中世界的不同形态。在黑格尔这里，理解个体权利概念的出现离不开真实精神这种自然意识的自我怀疑和自我检测。因为精神的真实性要求行动者自我意识同规范性意识的直接统一，古希腊伦理世界中现实的规范性秩序直接构成每个行动者个体行为的理由与目的。为了澄清真实精神的自我检测，我们需要**从黑格尔现象学知识论角度**考察古希腊现实的伦理秩序是否具有被（有意无意）预设的规范性效力。由于古希腊伦理生活中并行着城邦和家这两套泾渭分明的规范性秩序，黑格尔的现象学反思不可避免地指向两者分离关系的可辩护与否。一旦城邦与家之间的分离被证明难以为继，古希腊伦理生活就会丧失合法性基础并彻底终结。由于篇幅所限，本节无意细致评述黑格尔的文本，而仅尝试澄清其中怀疑论的论证结构。

黑格尔对古希腊伦理生活的现象学考察从分析其规范性现实结构开始。从自然意识结构角度来看，精神包含着自我意识与对象意识或者个别性与普遍性的统一。以此双重结构要素作为塑形原则，精神统一体必然展现为两种不同形态。黑格尔强调指出，无论哪一种形态都必须以各自方式包含自我意识与对象意识的统一。基于真实性特征，精神统一体的两种形态都具有直接的现实实在性或者规范有效性。因为意识结构中自我关系和对象关系存在区分，精神统一体呈现出的两种规范性现实形态只能彼此外在并相互排斥。在黑格尔看来，呈现现实互斥性的精神恰恰体现在古希腊伦理生活中。古希腊伦理精神具有的现实实在性展现为两种分离的规范性机制：城邦与法律以及家与神律。黑格尔指出，

> 家，作为无意识的、尚属内在的概念，与概念的有意识的现实相对

立，作为民族的现实的要素，与民族本身相对立，作为直接的伦理的存在，与通过把普遍者作目的的劳动以建立和保持其自身的那种伦理相对立——作为家的守护神与普遍精神相对立。①

虽然这两套伦理机制都包含个体性与普遍性的直接统一，但在不同机制中这两种要素的伦理含义显然完全不同。法律包含城邦公民共同体制定的律则和沿袭的习俗。法律以共同体为目的并为所有公民个体无条件接纳与承认。城邦公民的自我意识就是把自己理解为遵循所属城邦法律的行动者。城邦公民个体的自我意识集中为政府的集体意识。对城邦公民而言，法律有效性根源在于共同体对生活规范性的自我意识和自我反思。相反，神律的直接规范有效性根源则来自神明或者无从溯源。另外，神律也无法通过明确的律则和习俗来被清楚意识，而只能通过世代流传的神话来被领会。上文已经指出神律的规范性目的不再是城邦的共同体生活，而是佑护家族血脉的延续。作为自然的伦理共同体，古希腊家族血脉的普遍性只能借助被安葬的亲属亡灵与持家的女性获得展现。在古希腊伦理世界，女性被严格限制在家庭生活领域中，只有男性才被允许参与城邦的公共生活。虽然家为城邦输送男性公民并构成其现实要素，但古希腊公共生活就是要把男性从其自然根源及其在家中的自然欲望中拔离出来。由此，古希腊城邦与家以及法律与神律之间的对立就固化在两种性别的自然差异之中。

在《真实的精神：伦理》第一节中，黑格尔对古希腊伦理的怀疑论反思初步表现为以现象学知识论方式考察城邦与家、法律与神律以及男性与女性是否具有彼此独立的规范有效性。首先，古希腊城邦法律来自民族对共同体伦理生活规范的自我反思。这种自我反思显然要为城邦法律的制定与沿革提供合法性根据。古希腊城邦依赖自然形成的民族并拥有佑护自己民族的神。由此，黑格尔指出，作为“伦理一般之普遍可能”，神律反而成为城邦法律必须依赖的终极合法性根源。② 其次，因为法律要维护共同体生活，城邦公

① G. W. F. Hegel, *Phänomenologie des Geistes*, S. 330；《精神现象学》（下卷），第 8 页。

② G. W. F. Hegel, *Phänomenologie des Geistes*, S. 330；《精神现象学》（下卷），第 8 页。

民必然把自我理解为脱离自然个体性并遵循法律的行动者。上文已经指出丧葬义务使得复归尘土的“抽象纯粹普遍性”摆脱了自然属性，并使死者个体转变为具有伦理普遍性的自我。因为伦理含义的自我植根于死亡带来的反自然普遍性，神律佑护的亡灵之个体性反而成为城邦公民自我意识的本质和依据。再次，城邦共同体必然分化出不同的阶层和行会。因为阶层和行会仅仅是实现共同体普遍秩序的行动者，古希腊城邦需要战争造成的牺牲来保持内部组织的普遍伦理本质。由此，黑格尔指出，神律及其地下王国才是城邦伦理秩序的真理。最后，在家庭关系中，兄弟对姐妹的承认单纯建立在共同血脉基础上。兄弟承认的可能性依赖其具有自我意识。根据黑格尔，男性只有在城邦生活中才能建立自我意识。因此，家族成员基于血亲关系的承认也必须依赖城邦共同体。黑格尔准确指出，“自我封闭的家庭【在兄弟与姐妹关系中】解体”[①]。

至此，我们已经看到古希腊伦理生活初步遭遇的怀疑论挑战。古希腊人恪守的城邦与家、法律与神律以及男性与女性之间的伦理界限无法获得合法性辩护。上面的怀疑论论证恰恰展示出两种伦理秩序的相互依赖。在这一节开篇，黑格尔就已经隐晦地宣告两者间只有表面的对立。在这一节末尾，他明确做出怀疑论结论，指出，古希腊伦理生活真正的规范性依据不是他们要求恪守的彼此对立的双重伦理机制，而是两者的统一。但这种伦理统一恰恰是古希腊人根本无法接受的两性统一。[②]

---

① G. W. F. Hegel, *Phänomenologie des Geistes*, S. 338；《精神现象学》（下卷），第 16 页。

② G. W. F. Hegel, *Phänomenologie des Geistes*, S. 341；《精神现象学》（下卷），第 19 页。今天，人们已经熟知古希腊恪守男尊女卑的伦理秩序。在黑格尔同时代，一批痴迷古希腊文化的德国文人把古希腊伦理生活美化为和谐整体，并要借此克服近代个体主义带来的现代性弊端。在这一节论证中，黑格尔并没使用代表其怀疑论的经典术语“经验”。但根据上文论证分析，他最后指出的“男性与女性统一”不仅是对怀疑论结论的准确刻画，而且是对那些美化古希腊的同代文人之尖刻嘲讽。在黑格尔看来，这些对古希腊的美化反而是对古希腊伦理生活的深刻质疑和颠覆。在其经典解释中，Siep 同样指出在古希腊伦理生活中两性的统一只是偶然的。虽然黑格尔在这部分文本中没有使用明确标识其怀疑论的术语“经验”（Erfahrung），但他达到的论证结论是隐藏的怀疑论结果。参见 L. Siep, *Der Weg der Phänomenologie des Geistes (4. Auflage)*, Frankfurt a. M.: Suhrkamp, 2014, S. 181-184。

黑格尔第二阶段的怀疑论展示在《真实的精神：伦理》的第二节中。假如古希腊伦理仍要获得维持，那么我们就必须寻找其他途径来辩护上述两种伦理机制的分离。在第一阶段的怀疑论中，我们还仅仅从机制层面来考察古希腊伦理。换言之，单纯从古希腊伦理的规范性秩序一侧出发，我们只能承认城邦与家并不像古希腊人要求的那般对立。但真实的规范性秩序并不是自在存在的机制，而需要行动者个体的参与来加以实现。通过行动者遵循伦理规范的个体行为，古希腊伦理规范才得以现实化。实现城邦法律的行动者只能是男性公民。根据第一阶段的论证，捍卫神律的行动者是持家的女性个体。由此，黑格尔在第二节开篇提示我们根据**行动者个体**这个要素来重新辩护古希腊伦理生活之可能。以行动者个体为基础，上述两种伦理秩序的分离得以转变为规范与事实之间的对立。在第二阶段的自我检测中，真实精神所依赖的怀疑论正是对这种新辩护策略的反驳。我们很快看到，行动者个体要素不仅无法维持古希腊两种规范性秩序的分离，而且最终导致古希腊伦理生活的彻底终结。

在第二阶段，为古希腊伦理提供辩护的全新策略要利用第一阶段怀疑论达到的有效结论。根据第一阶段的怀疑论论证，无论男性还是女性都直接把自我等同为在各自生活范围内遵循现实伦理规范的行动者。根据这种直接等同关系，黑格尔指出，古希腊行动者个体的自我意识就是关于“名分”（Charakter）的伦理意识。[①] 根据古希腊的名分伦理，行动者个体对伦理规范的坚守具有**排他和决绝**的特征。因此，对于坚守神律的个体而言，法律要求的秩序就被视为“人类偶然的暴行”[②]。相反，对于坚守法律的个体而言，神律要求的秩序则被视为内在自我的“固执和桀骜不驯”[③]。名分带来的排他性

① G. W. F. Hegel, *Phänomenologie des Geistes*, S. 343；《精神现象学》（下卷），第 22 页。贺麟译本把德文术语 Charakter 译为“个性”，先刚的新译本则译为“性格”。在此，黑格尔强调，古希腊行动者个体完全受伦理规范支配而缺乏具有现代个体差异的个体自我意识。无论贺译还是先译都带有鲜明的个体自我差异含义。在笔者看来，中国传统伦理生活中强调的“名分”能够更好地传递黑格尔术语的内涵。

② G. W. F. Hegel, *Phänomenologie des Geistes*, S. 344；《精神现象学》（下卷），第 22 页。

③ G. W. F. Hegel, *Phänomenologie des Geistes*, S. 344；《精神现象学》（下卷），第 22 页。

和决绝性使得古希腊行动者个体无知或无视对立伦理秩序的存在。因为法律和神律同样具有伦理规范性，由行动者名分造成的无知或无视事实上构成了伦理蒙蔽。古希腊名分伦理对行动者个体造成的伦理蒙蔽使得两种规范性秩序的分离得以维护。通过行动者个体要素，两种伦理秩序的对立就转为正当与现实的冲突。

显而易见，在法律和神律的冲突中，行动者根据个体名分采取的行为必然违背对立的伦理秩序。古希腊行动者个体（恪守名分要求的）伦理行为必然**同时**是（侵犯对立伦理秩序的）罪行。在第二阶段的自我检测中，怀疑论论证正是依据个体行为这种**自我矛盾的规范性特征**来瓦解神律与法律彼此分立的可能。黑格尔先后借助埃斯库罗斯以及索福克勒斯笔下俄狄浦斯、安提戈涅以及七雄攻忒拜的悲剧故事来展现怀疑论证明。首先，黑格尔指出，俄狄浦斯弑父娶母的罪行根源于其面对的现实中隐藏着对违反神律的无知。因为弑父娶母是无可否认的罪行，他指出俄狄浦斯的个体行为不再是规范与事实的冲突，而相反是把“未被意识到的【神律】同意识到的【法律】连接起来”。其次，黑格尔引述安提戈涅的悲剧，强调她无视城邦规定并决然按照神律规定去埋葬叛国的兄弟。在对自己罪行的招认中，安提戈涅实际指出古希腊两种伦理秩序无法分立。一旦颠覆了两者的分立，古希腊伦理也就丧失了应有的规范有效性。因此，在黑格尔看来，安提戈涅的终极反思说明古希腊彼此分离的伦理秩序都是不正当的。最后，在七雄攻忒拜的故事中，克瑞翁恪守城邦法律厚葬护国的兄长，而作为惩罚对叛国的弟弟处以暴尸之刑。克瑞翁的决定虽然维护城邦法律，但同时也彻底损害了神律并触怒了神明。震怒的神明最终借助其他城邦的力量攻打忒拜，并导致其走向灭亡。在黑格尔看来，古希腊两种伦理秩序的分离必然通过行动者导致无法调和的矛盾。因此，忒拜城覆灭的悲剧意味着古希腊伦理的彻底终结。至此，怀疑论的结论已经昭然若揭。根据真实精神第二阶段的自我检测，古希腊伦理生活同样无法借助名分来维持城邦与家两种伦理秩序的分离。

在真实的精神阶段，古希腊伦理崩塌的宿命并不等于古典伦理生活的完全终结。古希腊城邦生活的普遍性固然要求城邦内部组织以及公民个体的牺牲，但共同体之独立同时也必须依赖后者的实存。黑格尔指出，因为古希腊城邦之间战争不断，城邦共同体的独立实存只能依赖勇武有力的男性个体和运气的眷顾。与此同时，勇武有力的男性也是女性爱欲和择偶的对象。由此，在城邦和家这两种伦理机制的现实化中，自然个体自我的伦理意义最终获得了普遍承认。换言之，行动者个体的自我意识不再等同为古希腊伦理生活中的名分意识，而是对有差异的个人自我之意识。对黑格尔而言，古典世界中古希腊伦理的终结指向古罗马新的伦理秩序。通过对古希腊伦理的怀疑论批评，黑格尔指出，古典伦理世界的规范性根源或规范含义的真只能是有差别的行动者个人自我。由此，在古典伦理或精神真实性框架约束中的罗马法只能是以自然个体自我为根据和目标的规范性秩序。因为精神的真实性要求个体自我意识的自然差别与共同体普遍性规范的直接统一，作为古典伦理生活形态之一的罗马法把获得普遍承认的自然个体自我确立为权利个体。从黑格尔的现象学反思出发来看，古希腊（城邦与家的）反自然伦理之灭亡正是古罗马权利个体观念出现的**必要前提**。

五、结论

本文旨在通过重构《精神现象学》的怀疑论论证，指出黑格尔并非像孙向晨批评的那样简单“遗漏”家伦理需要的“世代性”及其蕴含的“生生”与“亲亲”问题。从知识论角度来看，《精神现象学》要通过怀疑论论证来揭示古希腊伦理秩序的内在矛盾，从而凸显其让渡给以“权利个体”观念为根基的罗马法秩序之逻辑必然。在黑格尔看来，古希腊伦理秩序中并行着城邦与家这两套排他性的规范秩序。虽然家是“自然伦理共同体”，但他指出，家的伦理向度既无法基于对个体欲求与需要的关爱满足，也无法通过夫妻与子亲间的自然情感实现，更无法还原为两性间的自然性别差异。相反，古希腊家庭的伦理向度奠基在家族成员慰藉故去亲人的丧葬义务中，实现在兄弟与姐妹间非自然欲求的承认中，表达于感知和卫护古老神律的女性个体中。简言之，古希腊家的伦理向度带有鲜明的**反自然**和社会化特征。黑格尔通过怀疑论论证指出，无论古希腊城邦还是家庭的规范性本质都要剥夺行动者的个体性，并将其自我意识转为名分意识。另外，他也指出，城邦与家的规范性秩序无法像表面显现出的那样相互区隔、彼此互斥，而是彼此同一、互为条件。由于这种内在矛盾，古希腊伦理秩序必然崩塌并让渡给以权利个体为规范性根源的罗马法。

在此，古希腊家伦理的反自然根由值得我们重视。黑格尔指出，古希腊传统中家的自然根基既涉及生命生衍的自然进程，也包含伴随生命纽带的自然亲情。显然，黑格尔眼中的古希腊家之自然向度同孙向晨阐述的“生生”与“亲亲”生存论经验结构类似。虽然孙向晨反复强调两者指向超越生物学意义的生存论结构，但他也承认“生生”要依赖生衍的生物学关系原型，而“亲亲”则依赖子亲之间的自然情感。他在“生衍”的生物学原型关系基础上把“生生”阐发为“一种在‘断裂’中的‘延续’，一种使存在得以‘更新’的存在论结构”[①]。同时，他把“亲亲”理解为“承‘生生’而建立起来的情感，是世代之间原初性的爱”[②]。他指出：“如果说‘慈爱’尚有某种自然倾向，那么‘亲亲’之‘爱亲’就是一种顺应自然的人文教化。”[③]因为拒绝把生存论含义的“生生”与“亲亲”等同为生物学事实，孙向晨实际上要为“家”伦理提供一种非生物还原意义的**自然主义**根基。在为“拯救”现代个体敞开华夏温暖之“家”的急切中，他的“家”哲学直接断定父母与子女原初关联中已然包含后者对此关联的“深切理解与报答”。[④]显然，这种反思式的“爱亲”根本不等同于、也不直接来自原初关联中孩子对父母的天然之爱。[⑤]既然“亲亲”无法摆脱自然关系之根，那么他的“家”伦理依然要直面黑格尔指出的自然个体偶然性与伦理自我普遍性之间的对立，以及自然情感非对称性与伦理承认对称性的对立。另外，黑格尔指出古希腊家之伦

---

① 孙向晨：《论家：个体与亲亲》，第223页。

② 孙向晨：《亲亲：在同一与他者之间》，《复旦大学学报》2022年第2期。

③ 同上。

④ 孙向晨：《论家：个体与亲亲》，第241页。

⑤ 孙向晨：《亲亲：在同一与他者之间》，《复旦大学学报》2022年第2期。

理向度的普遍性特征必然剥夺自我个体意识，从而无法为权利个体提供规范性空间。就笔者有限所见，孙向晨尚未澄清“生生”与“亲亲”生存论结构与自然经验的关系以及由此建立的自然主义含义。黑格尔的现象学反思帮我们敞开孙向晨的“家”哲学**遮蔽**的自然主义奠基之**可能性**问题。离开对黑格尔的回应，孙向晨魂牵梦绕的“家”依然只是现代自由个体无法返回的梦想乐园。

对于完美三段论的内在两难的黑格尔式澄清与扬弃

陈翔宇 *

内容提要：亚里士多德主张，满足“包含关系的传递性原则”的三段论是具有绝对有效性的“完美三段论”。但黑格尔却主张这种有效性仅仅是假象：在他看来，亚里士多德并未在他的三段论理论中对普遍原则和个别实例的综合性统一何以可能的问题提供有效回应，因而完美三段论势必无法摆脱载体问题上普遍主义与个体主义的两难。本研究将结合《逻辑学》“判断”部分中的相关内容来表明：（1）无论判断的基本载体被理解为个别东西抑或普遍者，完美三段论的操作都无可避免地是同义反复，它无法为普遍原则与个别实例的综合性统一提供证明；（2）借助于具体普遍者的洞见，普遍原则与个别实例得以被扬弃在同一个整体中，在此视角下，对完美三段论的一种全新理解将得到揭示。

关键词：完美三段论　具体普遍者　实存蕴含　实在论解读　规范性解读

* 陈翔宇，德国弗莱堡大学哲学系博士候选人。

一、研究综述

在《前分析篇》中，亚里士多德提出了“完美三段论”（perfect syllogism）这一重要概念：

①如果一个三段论除了所说的东西外不需要其他什么就可以明确得出必然的结论，那么，我们就称这个三段论是完美的；如果一个三段论需要一个或多个尽管可以必然地从已设定的词项中推出、但却不包含在前提中的因素，那么我们就称这个三段论是不完美的。①

②如果三个词项相互之间具有这样的联系，即小词完全在中词中，中词完全在或不在大词中，那么，这两个端词必定能构成一个完美三段论。②

而在《前分析篇》和《后分析篇》的其他段落中，亚里士多德也从不同角度出发对完美三段论的运作方式做出了具体界定。总而言之，正如保罗·雷丁（Paul Redding）总结的，完美三段论被认为是通过“包含（蕴含）关系的传递性”（the transitivity of the containment relation）③这一原则，将适用于大前提中普遍者的某种性质贯彻到被这一普遍者所包含的个别实例之上的推论。

以下这一经典例子可以让我们更加直观地把握什么是完美三段论：

大前提：所有人都是有死的；
小前提：卡乌斯是人；

① Aristotle, *Prior Analytics*, translated by A. J. Jenkinson, edited by Jonathan Barnes, *The Complete Works of Aristotle*, Princeton University Press, 2014, 24b22-27.

② Aristotle, *Prior Analytics*, 25b 32-34.

③ Paul Redding, “Subjective Logic and the Unity of Thought and Being: Hegel’s Logical Reconstruction of Aristotle’s Speculative Empiricism”, *International Yearbook of German Idealism*, edited by Dina Emundts and Sally Sedgwick, De Gruyter, 2014, p.181.

结论：卡乌斯是有死的。

在上述三段论中，卡乌斯这一个别人完全地包含在人这一普遍者当中，而人又是以一种完全的、无例外的方式具有有死的这一性质，而如此一来，我们就可以从大前提出发必然地推出“卡乌斯是有死的”。这种三段论在日常生活中十分常见，而且在自然态度下被一般地视作毋庸置疑的。

然而，在《逻辑学》和《哲学史讲演录》等著作中，黑格尔却对完美三段论的有效性进行了大胆挑战，甚至主张它的有效性仅仅对应于“单纯的幻觉”[①]和“外在的、空洞的推论假象”[②]。

若想充分理解黑格尔的批判的具体内涵，那么亚里士多德对于完美三段论的“定位”必须得到先行澄清。正如刘创馥[③]、格里高利·摩斯（Gregory Moss）[④]等学者指出的，亚里士多德并没有将三段论视作封闭的形式化推演系统，而是将其视作一种获得关于实在事物的知识的工具，而这就意味着亚里士多德的三段论与形式逻辑中的三段论对应着截然不同的目的与论证义务：

（1）形式逻辑中的三段论关注的是概念与概念、命题与命题之间在形式上的关系；在此情况下，三段论的推演是完全形式化的，并不具有“实存蕴含”（existential implication）。而正如摩斯所指出的，这种相对于实存而言的漠然无关也就意味着形式逻辑中的三段论既没有义务、也没有能力做出任何实存断言[⑤]。

（2）而亚里士多德的三段论关注的则是概念与对象、命题与实在之间在事实上是否相符的问题；在此情况下，完美三段论不仅具有实存蕴含，甚至更是以做出合法的实存断言为其根本目的：

---

① 黑格尔：《逻辑学 II》，先刚译，人民出版社 2021 年版，第 309 页。

② 同上。

③ 刘创馥：《黑格尔的判断形式批判及其形上学意涵》，《揭谛》2013 年第 25 期：“亚里士多德的主谓词关系不仅代表判断形式的逻辑结构，同时亦反映具体事物与性质的关系……”

④ Gregory S. Moss, *Hegel's Foundation Free Metaphysics: The Logic of Singularity*, New York and London: Routledge, 2020, p. 96.

⑤ Ibid.

①我所谓的证明的意思是一个科学的演绎；而我所谓的科学的意思是，只要我们把握了它，我们就理解了某物。[①]

②我把凡是既属于每种情况又属于其本身的东西都称为普遍的。因此显然，任何普遍的东西是必然地属于它的对象的。[②]

由上述界定可知，完美三段论所关注的问题是：关于普遍者的知识在何种方法论操作下能够科学地贯彻在它的具体实例当中，以至于我们有权主张，只要以这种方法来进行推论，普遍性原则对于个别对象的适用性就得到了严格证明，而非是被强加于那个结论中的对象的。如此一来，正如摩斯主张的，三段论的结构就被亚里士多德对应于一种“存在论结构”（ontological structure）；在此结构中，每一个关联项都必须有着与之对应的具体事物或事态，否则三段论的推演就将陷入“完全的荒谬性”[③]。

而在澄清了亚里士多德对于完美三段论的定位后，我们就得以对黑格尔的批判的根本机制进行进一步澄清了。

在黑格尔看来，完美三段论的根本局限性在于，它的前提和结论之间的推论关系仅仅是一种“通过那些孤立的命题制造出差异性的一个假象”[④]。按照黑格尔的界定，完美三段论仅仅是在同一个内容的基础上，在大前提中为这一内容贴上“普遍者”的标签（所谓“标签”就是指一个“外在的形式”），在结论中为这一内容贴上“个别东西”的标签，因此是一个伪装成综合性操作的分析性操作。换句话说，完美三段论包含着这样一种“错位”：它是在用一种无实存蕴含的分析性操作来试图得出某种适用于实存事物的综合性结论。

还是以卡乌斯的三段论为例：当我们将“所有人都有死”认定为一个普

---

① Aristotle, *Posterior Analytics*, translated by Jonathan Barnes, edited by Jonathan Barnes, *The Complete Works of Aristotle,* Princeton University Press, 2014, 71b17-19.

② Aristotle, *Posterior Analytics*, 73b25-26.

③ Gregory S. Moss, *Hegel's Foundation Free Metaphysics: The Logic of Singularity*, p. 106.

④ 黑格尔：《逻辑学 II》，先刚译，第 290 页。

遍性原则，并由此出发演绎性地推出“卡乌斯有死”时，此时结论中的卡乌斯并非被视作具体的个别东西，而是仅仅被视作“所有人都有死”这一普遍性原则的一个“代表”（representative）[①]；这一三段论仅仅是在结论中把“所有人都有死”这一已经被预设的内容重复一次，并为它贴上“卡乌斯”这个标签，从而假装结论中抽象的卡乌斯与现实中具体的卡乌斯相对应。但这一对应仅仅是幻象：现实中的卡乌斯是否有死，这并不是我们在书斋中通过对人这一概念进行拆解就能够得到结果的分析命题，而是一个取决于卡乌斯自己如何具体实存的综合命题。

而当完美三段论大前提中的普遍者和结论中的个别东西之间不可消解的差异性被揭示出来时，此时被它在形式上的完美性所遮蔽的一个根本两难就自然地显明起来：在完美三段论中，判断和推论的基本载体究竟是普遍者还是个别东西[②]？以卡乌斯的三段论为例：“所有人都有死”（普遍原则）和“卡乌斯有死”（个别实例）中的哪一个在真理问题上具有更高的优先性和基础性？

就上述两难来说，无论如何做选择，还原主义的困境都无可避免：当普遍者被视作完美三段论的基本载体时，结论中的个别东西的个别性 / 特殊性的合法性地位将会面临着被取消的风险；反过来，当个别东西被视作完美三段论的基本载体时，大前提中的普遍者将会面临着消解为彼此漠然无关的个别东西的外部拼接的风险。因此，上述两难绝非是可以轻易地悬置或绕过的

---

① Paul Redding, “Subjective Logic and the Unity of Thought and Being: Hegel’s Logical Reconstruction of Aristotle’s Speculative Empiricism”, p. 176.

② 在西方哲学史上，对于普遍主义与个别主义的两难的最早的系统性论述之一恰恰是被亚里士多德做出的——按照《形而上学》1003a 7-19 的论述：若第一原则被理解为普遍者，则第一原则将不是实体，因为“没有一种共同的东西能表示‘这个’（this），而只能表示‘这般’（such）”；反之，若第一原则被理解为个别东西，则我们对第一原则将不可能有任何知识，“因为对一切事物的知识都是普遍的”。Aristotle, “Metaphysics”, translated by W. D. Ross, edited by Jonathan Barnes, *The Complete Works of Aristotle*, Princeton University Press, 2014, 1003a7-19. 不过在黑格尔看来：上述这种问题意识并没有被亚里士多德自觉地贯彻到他的三段论理论当中；在他的三段论理论中，普遍者和个别东西仅仅被构思为彼此外在的现成环节。参见 Hegel, *Vorlesungen über die Geschichte der Philosophie II* (Werk in zwanzig Bänden, *Werk 19)*, Auf d. Grundlage d. Werke von 1832-1845 neu ed. Ausg. Redaktion Eva Moldenhauer und Karl Markus Michel, Frankfurt am Main: Suhrkamp, 1986, S. 253。

问题；毋宁说，若这一两难得不到解决，完美三段论的运作甚至不可能获得一种融贯的、自洽的解释。

而本研究的根本目的，就是基于黑格尔的相关论述而对完美三段论的逻辑内涵进行批判性澄清，并在此基础上进一步寻求一种使得完美三段论所面对的普遍主义一个别主义的两难得以扬弃的可能——而使得这种可能得以实现的就是黑格尔在《逻辑学》"必然性判断"一节中提出的"具体普遍者"的洞见。

总的来说，本研究的内容将划分为以下两部分：

（1）首先，我们将基于对《逻辑学》的判断一章①中的"定在判断"和"反映判断"两节中的相关内容的分析来表明：完美三段论并非是内涵清晰的，毋宁说，在不同的理解范式下，完美三段论将对应于不同的逻辑内涵。然而，无论普遍者与个别东西中的哪一个被认定为判断的载体，完美三段论都仅仅对应于一种同义反复式的分析性操作，从而必然无法为将普遍性原则贯彻到具体个别实例之中的综合性操作提供根据和理由。

（2）其次，在上述澄清的基础上，我们将基于对"必然性判断"一节中的相关内容的考察来表明：借助具体普遍者的洞见，黑格尔得以主张，普遍者和个别东西总已经在同一个实体性的关联整体中相互中介，二者的对立思辨性地依赖于二者的同一。而在作为"种"的具体普遍者在何种意义上对应于个别东西的"实体性根基"的问题上，本研究将对以罗伯特·斯特恩（Robert Stern）、弗雷德里克·拜塞尔（Fredrick Beiser）等学者为代表的对于作为种的具体普遍者的"实在论解读"持一种拒绝态度，并与雷丁、理查

---

① 需要澄清的是，基于黑格尔对于"命题"（Satz）和"判断"（Urteil）的严格区分（黑格尔：《逻辑学 II》，先刚译，第 249 页），亚里士多德在他的三段论理论中处理的仅仅是命题之间的关系，而不是判断之间的关系。亚里士多德并没有将作为三段论的基本单元的命题理解为一种自相矛盾的、具有内在差异性的"原初分割"（Ur-teil），而是将其理解为普遍者或者个别东西的直接显露。如此一来，亚里士多德的三段论理论所处理的根本问题就是：普遍者和个别东西如何可能以科学的方式建立一种既相互同一、又相互差异的综合性统一？这一问题实际上与《逻辑学》中的"判断"一章的主题——而非"推论"一章的主题——相对应。因此，我们将基于"判断"——而非"推论"——中的相关论述来对完美三段论的内在张力进行揭示、批判与扬弃。

德·温菲尔德（Richard Winfield）等学者一道支持一种“规范性解读”：作为种的具体普遍者和它的个别实例之间的实体性统一应当被理解为主体在它的方法论操作中总已经做出的、并有义务为之负责的规范性承诺。而如此一来，基于具体普遍者的洞见，完美三段论应当被理解为主体依据自身的概念性预设而持续整合具有相对独立性的经验对象，并同时以一种回溯性的方式不断充实或修正自身的概念性预设的过程性整体。

二、完美三段论的载体问题上普遍主义和个别主义的两难

（一）个别主义视角下的完美三段论及其内在张力——基于定在判断

在《逻辑学》的“判断”一章中，得到考察的第一类判断是定在判断。按照黑格尔的界定，定在判断对应于这样一种范式：作为一种直接性“定在”（Dasein）[①]的个别东西扮演着判断的基本载体的角色；而普遍者则是作为非独立性的“质”而依附于个别东西而存在的抽象普遍者[②]——因此定在判断也被称为“依附性判断”[③]。在此阶段，个别东西被认定为以一种非关系性的方式独立存在的东西，它身处其中的一切关联对它来说都是漠然无关的外在关联；因此，定在判断在根本上对应于一种个别主义范式。

我们将上述个别主义范式下对于完美三段论的解读称作“解读I”。按照解读I，完美三段论的大前提并非单一的普遍者，而是被整合在同一个集合中的杂多个别东西；而如此一来，完美三段论的运作就是将某一个已经包含在大前提中的元素在结论中重复一次。还是以卡乌斯的三段论为例，按照解读I，这一三段论的运作机制如下：

> 大前提：卡乌斯、苏格拉底等个别东西具有“有死的人”这一“质”；
> 小前提：卡乌斯属于{卡乌斯，苏格拉底……}这一集合；

---

① 黑格尔：《逻辑学II》，先刚译，第253页。
② 同上。
③ 同上。

结论：卡乌斯具有“有死的人”这一质。

尽管解读I下的完美三段论的确是完美的，但它的完美性建立在它仅仅是一种分析性的同义反复的基础上；通过这种同义反复，我们只是将大前提中已经被预设为正确的内容在结论中重复一次，而不是为这一内容的正确性提供证明或理由。因此对于解读I来说，黑格尔的以下批评是成立的：“只有当结论是正确的，大前提才是正确的；假若卡乌斯碰巧成了不死的，那么大前提就是不正确的。”①

但在黑格尔看来，上述这种个别主义范式建立在一个非批判性的教条之上，即：诸个别东西乃是未曾经受反映活动的中介而直接显现的东西，它们的直接性定在直接地决定着它们的质。黑格尔主张，上述教条本身是自我否定的，对它的贯彻反而会使得它的内在张力逐步暴露出来，并使其进一步地以一种“内在演绎”（immanente Deduktion）的方式②走向自身的反面。

接下来，让我们借用格式塔心理学中“鸭兔图”的例子来对《逻辑学》中从定在判断（具体来说包括肯定判断、否定判断、无限判断三种）到反映判断的过渡机制进行澄清。

（1）首先，在自然态度下，我们会倾向于认为“这幅图是鸭子”是一个直接的观察命题——这种判断观对应于“肯定判断”。但事实上，尽管这幅图（i1）被认定为鸭子（u1），但它并不必然地对应于鸭子（u1），它也可以对应于兔子（u2）③；反过来，鸭子这一普遍者（u1）也并不必然地对应于这幅图（i1），毋宁说它具有更加广泛的外延④，比如，鸭子（u1）还可以对应于农场中的某个个体（i2）。因此，这幅图（i1）尽管“是”鸭子（u1），但这幅图（i1）并不“等同于”鸭子（u1）；反之亦然。而对于肯定判断中作

① 黑格尔：《逻辑学II》，先刚译，第309页。

② 同上书，第207页。

③ 同上书，第258页：“主词是……一个具体的东西，并且被规定为无限的，而由于它的规定性起初只是质、特性或偶性等等，所以它的总体性是这些东西的绝对无限的多样性。”

④ 同上书，第257页：“但实际上，这样一个直接的个别东西并不是普遍的，它的谓词具有更大的范围，因此个别东西与它并不符合。”

为主词的个别东西和作为谓词的普遍者之间的这种不可消解的差异性的自觉就使得“肯定判断”过渡到“否定判断”。

（2）第二，这幅图和鸭子均具有一种不可消解的自身同一性——这幅图就是这幅图（“个别东西是个别的”①），鸭子就是鸭子（“普遍者是普遍的”②）。因此，当我们将当前这幅图认定为鸭子（而非兔子）时，这绝非是某种无中介的直接性；毋宁说，鸭子这一普遍者并不与这幅图共享任何“定在”意义上的必然同一性——“主词和谓词之间根本没有什么肯定的关联”③。而对于作为主词的个别东西和作为谓词的普遍者之间的这种漠然无关性的自觉就使得“否定判断”过渡到“无限判断”。

（3）第三，这幅图之所以被认定为鸭子，而不是兔子，并非因为某种无中介的直接性——因为这幅图显然朝向鸭子、兔子等无限多种认定方式开放；毋宁说，恰恰是基于某种特定的归摄方式，此时这幅图才经由这一归摄方式的中介而被主体设定为鸭子，而非兔子。而正是在这幅图总已被主体的反映活动设定为鸭子这一普遍者的实例的基础上，这幅图才能作为“如此这般的鸭子”而具有一个已规定的内容。而对于反映活动中某种预先设定的普遍者对于个别东西而言的必然的建构性作用的自觉就使得“无限判断”过渡到“反映判断”。

因此，在黑格尔看来，对于个别主义范式的贯彻反而会以一种思辨性的方式走向它的反面，即，我们将不得不承认关于个别东西的知识必然地依赖于关于它所归属的普遍者的知识，而且后者相对于前者而言具有一种不可消解的独立性。不难发现，黑格尔对于定在判断 / 个别主义的批判实际上正是匹兹堡学派对于“所予的神话”的批判的先声。

（二）普遍主义视角下的完美三段论及其内在张力——基于反映判断

经由对于定在判断的内在演绎式批判，黑格尔得以表明，作为定在的个

① 黑格尔：《逻辑学 II》，先刚译，第 264 页。
② 同上。
③ 同上。

别东西并不仅仅因其自身而具有某一质，毋宁说，它只有相对于某一反映活动才以一种有中介的方式而具有某一质，而具有这一质的前提就在于它总已经被归摄为某个作为“本质”（Wesen）的普遍者的一个实例。而如此一来，在反映判断中，判断的基本载体也就不再是“定在”，即彼此漠然无关的原子式个别东西，而是“本质”，即将诸个别东西归摄在同一个整体当中，并通过作为其实例的诸个别东西的中介而“映现”（scheinen）[①] 自身的同一个“已规定的内容”[②]——因此反映判断也被称为“归摄判断”[③]。因而，反映判断就对应着一种普遍主义范式；在这种范式下，判断的真正载体乃是不同事物所共同映现的同一个本质[④]。

而在当前范式下，完美三段论将会得到一种与解读 I 截然不同的解读——我们将这种全新解读称为解读 II。按照解读 II，完美三段论的运作方式如下——还是以卡乌斯的三段论为例：

> 大前提：人这一“本质”蕴含着“有死的”这一规定[⑤]；
> 小前提：卡乌斯在某种反映活动的反映下的“映像”（Schein）是人；
> 结论：卡乌斯在这种反映活动的反映下蕴含着有死的这一规定。

这种情况下的完美三段论是一种完美的理性演绎，因为我们实际上是在一个本质（人）的“整体性规定”中推出它已经蕴含的“部分性规定”（有死的）。但这一完美性仍然仅仅是一种同义反复：结论的正确性已经在前提中被预设了，但前提和结论的这种正确性没有获得任何实在的证实。而且对于这种同义反复式的演绎来说，“卡乌斯”的具体实存方式对于这一演绎的运行而言完全是无关紧要的，也并没有在这一运行中得到任何肯定性的刻画。

---

① 黑格尔：《逻辑学 II》，先刚译，第 253 页。

② 同上书，第 265 页。

③ 同上书，第 266 页。

④ 同上。

⑤ 需要注意的是，仅停留于当前所考察的反映判断这一思维范式，此时大前提中的“人”对应于一个本质，而不是种。

因此，正如温菲尔德所指出的，基于反映判断层面上的普遍主义范式，所有个别东西“都被规定为一个实例，一个特殊者，但是在它们如何彼此个别化并被归摄在同一个普遍者之内的问题上是无规定的”①。而如此一来，一个必然会被提出的质疑将会是：若我们不理解卡乌斯等具体人的具体实存方式，那么我们又如何能够有权利主张我们已经先于对每一个个别人的理解而直接理解了人这一本质呢？

事实上，早在对反映判断进行定义时，黑格尔就已经指出，本质在根本上具有“映现”②的特征；这种特征意味着，某本质无法仅从自身出发直接具有已规定的内容，毋宁说它必须间接地通过对直接性实存的特性的扬弃而回溯性地作为“诸多特性和实存的自身融合”③而具有已规定的内容。依此理解，本质就好比诸多事物在同一面镜子中的镜像：这面镜子将归属于同一个本质的诸多事物反映在同一个画面当中，从而使得它们融合为同一个整体；但这绝不意味着这面镜子在尚未反映某事物之前就已经以现成的方式蕴含了那个事物的规定。

因此在黑格尔看来，对于反映判断 / 普遍主义范式的贯彻反而会使得我们以一种思辨性的方式走向它的反面，即，我们将不得不承认关于普遍者的知识对于关于个别东西的知识的依赖性，以及后者相对于前者而言的不可消解的独立性。而反映判断 / 普遍主义的内在张力将会驱使着它进一步朝向必然性判断以及具体普遍者的洞见过渡。

（三）小结：对完美三段论的载体问题上的两难的诊断

基于综述部分中的澄清，亚里士多德的三段论与形式逻辑中的三段论的不同之处在于：前者不仅具有实存蕴含，而且以确立合法的实存断言为根本目的。但问题在于，尽管亚里士多德想要达成的“目的”和形式逻辑完全不

---

① Richard Dien Winfield, “The Types of Universals and the Forms of Judgment”, *Hegel's Theory of the Subject*, edited by David Gray Carlson, New York: Palgrave Macmillan, 2005, p.106.

② 黑格尔：《逻辑学 II》，先刚译，第 253 页。

③ 同上书，第 265 页。

同，但他为这一目的所提供的“工具”却与形式逻辑没有任何不同：

基于前文中对于判断载体的分情况讨论，“包含关系的传递”要么意味着“外延性地”从全部的个别东西的集合中推出它所包含的部分的个别东西（解读I），要么意味着“内涵性地”从普遍者的整体性规定中推出它所蕴含的部分性规定（解读II）。因此截至当前，完美三段论的合法性只能限定在对已经设定下来的预设进行同义反复式分析的范围内，它既无法“证实”这一预设本身的合法性，也无法超出这一预设本身的限度而综合性地将这一预设拓展到具体事物或事态之上。

正是在这一意义上，黑格尔主张：亚里士多德的完美三段论“只是一种形式的活动，这种活动固然可以进行得很正确，但它的内容对它来说却是给予的。在这个意义上，它会成为一种主观的东西。这些推论本身在其自身、就其自身而言是正确的，但因为它们缺乏内容，这些判断和推论就不足以认识真理”①。

也即是说，尽管黑格尔毫无疑问地承认纯粹形式化的三段论的合法性，但他认为我们必须严格地区分一种形式化的三段论“本身”与这种形式化的三段论在具体事物之上的“应用”，而不能将二者混为一谈。凯文·哈里森（Kevin Harrelson）将这一要求精确地总结为：一种形式化推演的“存在论上的中立性”（ontological neutrality）不应当被等同于“逻辑上的普适性”（logical globalism）②。从上述区分的视角出发，亚里士多德推论观中的一个根本错位就是：他试图借助于普遍者和个别东西在外观上的差异性而主张我们已经找到了将普遍者普适地“应用”在个别东西之上的科学方法，但其实在这一假象背后，存在的只是一种形式化的同义反复——正是在这个意义上，黑格尔主张完美三段论的完美性仅仅是一种“权宜之计”或“避难所”③。

而如此一来，黑格尔的正面观点也就呼之欲出了：若想以一种自洽的、

---

① Hegel, *Vorlesungen über die Geschichte der Philosophie II*, S.238-239.

② Kevin J. Harrelson, “Logic and Ontology in Hegel’s Theory of Predication”, *European Journal of Philosophy*, Vol. 23, 2015, p.1261.

③ 黑格尔：《逻辑学 II》，先刚译，第 290 页。

融贯的方式来理解完美三段论的真正运作机制，并追问这一三段论的建立所依凭的真正根据和理由，那么我们必须直面普遍主义和个别主义的两难并对以下问题做出解答：普遍者和个别东西这两个具有不可消解的差异性的环节如何能构成一种综合性的统一？

前文中的分析已经表明，作为定在的个别东西和作为本质的普遍者彼此依赖、互为条件；而且，这种依赖关系不仅是“经验性的”，甚至是“逻辑性的”。而从这种思辨性关系出发回看上述两难，我们将不难发现，普遍主义和个别主义均陷入了将普遍者和个别东西之间的相对独立性绝对化的教条当中。而这也意味着，如果这种教条可以在更高的立场中被揭示为一种片面的范式，那么上述两难就可能通过被揭示为一个更加整全的范式的两个不同方面的方式得到扬弃。

带着对这种问题意识的自觉，在下文中，我们将首先考察必然性判断层面上的具体普遍者的洞见如何能够扬弃普遍主义和个别主义的对立的问题，并在此基础上进一步基于具体普遍者的洞见来为完美三段论提供一种全新解读。

三、对完美三段论载体问题上的两难的扬弃——基于具体普遍者的洞见

（一）具体普遍者的洞见的发生史——基于从全称判断到必然判断的过渡

按照黑格尔的界定，“全称判断”（Das universelle Urteil）乃是最后一种、同时也是最高级的反映判断。在全称判断中，我们通过对主词中归属于同一个“种”（Gattung）的诸个别实例所具有的特殊性的比较而获得了它们的某些“共通性”（Gemeinschafllichkeit），并将这些共通性作为谓词而设定下来[①]。不难发现，全称判断正是对应着对于一个种的本质性规定的经验归纳式理解——按照这种理解：“对于‘为什么一个规定应当被看作是普遍的规定’这一问题，人们首先提出的理由是：‘因为它出现在许多东西那里。’”[②] 比如，

---

① 黑格尔：《逻辑学 II》，先刚译，第 268 页。

② 同上。

对于为什么我们会主张“所有人都有死”这一问题，全称判断层面上的回答将会是：因为卡乌斯、苏格拉底等个别人都是有死的。

但在对全称判断的基本范式进行界定后，黑格尔立即指出，这种范式中存在着一种内在含混性：通过经验归纳，我们只能获得彼此分离的杂多对象的一个集合，即一种“多样性”（Vielheit），“然而多样性无论怎么庞大，仍然完全只是特殊性，不是全体性（Allheit）”[①]。若以判断的载体问题为切入点，我们将不难理解这里的区分：多样性的载体是外在地结合在同一个集合中的漠然无关的个别东西，但全体性的载体则是一个单一的普遍者；而无论我们将多少个别东西归纳在同一个集合中，这一集合的载体也不会自动地从杂多的个别东西转换为单一的普遍者[②]。

而多样性和全体性在逻辑上不可消解的差异就意味着，对于从有限数量的个别东西的规定（卡乌斯是有死的，苏格拉底是有死的……）出发而针对一个“种”做出一个全称判断（所有人都有死的）——也即以“多样性”为出发点来设定一种“全体性”——的方法论操作来说，对个别东西的归纳和比较不可能是我们之所以会做出这一判断的唯一的根据和理由。

如前所述，在当前范式下，个别东西被认为是彼此外在且漠然无关的。因此，当前层次上作为经验归纳的对象的个别东西并不就其自身而言与它所归属的种必然地一一对应，毋宁说是潜在地可以被对应于不同的种以及不同的内容；而每一个个别东西也并不就其自身而言与另一个个别东西归属于同一个对象域，毋宁说它潜在地可以在不同的划分方式下与不同的个别东西归属于同一个对象域。而如此一来，仅仅凭借对杂多个别东西的归纳和比较，我们无法获得唯一的已规定的内容，毋宁说，基于不同的划分方式和诠释方式，从同一些事物或事态中可以解读出截然不同的内容。

因此，当且仅当某一个别东西已经鉴于它的特殊性而被我们归摄为某个种的某个特定的“属”（Art）的一种“例示”时，它才和归属于同一个属的

---

① 黑格尔：《逻辑学 II》，先刚译，第 269 页。

② 而如此一来，“经验的全体性仍然是一项任务，一种应当，不能被表示为存在”。参见同上。

成员被整合在同一个集合中，并与归属于不同属的成员被分派于不同的集合中。而如此一来，当我们在对这些对象的经验特性进行比较和归纳时，我们总已经基于我们所预设的“种—属关系”而对它们做出了某种“划分”。所以，正如温菲尔德所主张的，一个预先设定的种—属关系乃是一个在经验归纳过程中保持自身同一的“先天判断”（a priori judgment）①。

而当经验归纳的操作被揭示为必然地依赖于、且总已经预设了某种种属关系时，此时“全称判断”就进一步过渡到“必然性判断”。按照黑格尔的界定，必然性判断就是将某个“种”与作为它的特殊化的“属”设定在同一个整体中的判断②，比如“玫瑰是一株植物”③。

而在必然性判断阶段，判断的基本载体就不再被认定为一种经验归纳式的“自为持存着的个别东西的一个统摄”④，而是一个实体性的“在其自身就是具体东西的普遍性”⑤。如此一来，我们就达到了“具体普遍者”这一关键性洞见。

（二）作为种的具体普遍者在何种意义上是个别东西的实体性根基

在基于具体普遍者的洞见而对完美三段论的内在张力进行扬弃之前，还有一个重要问题必须得到澄清：按照黑格尔的界定，作为种的具体普遍者在何种意义上是它的个别实例的“实体性根基”⑥？当且仅当这一问题得到澄清，具体普遍者的洞见的内涵才能得到恰当理解。

接下来，本研究将会对以斯特恩为代表的对于作为种的具体普遍者的“实在论解读”进行批评，并同时为一种“规范性解读”做出辩护。

在斯特恩看来：“因为黑格尔主张任何统一的对象必须是一个实体性普

---

① Richard Dien Winfield, “The Types of Universals and the Forms of Judgment”, edited by David Gray Carlson, *Hegel's Theory of the Subject*, p. 102.
② 黑格尔：《逻辑学 II》，先刚译，第 271 页。
③ 同上书，第 272 页。
④ 同上书，第 268 页。
⑤ 同上书，第 270 页。
⑥ 同上。

遍者的实例化，他不可避免地被引导到一种对概念的实在论式理解，即将个别东西的本性构造为一个整体。同时，我将主张，黑格尔使得对象的统一性从康德的先验主体的综合活动中解放出来；因为，按照黑格尔的主张（简单来说），对象并不需要被我们组织或统一起来，因为，作为一个实体性普遍者的实例化，它不再被视作需要这一综合来统一的那种原子式的杂多。通过这种方式，黑格尔理念论与康德理念论的分裂可以追溯到他们对质料性对象的形而上学结构的不同理解。”①

而在斯特恩的其他著述②中，他也提出过同样的实在论式观点，在此不再具体展开。而无独有偶，拜塞尔等学者针对作为种的具体普遍者也做出过类似的实在论式主张③。

针对斯特恩等学者的实在论解读，本研究想要提出两点批评。

（1）批评 I：黑格尔的判断理论的“基本单元”应当被理解为“做判断的活动”，而非“被判断的对象”。

如前所述，按照黑格尔的界定，全称判断的内在张力是，在这一范式下，判断被理解为通过对归属于同一个种的个别实例进行归纳、比较而得到的产物；但仅停留于此，我们不可能仅基于既有的方法论操作来对以下两个问题做出解释：第一，为何漠然无关的个别东西有义务被视作同一个种的实例而被归摄在同一个对象域当中？第二，当我们在经验归纳的操作中不自觉地将“多样性”推广为“全体性”，从而做出了一个全称判断时，驱使着我们完成这一“跳跃”的真正的根据和理由是什么？而具体普遍者的洞见正是对这两个问题的回答。

---

① Robert Stern, *Hegel, Kant and the Structure of the Object*, New York & London: Routledge, 2001, p. 5.

② 比如，斯特恩在《黑格尔的形而上学》第五章（题目为：“Hegel, British Idealism, and the Curious Case of the Concrete Universal”）中同样表达了一种对于具体普遍者的实在论解读。参见 Robert Stern, *Hegelian Metaphysics*, Oxford University Press, 2009, pp. 143-176。

③ 在《黑格尔》的第三章“绝对观念论”中，拜塞尔将黑格尔的主客同一性主张直接等同于一种斯宾诺莎式的“实体一元论”：“在反二元论的意义上，它否认在主观与客观、观念与实在、心理与物理之间存在任何实体性的差别，并且断言，与此相反，它们是同一个实体的不同属性或表现……”参见弗雷德里克·拜塞尔：《黑格尔》，王志宏、姜佑福译，华夏出版社 2019 年版，第 76 页。

所以，当黑格尔主张必然性判断层面上的作为种的具体普遍者可以扬弃全称判断的内在张力时，这并不是在实体形而上学的语境下主张一个实体性的种可以将它所有个别性实例完满地包含在自身之内。毋宁说，黑格尔是在主张，在我们进行经验归纳的方法论操作——也即从多样性出发设定全体性——的同时，我们总已经预设了某种实体性的种一属关系，这种种一属关系乃是这一操作本身总已经隐含地做出的、并有义务为之负责的一个规范性承诺。

因此，具体普遍者的洞见对于普遍主义和个别主义的对立的扬弃是“双重的”：①这一扬弃首先意味着对象层面上彼此分离的普遍者和个别东西总已经被设定在一个单一的、活动性的具体普遍者当中。但仅停留于此，这一被设定的具体普遍者根本没有为我们为何有“义务”接受它本身的合法性的问题提供任何理由——比如，我们为何有义务接受苏格拉底被“人”这一具体普遍者，而不是被“神”或其他具体普遍者扬弃在自身之内？②而思维主体的设定活动正是为前一个问题提供了一个进一步的回应：我们之所以有义务接受人是苏格拉底的实体性根基，这是因为我们总已经以这一预设为基点完成了一系列方法论操作并做出了一系列判断；我们没有义务承认任何外部地强加给我们的东西，但却有义务承认我们已经隐含地预设为真的东西。

所以，当斯特恩主张具体普遍者的洞见对应于对“质料性对象的形而上学结构”的一种革新性理解时[①]，这在根本上误解了黑格尔的判断理论的“基本单元”：正如皮平（Robert Pippin）所主张的，“对于黑格尔来说，理智的基本单元并不是一个内在的复杂的对象”，而是“思想的活动”或者“做判断的活动”[②]。换句话说，黑格尔的判断理论应当被理解为一种“做判断理论”，而不是一种与主体的判断活动漠然无关的“对象理论”。而正是基于这种对于判断理论的基本单元的理解，皮平主张：“斯特恩的这种‘概念实在论’似乎是将黑格尔与一种传统意义上的概念实在论的学说联系起来，但这

---

① Robert Stern, *Hegel, Kant and the Structure of the Object*, p. 5.

② Robert B. Pippin, *Hegel's Realm of Shadows: Logic as Metaphysics in The Science of Logic*, Chicago & London: The University of Chicago Press, 2018, pp. 134-135.

是非常误导性的"[①]。

而无独有偶，雷丁对以斯特恩的解读为代表的实在论解读也做出了类似的批评："对我来说，我只能认为类似于一个没有理性化活动的理性或者没有概念化活动的概念是某种黑暗且神秘的东西。"[②]

（2）批评II：具体普遍者的实体性被黑格尔认定为一种"内在的必然性"（innere Notwendigkeit），而非"绝对的必然性"。

事实上，当黑格尔在必然性判断层面上提出具体普遍者的洞见之后，他立即对这一洞见的适用范围做出了进一步限定。按照黑格尔，具体普遍者和它的实例的统一仅仅是一种作为"内在的必然性"的"偶然的东西"[③]：尽管作为种的具体普遍者对于它所归摄的个别东西来说乃是一个实体性的必然性，但这种必然性仅仅是一种被动的、被设定的必然性，从而仅仅是一种偶然性——正如黑格尔所明确强调的，必然性判断中的谓词和主词之间"并没有通过它们的形式或规定而必然地相互关联"[④]。

以"玫瑰是植物"这一判断为例：一方面，对于一个通过对玫瑰的特性进行归纳的方式来从事植物学研究的学者来说，"植物是玫瑰的实体性根基"是她总已经做出的、并且有义务为之负责的规范性承诺——否则一个研究"玫瑰"的学者将不会被称作一个"植物学家"。但另一方面，若脱离于这一已经被做出的经验归纳操作，那么"玫瑰是植物"这一种属关系本身显然没有任何绝对的必然性可言，它并不是一个所有人在所有时间中、所有视角下都有义务承认的绝对必然性，而毋宁说仅仅是一种偶然性。

而如此一来，我们就能够理解黑格尔为何会主张，若作为种的具体普遍者的实体性被绝对化，那么我们势必会陷入一种"丢失了概念的抽象和片面

① Robert B. Pippin, *Hegel's Realm of Shadows: Logic as Metaphysics in The Science of Logic*, p. 97 (footnote).

② Paul Redding, "Actualist versus Naturalist and Conceptual Realist Interpretations of Hegel's Metaphysics", *Hegel Bulletin*, Vol. 42, 2021, p. 24.

③ 黑格尔：《逻辑学 II》，先刚译，第 272 页。

④ 同上。

性”[①]：主体总已经是基于某种概念性的预设而将作为种的具体普遍者与作为其实例的个别东西主动地设定在同一个实体性的统一体之内，因此，这一统一体的实体性仅仅相对于主体的这种概念性的预设而言才是有效的。而当我们如斯特恩那样将具体普遍者认定为不依赖于主体的设定活动而绝对独立地实存的实体时，那么在黑格尔看来，我们就丢失了概念。

基于以上两点反驳，本研究主张，仅就黑格尔的判断理论来说，作为种的具体普遍者并非被认为是某种与主体的设定活动漠然无关的形而上学实体；毋宁说，正如雷丁所主张的，这一具体普遍者乃是主体的“由规范性概念所构成的逻辑空间”中的一个环节[②]。换句话说，作为种的具体普遍者乃是被主体基于某种规范性理由而设定下来的、在对象层面上用以整合不同个别东西的普遍者，它的实体性仅仅相对于主体的做判断的活动而言才具有一种已设定的客观性。

而在对作为种的具体普遍者在何种意义上是作为个别东西的实体性根基而存在的澄清的基础上，我们也就得以从具体普遍者的洞见出发对普遍主义—个别主义的绝对对立进行扬弃，并且进一步地为完美三段论提供一种融贯的、自洽的解读了。

（三）对完美三段论的全新解读——以具体普遍者的洞见为基点

接下来，让我们从具体普遍者的洞见出发对普遍主义—个别主义的两难做出批判性扬弃，并在此基础上为完美三段论提供一种全新解读。

（1）首先，我们已经表明，具体普遍者并不是仅仅通过对个别东西的外观的比较而获得的一种经验归纳式的共通性；毋宁说，任何经验归纳必然地总已经预设了某一种—属关系，而个别东西总已经在这种种—属关系中被构思为作为种的具体普遍者的一个特定的属，并因此才被整合进一个确定的划分当中。因此基于具体普遍者的洞见，个别东西仅就其自身而言无法构成

---

① 黑格尔，《逻辑学 II》，先刚译，第 279 页。

② Paul Redding, *Conceptual Harmonies: The Origins and Relevance of Hegel's Logic*, Chicago and London: The University of Chicago Press, 2023, p.210.

一个完整的事态，经验归纳仅就其自身而言也无法构成一个完整的方法论操作；毋宁说，对个别东西的经验以及经验归纳必须基于主体对于种—属关系的某种预设才是可能的。

（2）其次，我们也已经表明，作为种的具体普遍者并非是某种与它所归摄的个别东西彼此外在的一个现成的已规定的内容，而毋宁说是通过个别化/实例化的方式持续地塑造自身[①]的实体性的普遍者[②]。此外，从具体普遍者到个别东西的推演也并非是某种单向的理性演绎，而是一种双向的交互规定："只有当种把属包揽在自身之内，它才是种；而只有当属一方面实存于个别东西之中，另一方面在种里是一个更高的普遍性，它才是属。"[③]而这也意味着，从具体普遍者的洞见看来，普遍者无法仅就其自身而言构成一个完整的事态，理性演绎的操作也无法仅就自身而构成一个完整的方法论操作；毋宁说，理性演绎的操作中作为先天判断的种—属关系恰恰是通过对个别东西的经验归纳来回溯性地不断充实或修正自身的既有内容的。

（3）因此，经由具体普遍者的洞见，黑格尔得以主张：当我们考察彼此分离的普遍者和个别东西的关联时，我们其实总已经将二者视作同一个整体中的两个互为条件的环节，而非两个外在地结合起来的漠然无关的东西。前文中对个别主义和普遍主义的批判已经表明，若普遍者或个别东西被绝对地孤立起来，那么它们就其自身而言将只能是一个抽象的名称，而无法具有任何现实性；而当且仅当它们与对方建立起一种"有差异的同一"时，此时它们才通过对方的中介而回溯性地获得了自身的现实性。而如此一来，普遍者和个别东西尽管是可区分的，但却并非可分离的；毋宁说，二者的同一性与差异性思辨性地互为条件。而在此基础上，具体普遍者就并非是普遍者和个别东西之外的第三者，毋宁说它就是由普遍者和个别东西这两个环节所共同构成的那个过程性的整体本身。

（4）仍需强调的是，根据前文中的澄清，当黑格尔主张具体普遍者乃是

---

① 黑格尔：《逻辑学 II》，先刚译，第 271 页。

② 同上。

③ 同上书，第 271—272 页。

由普遍者和个别东西这两个环节所共同构成的过程性整体时，这一论断并非是主张存在着一个绝对的形而上学实体，而我们可以基于一种非曲行性的上帝视角来直接对其加以描述，而是在规范性的意义上主张我们总已经、而且必然"实体性地"进行思想——一种实体性的预设乃是任何一种理性演绎或经验归纳的方法论操作所总已经做出的规范性承诺。

在对具体普遍者的内涵的梳理和澄清的基础上，接下来让我们从具体普遍者的洞见出发为完美三段论的运作给出一个融贯的、自洽的解读——这一解读被称作解读 III。还是以卡乌斯的三段论为例：

（1）第一，从具体普遍者的洞见出发，"所有人都有死"这一"大前提"不再对应于一个亚里士多德所认为的"永恒的"①"不朽的"②的普遍者，而是对应于主体通过对于卡乌斯等个别人进行扬弃的方式不断对其进行充实或修正的一个不断发展、变化的具体普遍者。这一具体普遍者为主体针对个别对象的反映和归摄预先设定了某种规范性规则，但这一规范性规则本身却又朝向个别对象的具体实存开放，从而得以不断获得充实或修正。

（2）第二，从具体普遍者的洞见出发，"卡乌斯是有死的"这一"结论"不再对应于一个已经蕴含在大前提中的普遍者之内的现成部分，也不再对应于一个没有被普遍者所中介的直接性定在，而是对应于一种总已经被主体的预设所中介，但又不能还原于这一预设之内的"有中介的直接性"：一方面，当且仅当卡乌斯总已经基于他的特殊性而被归摄为人这一具体普遍者的一个实例时，他才能够被整合在一个已规定的划分中，从而具有一个已规定的内容；另一方面，人的已规定的内容又唯有经由卡乌斯等个别实例的中介才能回溯性地映现自身。

（3）第三，从具体普遍者的洞见出发，"卡乌斯是人"这一"小前提"所表达的是一种渗透于一切经验归纳和理性演绎的操作中的主体对于种—属关系的规范性承诺：当我们通过对卡乌斯的特性的归纳来充实或修正人的本

① Aristotle, *Posterior Analytics*, 75b23-26.

② Aristotle, *Posterior Analytics*, 85b 17-20.

质规定时，我们总已经预设了卡乌斯的确对应于人的一个实例；反过来，当我们通过对人的本质规定的演绎来对卡乌斯进行界定，或者对卡乌斯的实存方式进行预测时，我们也总已经预设了人的确就是卡乌斯的实体性根基。

（4）第四，如果我们承认普遍者与个别东西的互为条件、交互规定的思辨性关系，那么当我们将完美三段论理解为一个实在性的、综合性的，而非同义反复的、分析性的方法论操作时，此时我们将无法如亚里士多德所希望的那样在知道结论之前就“必须预先知道最初的前提”，并且“必须比结论更好地了解它们”[①]。毋宁说，当且仅当我们已经经验到作为实例的个别东西（卡乌斯）时，我们才回溯性地获得了对于大前提中的普遍者（人）的实在的、充实的理解；反过来，当且仅当我们总已经预设了大前提中的普遍者（人）所对应的某种规范性的种属关系时，我们才能够经验到一个作为实例的个别东西（卡乌斯）的已规定的内容。而如此一来，从具体普遍者的洞见出发，完美三段论的建立过程就既不是一种从普遍性原则出发的自上而下的理性演绎，也不是一种从经验事实出发的自下而上的经验归纳，而是一种理论与经验、理性演绎与经验归纳之间相互渗透、彼此修正的循环，正如雷丁所说：

> 经验与理论相互渗透：因为每一方都可以提供对另一方进行修正的理由，所以其中的任何一个都不能作为另一个的终极基础。理论的变化可能使得我们重新描述我们的经验，正如新的经验也会导向新的理论。[②]

而如此一来，在具体普遍者的洞见的视角下，完美三段论所表达的，实际上是主体依据自身的概念性预设而持续地整合具有相对独立性的经验对象，并同时回溯性地不断充实和修正自身的概念性预设的过程性整体。

而正如雷丁所主张的，这一过程性整体的根本特征就在于它的一种“循

---

① Aristotle, *Posterior Analytics*, 72a26-27.

② Paul Redding, *Hegel's Hermeneutics*, p. 7.

环性结构”：我们通过概念性预设（前提）自上而下地理解经验对象（结论），又通过我们所经验到的对象（结论）自下而上地充实、修正我们的概念性预设（前提）；概念性预设与经验对象之间、三段论的前提与结论之间无可避免地处于一种动态的、循环性的交互规定关系当中，而跳出这一循环的任何尝试都只会让我们的思想内容沦为抽象物①。

参考文献

黑格尔：《逻辑学 II》，先刚译，人民出版社 2021 年版。

弗雷德里克·拜塞尔：《黑格尔》，王志宏、姜佑福译，华夏出版社 2019 年版。

刘创馥：《黑格尔的判断形式批判及其形上学意涵》，《揭谛》2013 年第 25 期。

Aristotle, *The Complete Works of Aristotle*, edited by Jonathan Barnes, Princeton: Princeton University Press, 2014.

Hegel, *Vorlesungen über die Geschichte der Philosophie II* (Werk in zwanzig Bänden,Werk 19), Auf d. Grundlage d. Werke von 1832-1845 neu ed. Ausg. Redaktion Eva Moldenhauer und Karl Markus Michel, Frankfurt am Main: Suhrkamp, 1986.

Gregory S. Moss, *Hegel's Foundation Free Metaphysics: The Logic of Singularity*, New York &London: Routledge, 2020.

Kevin J. Harrelson, “Logic and Ontology in Hegel's Theory of Predication”, *European Journal of Philosophy*, Vol. 23, 2015, pp. 1259-1280.

Paul Redding, *Hegel's Hermeneutics*, New York: Cornell University Press, 1996.

——, “Actualist versus Naturalist and Conceptual Realist Interpretations of Hegel's Metaphysics”, *Hegel Bulletin*, Vol. 42, 2021, pp. 19-38.

——, *Conceptual Harmonies: The Origins and Relevance of Hegel's Logic*,

① Paul Redding, *Hegel's Hermeneutics*, pp. 155-156: “这是在主张人类的思想活动的概念是在一个已经存在的概念空间或以太中的运动，在其中，这些思想活动的道路总已经获得规划。但是，从黑格尔的观点看来，这里不存在超越性的‘先天’，不存在思想的循环的‘外部’……而这正是‘诠释学循环’的特征，根据海德格尔和伽达默尔的说法，思想总是在这一循环中运动。”

Chicago and London: The University of Chicago Press, 2023.

——, "Subjective Logic and the Unity of Thought and Being: Hegel's Logical Reconstruction of Aristotle's Speculative Empiricism", in *International Yearbook of German Idealism*, edited by Dina Emundts and Sally Sedgwick, De Gruyter, 2014, pp. 165-187.

Richard Dien Winfield, "The Types of Universals and the Forms of Judgment", in *Hegel's Theory of the Subject*, edited by David Gray Carlson, New York: Palgrave Macmillan, 2005, pp. 99-113.

Robert Stern, *Hegel, Kant and the Structure of the Object*, New York & London: Routledge, 2001.

——, *Hegelian Metaphysics*, Oxford University Press, 2009.

Robert B. Pippin, *Hegel's Realm of Shadows: Logic as Metaphysics in The Science of Logic*, Chicago &London: The University of Chicago Press, 2018.

维特根斯坦论私人思想与私人语言*

王小塞 著　李美萱 译**

内容提要：在维特根斯坦做出的一些评论中，我们可以找到一种“私人语言”的构想，它表明私人语言在某种意义上是存在的。本文提供了对这些言论的专门解释。

关键词：心灵哲学　认识论　语言理解　意义　维特根斯坦　弗雷格

一、引言

本文要论证的主要议题是，维特根斯坦认为“私人语言”在一个有趣的意义上存在。在维特根斯坦的作品中，人们较为熟知的私人语言的构想来源于假定的感觉的私人性，与之相对，本文强调的私人语言涉及某种思想的私人性。本文对维特根斯坦私人语言的解释性论述与许多其他类似论述是兼容的，因为它基本上不涉及维特根斯坦对私人语言的其他含义的批评。与本文

---

* 【基金项目】北京大学学科建设项目（7101302578），北京大学中央高校基本科研业务费资助（7100604441），教育部人文社会科学重点研究基地重大项目（22JJD 720007）。

** 王小塞（Sebastian Sunday Grève），德国人，牛津大学哲学博士，北京大学外国哲学研究所专职研究员、北京大学哲学系助理教授，主要研究方向为知识论、心灵哲学和语言哲学。李美萱，北京大学哲学系伦理学专业硕士。

论述最接近的可能是卡维尔（Stanley Cavell）的观点。① 汤普森（Judith Jarvis Thomson）的观点是早期的一种解释性讨论，指向了本文给出的阅读方向。② 对思想私人性的实质问题的现代讨论中，与本文最为契合的是默多克（Iris Murdoch）的一篇文章。不过，默多克在讨论维特根斯坦论私人语言时没有将我们所共有的观点归因于维特根斯坦。③

首先，我将讨论弗雷格与维特根斯坦。我并不打算在本文中对弗雷格对维特根斯坦私人语言的预见（在我看来是预见）提供任何观点，甚至不打算进行过多哲学史评论。鉴于本文的讨论范围已经很广，这将是一个过于宽泛的话题。不过，我还是会以弗雷格的几段文字作为引入，然后再转入对维特根斯坦文本中某些段落的详细探讨。

这段文字出自弗雷格写于 1918 年的《思想》（“Thought”）一文：

> 我在此没有处于一位可以向其观众展示水晶石的矿物学家那样的幸福处境：我不能把思想放在读者的手中，请他们从各个角度仔细检查它。④

尽管弗雷格众所周知的观点是思想（命题）在本质上可以共享；但是，上述引文表明他显然意识到了本文旨在讨论的问题（见本书第 244 页注③）。这段引文还勾勒了有时被称为“自然科学”的学科和“非自然”的学科（如哲学和数学）之间形成的对比，这个对比在两种学科采用的方法之中十分明显。如弗雷格所言，有些事物（如石头）能通过感官被知觉，而思想和理念

---

① S. Cavell, *The Claim of Reason: Wittgenstein, Skepticism, Morality, and Tragedy*, Oxford University Press, 1979, pp. 343-354，另见 S. Mulhall, *Wittgenstein's Private Language: Grammar, Nonsense, and Imagination in Philosophical Investigations §§ 243–315*, Oxford University Press, 2007。

② J. J. Thomson, “Private Languages”, *American Philosophical Quarterly* 1, 1964.

③ I. Murdoch, “The Idea of Perfection” (first published 1964), in her *The Sovereignty of Good*, Routledge and Kegan Paul, 1970.

④ G. Frege, “Thought”, translated by P. Geach & R. H. Stoothoff, in *The Frege Reader*, edited by M. Beaney, Blackwell, 1997, p. 66, note.

似乎无法如此。弗雷格说，我能够把一块水晶石放在某人手中，让他从各个角度检查它；但我不能把思想放在某人手中，让他检查它。

我追随维特根斯坦想讨论的问题，关于思想的私人性，存在于我们可能过于熟悉的事物中，而且实际上普遍存在于不熟悉的环境中，而这往往被我们忽视。这正是维特根斯坦在《哲学研究》① 中描述的那种问题：

> 但人们究竟怎么传达某件事情的？我们什么时候说一个人在传达一件事情？——什么是“传达”的语言游戏？……你把人们能向一个人传达些什么这件事儿看得太过不言自明了。②

一旦明确了这一问题，那些关于语言的必须被重述的陈词滥调 —— 例如上面弗雷格的引文 —— 就是成问题的。

二、私人思想与私人语言

和维特根斯坦一样，弗雷格关注语言理解的界限。因此，他思考了语言可能成为私人语言的多种方式，包括在他最具影响力的一些作品中③。例如，弗雷格考虑了如下情况：

> 我和同伴相信我们都看到了同一片田野。但我们对绿色各自有一

---

① 本文中所有引用维特根斯坦的文字均来自他通常以对话形式呈现思想的文本，这些对话中的不同声音有时难以辨识，本文没有足够空间来详细讨论这些解释性问题。

② L. Wittgenstein, *Philosophical Investigations* (first published 1953), fourth, revised edition, edited by P. M. S. Hacker & J. Schulte, translated by G. E. M. Anscombe, P. M. S. Hacker, and J. Schulte, Wiley-Blackwell, 2009, § 363. 本文对维特根斯坦文字的中译参考了维特根斯坦：《哲学研究》，陈嘉映译，上海人民出版社 2001 年版。——译者

③ 弗雷格关于私人语言的讨论相对而言很少得到学术界关注，在 P. Hacker 的 “Frege and the Private Language Argument”（in *Idealistic Studies* 2, 1972）之前则几乎没有。其他值得注意的相关讨论包括：J. Perry, “Frege on Demonstratives”, *The Philosophical Review* 86, 1977; S. Kripke, “Frege's Theory of Sense and Reference: Some Exegetical Notes”, *Theoria* 74, 2008。

种具体的感觉印象。我在绿色的草莓叶子中间瞥见一颗草莓，我的同伴却看不见，因为他是色盲。他对草莓的颜色印象与他对叶子的颜色印象没有不同。那么我的同伴是把绿叶看成了红色，还是把红草莓看成了绿色，抑或把二者看成了同一种我完全不知悉的颜色呢？①

在我看来，弗雷格对上述情况的观点与维特根斯坦的观点一致。弗雷格说：

这些是无法解答，实际上也毫无意义的问题。因为当"红色"不是用来陈述事物的属性，而是刻画我的意识之中的感觉印象时，这个词就只能在我的意识范围内使用。因为不可能把我的感觉印象和别人的感觉印象相比较。②

在我看来，弗雷格之所以认为这些问题毫无意义，是因为它们错误地把"红色""绿色"和"颜色"的意义构想为对某个主体的特定感觉印象的指称。维特根斯坦在《哲学研究》第293节中有一个著名的甲虫比喻，旨在证明同样的观点（我将在后文做出更明确的说明③）。在现阶段的讨论中，只需要看到弗雷格和维特根斯坦都认为，我们关于感觉的日常话语并不在这个意义上是私人的。所以，接下来我将转向私人语言在什么意义上可能依然存在，而在这个问题上，弗雷格和维特根斯坦应该也是一致的。

弗雷格考虑的另一个案例，与感觉无关，如下：

假设……赫伯特·加纳知道古斯塔夫·劳本博士1875年9月13日出生于N. N.，且没有任何其他人在相同的时间地点出生。假设加纳不知

① G. Frege, "Thought", translated by P. Geach & R. H. Stoothoff, in *The Frege Reader*, edited by M. Beaney, p. 65.

② Ibid., p. 67.

③ 见本文第三节，以及本书第244页注③。

道……有关劳本博士的任何其他事情。另一方面，假设利奥·皮特不知道劳本博士 1875 年 9 月 13 日出生于 N. N.。那么，就“劳本博士”这个专名而言，尽管赫伯特·加纳和利奥·皮特都用它指称同一个人，但由于他们不知道这一点，所以他们在说不同的语言。[①]

仅仅因为两个人不知道他们是否在用“劳本博士”这个名字指称同一个人，就认为这两个人在说不同的语言，可能是比较极端的观点。但可以肯定的是，就他们所知，他们可能说着不同的语言。如果赫伯特·加纳和利奥·皮特要把他们各自的个人习语组合成一部词典，那么他们得为“劳本博士”这个名字列两个条目。

维特根斯坦在《哲学研究》中做出如下宽泛的提议：

别人都不理解，只有我“好像理解”的声音，就叫作“私人语言”。[②]

值得注意的是，描述某人“好像理解”并不一定意味着怀疑态度，例如，维特根斯坦可能只是在说他尚且无法验证此人表面上的理解。的确，维特根斯坦并没有暗示此处所说的表面理解就意味着它不是真正的理解。相反，随后几个小节的讨论以如下段落告终，其中他引入了我希望在本文强调的那种私人性概念：

280. 有人画了一幅图画来展示他如何想象，例如说，一个舞台布景。现在我说：“这幅图画有双重功能：它就像图画和文字那样给他人信息——但对信息提供者来说，它还是另一种类的表征［Darstellung］（或者一些信息［Mitteilung］？）：对这人来说，这是他的想象的图画，而不能是任何别人的。他对图画的私人印象向他传达了他当时的想象，

① G. Frege, “Thought”, translated by P. Geach & R. H. Stoothoff, in *The Frege Reader*, edited by M. Beaney, p. 65.

② L. Wittgenstein, *Philosophical Investigations*, §269.

这幅图画不能在同样的意义上向别人传达。”——如果表征或信息这些词在第一种情况下用对了，我有什么权利在第二种情况下也谈论这些词呢？

我认为这段引文的末尾不是一个修辞性疑问，而是一个严肃的、困难的问题。还应注意，即使正确答案是在第二种（“私人的”）情况下讨论表征或传达信息是错误的，也不会立即得出图画不具有双重功能的结论，只是这种双重功能被描述为表征或信息是不恰当的。第 269 到第 280 节之间的小节确认了这是一个真正的问题，我会在适当的时候简要介绍这几节。

不过，我们必须首先考虑第 280 节的例子是如何运作的。第二种（“私人的”）功能，即关于舞台布景的图画除了向别人传递某人对舞台布景的想象以外还有别的东西，可以体现在一个人在这种情况下通常会发现自己的图画以多种方式被误解。无论你是多高超的舞台布景画家，你的图画都有可能没能引导别人创造出和你想象的一样的舞台布景。所以，你会发现在某种情况下，你的舞台布景图画没有传达你以为它表征的东西。与此同时，关于这些没能传达的东西，这幅图画却仍可以作为引导你的指南。比如说，虽然在没有你的输入的情况下，这幅图画之前没能传达相关的细节，但你仍然可以用同样的这幅关于想象的舞台布景图画来纠正制作舞台布景的工人[①]。那么，在这种情况下，可以合理地认为这幅图画对于信息提供者而言有着额外的、私人的意义。

关于这点可能会有一些反对意见，我将简要考虑其中两个。

三、语词的意义应该只有一个功能吗？

我要考虑的第一个反驳被维特根斯坦简要讨论过，它源自如下观念：一个语词的意义只有一个而非双重的功能。弗雷格区分涵义（sense）和指称

① 我认为这与作者通常在重要方面保有对其作品的解释权的原则一致。

（reference），将其作为语言意义的两个必要成分，罗素对此提出了反对，而第一个反驳与罗素对弗雷格的反对在本质上是同一类的[①]。

维特根斯坦的讨论开始于我们之前在弗雷格的文本中看到的与色盲有关的问题，他写道：

> 272. 私人经验的本质不是每个人都有自己的样本，而是无人知道别人有的是不是这个，或别的东西。于是就有可能假设——尽管是不可验证的——一部分人对红有一种视觉印象，一部分人有另一种。

紧接着，维特根斯坦询问这种假设意味着什么。具体地说，他思考了意义的两种可能构想：

> 273.“红”这个词是什么？——我能说它指示［bezeichnet］某种“我们所有人面对的”东西，而每个人除了这个词之外，应该真的还有别的词来指示他自己对红的印象吗？还是说，“红”指示某种我们所有人都知道的东西，此外，对每个人而言，它还指示某种仅仅这个人知道的东西呢？（或者说，它指涉［*bezieht* sich auf］某种仅仅他知道的东西。）

从前文所引的第 280 节可见，维特根斯坦更倾向于意义的第二种（双重功能）概念。正如第 280 节的做法，他接下来批判这种构想：

> 274. 说“红”这个词“指涉［*beziehe* sich auf］”，而不是“指示”［bezeichne］私人的东西，当然无助于我们理解其功能。但对于在做哲学时的一个特定经验来说，它是在心理学上更恰当的表达。这就好像，在我说这个词时，我斜看了一眼自己的颜色印象，就像是为了对自己说：我知道我用这个词的意义。

---

① 见 G. Frege, “Über Sinn und Bedeutung”, *Zeitschrift für Philosophie und philosophische Kritik* 100, 1892; B. Russell, “On Denoting”, *Mind* 14, 1905。

维特根斯坦在这些以及相关评论中的探讨很好地展示了描述有关现象的困难。他发现他考虑的所有描述似乎都会违背一般语言意义的某个原则。注意，无论在《哲学研究》还是据我所知的其他地方，维特根斯坦对于语词意义不止有一个功能的批判性讨论并没有使他彻底拒绝这种可能性。我无法在本文完整地展开这个论断，我将转而聚焦《哲学研究》中的几个重要小节。

第 274 节（前文已引）的批判针对这个原则：语词的意义 —— 特别是像“红”之类语词的情况 —— 应该有且只有一个功能。这体现在维特根斯坦说的“其功能”（its function）（单数），以及引文最后一句暗示着，一个我们“在做哲学时”的特定经验让我们误以为“红”之类的语词的意义就是“我用这个词的意义”，在这种情况下语词的意义应该是我用这个词时指涉的私人对象，比如我自己的颜色印象。

不过，即使语词的意义应该有且只有一个功能的观点十分自然和诱人，它却不是维特根斯坦强烈认同的那个观点。相反，维特根斯坦在《哲学研究》中强调，逻辑和语言是有机生长的（“我们自然历史的一部分”）灵活工具；基于此，他否定了将逻辑和语言在形而上学上还原为“晶体般纯净”形式的努力[①]。所以，似乎没有理由假定维特根斯坦会认为某些表达的意义由不止一个功能构成是内在不可能的。其实，我们已经看到了支持相反观点的证据（见第 273 和 280 节）。

有人提出，实际上，维特根斯坦显然认为，某些表达的意义可能仅由一个功能构成在本质上是不可信的。但这根本不是显而易见的，正如许多尝试构建维特根斯坦式的意义使用理论所间接揭示的那样。[②]

另一个例子是，维特根斯坦在第 293 节的著名甲虫比喻也基于一个语词只应有单一功能的假设。具体地说，在这个比喻中，使用“痛”之类的感觉语词不能构成对一个以上事物的指称，比如，既指称公共的事物（我们所有

---

① L. Wittgenstein, *Philosophical Investigations*, §§ 25 and 107-108.

② 见 H.-J. Glock, “What Is Meaning? A Wittgensteinian Answer to an Un-Wittgensteinian Question”, in *Wittgenstein on Philosophy, Objectivity, and Meaning*, edited by J. Conant & S. Sunday, Cambridge University Press, 2019。另见 S. Sunday Grève, “Real Names”, in *Engaging Kripke with Wittgenstein*, edited by M. Gustafsson, O. Kuusela, and J. Mácha, Routledge, 2024。

人都知道的），也指称私人的事物（只有主体知道的）。既然如此，这个语词的意义要么由一个以上的功能构成，要么由不是功能的东西构成。因为功能一般被定义为只给任一给定的论元（argument）分配单个的值。所以，维特根斯坦的比喻论证首先引入了这样的假设："我**仅仅**从我自己的情况中知道'痛'这个语词意味着什么。"①（强调为笔者所加）

在这个比喻论证的结尾，他做出如下结论：

> 也就是说，如果我们用"对象和名称"的模型来构想感觉表达的语法，那么对象就会作为无关的东西从考虑中退出。②

不幸的是，维特根斯坦没有提醒他的读者，上述结论只是基于他在该小节开头指出的条件，即我只是从自己的情况中知道"痛"这个词（或者更广泛地说，一个对感觉的表达）的意思。我之所以说这是不幸的，是因为他也没有明确表示，甲虫论证没有表明任何一种用"对象和名称"的模型来构想感觉表达的语法的方式都是荒谬的，它表明的只是基于如下假设而尝试这样做是荒谬的：这种表达的意义有且只有一个功能，即他在小节开头提出的那种私人的功能（"我仅仅从我自己的情况中知道'痛'这个语词意味着什么"）。换句话说，甲虫比喻表明，我们共享的关于感觉的语言，其首要的功能不可能是私人性的。再次强调，维特根斯坦虽然批判语词的意义有一个以上功能的可能性，但他没有对之表示彻底的拒绝。所以，甲虫比喻也留下了这样的可能性：一个感觉语词（如"痛"）可能有第二个功能，而且它可能是指称主体自己的私人感觉的功能③。

---

① L. Wittgenstein, *Philosophical Investigations*, § 293.

② Ibid.

③ 在本文的开头我说过，弗雷格关于某些问题是没有意义的评论与维特根斯坦的甲虫比喻或许在表达同样的观点。现在我可以更精确地进行比较。在弗雷格的段落中，事实上可以清楚地看到他对相关的感觉语词采用了双重功能分析。因此，在指出那些问题"毫无意义"后，弗雷格解释说："因为当'红色'不是用来陈述事物的属性，而是刻画我的意识之中的感觉印象时，这个词就只能在我的意识范围内使用。"所以弗雷格似乎认为，感觉语词可能既有公共的也有私人的意义；明确地说，它们可能无法传达某种东西，却仍然可以被私人地"应用"。

最后这个论断可能会让任何稍微熟悉维特根斯坦研究的学术现状的人感到惊讶。因为尽管对维特根斯坦私人语言观点的评论分歧很大，但人们几乎一致同意维特根斯坦否认这种观念证实了可能被称为“私人语言”的东西。不过，我认为评论者的这种观点都是错误的。

维特根斯坦写道：

> 278.“我知道绿色在我看来是怎样的”——这当然有道理！——确实如此；你构想的是这个句子的哪种用法？

我们不能因为维特根斯坦没有直接回答这个问题，就认为这是个反问句。他首先提供了一个间接的、否定性的答案：“279. 请想象一个人说着‘但是我知道我有多高！’并把自己的手放在头顶来表明这点！”随后，在第 280 节，在通过舞台布景图画案例来继续讨论双重功能时，他提供了一个间接的、正面的答案：“现在我说：‘这幅图画有双重功能……’”。正如我们所见，在该小节结尾，他就所谓的第二个（私人的）功能提出了以下问题：“如果表征［Darstellung］或信息［Mitteilung］这些词在第一种情况下用对了，我有什么权利在第二种情况下也谈论这些词呢？”维特根斯坦仍然没有给出直接的答案。但这一次，他甚至没有给出一个间接的答案。

我在前文说过，这是一个困难且值得被严肃对待的问题。人们不想在第二种情况下使用表征或信息这些词，有多种可能原因，其中之一是要求 x 的意义至多由一个（而非两个）功能构成。如此一来，第二个（私人的）功能就不能是一种构成意义的功能，所以它既不是一种表征，也不是一个信息——这应该是第一个（公共的）功能的特权。以上是我讨论的两个反驳中的第一个，我在本节指出了这个反驳既不好，也不符合维特根斯坦。人们不想在第二种情况使用表征或信息这些词的另一个可能原因，也是对我的私人语言解释的第二个反驳，将在下节得到阐述。[①]

---

① 应注意，这两种反驳是相容的，所以二者可以结合使用；事实上，它们可能被认为是相互加强的。

四、意义与记忆

我想简要讨论的第二个反对意见涉及第280节中假定的认知（记忆）性关联（cognitive［memorial］association），即心灵图像（image）与旨在表征该图像的物理意义上的图画（picture）之间的关联。维特根斯坦在提出初步案例时，将其设定为“有人画了一幅图画来展示……他如何想象一个舞台布景”，随后他立即将注意力转向了这样一个想法（“现在我说”），即这幅图画有双重功能。作为提醒，他对这一想法的完整论述如下：“这幅图画有双重功能：它就像图画和文字那样给他人信息——但对信息提供者来说，它还是另一种类的表征（或者一些信息？）：对这人来说，这是他的想象的图画，而不能是任何别人的。他对图画的私人印象向他传达了他当时的想象，这幅图画不能在同样的意义上向别人传达。”对图画的私人印象的正确程度，当然取决于当事人对其实际想象的记忆深浅。但是，这种心灵图像和旨在表征该图像的物理意义上的图画之间的记忆性关联，往往在制作图画时最为活跃，随后就趋于减弱，而这不同于意义的常规运作机制。

比方说，如果我忘记了我以前想象的东西，那么在某种意义上没有人能够帮我想起来；但如果我忘记了某个英语单词的含义，大多数讲英语的人都可以帮我想起来。所以，我们可能不会用表征或信息来描述想象者的表面的（私人的）理解，而是只将它描述为记忆性关联。因此，对维特根斯坦在该部分结尾提出的批评性问题（“如果表征或信息这些词在第一种情况下用对了，我有什么权利在第二种情况下也谈论这些词呢？”），我们可能倾向于做出肯定的回答。具体而言，我们可能倾向于认为，图画的所谓第二个、私人的功能不是向当事人表征（或告知［inform］他）他当时的想象，而仅仅是让他想起（remind of），就像尽管许多事物可以让我们想起这件或那件事情，但是说它们向我们表征了或告知了我们这些事情并不总是正确的。

然而，认为回想和表征（告知）这两种描述互斥也是一种错误，它们并不互斥。任何理解都取决于一个人记忆中一些相关环节的存在。所以，可以明确地说，任何表征或信息同时也是一种回想（reminder）。关于x的回想

和 x 的表征（或信息）之间的关系的本质是什么，这是一个困难的问题，我无法在本文展开讨论。但是我认为现在讨论的例子本身就足够清楚。对于目前的例子，图画明确地旨在表征信息提供者关于舞台布景的心灵图像，所以，说图画向他表征（或告知他）自己当时的想象以至让他回想起了自己的想象，这是自然而正确的；此即维特根斯坦所说，这幅图画可以为信息提供者做到“不能在同样的意义上向别人传达”的事情。至于为什么它不能向别人传达——也就是说，为什么这幅图画不能像对想象者那样，让别人回想起当时被想象的东西？当然是因为这幅图画正是旨在展示想象者（而不是其他人）想象过的东西。

这种模态的本质，也就是这幅图画能够或者不能够为某人做些什么，值得进一步关注。我尤其关注，想象的舞台布景等情况下的所谓私人性，与感觉情况下的私人性是否有区别？这个问题是本文提出的维特根斯坦解释的关键。我的回答是，两者的区别在于思想的私人性在某种意义上是偶然的，而感觉的私人性则不是。具体而言，思想的私人性依赖于我们现代人所拥有的心灵，以及我们目前（在认知和技术上）有可能做到的事情，而感觉的私人性则不然。因此，在本文的结论部分，我想进一步阐述我认为的这种思想私人性的确切条件及其重要性。

五、思想的私人性的重要性

《哲学研究》第 280 节所描述的交流情境是我们所熟悉的。具体地说，它描述了一种熟悉的体验：在参与某种理性会话时，我们觉得似乎可以和某个人一直讨论某个问题；似乎我们在认同对方的许多观点，但分歧或误解的氛围仍然无法消散。相同类型的情况在曾被称为《哲学研究》“第二部分”的文本中有多处讨论，但现在“第二部分”通常被视为一个独立作品，标题为“心理学哲学——残篇”，与《哲学研究》一同出版。[①] 其中，我们又可

① L. Wittgenstein, “Philosophy of Psychology-A Fragment”, in his *Philosophical Investigations*.

以看到维特根斯坦两条并行的研究路径：一个是通常被视为他对私人语言兴趣核心的关于感觉的探讨；另一个是我在本文中强调的相关主题，它不涉及感觉，这条路径在与私人语言有关的文献中被广泛忽视了。维特根斯坦首先写道：

> 324. 如果我看到一个人由于明显的原因而痛苦扭曲，我不会觉得：尽管如此，他的感受对我是隐藏的。

这句话显然与感觉有关。维特根斯坦继续写道：

> 325. 我们也会说一个人对我们来说是透明的。然而，就我们的考虑而言很重要的是，一个人对另一个人来说可能完全是个谜（enigma）。当一个人到了有着完全陌生传统的陌生国度时就会明白这一点；甚至他已经精通这个国家的语言后仍然如此。他不理解那里的人。（而且不是因为不知道那些人对他们自己说什么。）我们在他们那里找不到自己的位置。

维特根斯坦在国外的时间占到了他生命的一半，这让他经常意识到，两个人可以说同一种语言，然而，尽管双方尽了最大努力，却仍然无法理解彼此。后一节接着展示了对于维特根斯坦来说，这两个论题——一个有关感觉，一个无关感觉——都与私人语言的问题相连：

> 326. “我不能知道他内心正在发生什么”首先是一幅图画。它是对一个信念的确信表达。它没有给出这个信念的理由。这些理由不是显而易见的。

直觉上，一个人无法知道另一个人的心灵（他们的感受、思想），而维特根斯坦想找到这一直觉的理由（如果有的话）。他考虑的理由之一，正如广泛认识到的，涉及感觉的显然的私人性：一个人无法知道别人的感觉经验（他们的颜色印象、疼痛感觉等等）是否与自己的相同。而他考虑的另一个理由，是尽管对话时已经做出最大努力，却仍然无法去理解和被理解，乃至最终或许无话可说这一悲剧性局面。

至少后一种相互理解的失败看上去不是必然的。完美的理解并非绝对不可能。就算假设感觉必然是私人的，但思想的私人性可能是偶然的。例如，一个舞台布景恰好按照一个人想象的那样被实现，似乎完全是可能的。何况，一个经验丰富的导演完全有可能经常以这种方式成功地传达其想法，特别是在与熟悉的人、熟悉的设备等合作时。

那么，为什么我们要认为思想的私人性至关重要呢？如果我们严肃对待人类交流，并且同意我刚刚引用的维特根斯坦第 326 节的说法，以及他认为的思想的私人性是我们倾向于相信我们不知道他人心灵的原因之一，那么我们肯定会明白为什么我所说的思想私人性至关重要。

当我们从诸如弗雷格和维特根斯坦所举的示例转移到考虑现实世界中的现象及其事实上的普遍性和流行性的原因时，这种沟通困难的根本特点变得最为明显。现在，我认为，理解别人在某些话题上在说些什么的难点，归根结底，在于这些话题的相对复杂性。因为最终，无论我们是在讨论你的音乐、我的音乐，还是莫扎特的音乐，还是伍迪·艾伦的最新电影、法国学校教育体系、美国总统选举、罗素的逻辑哲学、存在主义、道教、佛教、数字的本质、种族、正义、爱，或者任何其他东西，这并不重要。任何关于这类事情的非琐碎的论断，通常都基于大量关于世界、语言和价值的未言明的信念。

无论是文化、科学会话，还是日常人类事务，都被频繁表明有巨大的潜在的复杂性，正是这种复杂性展示了由此产生的交流的困难是重要的，即我所谓的思想私人性。[①] 这个问题在实践中让人困扰，因为我们自然地倾向于

① 关于后期维特根斯坦的哲学方法作为一种与本文所称为思想私人性（即“哲学理解的个体性”）密切相关的功能，见 S. Sunday Grève, “The Importance of Understanding Each Other in Philosophy”, *Philosophy* 90, 2015。另见 S. Sunday Grève, “Logic”, in *Understanding Wittgenstein, Understanding Modernism*, edited by A. Matar, Bloomsbury Publishing, 2017。以及 S. Sunday Grève, “Logic and Philosophy of Logic in Wittgenstein”, *Australasian Journal of Philosophy* 96, 2018。

低估我们希望传达的内容的复杂性和由此产生的沟通困难，还因为我们现代人特有的时间匮乏，以及不为现代人所特有的人类的有限性——这意味着即使是那些能理解所面临的根本困难的人，在任何一个具有现实意义的案例中，也可能会失败。①

总之，让我简要总结我的论点。通过对维特根斯坦《哲学研究》中一些被忽视的评论进行解读，我的论证支持了私人语言的双重功能概念。我区分了感觉的私人性和思想的私人性。后者，我认为，本质上是由于思想对象的某种复杂性而产生的。因此，这种思想的私人性并非完全不可能克服，但这并不意味着它不重要。恰恰相反，正是因为几乎所有类型的人类话语都频繁地表明潜在的复杂性是巨大的，才说明了由此产生的沟通困难的重要性。

① 关于我们自然地倾向于低估我们希望传达的内容的复杂性和由此产生的沟通困难，请参见 S. Sunday Grève, “Intuitive Skill”, *Philosophia* 51, 2023, pp. 1688, 1693-1695。

“约定真理”视域下对蒯因—卡尔纳普之争的重新审视*

欧阳文川 **

内容提要：关于蒯因与卡尔纳普约定真理之争的“标准叙事”并不全面。卡尔纳普的《语言的逻辑句法》蕴含属于实用性问题的“宽泛的约定主义”与属于理论问题的“严格的约定主义”。除了坚持“分析—综合”的区分以外，它们都区别于一般意义上的逻辑经验主义者的约定主义。蒯因的《约定真理》主要针对一般意义上的逻辑经验主义者的约定主义，他后期发展的基于“自然主义”原则的以“解释性”为标准的约定主义，作为对他的科学理论的“非确定性约定主义”的拓展，才体现了他与卡尔纳普约定主义之间实质的分歧。

关键词：分析性　约定主义　逻辑句法　自然主义

---

* 本文系国家社会科学基金青年项目“新时代科技创新方法论研究”（22CZX007）论文。

** 欧阳文川，哲学博士，新疆师范大学政法学院哲学系副教授，硕士生导师，主要研究分析哲学、政治哲学。

一、引言

“蒯因—卡尔纳普”之争是20世纪美国分析哲学发展史中的重要事件，一般认为这场争论以蒯因的《经验主义的两个教条》为标志，主要发生在50年代并围绕认识论和本体论问题而展开。但有不少学者认为蒯因对卡尔纳普的批评早从30年代中期的《约定真理》就已开始。他们认为《约定真理》一方面拒绝任何形式的约定主义；另一方面系统批判了《语言的逻辑句法》（下文简称《逻辑句法》）中蕴含的约定主义观点：语言系统中逻辑句法之为真，只是由于系统中对逻辑句法的约定。这种以约定真理为中心的“蒯因—卡尔纳普”之争的描述长期在分析哲学的讨论中发挥重要影响，并形成了这场争论的“标准叙事”（下文有时简称“叙事”）。而“标准叙事”长期存在的一个重要原因在于很长一段时间以来《逻辑句法》和《约定真理》都没有得到足够重视。卡尔纳普完成《逻辑句法》以后很快就转入对语义学的研究，这导致读者也跟随他新的研究方向而未能对《逻辑句法》投入足够精力；而蒯因一方面直到20世纪40年代末和50年代初才真正确立自己在分析哲学中的重要地位，另一方面《约定真理》属于他的“出道”之作，因此也未得到足够关注。

21世纪逐渐有少数学者开始质疑蒯因和卡尔纳普关于约定真理的“标准叙事”。有人不认同它对卡尔纳普约定主义的解读；有人认为蒯因实质上也支持一种“自然主义”的约定主义观点，而非完全拒绝约定主义。前一方面说明《约定真理》并非直接针对卡尔纳普，后一方面说明《约定真理》不能完全代表蒯因的立场。而无论如何，这两方面共同说明蒯因对卡尔纳普的态度既不是简单的支持也不是简单的否定。因此，有必要重新梳理和审视“标准叙事”，这不仅有利于澄清在约定真理层面上蒯因和卡尔纳普各自的观点，也有利于进一步深入理解“蒯因—卡尔纳普”哲学之争中涉及的其他方面的内容。

二、“约定真理”之争的标准叙事

(一)批判“约定真理”的一般叙事

逻辑经验主义[①]者一般将“分析性”概念解释为一种语言约定(linguistic convention),即语言系统内的约定性真理。这里的“约定”可以简单理解为通过对语词意义的任意指派而产生句子整体的意义[②],这种指派一方面避免了传统唯理论者为解释分析性真理所做的关于“直观”能力的神秘解释,另一方面也避免了对以普遍性陈述所表现的自然法则的休谟式怀疑。例如,维特根斯坦将分析性真理解释为“重言式”(tautology),即不为经验事实的真假所影响的永远有效的逻辑定理。[③]类似地,逻辑经验主义者如艾耶尔将之理解为永远无法被实际的或可能的经验证实或证伪的命题[④]。既然分析性真理之为真与世界无关,那么其为真的原因只在于语词和句子的意义。语词的意义来源于约定,句子的意义又来源于其所包含的语词的意义。

批评者们一般都依循蒯因在《约定真理》中所做的论证来加以反驳。首先,根据约定主义的观点,一个逻辑为真的句子之所以为真,在于人们约定它表达了一个逻辑真理,然而逻辑真理的数量是无限的,任何个体或群体都不可能逐一穷尽对真理的约定。即使假设人的寿命是无限的,每一个具体真理的约定又需要有限的时间来完成,因此在无限的时间中也不能完成对无限真理的约定。其次,似乎可以采取以约定有限数量且具有普遍性的逻辑真理来避免逐一约定的困难,因为这些有限的普遍逻辑真理可以推导出无限的逻辑为真的句子。例如,约定“$p \lor \neg p$”为普遍真理,那么由它就可以推导出无限数量的具有此种逻辑形式的句子。然而,由这些有限普遍真理推导具体真句子仍然需要某种逻辑真理才得以可能,这种逻辑真理可以表现为以

---

① 本文不区分逻辑实证主义和逻辑经验主义,一概以“逻辑经验主义”表述。

② A. J. 艾耶尔:《语言、真理与逻辑》,尹大贻译,上海译文出版社 2015 年版,第 15 页。

③ 不同于逻辑经验主义者,早期维特根斯坦并没有将意义的给予视为约定的,世界和语言的逻辑结构对他而言是既定的。

④ 包括艾耶尔在内的很多逻辑经验主义者并不以“分析”来表述真理的“必然”,而通常以“先验”表述。为避免概念过多,本文统一使用“分析”一词。

下推理形式：任何以 p ∨ ¬p 为逻辑形式的句子都被约定为真；句子 s 具有 p ∨ ¬p 的逻辑形式；因此 s 为真。显然这个有效推理所依据的逻辑形式并未被约定，若进一步约定它，又会陷入无限后退的困境。由此，约定并不是使句子为真的原因。[①]

（二）蒯因批判卡尔纳普“约定真理”的标准叙事

上文可视为围绕约定真理而展开的争论的一般形式，而它更为经典的“标准”形式则是：蒯因在《约定真理》中批评卡尔纳普在《逻辑句法》中逻辑真理与语言约定之间关系的约定主义观点，并最终赢得了这场争论。“标准叙事”基于对卡尔纳普和蒯因两人思想的各自解读。在卡尔纳普方面，认为他的观点是：一个语言系统的约定逻辑上蕴含这个语言系统中所有的逻辑真理，即在特定语言系统内，法则的约定是逻辑定理的充分且必要条件，这意味着排除了特定目标语言系统外的元语言以它自身的推理法则构建目标语言系统内的各类约定的可能性。在蒯因方面，认为他的观点是：依据上述批判约定主义的一般性观点，反对卡尔纳普以及任何形式的约定主义立场。[②]例如博格豪森认为：“对约定主义的态度使他们被区别开来。卡尔纳普支持他；相反，蒯因似乎准备拒绝任何导致它的前提。”[③]鲍德温则更明确指出：“他们之间确实存在分歧……这方面的一个重要例子涉及语言约定的作用。卡尔纳普和其他逻辑经验主义者一样，认为逻辑体系的采用从根本上说是一个语言约定问题，因此逻辑真理就是‘约定真理’……然而蒯因指出，逻辑真理的逻辑蕴含本身并不是语言约定问题。”[④]

---

① W. V. O. Quine, “Truth by Convention”, in *The Ways of Paradox and other Essays*, Random House, 1966; Scott Soames, *Philosophical Analysis in the Twentieth Century*, Princeton University Press, Vol.1, 2003, pp. 264-270; Jared Warren, “Revisiting Quine on Truth by Convention”, *Journal of Philosophic Logic*, Vol. 46, No. 1, 2016, pp. 119-139; Paul A. Boghossian, “Analyticity Reconsidered”, *Noûs*, Vol. 30, No. 3, 1996, pp. 360-391.

② Gary Ebbs, *Carnap, Quine, and Putnam on Methods of Inquiry*, Cambridge University Press, 2017, pp. 58-59.

③ Paul A. Boghossian, “Analyticity Reconsidered”, *Noûs*, Vol. 30, No. 3, 1996, pp. 360-391.

④ Thomas Baldwin, “Philosophy of Language in the Twentieth Century”, in *The Oxford Handbook of Philosophy of Language*, edited by Ernest Lepore and Barry C. Smith, Oxford University Press, 2008.

形成这种叙事的部分原因在于《约定真理》与《逻辑句法》中逻辑真理的约定主义观念同名，从后视的眼光看，也与蒯因对逻辑经验主义的颠覆性批判而产生的巨大影响力相关。此外，卡尔纳普认为语言系统是由一系列表现为句法规则或语义法则的规范所组织而成的一种语言的观点也是原因之一。[①]然而，如果抛开概念的相似以及蒯因对一般意义上约定主义批判的影响，完全可以有理据地怀疑这种叙事的"标准"性。例如，卡尔纳普的约定主义是否像上述逻辑经验主义的一般性观点一样，认为句子的真源于对意义的约定？他的约定主义是否只是单一类型？对于蒯因，《约定真理》是否针对卡尔纳普？他对约定主义的批判是否是一种全面彻底的否定？

三、宽泛的约定主义和"非确定性约定主义"

（一）宽泛的约定主义：宽容原则

《逻辑句法》的一个重要目的在于回答逻辑和数学何以可能的问题。20世纪前20年，逻辑主义、直觉主义和形式主义围绕这个问题曾展开激烈争论。经历了这场争论的卡尔纳普并未完全站在其中的任何立场。作为弗雷格的学生，在数学建构的一些重要方面，例如对自然数和数学归纳法的处理，他放弃了逻辑主义方法而采取了希尔伯特形式主义的公理化方法，与此同时在其他方面又保留了很多直觉主义的重要观念。[②]然而，并不能认为卡尔纳普以折中的方式分别保留了三个流派的本质方面，他的突破在于以一种极具多元主义精神的"宽容原则"（the principle of tolerance）或"语言形式的约定性原则"[③]构建能包容所有可能的逻辑—数学系统的句法语言，如他所言："我们要做的不是去禁止，而是去达成约定。""逻辑中没有道德（morals）。

---

① Yemima Ben-Menahem, *Conventionalism*, Cambridge University Press, 2006, p. 189.

② Michael Friedman, *Reconsidering Logical Positivism*, Cambridge University Press, 1999, pp. 166, 198-199.

③ Rudolf Carnap, "Carnap's Intellectual Autobiography", in *The Philosophy of Rudolf Carnap*, edited by Paul Arthur Schilpp, Open Court, 1963.

每个人都可以自由地建立自己的逻辑，即他所希望的语言形式。”[①] 在此意义上按照宽容原则，“一个特定语言是正确的语言或展现了正确的逻辑这种常常出现于之前讨论中的断定就被取消了，并且传统的与逻辑或句法相对的本体论问题，如关于‘数的本质’类的问题就被完全废除了”[②]。由此可见，逻辑构建的宽容原则不仅关涉数学基础这样的问题，还与卡尔纳普反对形而上学的一般性哲学倾向密切相关。

另一方面，既然宽容原则允许人们按照需要约定适合自己的语言系统，那么进一步的问题在于约定的标准是什么。首先须明确，这不是一个理论性问题，而是一个实用性问题。若是理论性问题，逻辑就应具有“道德”，即对与错的问题，而实用性问题则不涉及对错，其标准可以根据理论研究的需要来确定，如系统的简洁性或方便性。这种基于实用性的针对不同语言系统整体而言的约定主义可以称为一种“宽泛的约定主义”[③]。

（二）科学理论的“非确定性约定主义”

卡尔纳普“宽泛的约定主义”与当时科学哲学理论中的“非确定性（under-determination）约定主义”具有一定程度的逻辑一致性。后者指对于那些具有经验一致性的科学理论的自由选择。这种“自由”体现在选择所依据的要素不单纯只是逻辑或经验，更在于以实用性为标准的约定。“非确定性约定主义”可进一步分为“弱”和“强”两种类型。前者指具有相同经验内容但逻辑不一致的理论，但在可能的新的经验证据出现后是逻辑一致的理论；后者则指具有相同经验内容的理论已经蕴含了所有现实和可能的经验证据但仍彼此相异。[④] 显然，“强”的“非确定性约定主义”在理论选择方面体现的实用性与“宽泛的约定主义”更一致，它们都承认在科学理论之间进行选择的基

---

① Rudolf Carnap, *Logical Syntax of Language*, Routledge, 2000, pp. 51-52.

② Rudolf Carnap, “Carnap’s Intellectual Autobiography”, in *The Philosophy of Rudolf Carnap*, edited by Paul Arthur Schilpp.

③ Yemima Ben-Menahem, *Conventionalism*, p. 196.

④ Yemima Ben-Menahem, “Black, White and Gray: Quine on Convention”, *Synthese*, Vol. 146, No. 3, 2005, pp. 245-282.

于实用标准的约定性。此外，即使对于特定的语言系统，卡尔纳普也有这种独立于经验的实用性考量。《逻辑句法》在解释自然科学语言系统的约定特性时强调：句法虽然必须被经验检验，但这种检验不是绝对的，因为自然科学的语言系统具有约定特性。[①] 在同时期的《可检验性与意义》一文中，卡尔纳普也有类似观点：当给定的 s 句被一些观察检验后而在一定程度被确证时，“是否认为这个程度高到足以接受 s 或低到足以拒绝 s，或处于既不接受也不拒绝的中间状态直到进一步证据出现，这是一个实践问题……，接受或拒绝一个（综合）句子总是包含约定要素”[②]。

在《经验主义的两个教条》中，蒯因针对逻辑经验主义的“分析—综合”之分以及经验主义的还原主义的批判都最终指向了整体论的证实原则，而这种新的证实原则也暗含了“非确定性约定主义”。如果这一点成立，则叙事中认为蒯因反对任何形式的约定主义的观点就不能成立。蒯因反对逻辑经验主义将句子作为意义的首要单位，而将整体的理论本身作为意义的首要单位。这说明对理论中任意命题 s 的证实都不是直接证实，s 与经验证据之间不存在直接对应关系，它没有独立的经验内容，还需要理解理论中包括经验命题在内的其他命题，并结合 s 与它们的关系来判断。因此 s 的意义，即对 s 的证实或证伪都取决于理论整体所蕴含的经验内容与外部经验证据之间的关系。由此，s 的意义就可以通过对理论整体的调试而得以改变。这说明在对应于理论整体的一系列经验证据下，通过对理论自身的调整，既可以有被证实的 s，也可以有被证伪的 s。[③] 类似地，对于不同理论，也可能出现经验内容相同但理论之间逻辑不同甚至冲突的情况。这说明：第一，对于某个具体理论来说，它的意义不能被它的经验内容完全决定[④]；第二，对于经验内容相同但意义不同的理论的选择具有约定性和实用性。

---

① Rudolf Carnap, *Logical Syntax of Language*, p. 320.

② Rudolf Carnap, “Testability and Meaning”, *Philosophy of Science*, Vol. 3, No. 4, 1936, pp. 420-471.

③ W. V. O. Quine, “Main Trends in Recent Philosophy: Two Dogmas of Empiricism”, *The Philosophical Review*, Vol. 60, No. 1, 1951, pp. 20-43.

④ Yemima Ben-Menahem, “Black, White and Gray: Quine on Convention”, *Synthese*, Vol. 146, No. 3, 2005, pp. 245-282.

蒯因同样以这种非确定性约定主义反对逻辑经验主义的约定主义。[①] 因此，既然他所支持的约定主义类型与卡尔纳普的约定主义相似，那么暂且可以得出结论：卡尔纳普的约定主义和一般意义上逻辑经验主义者的约定主义不尽相同。实际上，即使蒯因的整体主义本身在《逻辑句法》中都有所体现，“所有法则的制定都有所保留，即一旦在认为合适的情况下就应该尽快被改变……，这个方面，只有程度上的区别；某些法则比其他法则更难以放弃”[②]。蒯因同意卡尔纳普的整体主义思想，只是对它进行了自然主义的改造。[③] 然而不应过分夸大这种相似性。“非确定性约定主义”的根据在于整体主义，它贯穿于理论整体及其部分，而“宽泛的约定主义”侧重于不同语言系统之间，语言系统内的约定主义则有具体系统的限制。在此意义上，蒯因的实用主义更为彻底。

虽然蒯因的“非确定性约定主义”产生于20世纪50年代，但它与《约定真理》都批判“分析—综合”之分及其所蕴含的一般意义上的约定主义类型。区别在于《约定真理》主要针对分析性真理的约定特性，而非确定性约定主义则明确批判“分析—综合”之分，虽然批判角度和方法都有所不同，但《约定真理》对约定主义分析性真理的批判已经包含了后来整体主义和“非确定性约定主义”思想的萌芽。这说明《约定真理》并不直指卡尔纳普，尽管他同样坚持“分析—综合”之分。

四、严格的约定主义与“意义构成”

（一）严格的约定主义：语言句法

《逻辑句法》中与宽容原则的“宽泛的约定主义”相对的是“严格的约定主义”，即针对特定目标语言（object-language）系统的在元语言

---

① Yemima Ben-Menahem, “Black, White and Gray: Quine on Convention”, *Synthese*, Vol. 146, No. 3, 2005, pp. 245-282.

② Rudolf Carnap, *Logical Syntax of Language*, p. 318.

③ Gary Ebbs, *Carnap, Quine, and Putnam on Methods of Inquiry*, pp. 106-107.

（metalanguage）层面对句法规则和语词定义的明确制定或构建。由元语言表达的这种形式化理论就称为目标语言的逻辑句法。卡尔纳普特别强调它区别于语言学层面的句法，逻辑句法的特征是纯形式的，但后者的表达方式没有这种限制。[①]《逻辑句法》具体构建了语言Ⅰ和语言Ⅱ两种语言系统。语言Ⅰ的法则是直觉主义理论的原始递归算数法则，因为它没有争议，所以语言Ⅰ也是一种中性语言，适合构造不同类型的逻辑语言。语言Ⅰ是语言Ⅱ的子语言，并且语言Ⅱ的句法还足以构建包含集合论的经典数学和数学物理学法则。因此语言Ⅰ是语言Ⅱ的基础，而语言Ⅱ比语言Ⅰ更丰富、更“强”。[②]两种语言系统的法则都体现为形成法则和变形法则，形成法则递归地指定符合句法规则的语词和句子，变形法则决定系统中句子之间的后承（consequences）关系。关于对语词定义的约定，这里说明《逻辑句法》中较为重要的“分析性”概念。以语言Ⅰ为例，在首先完成对“后承”定义的前提下，可对“分析性”以及与之紧密相关的一系列语词进行定义。句子s是分析的，当且仅当s是（句子的）空集的后承，即系统中每一个句子的后承；句子s是“矛盾”的，当且仅当系统中任意句子都是s的后承（或当且仅当¬s是句子的空集的后承）；s是“确定”的，当且仅当s要么是分析的要么是矛盾的；s是“综合”或“非确定”的，当且仅当s既不是分析的也不是矛盾的。[③]

这样构建的语言句法系统就是约定的系统，上述约定的法则和定义都可被还原为符号秩序的排列以及不同符号排列之间的各类关系。例如，语词就是有限数量的符号根据约定的形成法则而构建的约定性排列；句子就是有限数量的语词根据约定的形成法则而构建的约定性排列；法则就是有限数量的句子根据约定的变形法则而构建的约定性排列等等。这种关于符号秩序的排列、约定就是逻辑运算，卡尔纳普依靠它构建起严密的形式化的句法系统。依靠系统中的法则和定义，可以准确判断其中任意句子的后承关系。对卡尔

① Rudolf Carnap, “Foundations of Logic and Mathematics”, in *International Encyclopedia of Unified Science*, edited by Otto Neurath, et al., Vol. I, No. 3, The University of Chicago Press, 1939.

② Rudolf Carnap, *Logical Syntax of Language*, p. 11.

③ Ibid., pp. 39-40.

纳普来说，逻辑句法具有重要的哲学意义，“传统形而上学的争论无效且无用……，因为甚至没有一个共同的标准来决定争议”[①]。而他构建的逻辑句法系统就为平息传统哲学的争论提供了标准。可以从两方面理解这一点：第一，句法系统按照严格的逻辑法则构建，而法则本身就是平息争论的标准；第二，句法系统高度形式化，系统中的句子不以有意义和本体论预设的“实质性言谈模式”（material mode of speech）来表述，而是以没有意义和本体论预设的“形式的言谈模式”（formal mode of speech）来表述。[②]“实质性言谈模式”存在争议，而“形式的言谈模式”由于表现为句法的可分析，从而消除了争议。这两方面不仅使得特定语言系统内部关于逻辑和数学的实质性的本体论争议让位于形式化的句法解释，而且也使得逻辑自洽的不同语言系统及其隐含的不同形而上学立场之间不存在好坏对错之分。

（二）“标准叙事”中“严格的约定主义”类型

相比较“宽泛的约定主义”，“严格的约定主义”更受关注也存在更多争议。一般认为，蒯因在包括《约定真理》在内的相关文献中主要针对的也是这种约定主义类型，并形成了蒯因—卡尔纳普之争的“标准叙事”。如上所言，蒯因所批判的约定主义的特征在于，某个句子之所以是分析性真理，原因在于对它的意义进行了约定，从而使其为真。它的形式可被简要描述为 a：“任意句 s 为真，当且仅当语言中的（语义或句法）约定 C_L[③] 使 s 为真。”既然这里的约定性体现为意义指派，因此它可被更具体地描述为 b：“任意句 s 为真，当且仅当存在命题 p，且 p 为真，且 s 意谓 p。”结合上文“严格的约定主义”的内容，可进一步将叙事中卡尔纳普的约定主义观点概括为 d：“语言系统 L 中的所有逻辑真理是所有并且只是 L 中的仅因为 C_L 而为真的那些句子；L 中的句子 s 为真只是由于 C_L，当且仅当存在命题 p，且 C_L 自身（即

---

① Rudolf Carnap, “Carnap’s Intellectual Autobiography”, in *The Philosophy of Rudolf Carnap*, edited by Paul Arthur Schilpp.

② Rudolf Carnap, *Logical Syntax of Language*, pp. 298-301.

③ 下文以 CS_1 表示句法约定，CS_2 表示语义法则约定。

排除元语言中预设的用以建构 C_L 的那些额外推理规则或者逻辑真理）使得 p 真，且使得 s 当且仅当 p。”①

值得注意的是，相比于 b，d 的增量在于以“C_L 自身使得 p 真”明确了命题 p 来源于语言系统中的约定。这非常重要，若缺少这种设定，约定主义就将面对命题由何者决定的问题。首先，如果命题由主体自身决定，就需要回答命题如何生成以及如何被指派的问题，而且还需面对上述蒯因关于预设逻辑的“无限后退”困难。如果为了避免“无限后退”而否认预设逻辑的约定性，也就否定了约定主义本身；若不承认所预设的属于逻辑，则“分析—综合”之分就无法成立。②其次，如果持命题的柏拉图主义立场，那么约定只决定命题和符号之间的指派关系，而不决定命题本身，约定主义就不成立。叙事中语言系统的约定决定命题，因此避免了上述问题，虽然目前来看还不确定这是否为卡尔纳普意义上的决定关系，但毫无疑问的是卡尔纳普的严格意义上的约定主义一定是相对于特定语言系统而言的。也就是说，在 C_L 决定 p 的前提下，“C_L 自身使得 s 当且仅当 p”，其中除了对特定语言系统的限制以外，其他方面卡尔纳普和约定主义的一般立场一致。也因此，他可能不是蒯因真正要批判的对象。

另一方面，叙事 d 中的条件：“排除元语言中预设的用以建构 C_L 的额外推理规则或者逻辑真理”，其作用在于避免上文“无限后退”的困难。这里可以将元语言中的推理规则或逻辑真理理解为上文的“任何以 p ∨ ¬p 为逻辑形式的句子都被约定为真；句子 s 具有 p ∨ ¬p 的逻辑形式；因此 s 被约定为真”。这个推理所蕴含的逻辑法则实际上是约定“p ∨ ¬p”为逻辑定理的“预设逻辑”，如果进一步约定“预设逻辑”，便会陷入无限后退的处境。既然这属于蒯因所批判的一般约定主义类型，那么也就可以将它作为与叙事 d 并列的另一种叙事 e：“语言系统 L 中的所有逻辑真理是所有并且只是因 C_L 而为真的那些句子；L 中的句子 s 因 C_L 为真，当且仅当存在命题 p，且 C_L

① Gary Ebbs, *Carnap, Quine, and Putnam on Methods of Inquiry*, p. 65; Paul A. Boghossian, “Analyticity Reconsidered”, *Noûs*, Vol. 30, No. 3, 1996, pp. 360-391.

② Scott Soames, *Philosophical Analysis in the Twentieth Century*, p. 265.

以及元语言中预设的用以建构 C_L 的额外推理规则或者逻辑真理共同使得 p 真，且使得 s 当且仅当 p。”①

（三）意义的构成：对“标准叙事”的批判

叙事 d 和 e 的共同之处在于认为句子的真源于预先约定的意义，因而必然真理就可被解释为分析性真理，这种观点也的确是《约定真理》和“非确定性约定主义”的批判对象。然而反观上文卡尔纳普的约定主义观点，却很少提及“意义”，这是由于他的约定主义区别于逻辑经验主义一般意义上的与必然真理紧密联系的约定主义观点。前者不是通过意义的约定“创造”必然真理，而是将二者的关系颠倒过来，“当前在构建语言时，通常的程序是首先为基本的数学逻辑符号指派一个意义，然后再考虑根据这个意义哪些句子和推理是正确的。因为指派的意义由语词表达，因此结果并不准确，按这种方式达致的结论不准确且模糊。当以相反的方式处理时，这种关系就清晰了。即任意选择假设和推理法则，无论是什么选择，这个选择将决定什么意义被指派给基本的逻辑符号”②。显然，这是一种无意义预设的语言建构方法，但没有预设意义不等于没有意义。当约定好公理和句法规则以后，再对其进行解释，即制定语义法则，由此意义就从句法产生，这是“意义的构成（constituting）”③，与之相反的一般约定主义立场却是“意义的符合”。对叙事 d、e 的破解都应在这样一种“意义构成”的总体立场下进行。在预设意义的前提下构建语言系统不可避免地导致在特定哲学立场的前提下构建语言系统，这与卡尔纳普的约定主义相冲突，同时，预设意义的约定真理又正是蒯因所批判的。因此在这一点上他们之间一致，只是解决方案不同。

以此为基础看叙事 d，其关键内容在于“C_L 自身使得 p 真，且 s 当且仅当 p”。它可以被分为先后两个步骤：第一，C_L 使得 p 真；第二，s 当且仅当 p。这说明在构建语言系统时，意义约定在先，语义法则的约定 CS_2 先于

① Gary Ebbs, *Carnap, Quine, and Putnam on Methods of Inquiry*, p. 74.

② Rudolf Carnap, *Logical Syntax of Language*, p. XV.

③ Yemima Ben-Menahem, *Conventionalism*, p. 193.

句法约定 CS_1（因此 d 中的 C_L 实际是 CS_2），这正是上文卡尔纳普所认为的构建语言的“通常程序”。这种语义优先的构建可分为以下几个步骤：第一，对符号进行分类并约定语义法则，语义法则的约定又细分为对描述性符号的约定法则和对逻辑符号的约定法则；第二，约定句法规则，如约定公理和推理法则等。须注意的是，在语义法则优先约定的情况下，第二步被第一步限定，即 CS_1 的建构必须在 CS_2 对 CS_1 的解释为真的前提下进行，因此严格说来 CS_1 不再是一种任意性约定。显然，这与卡尔纳普的无预设意义上的约定主义相背离，因此叙事 d 不成立。再看与之相反的建构步骤：第一，对符号进行分类并约定形成法则和变形法则，在这一步没有任何限制，因此是任意约定，唯独需要考虑的是实用性要素；第二，对这样一个未被解释的形式系统约定语义法则（包括针对描述性符号和逻辑符号的法则），从而为句子制定真值条件使其成为命题，这是形式化的合式公式到具有真值的命题的过程。在此情况下，CS_2 的约定受制于 CS_1 的约定，所以 CS_2 的约定不是任意的。[①] 这种方法符合《逻辑句法》的无意义预设的要求。

另一方面，暂且不论叙事 d 中意义预设的问题，“C_L 自身使得 p 真，且 s 当且仅当 p”还存在由“C_L 自身”所意味的“排除元语言中预设的用以建构 C_L 的额外推理规则或者逻辑真理”带来的问题。《逻辑句法》的定理 36.1、36.7、60c.1 排除了这种可能，例如 60c.1：“如果 L 是一致的或至少是无矛盾的，那么‘（L 中）分析的’不能在 L 中被定义。”“如果语言句法系统 L_1 包含词项‘（L_1 中）分析的’，那么它必然在比 L_1 表达方式更丰富的 L_2 中被表述。”[②]（原文的字母符号有改变）例如，由于语言 I 具有一致性且足以表达初等算数的逻辑真理，因而“（语言 I 中）分析的”只能在比它更强的语言 II 中被表述，语言 II 同理。由此 d 中关于“C_L 自身使得 p 真，且 s 当且仅当 p”不成立。确切来说，d 的错误不在于认为“（L 中）分析的”，即“s 当且仅当 p”可以在 L 中被表述，而在于认为不需要比 L 中的推理法则或逻辑

---

① Rudolf Carnap, “Foundations of Logic and Mathematics”, in *International Encyclopedia of Unified Science*, edited by Otto Neurath, et al., Vol. I, No. 3.

② Rudolf Carnap, *Logical Syntax of Language*, p. 219.

真理更强的语言系统中的推理法则或逻辑真理来表达具有一致性的 L 中的“s 当且仅当 p”。[①]

至于叙事 e，与 d 的不同之处在于，它认为 C_L 与元语言中预设的用以建构 C_L 的额外推理规则或者逻辑真理一起使得“p 真，且使得 s 当且仅当 p”。如上文所述，这等于承认了约定之外的“预设逻辑”，由此可能陷入“无限后退”的困难。哥德尔对这种约定主义类型提出过类似批评，他的“不完全性定理”表明具有一致性的足以表达初等算数的语言系统，对其一致性的证明无法单纯依靠它的句法约定，还必须依靠预设的数学观念。[②] 哥德尔以此说明卡尔纳普无意义预设的约定主义不成立。与蒯因一样，哥德尔同样证明了纯粹的约定不足以构建系统的一致性，不同之处在于他采取的是数学的柏拉图主义，而蒯因采取的是整体主义（当然前期侧重于揭示约定的逻辑矛盾）。显然，这种柏拉图主义避免了蒯因的无限后退的困难，然而为了避免哥德尔这种意义预设的柏拉图主义解决方案，卡尔纳普恰恰接受了蒯因的“无限后退”。

如上文所言，特定语言系统中任意句的“分析”或“综合”等表述都必须在元语言层面被明确定义。也就是说，目标语言 L 中之所以能存在“分析—综合”之分，分析句和综合句之所以能够被识别，是因为在它的元语言 ML 中已经定义了“（L 中）分析的”或“（L 中）综合的”；同理，ML 之所以能对“（L 中）分析的”或“（L 中）综合的”进行定义，是因为在相对于 ML 的元语言 ML_1 中已经定义了“（ML 中）分析的”或“（ML 中）综合的”；以此类推。卡尔纳普接受这种定义的“无限后退”的主要原因在于他并不是要对“分析性”作一种实质的哲学性解释，即并非因循传统形而上学对必然性知识作某种先天性解释，而是力求只在语言和逻辑框架内区别哪些是只需约定性法则就能判断其真假的逻辑符号，哪些是需要进一步结合语言

---

① Gary Ebbs, *Carnap, Quine, and Putnam on Methods of Inquiry*, p. 71.

② Kurt Godel, “Is Mathematics Syntax of Language?” in *Kurt Godel: Collected Works*, edited by Solomon Feferman, et al., Vol. 3, Oxford University Press, 1995.

框架外的所指才能判断其真假的描述性符号。[①] 基于同样的原因，卡尔纳普拒绝哥德尔的柏拉图主义（同时也说明哥德尔对卡尔纳普的批评源于他没能把握《逻辑句法》和传统哲学的关系）。也因此，严格地说来，蒯因“无限后退”的批评不会对卡尔纳普造成真正的困难，它只是针对撇开具体语言系统而言的约定主义，即一般意义上的逻辑经验主义者的约定主义类型，而不是在宽容原则指导下的“严格的约定主义”类型。

五、澄清蒯因、卡尔纳普的约定主义

（一）卡尔纳普："科学语言"的约定主义

如上文所言，《逻辑句法》不是为了回答如“先天知识如何可能”这样的传统哲学问题，而是要在宽容原则的要求下在特定语言系统中依据约定法则来判断句子的分析性或综合性。这即是卡尔纳普意义上的哲学变革，对他来说，“哲学将被科学的逻辑所取代，也就是说，被科学的概念和句子的逻辑分析所取代”[②]。卡尔纳普改变起初的逻辑主义立场逐渐接受这种形式主义观点（这并不是说他变成了形式主义者），早期维特根斯坦在此过程中发挥了关键作用。卡尔纳普坦诚维特根斯坦像弗雷格和罗素一样深刻地影响了他的思想发展进程。弗雷格和罗素使他认识到数学的概念和定理可分别被逻辑概念和法则定义、推演，因而奠定了数学的分析性，而维特根斯坦则进一步由逻辑推演中结论必然被前提所蕴含的特性将分析性解释为“重言式”，即在任何可能情况下都为真（的公式），因此不表述世界，没有事实性内容。[③] 维特根斯坦认为逻辑常项没有意义，逻辑真理不由包括常项在内的任何符号的意义决定，“没有（在弗雷格和罗素的意义上的）‘逻辑对象’或‘逻辑常

① Gary Ebbs, *Carnap, Quine, and Putnam on Methods of Inquiry*, pp. 75-76.

② Rudolf Carnap, *Logical Syntax of Language*, p. xiii.

③ Rudolf Carnap, “Carnap’s Intellectual Autobiography”, in *The Philosophy of Rudolf Carnap*, edited by Paul Arthur Schilpp.

项'"[①]，逻辑真理只由其形式决定，"因此，逻辑命题什么也没有说。（它们是分析命题。）"[②]在此基础上，《逻辑哲学论》向卡尔纳普揭示了逻辑的本质，即逻辑真理只由它的逻辑形式决定，无关乎意义，因此逻辑不应预设意义。然而与维特根斯坦不同，卡尔纳普不赞同对自然科学和逻辑划界，否认逻辑形式只是"能显示出来的东西，不能说出来"[③]。为了避免潜在的形而上学风险，他认为科学逻辑应当"遵守严格的科学方法，放弃'更高的'或'更深层的'的视野"[④]。这体现为《逻辑句法》中限于语言系统的被明确约定的句法规则。另一方面，维特根斯坦的逻辑形式是唯一确定的，而对卡尔纳普来说则是约定和多元的。

这正反两方面的影响使得卡尔纳普的语言句法既是在无意义预设的前提下能够被明确构建的形式化系统，也是能够应用于经验科学的科学理论系统。尤其应注意后一点，卡尔纳普的语言句法中的"语言"是"科学语言"（既包括自然科学语言，也包括日常语言，因为二者之间没有明确界限[⑤]），因此"科学的逻辑就是科学语言的逻辑句法"[⑥]。在语言Ⅰ和语言Ⅱ中卡尔纳普都区分了对逻辑符号和描述性符号的约定，再通过对语义法则的约定后，描述性符号及其符号类型都相应具有了语言之外的所指；对语言Ⅱ变形法则的约定也区分为L-法则和P-法则，前者是逻辑和数学法则，后者是物理法则（语言Ⅱ因之能够建构经典物理学理论），而无论是L-法则自身还是L-法则与P-法则一起，都能通过变形法则表述物理语言。[⑦]由于物理学的逻辑分析属于科学的逻辑分析中的一个维度，因此它与"科学的逻辑就是科学语言的逻辑句法"相互印证。

---

① 维特根斯坦：《逻辑哲学论》，贺绍甲译，商务印书馆2012年版，第70页。

② 同上书，第88页。

③ 同上书，第49页。

④ Rudolf Carnap, "The Task of the Logic of Science", in *Unified Science*, edited by Brian McGuinness, and D. Reidel, 1987.

⑤ Ibid.

⑥ Rudolf Carnap, *Logical Syntax of Language*, p. xiii.

⑦ Ibid., pp. 315-317.

卡尔纳普的上述分析都属于卡尔纳普的“描述性句法”分析，由此可见，《逻辑句法》不是单纯为了解答逻辑和数学的基础这样的纯形式化问题。在卡尔纳普看来，对它们的解释应当以有利于自然科学发展的方式进行，而且它们的特殊价值也恰恰体现在对自然科学的促进。事实上不只是《逻辑句法》，卡尔纳普的所有理论始终都将经验科学作为其理论的主要关照面向。[①]然而，卡尔纳普的描述性句法分析始终都属于语言句法的范畴，没有超过语言系统框架。这是他始终关照自然科学的逻辑主义立场与维特根斯坦、希尔伯特的形式主义立场融合在一起的表现。而对于蒯因来说，这种以人工语言的形式解释自然科学的方法是卡尔纳普与其他大多数秉持“弗雷格—罗素”路线的逻辑经验主义者的重要区别之一。科学逻辑作为卡尔纳普的哲学，它始终具有相对于自然科学而言的独立性、约定性和分析性，而其他实证主义者虽然也认为哲学是对科学语言的逻辑分析，但却将它降格为类似于自然科学的理论，哲学由此不仅具有浓厚经验性而且依赖于经验科学。就像维特根斯坦之于卡尔纳普，卡尔纳普的这种方法不仅是蒯因“自然主义”的起点，同时也成为其“自然主义”批判的对象。

（二）蒯因：“自然主义”的约定主义

贯穿蒯因哲学始终的是他的“自然主义”原则：“现实在科学内部被识别和描述，而不是在先验哲学中。”[②]“自然主义”延续了科学逻辑的整体理念，即“遵守严格的科学方法，放弃‘更高的’或‘更深层的’的视野”[③]。显然，这种语言系统之外的“神秘视野”就是蒯因的“先验哲学”。然而，在哲学与科学关系的定位方面，“自然主义”又否认了科学逻辑的观念。如上文所言，作为卡尔纳普的哲学形式，科学逻辑是与自然科学严格区别的独

---

① Sahotra Sarkar, "'The Boundless Ocean of Unlimited Possibilities': Logic in Carnap's Logical Syntax of Language", *Synthese*, Vol. 93, No. 1-2, 1992, pp. 191-237.

② W. V. O. Quine, "Things and Their Place in Theories", in *Theories and Things*, The Belknap Press, 1981.

③ Rudolf Carnap, "The Task of the Logic of Science", in *Unified Science*, edited by Brian McGuinness, and D. Reidel.

立的抽象形式系统。但在延续卡尔纳普科学主义观念的同时，蒯因否定了哲学的独立性，将它作为科学的延续或者是在科学之内的理论。

在“自然主义”原则下，哲学相比较其他知识类型不具有特殊性，它们之间只存在细节性差异[①]，因此可推出两点：第一，在宽泛的意义上，哲学与其他知识归根结底都属于经验知识[②]，因此，理论中没有纯粹的分析性句子，它们是具有经验意义的“命题”；第二，在接受经验证据检验的过程中，无论是哲学理论整体还是某个具体命题都处于动态调整的状态，因此理论与句子各自不表达固定的意义和命题。

按照“自然主义”原则，理论整体没有固定的经验内容，那么它自身的调整变化就是在理论发展过程中真理自身的调整变化，“科学是有选择性的，它寻求最重要的真理，无论从内在旨趣，还是作为应对世界的工具”[③]。这里的“选择”就是蒯因意义上的“约定”，而“寻求最重要的真理”过程中的约定依据则是理论对科学的“解释性”（explanatory）[④]。在《经验主义的两个教条》中，蒯因对“意义”和“分析性”的批判就主要集中于它们缺乏对哲学的解释性，然而仅基于这种侧重于认识论层面的解释会稍显偏狭。因此，应将它置于“自然主义”原则的总体框架下，结合科学理论建构中的约定主义来理解。

蒯因将它解释为一种“深思熟虑的选择，对它的制定仅仅只依据雅致与便捷”[⑤]。显然它体现了与“非确定性约定主义”相似的实用主义路线。诚然，“非确定性约定主义”更侧重于自然科学理论，但是既然它们与逻辑和数学等抽象知识都程度不同地蕴含经验内容，且都远近不一地接受经验证据的检验，那么即使最为抽象的知识也在“寻求最重要的真理”过程中以“解释

---

① W. V. O. Quine, *Word and Object*, The MIT Press, 2013, p. 254.

② W. V. O. Quine, “Carnap and Logic Truth”, in *The Philosophy of Rudolf Carnap*, edited by Paul Arthur Schilpp, Open Court, 1963.

③ W. V. O. Quine, *Methods of Logic*, Holt, 1966, p. xi.

④ Gary Ebbs, *Carnap, Quine, and Putnam on Methods of Inquiry*, p. 81.

⑤ W. V. O. Quine, “Carnap and Logic Truth”, in *The Philosophy of Rudolf Carnap*, edited by Paul Arthur Schilpp.

性”为标准不断被选择。蒯因坦诚这里受到了卡尔纳普约定主义的启发[①]，但显然它已经突破了单纯的句法约定。

在具体理论层面，蒯因主要结合数学的还原性来探讨这一点。在《约定真理》中，虽然这种基于“解释性”的约定主义尚未充分体现出来，但是其中对“定义”的批判在一定程度上已经确定了后来发展的“自然主义”路线。蒯因将定义解释为符号缩写的任意约定，例如“公里”（kilometer）是对定义“一千米”（a thousand meters）的约定缩写；与之对应，“语境定义”（contextual definition）指根据某种通用方案而建立的无限且具有相似性的定义关系，如对“tanα=sinα/cosα”（sinα/cosα是tanα的定义）带入任意数值，就有无限个以“tanα=sinα/cosα”为通用方案的相似定义关系。[②]蒯因认为如果数学可以在逻辑中被这种方式定义，从而被还原为逻辑，那么“数学真理就成为逻辑真理的约定式誊写”[③]。如果支持这种约定主义观点，那么就必须承认那些用以还原数学的逻辑原则同样是以定义的方式约定的。然而蒯因认为定义只能被用于转化真理的形式，而不能为真理奠基，因此逻辑真理不能以定义式的约定主义被再次还原。[④]这意味着需要以一种不同于定义式约定主义的约定主义类型来为逻辑真理奠基。这也就是蒯因所支持的第二种约定主义。

关于第二种约定主义，它“生成真理而不仅仅是改变真理，人们早已在假设的使用中认识它”[⑤]。蒯因认为这种以假设作为主要功能的约定主义首先在热尔贡（Gergonne）的“隐含定义”（implicit definition）中体现。他以几何表达式的逻辑定义举例，当未被定义的几何概念与以逻辑表达式的形式出现的几何概念（即已被定义）以定义的方式一同出现时，可以判断未被定义

① W. V. O. Quine, “Carnap and Logic Truth”, in *The Philosophy of Rudolf Carnap*, edited by Paul Arthur Schilpp.

② W. V. O. Quine, “Truth by Convention”, in *The Ways of Paradox and other Essays*.

③ Ibid.

④ Ibid.

⑤ Ibid.

的几何概念的逻辑含义。[①] 这里要表达的是对逻辑常项的理解不能脱离对包含它们于其中的逻辑命题的理解，即不是通常认为的要了解逻辑命题整体的含义首先应了解它包含的逻辑常项的含义。在此意义上，逻辑命题所蕴含的逻辑形式被约定为真，同时它作为整体隐含地定义了其所包含的逻辑常项。显然，这种“隐含定义”蕴含的约定主义与包括卡尔纳普在内的逻辑经验主义者的“明确定义”（explicit definition）蕴含的约定主义相对立。前者具有“解释性”而后者没有，前者生成真理，而后者只是改变真理（的形式）。

不难发现，蒯因列举的定义模式都基于对句子意义的约定，因此，第一种定义式的约定主义实际上对应于一般逻辑经验主义者的约定主义，而非直指卡尔纳普。如上所述，这种约定主义区别于卡尔纳普式的句法约定。蒯因对此应当是明确的，因为写作《约定真理》前不久他已经阅读过了尚未出版的《逻辑句法》的手稿。[②] 只有到了 20 世纪 40 年代末以后，蒯因才逐渐将矛头转向卡尔纳普，并批判以他为典型的逻辑经验主义者。也正是在这一时期，基于“自然主义”的具有“解释性”的约定主义开始成型，这尤其体现在他对集合论原理的解释中。

在集合论中蒯因区分两种类型的约定：立法假设（legislative postulation）和偏离假设（discursive postulation）。立法假设约定的是原理论中未曾出现的新命题；偏离假设与之相反，它约定的貌似也是新命题，但它的作用在于为了符合理论既有的构建方法，对理论中已经存在的具有相同外延的概念进行互译。[③] 对于蒯因来说，只有立法假设是理论构建过程中合法的真理约定形式。通过这种约定生成了新的真理，它的引入是为了发展理论或解决理论构建过程中的不一致问题，因此在构建过程中，理论是动态与开放的；然而，偏离假设严格意义上并没有约定新的真理，它只是在既有理论框架下对符号、概念、命题之间的关系进行重新安排以符合理论系统的构建，因此它不

① W. V. O. Quine, “Truth by Convention”, in *The Ways of Paradox and other Essays.*

② Gary Ebbs, *Carnap, Quine, and Putnam on Methods of Inquiry*, p. 72.

③ W. V. O. Quine, “Carnap and Logic Truth”, in *The Philosophy of Rudolf Carnap*, edited by Paul Arthur Schilpp.

生成真理，而只是改变已有真理的形式，在此意义上理论是静态与闭合的。

蒯因特别强调两种假设的差异不在于它们相对于逻辑法则而言的后承关系的差别，而在于它们"行为"（act）的不同，因为仅在推理形式层面无法区分它们。[①] 例如，人们可以在约定立法假设后再次运用它（此时无法区分假设的性质），但这时却是在偏离假设的意义上运用它（此时运用的行为使得假设被区分为不同性质）。换言之，区分它们的标准就在于是否具有"解释性"。显然，只有立法假设具有相对于理论而言的解释效力，它使得原有理论重新调整，从而达到发展理论或解决理论内部矛盾的目的。反观偏离假设，它与《约定真理》中定义性约定主义相似，并与逻辑经验主义者对分析性真理的解释类似，都只是通过变形法则改变了真理的表现形式而不生成真理，因此对科学理论没有"解释性"。

由此，20 世纪中叶伴随从侧重揭露约定主义的逻辑矛盾转变为同时强调它们缺乏对世界的"解释性"，蒯因的批判对象也从一般意义上的逻辑经验主义者转变为以卡尔纳普为代表的逻辑经验主义者（在"自然主义"原则下他们的约定主义都缺乏"解释性"），虽然对"标准叙事"的分析已经说明卡尔纳普的约定主义不同于一般意义的逻辑经验主义者的观点。蒯因直指卡尔纳普的方面是他对"宽泛的约定主义"与"严格的约定主义"的区分。对于卡尔纳普来说，前者完全基于实用主义，因此它无关乎对与错；后者体现为根据逻辑句法严格构建的形式化的语言系统，它固然是约定的，但区别在于它约定的法则同时也是唯一的关于对错的评判标准，因此归根结底它不是实用性问题，而是理论性问题。这种区分与近二十年后卡尔纳普针对本体论问题所做的"内部性问题"与"外部性问题"的区分一致。而蒯因的"自然主义"与"整体主义"都要求他的约定主义消除这种区分，对他而言，不存在理论整体和理论内部各自的问题，科学理论没有纯粹的实用性问题和理论性问题，二者相互交织共同发挥理论的"解释性"。

---

① W. V. O. Quine, "Carnap and Logic Truth", in *The Philosophy of Rudolf Carnap*, edited by Paul Arthur Schilpp.

六、结语

大量文献中关于约定真理的“蒯因—卡尔纳普”之争的标准叙事，它所描述的是过于典型的逻辑经验主义者的约定主义及其坚定的反对者的形象，对于卡尔纳普与蒯因各自的理论都不够充分。对于卡尔纳普来说，他坦诚与其他逻辑经验主义者之间的共性只在于对“科学语言的逻辑分析”，强调“我们不是一个哲学学派，并且我们不提出任何的哲学问题”[①]。具体来说，《逻辑句法》有三点将卡尔纳普和其他实证主义者区分开来：第一，放弃了弗雷格和罗素的“普遍主义”的逻辑主义立场，开始研究更多可能的逻辑系统；第二，以“宽容原则”看待这些系统；第三，以无意义预设的逻辑句法构建语言系统。对于蒯因来说，他的确因对“经验主义的两个教条”的批判而成为20世纪下半叶美国分析哲学中最有影响力的批评者，但是在一定程度上他本身也可被归属为专注于“科学语言的逻辑分析”的逻辑经验主义者，在写作《约定真理》前，蒯因甚至是卡尔纳普哲学的忠实拥护者。因此，他与逻辑经验主义之间不是完全对立的关系。

蒯因的《约定真理》所反对的实际上是逻辑经验主义者一般意义上的基于“分析性”的约定真理观，而非直接针对卡尔纳普。他通过分析“标准叙事”中的“卡尔纳普立场”，从相反的意义上揭示了卡尔纳普本身的约定主义观点。当蒯因具体面对卡尔纳普的约定主义时，除了批判逻辑经验主义观点的共性方面，他特别针对的是“分析—综合”之分在其约定真理中的一种间接体现，即语言系统之间的“宽泛的约定主义”和特定系统的“严格的约定主义”之间的区分。蒯因的批判不是对约定真理的完全拒绝，相反，他支持一种基于“自然主义”原则的以“解释性”为标准的整体论的约定主义类型。这一点虽然尚未在《约定真理》中得以充分体现，但它已经包含了蒯因后来观点的基本方面。

---

① Rudolf Carnap, *The Unity of Science*, Thoemmes Press, 1995, p. 21.

何以言真正的差异

——《存在与时间》中的差异问题

戚杨泽　王玉学*

内容提要："差异"是海德格尔毕生运思的主要问题之一，这在《存在与时间》中主要从三方面得到阐释，即差异是什么、差异的重要性以及我们应该如何对待差异。对海德格尔而言，真正的差异即"存在论差异"，他通过澄清这一命题来唤醒真正的差异意识，克服主客二元式思维及其引发的同一性暴力等流弊，进而导向对存在本身的关注。且这一克服并不旨在消除差异达到另一种变相的同一，它的真正要义在于劝导我们保持差异之为差异，从而导向"基础存在论"。海德格尔借此展现了一个差异万千的人生此在境域，同时把此在的绽出之生存亦差异的展开放在时间这一理解存在意义的超越视野中，由是将差异问题引向了更深邃的领域，更影响了后世哲学的基本进路。

关键词：存在与时间　同一　差异

---

*　戚杨泽，广州中医药大学马克思主义学院硕士研究生，研究方向为科学技术哲学。王玉学，广州中医药大学马克思主义学院教授，硕士生导师，研究方向为科学技术哲学。

对海德格尔哲学而言，“差异”究竟意味着什么？又占据了怎样的地位？这个问题自20世纪60年代以来便引发了哲学界的热切讨论，它不仅关系到海德格尔思想内部的问题，更对后世哲学的基本进路产生了深远影响。

一方面，德勒兹在《差异与重复》里提到的第一位哲学家就是海德格尔[①]，视之为差异哲学的重要代表。德里达在《书写与差异》中也认为：“只有超越了形而上学、向着大写的差异——或海德格尔所谈过的那种大写的Duplicité才能如是得以思考。”[②]不难看出海德格尔对差异哲学的巨大贡献，许多后继者无不自觉地视海德格尔为先导。

但另一方面，海德格尔又常被冠以“同一性”哲学家之名，并且他自己就将自己的思想概括为“同一性思想”，因而又反过来遭到了一种针锋相对的批判——即使他的思想包含了丰富的“差异性”内容，但依旧以“同一性”为尊：阿多诺撰写《否定辩证法》的主要任务就是清除以基础存在论为代表的同一性哲学；列维纳斯也将海德格尔的“存在”与“同一”概念等同视之并最终“叛出”了海德格尔哲学，转而寻求“他者”与“异质性”……

不光是哲学家之间的评论，研究者们关于这一问题的争论同样持续至今，甚至还有愈演愈烈的趋势，其激烈程度甚至已经隐隐超过了那“晦暗不明的存在问题”。毫不夸张地说，有多少批判海德格尔的人，就有多少为他辩护的人。而如此一种充满矛盾与解释张力的境况提示我们，在现有的研究中，海德格尔思想的“差异”问题存在着某种程度的遮蔽。并且，即使要研究“差异”，更多人也会选择从《哲学论稿》《同一与差异》等后现代主义者青睐的后期文本入手，相对地，《存在与时间》中的差异问题在很长一段时间内没有得到重视，我们似乎忘记了阿多诺、列维纳斯、德勒兹等人对海德格尔的批判性阅读恰恰是从《存在与时间》开始的，该书中隐而未发的丰富的差异性思想极大地启发了后来者，更亟待被解放出来。

---

① 吉尔·德勒兹：《差异与重复》，安靖、张子岳译，华东师范大学出版社2019年版，第1页。

② 雅克·德里达：《书写与差异》，张宁译，生活·读书·新知三联书店2001年版，第354页。

一、何以言《存在与时间》中的差异问题

据此，我们循序渐进地梳理出三个问题：其一是差异问题本身的重要性和是什么；其二是差异问题在海德格尔思想整体中的重要性和是什么；其三是差异问题在早期的《存在与时间》中的重要性和是什么。

就第一个问题，即差异问题本身而言，“差异”与“同一”一道作为形而上学最为根本的几大基础概念，自柏拉图时代以来便已位于哲学的核心领域，历来受到哲学家们的极端重视。并且，基础概念的重要性绝不仅限于纯粹的思辨领域，事实上，哲学家们总是借由这些基础概念来透视和统观时代的现实问题，这也是哲学作为一般方法论指导的枢机所在。而差异哲学的兴起，正是基于反同一性暴力的现实需要——“差异理论基于一种美好的、深刻的人文主义理想，这种理想引发了上个世纪的反殖民、女权主义和民权运动。”[①] 到了今天，它又因多元主义、身份政治等问题而持续受到人们的关注。进一步说来，差异问题的重要性其实高度聚焦于现代性问题中，而海德格尔哲学之所以在这方面备受争论，主要原因也是出于此，而非单纯的思想内部的疑难。

事实上，自尼采以后，西方对于现代性问题的批判与反思俨然已深入到了其文明根源的形而上学层面，而在这条道路上，海德格尔不可谓不是行之至深的引路者，而在这项工作中，“同一与差异”这对基础概念又不可谓不占据了极重要的地位。因而就此方面的探索而言，海德格尔的贡献有多大，相关的争议就有多激烈，作为先驱的他无疑处于这场风暴的中心：一方面，海德格尔的思考可谓鞭辟入里、直指枢机，更是启发了同时代以及在他身后的诸多思者，将“同一性”诊断为西方现代化危机的诸多疑难杂症的病灶乃至整个西方文明进程的内在逻辑与最终实现，并将未来哲学的道路锚定在了“差异性”上，试图以差异来爆破同一，建构思想的新一开端。阿多

---

① V. Kaul, “Identity, Difference and Anti-essentialism”, in *Identity and the Difficulty of Emancipation*, edited by V. Kaul, Springer, 2020.

诺的“非同一性”（Nichtidentitat），列维纳斯的“他者”（the other），德勒兹的“差异”（différence），德里达的“延异”（différance），利奥塔的“歧异”（différendt）等努力都可视为对这一问题的探索与推进。但另一方面，海德格尔又被指责为“同一性”哲学家而反过来受到猛烈地批判，这或许不光是由于他理论中的矛盾与张力，也出于他为纳粹的同一性暴力站台这一政治污点。

不过，本文并无意考察海德格尔的政治行动所引起的争议，一来是此方面的研究已经相当充分了；二来无论认为他的哲学与政治行动间有必然性联系，还是认为二者间彼此独立，都是理论对现实的反观，那归根结底都要在纯粹理论的方面找到更深刻的依据，而现有研究多半立足于现实，在纯粹理论方面的挖掘反倒显得不足了，即没有进一步考察对海德格尔来说，何以言“真正的差异”？在他的思想整体中，差异占据了怎样的地位？更进一步说来，在其思想真正诞生地的《存在与时间》中又占了怎么样的地位？而这种现状并不利于我们充分理解理论之于现实的重要意义。因此，为了在理论上挖掘更可靠的基础，我们需要紧接着对第二个问题做深入考察，即差异问题在海德格尔思想整体中的重要性和是什么。

前文已经提到，对海德格尔思想整体而言，“差异”之重要是有目共睹的，无人会否定这一点。然而，问题却不单纯在于“差异”是否重要，而在于和“同一”相比之下，“差异”还是否重要？因为在众多评论者看来，海德格尔对“同一”的重视和偏爱是要更胜“差异”一筹的：他在《哲学论稿》中提出了要以“就同一者道说同一者”[①]的方式来道说本有；在《同一与差异》中则思考了“差异如何来自同一之本质”[②]，断定了同一对于差异的第一性；在晚年的《讨论班》中更是将自己的思想高度概括为同一性思想，“我把在此处被追问的这种思想称为同一反复的思想（das tautologische Denken）。这即是现象学的本源意义”[③]。此外，从同一出发，海德格尔还使用了诸如“元一”（Einfalt）、“独一”（Einzigkeit）、“唯一”（einzig）等概念为

---

① 马丁·海德格尔：《哲学论稿》，孙周兴译，商务印书馆 2014 年版，第 101 页。

② 马丁·海德格尔：《同一与差异》，孙周兴、陈小文、余明锋译，商务印书馆 2014 年版，第 29 页。

③ 马丁·海德格尔：《讨论班》，王志宏、石磊译，商务印书馆 2014 年版，第 481 页。

自己的哲学探索树立路标，以坚持同一性的思想之路。虽然上述这些已属于他的后期思想，但就此看来，早在写作《本真性的行话》时的阿多诺就将海德格尔哲学视为同一性哲学并加以批判，不可谓不有先见之明。

然而，矛盾的是，《哲学论稿》《同一与差异》等文本又恰恰极大地启发了后来的差异哲学，被诸多的后现代主义者视为圣经，更不乏有人激烈地为海德格尔哲学的差异问题而辩护，认为“只有像海德格尔这样的哲学，开始并停留在差异的事件中——这种哲学延续了希腊人，尤其是亚里士多德的原始见解，真正地思考了自然和人类的能动性”[①]。

这种矛盾现象所蕴含的巨大解释张力自然而然地成了研究中争论的一大焦点。当然，无论是反对还是辩护，由于“海德格尔哲学始终存在着一种模棱两可的特点……如果有人批判他，那么他就会说其他人‘误解’了他的思想，从而打发掉这种批判”[②]。这就导致了对他的批判必然会引发更棘手的反批判，上述提到的诸多评价之间的严重分歧已然证明了这一点，似乎无论是赞成其为同一性思想，还是支持其为差异哲学，都会造成一定程度的遮蔽。因此，要想谈论海德格尔思想中同一和差异的地位和重要性，我们就势必要搞清对海德格尔而言，同一和差异究竟意味着什么？

我们在此持以下两点立场：其一，同时支持其思想为同一性思想和差异哲学，只不过，海德格尔所理解和把握的同一性和差异性与我们平常所理解的有很大的不同，所以需要进一步展开论述，以说明二者并不冲突。其二，相较之下，考虑到由阿多诺开创的非同一性批判对解读海德格尔产生的重大影响，造成了人们更多地视海德格尔哲学为同一性思想，而其内部的差异性维度则更多地受到了遮蔽，因此我们更侧重于为差异性的部分正名。

这里首先要澄清的是，尽管海德格尔自述过“同一性思想”，但人们对他的这种同一性思想究竟“是什么”则存在着诸多误解。海德格尔绝非像某

---

① J. Crooks, “A Play of Differences: Remarks on Heidegger and the Greeks”, *International Journal of the Classical Tradition*, Vol.17, 2010, pp. 87-94.

② 王晓升：《反主体的“主体”哲学——阿多诺从辩证法角度对海德格尔观念论倾向的批判》，《马克思主义与现实》2021 年第 5 期。

些批评所称的那样是目中无“异”的哲学家，他的同一性思想也绝非是要用同一碾平差异，造就一个无差异的同一状态，更有甚者以为海德格尔对同一的偏爱是基于主体哲学的缘故，以思维的同一性力量能够同一存在，殊不知这种典型的近代哲学观点恰恰是海德格尔首要反对的，“他的思想本身包含着一种内在差异的源始过程”①。我们具体从以下四点来论述海德格尔思想整体中的差异问题：（1）海德格尔对差异问题的重视；（2）海德格尔思想中差异（和同一）问题的历程；（3）对海德格尔来说差异（和同一）究竟意味着什么；（4）海德格尔差异理论的出发点和旨归又是什么。

第一，海德格尔对差异问题的重视是毋庸置疑的，甚至在诸多方面都是开创哲学之先河的。这集中且首要体现在“存在论差异”（der ontologische Unterschied）这一命题中，这一命题不但标识了海德格尔独立思想的真正开端，还在一开始就占据了其思想的中心位置，并且贯穿了其后续的整个思想生涯，直到晚年他依然进行着对这个问题的不懈求索，其重要程度可见一斑。虽然海德格尔明确地使用“存在论差异”这一术语称谓不是在《存在与时间》而是在次年的《现象学的基本问题》的讲授中，但其主要思想在《存在与时间》中已然十分清晰了，即存在者与存在本身的区别、存在者层次的（ontisch）和存在论层次的（ontologisch）区别是十分明确的。因此海德格尔在后来写的边注部分也补上了这一术语的注释，也因此我们把《存在与时间》追溯为“存在论差异”的缘起而不止步于《现象学的基本问题》。海德格尔在往后数十年中始终持续着对这一问题的探微，到了《同一与差异》等文本中，甚至干脆把“存在论差异”直接就叫作“差异”（Differenz），并认为“思想的实事乃是作为差异的差异”②，也即差异之为差异的原因，人们之所以把差异作为差异来思的原因。可见对海德格尔来说，“真正的差异”只有一个，即“存在论差异”。他不但赋予了差异问题以极高的重要性，而且还力求思及差异问题的根源所在。

① A. Knowles, “Heidegger, Derrida, and Henological Difference”, *The Journal of Speculative Philosophy*, Vol. 27, 2013, pp. 265-276.

② 马丁·海德格尔：《同一与差异》，孙周兴、陈小文、余明锋译，第 59 页。

第二，按思想的发展历程来说，海德格尔在“差异”问题上坚持着基本的思想道路未曾有根本性的改变，反而对“同一”的态度却发生了较大的转折。

“关于差异的问题存在于他所有分析的基础上，并且很久以前就出现了，特别是在 1907 年，当时他正在研究弗朗茨·布伦塔诺（Franz Brentano）的论文：《关于亚里士多德的存在的多重意义》。”[①] 在1924—1925 年的讲座《柏拉图：智者篇》中，海德格尔则是指出了非存在之本性是差异，存在之本性是同一，由此把同一与差异放到了存在问题的层面上来处理。到了《存在与时间》时期，海德格尔则是通过“存在论差异”“基础存在论”将差异问题摆到了核心地位。而 20 世纪 30 年代后期研究尼采的时候，“海德格尔的解释性思维旨在揭示尼采的哲学斗争的一个强有力的基础，以克服面对差异的生动统一的人类思想的形而上学限制”[②]。再到晚年，海德格尔断言“存在与存在者的差异乃是两者的既解蔽着又庇护着的分解（entbergend-bergende Austrag）。在分解中运作着自行掩蔽的锁闭者的澄明，这种运作给出袭来与到达的相互分离和相互并存”[③]，以此极高地突出了差异的显要地位。

但相对地，海德格尔对同一的态度却不尽如此，像是在《存在与时间》时期，海德格尔虽然“多次用到‘同一性’与‘同一性的’等语，但其用法较为随意，而总的而言指的正是略带贬义的‘重复’”[④]。直到1961 年的《康德的存在论题》他才转变了态度，从正面来论述同一性，再到晚年才进一步把自己的思想叫作同一性思想。

若是照这么看来，我们似乎又很难说同一与差异之间究竟谁受到更多的偏爱而谁受到更多的遮蔽。而这种看似矛盾的现象下隐藏的实际是海德格尔

---

① M. A. Chalita & A. Sodziolarz, “Beyond the Frame Problem: What (else) Can Heidegger do for AI?” *AI & SOCIETY*, Vol.38, 2023, pp.173-184.

② S. Lee, “Facing the Lively Unity of Difference: Heidegger’s Thoughts on Nietzsche’s Philosophy of Eternal Return and the Self-Overcoming Power of Thinking”, *Human Studies*, Vol. 45, 2022, pp. 223-241.

③ 马丁·海德格尔：《同一与差异》，孙周兴、陈小文、余明锋译，第 77 页。

④ 关子尹：《黑格尔与海德格尔 —— 两种不同形态的同一性思维》，《同济大学学报（社会科学版）》2014 年第 1 期。

在概念理解与运用上的独到，他对这对概念的理解与近代哲学所认为的以及我们日常使用的皆有很大不同。因此，我们必须过渡到第三点 —— 如果说对海德格尔而言，真正的差异是“存在论差异”，那么真正的同一则是一种源初的“彼此共属”，“我们把同一性解释为共属性”[①]。

“同一（das Selbe）并非相同（das Gleiche）。在相同的东西中区别消失了。而在同一的东西中区别显现出来”[②]，在海德格尔看来，同一并非无差异的空洞同一，也不是无中介的、纯然与差异对立的同一，而是包含差异、包含中介的同一，“在同一性中有一种‘与’（mit）的关系，也就是说有一种中介、一种关联、一种综合：进入一种统一性之中的统一过程”[③]。在这个意义上，海德格尔方才说差异来源于同一。所以海德格尔所谓的同一其实更类似于“彼此共属一体”（mutual belonging）意义上的“统一”。毫无疑问地，这是一种辩证法的态度，而阿多诺评价海德格尔哲学为“中介的失落”[④]则未免有失偏颇了。事实上，理解这个中介与彼此共属对于理解海德格尔意义上的“同一”有着至关重要的作用，他所思的同一乃是存在与人的彼此共属、彼此中介而为一，是“人与存在相互转让。它们相互归属……人与存在的共属呈现为交织”[⑤]。这也是他所谓的伟大的源初事件的本然发生（Ereigins），真正源初的同一，而这种同一已然内在地包含了差异。很显然，由于海德格尔对同一的理解之独到，我们很难视他为一位传统意义上的同一性哲学家。

第四，更为重要的是，我们对一名哲学家的阐释必须从他的理论的出发点和旨归着眼，沿着思想的内在理络进行解读，方才能得其要义。就此而言，尽管阿多诺的非同一性批判的确指出了海德格尔思想中的一些问题，但是，“阿多诺在《否定辩证法》中对海德格尔思想的批判实际上并不如他自己所说是一种内在批判”[⑥]。因为这二人的思想的出发点与旨要其实是十分接

---

① 马丁·海德格尔：《同一与差异》，孙周兴、陈小文、余明锋译，第 36 页。
② 同上书，第 57 页。
③ 同上书，第 33 页。
④ 西奥多·阿多尔诺：《否定辩证法》，王凤才译，商务印书馆 2019 年版，第 121 页。
⑤ 马丁·海德格尔：《同一与差异》，孙周兴、陈小文、余明锋译，第 40 页。
⑥ 朱松峰、胡开：《论阿多诺对海德格尔的批判》，《中国社会科学院大学学报》2023 年第 11 期。

近的，都是对于近代哲学主客二元式思维所引发的诸弊端的批判。因为这一模式必然导致主体同一客体的逻辑，以及反映在现实层面造成的社会的无差异单向度状态，这同样是二人所反对的。同样地，阿多诺在《否定辩证法》中鼓励人们尊重差异性，不盲从同一性，这又何尝不是受到《存在与时间》呼唤人们从常人状态中“绽”出来、“异”出来生存的影响呢？

由以上四方面观之，我们完全有理由为海德格尔思想的差异性正名，并且时至今日也有更多学者愿意支持这种主张。此外，更值得我们注意的是，随着研究的推进，越来越多的人又将目光从海德格尔的后期文本逐渐转回到了前期文本上。当然，过去数十年中研究者们对其后期著作的解读本就结合了他早期文本的旨要与意图，只不过现下是从更深层次的“根据”的意义上来再次钩深早期文本本身的意义，尤其是回到了《存在与时间》这个源发地中来重思差异问题，以更进一步探讨海德格尔思想对差异哲学的贡献。而很多人也切实地认识到了海德格尔思想，尤其是《存在与时间》之于差异哲学的密切关联，其重要性不仅在于构建了一个一以贯之的思想家形象，更重要的是为思想寻找新的开端，为现实寻求新的出路。因此，我们就自然地回到了开头所提出的第三层次的问题，即差异问题在早期的《存在与时间》中的重要性和是什么。

Gavin Rae 在这方面的工作是颇具启发性的，他通过回到《存在与时间》并对“存在论差异”“基础存在论”进行重新发掘，认为在海德格尔那里“由于存在被差异化地言说，一种充满张力的解释境况是可能的”①，结合海德格尔的人文主义倾向为其差异思想进行辩护②。类似地，Clayton Shoppa 同样意识到了“存在论差异”“基础存在论”等思考对于差异哲学的巨大贡献，然而他又批判了海德格尔“为了讨好纳粹这艘国家之船而放弃了这一拆除它

---

① G. Rae, "The Equivocity of Being: Heidegger, Multiplicity, and Fundamental Ontology", *Human Studies*, Vol. 44, 2021, pp. 351-371.

② G. Rae, "Re-Thinking the Human: Heidegger, Fundamental Ontology, and Humanism", *Human Studies*, Vol. 33, 2010, pp. 23-39.

的最好工具”[①]，作为理论的发明者却没有意识到这一理论对反极权的重要价值。不过相对地，Etienne Balibar 却“相信它可以从海德格尔的意义上独立出来，但同时我们也应该得益于海德格尔哲学带来的启发”[②]，在此基础上建立一种关于平等和自由的政治理论。与之有相似想法的还有 Fränze Wilhelm，他通过回顾海德格尔的本体论差异并以之为方法指导来建立一种关于差异的社会形而上学，从而思考全球秩序的本体论问题。[③]没有人会质疑《存在与时间》是海德格尔独立思想的真正发源地，对差异问题而言也同样如此，毫不夸张地说，这一时期的思考在极大程度上影响了他后续的思想轨迹。

不过，虽然很多人已经意识到了《存在与时间》中差异问题的重要性，且对“存在论差异”和“基础存在论”的重要性也有了明确的体会，但对其唤醒差异意识、导向差异境域的功能未能有充分的认识，我们对此尚需展开进一步的论述。此外，即便我们对其“是什么”有了一定的认识，但对于其又“如何是”也同样缺乏论证。

由是，我们可以做如下简要的概括：在《存在与时间》中，海德格尔已有了对差异问题的明确聚焦，包括三点，第一，真正的“差异”是“存在论差异”；第二，差异问题的重要性集中体现在“存在论差异”和“基础存在论”中；第三，海德格尔的意图在于劝导我们保持差异之为差异。具体来说，他通过“存在论差异”来唤醒真正的差异意识，导向对存在本身的关注，并借由“基础存在论”展现了一个差异万千的人生此在境域，同时把此在的绽出之生存亦差异的展开放在时间性这一理解存在意义的超越视野中，由是将差异问题引向了更深邃的领域。当然，这些思想究竟是如何展开论述的，则需要下文进一步探赜索隐。

---

① C. Shoppa, “Heidegger’s Forgetfulness of Difference”, *Zeitschrift für Ethik und Moralphilosophie*, Vol. 4, 2021, pp. 357-375.

② E. Balibar, “Ontological difference, anthropological difference, and equal liberty”, *European Journal of Philosophy*, Vol. 28, 2020, pp. 1-12.

③ F. Wilhelm, “Difference: Metaphysics of the Social”, in *Political Difference and Global Normative Orders*, edited by F. Wilhelm, Palgrave Macmillan, 2021.

二、唤醒差异意识的存在论差异

对海德格尔来说，问题的关键在于思考“差异之差异”，或者说是差异之所以为差异，我们之所以把差异作为差异来思的原因。而这“并不是一个遗留下来的、早已被提出来的问题，而是在这种思想史中普遍地未被追问的东西。暂时而且不可避免地，我们用传统语言来命名它。我们称之为存在与存在者之间的差异（Differenz）”[①]。这就是“存在论差异”（der ontologische Unterschied）的基本内涵，他在后来则直接简称为“差异”（Differenz），可见对他来说，真正的差异以及这一问题的根源只有一个，同时，这一问题更是贯穿了他的整个思想生涯，对于我们理解一个一以贯之的思想家形象有着重要意义。而海德格尔之所以提出“存在论差异”这一命题，正是由于他敏锐地意识到了思维与存在的关系问题在近代受到了遮蔽，变成了思维着的主体如何去同一存在者客体的问题，而这一遮蔽的根源不但在于对存在本身的遗忘，还在于对“差异”意识的忽视。因此，海德格尔才试图以“存在论差异”来唤醒真正的“差异意识”，颠覆虚假的“同一”，进一步在根本上达到对主客二元模式及其流弊的破除。也因此，我们需要考察“同一与差异”“思维与存在”的关系问题，以及近代的主客体二元哲学究竟是如何将之遮蔽的，方能理解《存在与时间》的差异思想的划时代意义。

“同一与差异”作为形而上学中抽象程度最高、最基本也是最重要的几对概念范畴之一，在柏拉图乃至更早的赫拉克利特和巴门尼德的时代就已经和“存在与非存在”“运动与静止”等范畴共同位列哲学领域的核心。然而，与所有的基础概念一样，它必然经受着这样的命运：我们在日常的使用中似乎已经十分熟悉它，但每当提起它时却又困惑不已，似乎又对其一无所知。

当谈到差异的时候，人们很容易从存在者的层面来谈及差异，也就是通常所说的事物的内在差异和外在差异。一方面，不同存在者之间有着外在差

① 马丁·海德格尔：《同一与差异》，孙周兴、陈小文、余明锋译，第62页。

异。“世上没有两片相同的树叶”，绝对地说，不同事物在根本上就是不可能同一的，构成事物的基本微粒的不同、事物所处的时空的不同等方面都向我们证明了这一无言的事实。另一方面，存在者自身亦有着内在差异。存在者始终处于运动变化的过程中，而运动变化造成差异，因而也就是始终处在差异中。当然，在辩证法看来这句话又可以倒过来说，正是因为事物本身就蕴含着内在差异，所以事物才能够不断地自我运动，运动本身即意味着存在者之存在的内在差异的展开。我们从事物内在差异的角度来理解事物的运动，也同样反过来从运动的角度来理解内在差异。如果说存在者之存在从根本上也就是在说存在者的运动，这运动造成了差异，而运动本身又由差异导致，如此的循环往复最终皆指向那句古老的哲语“一切皆流，无物常驻”；那么同样，存在者因运动而存在，也即意味着存在者因差异而存在，时时刻刻的运动本身就是存在者之存在的内在差异的实现。

然而，仅仅停留在这种层面的思考并没有涉及差异问题的源流，因为它仍然出于一种朴素的自然主义态度，只是描述了存在者层面上的差异，而延续着这种自然主义态度，人们则更倾向于凭借思维和理性去认识存在者方面的同一而非差异，甚至把差异视为表面现象与细枝末节而有意忽略之，以便对于千差万别、变动不居的世间万物达到更加方便有效的把握。这就导致了我们对哲学的一般看法，即哲学的目的就是要把握差异中的同一，把握多中之一，而理性思维借由同一性的力量则能透过纷繁的差异与表象做到这点。由此，思维对于存在者的优越地位便得到了确认。总之，无论是外在差异还是内在差异，如果仅停留在存在者层面，那人们总是倾向于重视同一而轻视差异，甚至要同一来克服差异，那差异问题在根本上就得不到应有的地位。

固然，存在者层面的差异也是差异的一种，但若要从源始的层面来思考差异，则需要思考差异之所以成为差异的原因，哲学上之所以把差异作为差异来思的原因。而在海德格尔看来，这其实也就是“存在论差异”，后来他则直接称之为“差异”，以标识其为诸多差异中真正的、源初的那一个。“只有当我们思考与存在者有差异的存在和与存在有差异的存在者时，我们才实事求是地思考存在。因此，差异才特别地进入我们的眼帘之中。”[1]而阿多诺即便反对海德格尔，但对这一命题本身还是持肯定态度的，“从阿多诺的整个讨论中，我们看到，他并不否定存在和存在者之间的区别，或者说，存在论的差异也是他所默认的前提”[2]。

“存在论差异”这一命题实际上是一个更为古老且基本的哲学问题的变式，即思维与存在的关系问题。当然，这并不是说“思维和存在”和“存在者与存在”这两个命题的概念是一一对应的，两者间其实有着更复杂的关系。事实上，正由于近代哲学的遮蔽，存在变成了存在者，而思维则成了真正的存在，所以海德格尔才以“存在论差异”的命题来重思这一问题。但总之，无论如何，只有当人们从思维和存在的关系层面入手，才算真正开始从哲学层面来思考差异（与同一），才第一次注意到差异本身的重要性，而不是置之不顾，一味地寻求同一。

我们知道，“思维和存在”“同一与差异”都是哲学中最基础也是最根本的概念，并且双方在哲学的源始时期就有着密不可分的联系，哲学史上思考“思维与存在”的起点正是关于二者的“同一与差异”关系，而反过来，真正把“同一与差异”作为核心问题来思考的，也正始于巴门尼德所确立的“思维和存在是同一的”这一命题。自此，形而上学之巴别塔拥有了最重要的一块基石，而差异问题也真正在哲学的意义上成为一个问题。

“思想和存在之间，存在着差别的深渊（异质性）”[3]，即两者间的差异作为源始的差异又被称为异质性（heterogeneity）。我们知道思维与存在首要地并不是相同而恰恰是相异质的东西，只是人类借助思维、语词、概念来把握存在者之存在，以之为同一。这也在一定程度上印证了辩证法的观点，即同一的前提恰恰是差异，如果两者在根本上就是一回事而不存在差异，那我们也无需再费力去谈它们之间的同一了。不光从思维的形式规则来说，只要有

① 马丁·海德格尔：《同一与差异》，孙周兴、陈小文、余明锋译，第 74 页。

② 王晓升：《阿多诺对海德格尔存在论的内在批判》，《学术月刊》2017 年第 7 期。

③ 吕迪格尔·萨弗兰斯基：《来自德国的大师：海德格尔和他的时代》，靳希平译，商务印书馆 2007 年版，第 84 页。

这个“与”，有这个“之间”，就已经说明了彻底的同一的不可能性；而且站在现实的角度来讲，我们也十分清楚思维的同一性力量是非常有限的，是不可能穷尽无限的存在者及其存在，最终达到对存在的完全把握的。或有哲学家从类比的意义上来讲思维的无限性，但那更多只是一种形而上的美好夙愿，而更尊重事实的态度则是像阿多诺讲的那样，现实事物总有无法被思维完全同一、被概念化的部分，“任何概念都不能与自身对象完全同一”①。

总之，思维与存在的差异是根本的，两者的同一则是有差异的同一，只有在承认差异不可能被完全同一的前提下，我们才能反过来理解何为真正的同一，而差异的重要性也才能得到彰显。这一差异或谓异质性真正涉及了差异问题的根本与源流，只有深入到这一层面而非停留在存在者层面，才算真正思及差异问题的核心。

然而，近代哲学的主客二元论框架却使得这一问题陷入了悖谬和遮蔽中：明明是以思维和存在的差异为前提的，但却固执于思维的同一性功能，遗忘了存在，也遗忘了差异。尽管后世对“思维与存在的关系问题”有着几近无数种角度的解释，但在近代却主要以“内在主体和外在世界的关系问题”的模式得到表述。这是因为近代哲学的主要着眼点与基本范式是主客体二元的，哲学家们以内在的思维来规定主体，将存在等同于外在的客体或世界，并把同一性的力量视为理性思维的根底，将思维的一种功能视为思维的全部，因而“思维和存在是同一的”这一古老命题在近代哲学中的表达式便成了“思维的主体是如何同一存在者的客体的”。

其实，近代有不少哲学家已经隐隐意识到主客二分的问题带来了许多流弊，而对差异的遮蔽正是其中之一，海德格尔则在此基础上更进一步，探微存在问题的深邃领域并以此为根基来反思主客体问题，由是回过头来思考同一与差异的问题。在海德格尔看来这一命题的病症有三：其一，将存在视为客体、世界视为客体的总和的看法其实已经遗忘了存在，是把存在当成存在者了；其二，用“思维的主体”来从根本上规定人类，更是错失了“此在在

① 西奥多·阿多尔诺：《否定辩证法》，王凤才译，第14页。

世界中存在”这一真正的源始现象；其三，一味地执着于两者的同一而力图克服其差异，既是对同一的错误理解，又没有思及真正的差异，必然陷入失败与迷惘的境地。

而这第三点又是引导着其余两点并切入整个问题的关键所在，前文已经提到了海德格尔对于同一和差异的理解与一般理解有很大不同，而这恰恰源于他对近代哲学之失败的深刻反思。追究这一失败的根源，我们会发现“思维着的主体是如何同一存在者客体的”这一问题几乎是无解的。哲学史上先后有经验主义、理性主义、先验主义、内在主义、外在主义等试图解答这一问题，但未曾有过令人满意的方案，因而这也被康德称为哲学的耻辱。而归根结底是因为该问题已经设定了主客二元论的立场，这二元分裂的立场又以两者在根本上的异质性作为前提，因此，要追求一种彻底的同一必然是不可能的。

思维和存在的关系问题，在近代变形成了主体与客体的关系问题，或谓内在主体与外在世界的关系问题。而在主客二元的框架下，两者始终隔着一条鸿沟，哲学家们则不遗余力地为取消这条鸿沟、建立同一的道路而努力。“实在事物是否可能‘独立于意识’，以及意识是否可能超越而进入实在事物的‘范围’”①成了一个重大的难题，这个问题也可以说成主体是如何超出内在的思维的范围去认识外在的客体的？人类的意义世界能否认识和表达物理世界？即使能，又是否真实地认识了物理世界？我们又何以能够知道真理的标准呢？这一系列问题都是二元论哲学必须面对的，而造成这一困境的根源在于预先设定了主客二元分裂的立场，“只要在经验上设置了‘在我之内’的现成变易，就必然在经验上一道设置了一个‘在我之外’的现成的持久事物”②。我们既然是从主体之主体性出发来设定客体之客体性的，那么最终的回答也只能是说，我们所知的只是自身心灵的表象，而不是外部世界本身。于是在哲学上要么导致怀疑论，怀疑外部世界的实在性，怀疑真理的标准与

① 马丁·海德格尔：《存在与时间》，陈嘉映、王庆节译，商务印书馆2016年版，第282页。

② 同上书，第284页。

客观性；要么导致不可知论，虽承认外部世界但其真实则不可知，真理的标准亦为主体所设定，公共客观无非是人设定的一种心理表象。既然如此，那么所谓的同一其实也谈不上思维与客体的同一，而只是主体自己的思维和思维的同一了。而之所以导致这种情况，原因就在于前文所说的设定了以思维和存在的同质性为前提的理论框架，"正是在这种同质性的基础上，思维与存在的同一成了思维与其自身的同一"①。

总而言之，近代哲学以曲折的方式进行了诸多尝试，到头来却依然不得不面对这一结论，即主体与客体之彻底同一是无论如何不可能的，在主客二元的框架下，这个问题是没有解决途径的。如海德格尔所言，我们该思考的不是这个问题该怎么解决，而是这个问题为何会被提出，它的提问方式就是最大的症结所在，结论已经含在前提之中了。"'哲学的耻辱'不在于至今尚未完成这个证明，而在于人们一而再再而三地期待着、尝试着这样的证明。"②并且，如果说这种同一是虚假的同一，那我们还需要一种在新的哲学方法指导下的新的对同一的理解。因此，海德格尔才以现象学的方法提出了存在论差异来巧妙地转化这个问题。

现象学采取的态度是悬置物理世界，将目光聚焦在意义世界上。这个态度从胡塞尔开始，到海德格尔这里愈发强烈。尽管学界在海德格尔"存在"概念的具体定义上至今仍争论不休，但我们却可以确定海德格尔所讲的存在问题是关于意义世界的。"海德格尔只关注一个对象：意义（sense）或者含义（meaning）。"③"'存在'并非意指事物针对感官的物理显现，而是指向事物的意义显现。"④并且，从某种程度上来讲，意义世界具有四重性：我们既可以说它同时具有主观性和客观性（既与个体的主观思维相关，又以客观的公共交往和普遍承认为基础），又可以说它同时均不具有主观性和客观性

---

① 俞吾金：《从思维与存在的同质性到思维与存在的异质性——马克思哲学思想演化中的一个关节点》，《哲学研究》2005年第12期。

② 马丁·海德格尔：《存在与时间》，陈嘉映、王庆节译，第282页。

③ 托马斯·希恩：《理解海德格尔：范式的转变》，邓定译，译林出版社2022年版，第2页。

④ 同上书，第148页。

（既不是主观随意的，又不是物理实在的）。这种介于主客观之间的混沌特征恰恰为海德格尔所重视，而将之视为先于主客二分前的真正源初。也正因如此，海德格尔没有将意义世界局限在人类主体中，仅仅认为它是属于思维的事情，而是倒转过来，认为人类此在整个地归属于意义世界。

人类首先是在（意义）世界中生存着的此在，而非首要地是思维的主体，思维只是人类的诸规定性中的一种，且不是根本的那种。海德格尔认为，此在最根本的规定是与存在发生关联，也即拥有意义世界。因而，从根本上讲，不是思维去同一存在者，而是拥有思维的此在整个地归属于意义世界，归属于存在，如前文所提到的，这种“共同归属”才是“同一”的真正含义，才是“思维与存在是同一的”这个古老命题的真正含义。同时，差异也不意味着彻底的分离和对立，存在论差异虽然指明了存在与存在者之间的差异，但也同样指出了这种差异的不可分离性，要理解存在必须是存在者的存在，这两者间的差异绝非纯然对立的，而是内在地联系着、本然地共属着。这才是海德格尔意义上的源始的同一与真正的差异。由此我们才能理解存在论差异的基本内涵，存在和存在者的差异正是来源于这一源始共属（同一）的分化，海德格尔由此思及“存在/存有的差异化运作”。

而如果说海德格尔强调思维是归属于存在的，那么近代哲学则是把存在作为存在者驱逐到了思维之中，这种对差异的忽视导致了对同一的错误理解，也注定了这种错误同一的必然失败，而要破解这种同一观念则必须以差异问题为切入口。因此，海德格尔才以存在论差异来强调不能用对待存在者的方式来对待存在，必须重视两者之间的差异，以差异意识唤醒通往存在的道路。

当然，对差异的分析若是仅停留在这种层次上也仍然是不够的。以上的思考虽然唤醒了差异问题的意识，但没有改变同一对于差异的优越地位，同一作为第一性对于差异的支配仍然使得思想的实情处于遮蔽之中。我们还没有对阿多诺的批判做出真正的回应，因为阿多诺不但认为海德格尔哲学是“同一性哲学”，而且还是“第一性哲学”。“观念论哲学存在于第一性东西本身（这种东西的内容几乎无关紧要）的基础结构中”[①]，这在海德格尔那里是存在的第一性，它对于存在者的优越地位，依阿多诺看来这依然是一种变相的思维对存在者、主体对客体、人类对自然的优越地位的表现。并且，持这一看法的人不在少数，即使有悖于海德格尔本人的意愿，但大多数人依旧认为《存在与时间》是人类中心主义的，此在为主体，其余一切为客体、围绕着此在转。这似乎也从侧面印证了阿多诺的观点，只要同一对于差异的支配没有改变，那么同一性暴力就深刻地缠绕在一种哲学的精神中。

更进一步说来，“思维着的主体是如何同一存在者客体的”这个问题在近代哲学进程中的主导地位固然有哲学内部的原因，但更多的还是出于社会现实的原因，而反过来，这一命题又推动着同一性逻辑在现实世界的实现。世间万物千差万别、变动不居，而人类却能够凭借思维的同一性力量来把握现实的存在者的差异性，更进一步改造世界以满足自身目的，这是我们认为同一性高于差异性的现实根源。这一原因自然古已有之，但在近代却因主客二元的思维模式得到了极大的强化——有着理性思维与同一性力量的人类主体为尊而自然客体为次，在改造世界的进程中，一切以人类自身的尺度为标准，与主体意志有差异的客体则是要被同一化的。这在形而上学的层面被表达为同一之于差异的优越性、第一性，乃至于“差异”不但被遮蔽了，甚至还要被“同一”的暴力给同一、碾平，这就是所谓的同一性暴力。

而在启蒙与理性的旗帜下，在改造自然与社会进步的口号下，在科学主义与实用主义等思潮的推动下，人们一门心思地扑在同一性的事业上，乃至同一性的力量不但被用于主体对客体，还用在了主体与主体之间，人与人之间原本丰富的社会关系如今日渐异化、单一化，社会的差异性与丰富性一度被视为不堪忍受的，只有“常人”和无差别的“沉沦”状态才能令人心安。正是基于此，海德格尔才在《存在与时间》中呼唤差异，呼唤人们从常人状态“异”出来生存。人们执着于存在者而遗忘了存在，对物理世界的掌控能力越来越强，而意义世界却越来越贫乏衰败，启蒙的辩证法导致世界成了一

① 西奥多·阿多尔诺：《否定辩证法》，王凤才译，第47页。

个健壮的病人。

总之，主客二元的模式要求人类主体去认识客体，支配客体、改造世界，其中蕴含的同一性渴望在带来社会进步的同时也蕴含着内在的危险与暴力，这种同一性想实现自身，但如前文所说的，作为错误的同一性在根本上又不可能实现，于是只能疯狂地自我扩张，誓要将世界建成一个单向度的社会，这种同一性暴力正是现代性危机的根源。

然而，问题的关键其实不在于承不承认差异，而在于如何对待差异的态度。差异存在，同一也存在，这都是无法否认的基本事实，但如何对待差异的问题却决定了现实道路将会导向何方。同样，问题的关键也不在于有没有第一性，而是我们如何对待这个第一性。

如果说强调同一的第一性地位导致了差异被遮蔽，导致了同一性暴力，那反过来，强调差异的第一性也同样会把同一给遮蔽。过去的哲学家过分强调同一使得形而上学内置了最高的威胁，同一本身同一化了差异，抹平了差异，同一性暴力导致了现代性危机、单向度社会。然而，如果颠倒过来，过分强调差异，把差异、非同一性的地位提到同一性之上，以差异来吞噬同一，不同样是一种暴力吗？最终只剩下“差异”本身不依然是一种变相的“同一”吗？如阿多诺所言，恰恰是“这种‘制造同一’（Gleichmachen）的暴力行为，再生了暴力行为想根除的矛盾”[①]。只不过，原本同一是第一性的东西，现在差异成为第一性的东西，但无论如何第一性本身还保留着，就像海德格尔说的，颠覆一种形而上学到头来总是创造了另一种形而上学。而要否定第一性也未必可行，现实世界对于思维世界的第一性、自然对于人类社会的第一性，都是基本的事实，第一性存在的事实也是否认不了的。

而如果说问题的关键取决于我们如何对待这个第一性，那么应有的态度不是以一者来压倒另一者，而是尊重同一之为同一，差异之为差异，那么最好的选择莫过于在辩证法的意义上承认同一与差异两者之间的相互规定，并以这种互相规定性为第一性，以此来避免片面偏重一方压倒另一方的做法。

① 西奥多·阿多尔诺：《否定辩证法》，王凤才译，第 163 页。

而这其实也就是海德格尔晚年所讲的真正源初的“同一”，即彼此共属。海德格尔真正以之为第一性的正是此意义上的同一，也同样在此意义上，这种“第一性的同一”反而指向了一条正确对待同一与差异的道路，而这条道路的开端正是《存在与时间》。

如果说“存在论差异”这一命题旨在唤醒差异意识，导向存在之路，那么对这一命题的回应也即意味着这一道路的具体方向，这就是在《存在与时间》中提出的“基础存在论”。通过对此在之生存论的建构，海德格尔描绘刻画了一个充满差异的人生此在境域，并将差异得以展开、此在得以绽出的境域放在了时间性这一理解存在意义的超越视野中，要求我们尊重差异之为差异，保持差异为差异。尽管这一道路在不久后就被海德格尔自己所否定了，但基础存在论对海德格尔的影响远比其本人所认为的更为深刻，并且，这一划时代的思考同样极大地革新了差异问题在哲学中的形式。如果说晚年海德格尔更进一步地思考差异问题的根源，思考“差异之差异”的问题是对“基础存在论”的深化，那么同样地，对“存在的差异化运作”的思考也可被视为“基础存在论”的回响。

三、通往差异境域的基础存在论

“海德格尔在其‘哥白尼式的革命’中从来没有打算废除旧本体论，而只是通过一种更加隐秘的逻辑座架使本体论成为无可摆脱的内在需要。”① 阿多诺对此的评价不无道理，但海德格尔自己也未尝不明白这一点，他曾经明确表示过颠覆一种形而上学到头来也只会导致另一种形而上学，所以问题的关键不在于废不废除本体论，而在于废除后重建的新本体论将导向何处，而基础存在论导向的则是一个充满差异的人生此在境域。海德格尔将《存在与时间》的任务规定为“通过此在的存在论分析，崭露用以阐释一般存在意义

① 张一兵：《无形的本体牢狱：海德格尔颠覆本体论的颠覆——阿多诺〈否定的辩证法〉解读》，《马克思主义研究》2001年第1期。

的视野”，即时间性。这一任务在差异意识的关照下也可以表达为，通过基础存在论来描绘一个差异万千的人生此在境域，并将差异得以展开、此在得以绽出的境域放在时间性这一理解存在意义的超越视野中。

海德格尔对于差异问题的又一划时代贡献正在于对此在的存在论分析或者说生存论建构。从历史上看，差异、变动、现象等词汇是哲学家们对日常现实生活的基本看法，哲学对差异的排斥导致了对日常生活的漠视，而反过来对日常生活的鄙弃又加深了克服差异的愿望。对差异的规定和对现实生活的态度在哲学上几乎一气相通，却罕有哲学家以理论的高度来审视这一最基本最稀松平常也最受忽视的生存实情。而《存在与时间》的革新与贡献之一恰恰在于此。就此而言，阿多诺对海德格尔的批判有着重大缺陷，“阿多诺认为海德格尔将存在与此在的生存等同，这是因为他误解了此在存在与共同此在的历史的功能，并且误以为海德格尔消除了本体论差异”[①]。而我们已经知道，海德格尔对存在论差异的坚持不但贯穿始终，而且在《存在与时间》中借由存在论差异的问题意识通往了基础存在论的广阔天地，以描述一个关于差异的人生此在境域。我们应该看到，海德格尔“有充分的理由为人类的差异性而辩护”[②]，而我们也有充分的理由为海德格尔正名。

“阿多尔诺将生存本体论等同于观念论是不正确的”[③]，因为关于生存的基础存在论反对的主要对象恰恰是观念论为代表的近代哲学。近代哲学聚焦于人的自我意识与认识活动，却有意无意地忽视认识和思想的真正基础是生存在世这一回事，对于人生在世这一实情并不加以关注。哲学家们着迷于意识活动的同一性而尊同一，相反地，对处于变化和差异中的生活世界则隔着理论的距离，对差异总是报以怀疑的态度和同一的强烈愿望。当然，哲学的这种态度有着悠久的历史传统，我们能很自然地追溯到柏拉图主义的影响，它

① 刘少明：《对同一性批判的批判——阿多诺对海德格尔基础本体论解读的缺陷》，《哲学研究》2021 年第 12 期。

② C. Engelland, “Heidegger and the Human Difference”, *Journal of the American Philosophical Association*, Vol.1, 2015, pp.175-193.

③ 王凤才：《Sein-Dasein-Existenz——阿多尔诺对海德格尔生存本体论的批判》，《复旦学报（社会科学版）》2019 年第 2 期。

使人倾向于把变动不居、充满差异的日常生活视为浮于表面的、现象世界的生活，而把躬耕真理、醉心同一的理论认识的生活作为典范的生活、真正的生活，以彼岸的永恒、同一、真理为目标，但对此岸的差异与现实生活却不屑一顾。柏拉图主义由“差异是要克服的表象”这一命题而来，但它最终却导致了这样的结论——“现实是不值得过的”，这种对“真正的生活”的倒错正是尼采所诊断的西方文明的虚无主义的根源。

虚无主义的迫近使得海德格尔充满了对文明危机的意识，而要扭正这一轨道，他必须自觉以轻视差异与现实生活的旧哲学为敌手，直击观念论的痛处。海德格尔延续了尼采、克尔凯郭尔等人的生存哲学的基本态度，并进一步以生存论分析来代替了近代哲学的知识论分析，这正是《存在与时间》开哲学之先河，令人耳目一新的地方。

海德格尔从“在世界中存在”这一源始现象入手探索此在的基本规定性，对以往哲学所忽略所轻视的具有差异的现实生活或在世境域做了存在论层面的分析：对各具差异的世内存在者，包括上手事物、现成事物等的分析，对彼此相异的共同此在的分析，对此在的“在之中”的诸样式的分析，也即对此在自身的内在差异之展开的分析，这在时间性的关照下也被称为此在的绽出……最后进一步将此在的生存论建构的操劳、操持等现象收束于操心（sorge）的整体结构中，而操心的整体结构也正是生存论建构的核心所在。具体来说，这一结构由三个环节构成，筹划（Entwurf）、被抛（Geworfenheit）、寓于存在者存在（sein bei...），海德格尔通过这三个环节展开了他丰富且极具启发性的差异思想。

先行于自身的筹划意味着此在的生存总是面向可能性的，他要为自己所处的充满差异的在世境域而筹划，以实现其能在。而这一问题的关键其实并不在于实现，而在于保持，因为人生在世的可能性绝非是可以实现完的，而是接踵而至、迫在跟前的，此在在世就是被可能性所包围的，所以才始终保持为一种悬而未定的状态。而可能性之所以为可能性正是因为此在的选择总是面向可能性，总会引起在世境域的变化和差别，而此在又不得不为自己的选择负起责任来。此在在世界中存在的变化差异就表现为可能性的形式，因而在这里我们要把生存之差异理解为各种可能性和选择本身，保持差异之为差异在人生在世的筹划中就体现为保持可能性之为可能性，令各种可能性顺其自然，各种差异成其所是。

就此而言，阿多诺对基础存在论的批判的缺陷不仅在于错误地把它和观念论等同起来，还在于把存在视为同一性的暴君，认为其强行用思想去同一那些不可同一之物。这种评价实在有失偏颇，我们知道海德格尔的思想恰恰是与道家高度相通的，其本真维度恰恰主张是万物自化、顺其自然、成其本真的，这也是他后期的“本有”概念的主要内涵，而早期的《存在与时间》中已经明显体现出这样的思想意识了。

已经在世的被抛则意味着，人生此在的境域在根本上不是他自己能够决定的，人在根本上是世界的异在，与此相应的，世界也是人的异在。更为无奈的是，这种在世之异并不为人所决定，他必须接受这一处境，而这种必须接受和身不由己的实际性（Faktizität）更加反衬出人生此在的孤独与荒诞处境，此在的在世实为世界的异在。

“寓于存在者存在”的意义则有一个更为人们所熟知的名称，沉沦（Verfallen）。此在失落于它所熟悉的存在者中，它总是从那些不是自己的东西中领会自身。一方面，海德格尔在对“在世界中存在”的分析中，就已经指明了此在的生存在世始终要面对着与自己相异的其他此在。在差异中与其他人共在，这就是操劳活动的内在含义，操劳实际是为了差异而操心，“无论在与他人合谋、赞成他人、反对他人的时候人手中掌握的是什么东西，反正操劳于这种东西之际总在为与他人的差别操心”①，海德格尔更是进一步把这种差异共在作为此在的本质规定性。

但是另一方面，“海德格尔对他人共在的积极性毫无兴趣”②，他人在《存在与时间》中主要是以被批判者的姿态现身的，这一点也成了很多人指责海德格尔排斥差异性、多元性的缘由所在，“存在论差异的发明者，从来没

---

① 马丁·海德格尔：《存在与时间》，陈嘉映、王庆节译，第181页。

② 陈嘉映：《海德格尔哲学概论》，商务印书馆2017年版，第73页。

有想到去发展一种关于差异的存在论”[①]。但是，这种指责其实是不得要领的。事实上，海德格尔对于后来者萨特在《存在与虚无》中发展的一种与他人共在的理论就明确地表示了赞赏态度。他对差异的重视并不体现在社会中的其他此在之间的差异，相较之下他更关注的是本真自我与非本真状态的对峙、个人与常人社会的对峙，以及个人如何从这个无差异的常人社会中“异出去”。因为在海德格尔看来，常人首要地并不是以一种尊重差异、筹划可能性的方式面向自己的存在的，而是恰恰相反地以一种无差异的平均状态（Durchschnittlichkeit）去生活。海德格尔由此展开了他极著名的对常人（das Man）的批判：“常人怎样享乐，我们就怎样享乐；常人对文学艺术怎样阅读怎样判断，我们就怎样阅读怎样判断；竟至常人怎样从‘大众’抽身，我们也就怎样抽身；常人对什么东西愤怒，我们就对什么东西‘愤怒’。这个常人不是任何确定的人，一切人——却不是作为总和——倒都是这个常人。就是这个常人指定着日常生活的存在方式。”[②]

“这样的共处同在把本己的此在完全消解在‘他人的’存在方式中，而各具差别和突出之处的他人则更其消失不见了。”[③]在这种无差异的同一状态、平均状态或者说非本真状态中，人们却心甘情愿地沉沦着，而沉沦的表象下隐藏着的则是更严重的危机、文明的虚无主义。数千万人的生活与只此某一人的生活无异，一个人过完一生却好像一直被困生活在同一天，甚至仿佛从未活过，同质化所带来的失异状态明明思来令人毛骨悚然，却罕有人从中惊醒，彻底的虚无主义无过于此。而海德格尔之所以极度重视差异意识，其现实根源也正在于这一危机的迫近。

《存在与时间》中为这一危机所给出的初步方案是通过“畏”的唤醒，使人意识到自身异在于世界的基本事实，以及此在与世界之间彼此规定却又互相对立、互相为异的紧张状态，以进一步面向可能性的自由选择来张开本真状态。在这里，海德格尔又给出了一段极其精妙的差异辩证法。“畏之所

① 吕迪格尔·萨弗兰斯基：《来自德国的大师：海德格尔和他的时代》，靳希平译，第338页。
② 马丁·海德格尔：《存在与时间》，陈嘉映、王庆节译，第182页。
③ 同上。

畏者（das Wovor der Angst）就是在世本身”[①]，或者具体地说，畏指向的是生存在世的诸可能性，亦即充满差异、变动不居的在世境域。人因可能性而自由，世界因差异而精彩，自由又是对诸差异的自由抉择，让各种差异顺其自然成其所是。然而这种种的可能性、自由、差异同样会带来不确定性，人对此又深感到畏，感到迷茫困顿，感到自由选择的沉重压力，从而情愿逃避，逃到沉沦中去，逃到常人中去，逃到无差异的同一状态中去。人畏惧自由，害怕差异，不敢面对着生存的可能性而自主抉择并负起责任，却宁愿抹平差异，抹消个性，在集体中扮演着同一的常人，充当着沉默的大多数。

在这里，辩证法的颠倒机制又巧妙地发挥了作用：是畏让人深切地意识了差异，意识到可能性的沉重，情愿从差异中逃到同一去——然而也是畏，将人从无差异的同一状态中唤起，令人茫然骇异失其所在，“茫然骇异失其所在在这里同时是指不在家”[②]，这种无家可归（unheimlich）在根本上意味着此在在世而异于世的异在状态。“人生如逆旅，我亦是行人”，此在于畏中惊觉在世之异，从而返回自身，不得不重新面对在世的诸差异和可能性的境域。畏唤起差异意识，唤起此在的个别化，也唤起良知，“这种个别化把此在从其沉沦中收取回来并且使此在把本真状态与非本真状态都作为它的存在的可能性看清楚了”[③]，此在从而能回应良知的呼唤，主动决断并自觉背负起生存之可能性的沉重责任，自觉地“异”出去、“绽”出去生存而成其本真。

最后，海德格尔更进一步，通过把时间性规定为操心的存在论意义，阐发了自己独特的异质性时间观。其实，时间本身就已经意味着变化，意味着差异地展开了，但是传统形而上学却常常拒斥变化，认为存在是超时间的或者非时间的，以永恒和同一为最高目标，总是在流动变易的时间之河中去寻找那些超时间的或者非时间的东西，基于同一性的愿望把时间弄成没有厚度的、量化的、线性的时间，这在以牛顿时间观为基本范式的近代哲学的时间观那里体现得尤为明显。这种时间在本质上来说是用来计数和测量的时间，

---

① 马丁·海德格尔：《存在与时间》，陈嘉映、王庆节译，第261页。

② 同上书，第264页。

③ 同上书，第267页。

而数量化的前提又是同质化，因而这种时间观其实是没有内在差别的，过去、现在、未来都在一个维度上均匀流逝。这种时间观看似以现在为核心来定义将来和过去，把过去和将来分别看作不再是现在和还没有成为现在，但实际上却是以过去为核心的，因为现在与未来的一切都由过去所决定——过去推动到现在，现在发展到将来，在无尽的单向化长河中，一切的一切都推向同一性的最终实现。

而如果说这种数量化的时间观实际上描述的是一般存在者的状态，指向扁平空洞的同一性，那么海德格尔则是通过此在来定义时间性，以差异万千的生存境域来托出一个独特的"绽出时间观"。在海德格尔看来，时间的三维不是同质化的、扁平的，而是异质的、有厚度的，过去、现在、未来的三个维度不是线性相继的同一，而是彼此作用、互相渗透、可以折叠伸缩的。绽出一视野的时间同时时间化了这三个维度，每个维度都包含了三者的共同作用。在此基础上，海德格尔的时间观又是指向将来的，"只有当此在是将来的，它才能本真地是曾在"[①]。这其实是在说，此在只有面向将来，才能背负起从过去而来的诸种可能性，并自觉面对各种处境之差异而做出选择。"我们把如此这般作为曾在着的有所当前化的将来而统一起来的现象称作时间性。"[②]从而，富有意味的过去、充满差异的当下和暗示多种可能的未来，三个以生存来规定的异质时间维度收拢为富有差异的统一。此在生存的可能性、操心的存在论意义也因而展现在时间性中，"时间性绽露为本真的操心的意义"[③]。

总之，海德格尔的时间观以未来为核心，是此在的时间、生存的时间，其核心思想揭示的是人的生存总是指向将来的，总在差异万千的在世境域中，并在流动变易的时间之河中展开差异、面向可能性而抉择。结合差异意识和时间性问题，海德格尔将差异得以展开与实现的境域放在时间性这一理解存在意义的超越视野中，使得差异问题找到了时间性这一源始领域作为其

---

① 马丁·海德格尔：《存在与时间》，陈嘉映、王庆节译，第444页。

② 同上。

③ 同上。

哲学思考的基础，更对后来的思想家们思考差异问题产生了深远的影响。

四、结语

要思考真正的“差异”，思考差异问题的根源，不能从存在者层面出发而必须于存在本身的层面运思，由此，海德格尔在《存在与时间》中对差异问题有了明确聚焦，这主要通过“存在论差异”和“基础存在论”得到表述。

对海德格尔而言，真正的差异是“存在论差异”，而这一命题又可被视作思维与存在的关系问题的变式。由于近代哲学把这个问题理解成“思维的主体是如何同一存在者客体的”，遗忘了差异的同时也遗忘了存在，从而导致了同一性暴力、单向度社会、现代性危机等问题。而海德格尔则在人与存在的彼此共属一体的意义上思考同一与差异，提出了真正的差异和源初的同一，以化解这种错误同一；以差异意识来唤醒对存在的遗忘，从而通往存在问题。

在此基础上，海德格尔更进一步指明了正确对待差异的关键在于保持差异之为差异。他通过基础存在论的生存论建构取代了传统的知识论建构，以此在“在世界中存在”这一源始现象取代了自我意识与思维主体的第一性，指出了后者的真正基础在于前者，从而试图在根本上化解近代的主客二元模式及其流弊。通过对差异万千的人生此在境域的描摹刻画，并将差异得以展开、此在得以绽出的境域放在时间性这一理解存在意义的超越视野中，海德格尔实现了对差异问题的创造性革新。这一方面奠定了他自身思想的基本范式，贯穿了其思想生涯的始末，另一方面则启发了后世的诸多思者并影响了后世哲学的基本走向，并为社会现实提供了一种新的思想的可能进路。

总之，《存在与时间》中潜隐着的丰富的差异性思想含蕴深远，其重要意义隐而未发，更待于我们进一步钩深致远。

意识—对象等同论的困境

王帅翔 *

内容提要：曼佐蒂提出了意识—对象等同论，以解决意识困难问题。该理论的要义是意识经验并不是脑内的神经活动，而是等同于脑外环境中的物理对象；而且意识体验中的物理对象相对于体验者的身体存在。该理论面临着概念和经验层面的一系列挑战。在概念层面，该理论（1）并未消除意识—物理解释鸿沟，而是仅仅将解释鸿沟从脑内转移到了脑外；（2）忽视了意识体验的"半透明性"。从经验层面看，该理论难以解释"感受到的在场者"幻觉和"冗余性幻肢"现象。因此，该理论需要经过进一步的充实与扩展才能够应对现有的理论困境。

关键词：意识—对象等同　解释鸿沟　半透明性　"感受到的在场者"幻觉　"冗余性幻肢"

意识的困难问题（the hard problem of consciousness）是当代心灵哲学领域的热点和难点问题。这个问题大体上可以概括为：主观的（第一人称视角的）、质的（qualitative）现象意识是如何从客观的（第三人称视角的）、量

* 王帅翔，北京大学哲学系（宗教学系）博士后。

的（quantitative）物理世界中产生的？这个问题自然地延伸到了神经科学对意识的研究和探讨当中。近几十年以来，认知神经科学取得了十分可观的进展，神经科学家运用各类技术性工具精确探测了与各种认知活动、意识体验相关联的神经结构及动力学活动。受传统笛卡尔主义的影响，神经科学家普遍秉持着一个基本的信念：大脑之外的物理世界中并不存在颜色、气味和声音等质的特征，这些质的特征只是主观经验的特征，它们归根结底都不过是大脑中的神经元结构和动力学活动。但是，上述的意识困难问题始终困扰着神经科学家，那就是，大脑的神经结构和动力活动何以解释充斥着质的特征的意识经验？这就是现象意识与神经活动的解释鸿沟问题。

面对解释鸿沟问题，大部分的神经科学家和心灵哲学家都试图在大脑之内寻求答案，不论是神经生物还原论、计算主义等物理主义的回答，还是属性二元论等非物理主义的回答。但是，当代意大利哲学家里卡多·曼佐蒂（Riccardo Manzotti）却另辟蹊径，提出了一种惊世骇俗的解决方案，这就是意识一对象等同（consciousness-object identity）理论。这是一种十分激进的意识外在论（externalism）立场，认为意识根本不是脑内的神经活动，而是从数上说同一于（numerically identical with ）大脑之外环境中的物理对象。[①] 比如，某个观察者看到红苹果时的视觉体验（及其质的特征）并不是她大脑中的神经活动，相反恰恰就是摆在她面前桌子上的苹果（及其颜色、气味等特征）！曼佐蒂认为，抛弃笛卡尔主义的心物二分和正统的“脑内论”转而接受这种极端的外在论为意识困难问题提供了一个直观且简洁的解决路径。他还认为，比起“脑内论”，这种学说不仅与常识有更高的契合度，而且为梦境、幻觉等现象提供了全面的解释。意识一对象等同理论是否适用于情绪体验以及痛痒等躯体感受是一个尚不明确的问题，但无论如何，曼佐蒂认为该理论足以涵盖对狭义的日常知觉经验（基于五感的知觉经验）以及由前者衍生的幻觉、梦境体验。

---

① R. Manzotti, *Consciousness and Objects*, 2017, John Benjamins Publishing Company; *The Spread Mind*, 2018, OR Books; “Mind-Object Identity: A Solution to the Hard Problem”, *Frontiers in Psychology*, 2019, Vol. 10 (Article 63), pp. 1-16.

不可否认，曼佐蒂的方案是一个大胆的理论尝试。但是笔者却认为，该理论在概念和经验层面上面临着一系列困难。从概念层面讲，意识—对象等同论（1）并未真正解决现象世界与物理世界的解释鸿沟，仅仅将这个解释鸿沟从脑内转移到了脑外；（2）忽视了在意识经验对象的质的特征之外，体验本身还具有特定质的特征，即体验本身的“觉知性”，这就是所谓的意识经验的“半透明性”（translucency）问题。从经验证据的角度讲，曼佐蒂理论的现有版本难以对特定的幻觉体验提供自圆其说的解释。在本文中，笔者将从总体上概述曼佐蒂的理论方案，进而对其理论的上述困难进行分析。至于这些问题能否得到规避或克服，则有待进一步的理论探讨与研究。

一、曼佐蒂的意识—对象等同理论

（一）意识经验即物理对象

曼佐蒂的意识—对象等同论是一个非常简单且直观的理论，可以简要地概述如下：在任何情况下，只要主体 S 经验到对象 O，S 的经验不过就是 O 本身；O 是一个相对的（relative）对象，这里的“相对”与物理学中“相对速度”所讲的“相对”含义相同。① 因此，不论在我体验到鲜红的花朵还是蔚蓝的天空时，这些鲜活的颜色体验都不是我大脑中的神经活动，而是我身体（大脑）之外世界中的物理特征。曼佐蒂认为，意识—对象等同论不仅与常识高度契合，而且其最大的优势在于轻而易举地解决了困扰哲学家和神经科学家的神经—现象解释鸿沟问题。大脑中软湿的灰质组织丝毫不具有现象意识那些五彩斑斓的特征，因此曼佐蒂认为在脑内寻求意识的解释机制完全是徒劳无功的。要为意识的困难问题寻求解决出路，我们还是要回答一个基本的问题：我们的意识体验究竟与什么最为相似？对于这个问题，常识为我们提供了答案：与我们现象意识最相似的恰恰就是大脑外的种种物理事物。当然，面对常识，哲学家或许可以选择某种较弱的外在论，比如表征论，认

① R. Manzotti, “Mind-Object Identity: A Solution to the Hard Problem”, *Frontiers in Psychology*, 2019, Vol. 10 (Article 63), pp. 2-3.

为关于红苹果的视觉经验是脑内神经结构对脑外苹果的表征。但是曼佐蒂的方案更为彻底，他抛弃了脑内的神经表征等“中介”，干脆认为意识体验就是（同一于）脑外的物理对象。根据这种意识—对象等同论的方案，颜色、味道和声音都不再是灵魂中“第二性的质”，也不再是脑内的神经活动，而是脑外世界中货真价实的物理属性。不论是你面前五颜六色、芬芳四溢的花海，还是我眼中色彩纷呈的黄昏天空，都确确实实地存在于完全物理的自然界中。

但是，曼佐蒂的上述方案会带来一个显而易见的问题。这就是，对于不同的主体（观察者）而言，外部环境中物理对象的特征都是有所不同的。[①]观察者不同的位置、观察角度以及生理状况的区别都会造就所观察到的对象的不同现象特征。这在我们日常的各种知觉体验中可谓司空见惯。观察距离不同导致的物体“近大远小”现象就是一个典型的例子。我刚刚进入花房时会感到芳香扑鼻，但经过一段时间的适应后浓郁的花香会逐渐淡去甚至消失。如果任何观察者视觉（当然也包括其他感觉模态）体验中的内容（对象）就是心灵或大脑之外环境中的物理事物，那么如何解释不同观察者（或者相同观察者在不同的条件下）知觉体验现象内容的出入？从一方面讲，假设存在着一个独立于任何观察者视角的客观物理世界，那么这又回到了传统笛卡尔主义心物（或者脑内世界与脑外世界）二分的老路；从另一方面来说，倘若任何对象都依赖于特定观察者的视角，不存在独立于特定观察者现象经验的物理世界，这似乎会导向某种版本的唯心主义（如贝克莱的“存在即被感知”说）。对于这两种选择，曼佐蒂都是不愿意接受的。为此，他提出了“相对物理对象”（relative physical objects）的解决方案。[②]

（二）物理对象的身体相对性

在曼佐蒂看来，构成任何知觉体验内容的物理对象都是相对于特定观察

① R. Manzotti, “Mind-Object Identity: A Solution to the Hard Problem”, *Frontiers in Psychology*, 2019, Vol. 10 (Article 63), p. 3.

② Ibid., pp. 4-5.

者的身体（包括相应的感觉器官和神经系统的特定部分）而存在的。[①] 比如，色觉正常的观察者 S1 看到的红色苹果相对于他的物理身体 B1 而存在；而色盲观察者 S2 看到的灰白苹果则相对于他的物理身体 B2 而存在。因此分别存在着两个不同的“视觉苹果”A1 和 A2，它们分别相对于不同观察者的身体 B1 和 B2 存在。同理，对于嗅觉系统不同的两个个体，相对于他们的身体 B1* 和 B2* 存在的两个“嗅觉苹果”A1* 和 A2* 分别等同于他们各自嗅觉经验中的物理对象。因此，不同于我们朴素的常识性观点（认为客观世界中只存在一个独立于任何观察者的苹果），曼佐蒂的观点断定，对于任何观察者的特定感觉模态都存在着一个物理对象，比如：对于观察者 S1 的视觉、听觉和触觉模态分别存在着视觉对象 O1、听觉对象 O2 和触觉对象 O3；对于观察者 S2 的前述感觉模态则存在着相应的物理对象 O1*、O2* 和 O3*。根据曼佐蒂的论断，与任何知觉经验中的内容所等同的物理对象都是外部世界中的物理过程（基于电磁力的能量传输过程）和观察者身体（特指相应感觉器官以及神经系统的特定部分）进行因果作用的产物。再用桌子上的苹果举例，在我并未注视眼前桌子的时候，桌子上并不存在“红色的苹果”，只有一堆与特定波长电磁波（可见光）相互作用的物理微粒；而当我望向桌子的时候，这些物理微粒聚合体反射出的可见光作用于我的视觉器官和神经系统，由此产生了相对于我的身体存在的“红色视觉苹果”。然而当我闭上眼睛或者扭头走开时，光子与我的视觉器官及神经系统相互作用的因果路径被切断，相对于我的身体而存在的“红色视觉苹果”就会消失。当然，如果仍然有其他的观察者在凝视着桌面，那么尽管相对于我的身体存在的“视觉苹果”消失了，相对于他们身体存在的“视觉苹果”依旧安然无恙。倘若所有拥有成熟视觉系统的观察者都消失了，那么一切的“红色视觉苹果”亦将不复存在。据此，颜色、气味和声音都是特定物理过程与观察者身体进行因果相互作用的产物，但它们并不存在于观察者的心灵（大脑）中，而是存在于

① R. Manzotti, “Mind-Object Identity: A Solution to the Hard Problem”, *Frontiers in Psychology*, 2019, Vol. 10 (Article 63), pp. 5-6; Riccardo Manzotti, *Consciousness and Objects*, 2017, John Benjamins Publishing Company, pp. 79-86.

观察者身体之外的物理世界中。倘若宇宙中不存在具有足够成熟感觉器官和神经系统的观察者，那么颜色、气味和声音也自然不会存在，此时存在的只有特定波长的电磁辐射、空气的机械振动以及在空气中扩散的分子。[①]这并不是因为颜色、气味与声音是存在于观察者心灵中的“第二性的质”，而是因为没有了相应的感觉器官和神经系统机能，产生它们的必要因果条件自然就无法满足了。这就如同物质的燃烧对氧气的依赖一样不足为奇。在这里，一个自然的问题是：既然相对于不同观察者的身体以及同一观察者的不同感觉器官和不同观察阶段存在着不计其数的物理对象，为什么我们直观上会认为在客观的物理世界中只有一个诸如苹果之类的物理对象？

曼佐蒂的回答是：我们常识中所认为的那个独立于任何观察者身体而存在于桌面上的苹果只是概念层面的抽象，它仅仅满足了我们日常实践的利益和需要，但是并不具有任何被纳入世界“本体论清单”的“准入资格”。[②]具体来说，大部分正常发育并且生理机能完好的人类观察者都具有高度相似的视觉（以及其他感觉模态）器官和神经系统相应部分。这样一来，物理世界中的电磁波与绝大部分观察者的视觉器官以及神经系统相互作用都会产生相似的“红色视觉苹果”。尽管这些“红色视觉苹果”的实际数目可谓难以估量，但几乎所有的人类观察者都会用语义内容上相同的语言去描述这些数目众多的视觉物理对象，同时也会在此基础上做出相似的行为反应。从这个意义上讲，在概念上区分出相对于不同观察者身体（或同一观察者身体的不同时间阶段）存在的“视觉苹果”不仅无用，而且会给日常实践带来极大的不便。除此之外，“客观的苹果”只能被食用一次也是一个重要的理由。桌子上那个反射可见光、扩散出分子的“密集粒子团”一旦被吃掉或者破坏，与观察者身体相互作用所产生出的每个“视觉苹果”“嗅觉苹果”等众多相对物理对象的因果基础将被彻底抹掉。因此，尽管实际上存在着不计其数的“苹果”，但是出于实践需要的考虑，我们在概念层面上抽象出了一个独立于

① R. Manzotti, *Consciousness and Objects*, pp. 82-86.

② Ibid., pp. 89-92.

任何观察者身体存在的“绝对的苹果”。这个“绝对的苹果”并不具有任何的本体论意义，只是我们概念和思维层面的“道具”。

针对曼佐蒂的上述说明，批评者大概会认为意识—对象等同论不仅有违常识，而且由于其承认了物理对象相对于观察者的存在，难免有导向唯心论之嫌。面对这个可能的批评，曼佐蒂则认为，与日常经验等同的物理对象并不是相对于神秘的精神主体、灵魂存在的，而是相对于切切实实的另一个物理对象（也就是人类或动物观察者的物理身体）存在的，后者为前者的产生提供了必要的因果基础。而且，相对性存在的观点虽然从常识角度看有些奇怪，但是丝毫没有违背物理学定律等科学原则。相反，即使在经典物理学中，相对性存在的例子可谓比比皆是。物体运动的相对速度就是一个很典型的实例。[①] 比如，在公路上，小轿车以60km/h的速度行驶；大卡车以40km/h的速度行驶。很显然，上述速度并不是绝对的速度，而是相对于路面的速度。倘若把行驶中的大卡车作为参考系，小轿车的行驶速度只有20km/h。可见，物体运动的速度取决于我们选择的参考系。我们之所以把相对于路面的行驶速度看作“绝对的”，只是因为其在实践中发挥的重要作用。知觉经验中的物理对象相对其他物理对象（观察者的身体）存在自然涉及更为复杂的因果过程，但是这与物体运动速度的相对性并无实质性的不同。通过用相对速度的例子进行类比，曼佐蒂试图说明物理对象的相对存在并不是一个不可理喻的观点。自然界中任何物理对象的存在都是相对的，只是有的相对于无生命的物体存在，有的则相对于人类和动物观察者的物理身体存在，我们习惯于将前者贴上“客观的”标签，将后者贴上“主观的”标签。但是这样的概念标签仅仅反映了人类实践活动不同的关注点，在形而上学意义上它们都是彻彻底底的物理对象。曼佐蒂认为，由于意识—对象等同论不假定任何颅内心灵的存在，只承认脑外环境中的物理对象存在，因此是最为彻底的物理主义。在他看来，尽管知觉体验中具有色声味的对象并不是基础物理学理论所描述的对象，但它们仍然是依赖于时空和能量的，因此无疑是“物理的”

① R. Manzotti, *Consciousness and Objects*, pp. 80-81; R. Manzotti, *The Spread Mind*, Chapter 2.

对象。物理主义不能被视同于狭隘的“物理学主义”。

（三）物理对象与因果过程

在详尽阐释了物理对象存在的相对性后，曼佐蒂从历时的、因果的角度对物理对象的产生进行了说明。[1]他特别指出，任何等同于知觉经验的物理对象都必定依赖于观察者身体与外部物理环境的相互作用。身体状态的改变必定意味着所产生的物理对象的改变。由于物理世界的因果活动必定建立在能量的传输之上，能量的传递不可能超过光速，因此任何因果关联的发生都是需要时间延续的，这个时间的间隔或长或短（从数十分之一秒到若干年皆有可能），而所谓的瞬时因果是不存在的。因此，不论在看到遥远星系的视觉体验中还是在看到面前苹果的视觉体验中，物理信号的传输都经历了时间的间隔，尽管二者在长度上可谓天差地别，但并无质的不同。自然界的物理定律并没有为因果过程的时间间隔设定上限和下限。过去的事物即使已经不复存在，仍然对当下发挥着因果影响。比如某颗恒星已经在超新星爆发中消亡，但是它发出的光仍然传到了地球上观察者的眼中，使人们看到了若干年前的它。因此只要处在光锥之内，我们就无法逃避过去事物带来的因果影响。曼佐蒂用一个思想实验说明了这一点。[2]将一枚事先设定好爆炸时间的定时炸弹在t时刻封装进一个能够完全屏蔽任何电磁相互作用和引力相互作用，甚至隔离中微子的容器内。可是即使这枚炸弹看似与外部的物理环境已经彻底隔绝，到了起爆时间它仍然发生了爆炸。万能的隔绝容器虽然阻断了t时刻之后外部环境对炸弹的因果影响，但是却无法消除t时刻之前外部环境发挥的因果作用。可见，并不存在与外部因果影响绝对隔离的物理对象。对于生物的大脑来说，这一点无疑也是成立的。t时刻感觉器官和大脑皮层的损伤虽然能够阻隔t时刻之后环境中物理信号对大脑的影响，但是对于发生在t时刻之前的影响则完全无能为力。[3]比如，意外导致了某人的失明，在此之后环境中

---

① R. Manzotti, *Consciousness and Objects*, pp. 95-120.

② Ibid., p. 107.

③ Ibid., pp. 100-102.

的可见光无法再与他的视觉器官和神经系统相互作用生成视觉物理对象；但是失明前他的视觉器官与外部环境的接触仍然在失明后发挥着影响，这种延迟的因果影响同样会生成相应的视觉物理对象，但是这样的视觉对象并不是构成日常知觉经验的物理对象，而是呈现在体验者梦境、幻觉经验中的那些奇形怪状的事物。这样一来，意识一对象等同论很好地处理了梦境和幻觉的问题。常识性的观点认为，在梦境和幻觉体验中，即使体验者拥有了关于红色苹果的经验，但是并没有相应作为物理对象的红色苹果存在。而意识一对象等同论则反其道而行之，认为即使在梦境和幻觉中，作为物理对象的红色苹果仍然是存在的，只不过这个红色苹果存在于相对久远的过去（或许在梦境、幻觉发生时已经不再存在），它曾经与体验者的视觉系统发生过相互作用，这个物理相互作用与幻觉或梦境的发生有着数日、数月甚至若干年的时间间隔。[①] 但是不论这个时间间隔有多长，过去的因果活动仍然在光锥之内发挥着影响。总而言之，根据意识一对象等同论，日常知觉体验与幻觉体验并无实质的不同：在前者中因果过程波及的时间跨度极小乃至可以忽略不计，而后者涉及的时间跨度可谓无边无际。因此，在曼佐蒂看来，幻觉和梦境归根结底仍然是知觉，只不过是时间延迟跨度极大的知觉。因此，在意识一对象等同论的理论框架下，不存在"显象"（appearance）和"实在"（reality）的区分，幻觉即知觉，二者之间的差别并无形而上学的意义，只有实用主义层面的意义。[②] 这是因为普通知觉体验中的物理对象能够在行为层面服务于日常实践的种种需要（比如抓取物品、食用食物），而幻觉和梦境中的物理对象则无法满足这些需求，但这绝不意味着它们就是虚妄的。

综上来看，我们可以概括出意识一对象等同论的如下要旨：（1）意识经验等同于脑外的物理对象，而不是脑内的神经活动；（2）任何物理对象都是相对于其他物理对象存在的，据此等同于意识经验的物理对象是相对于体验者的物理身体存在的；（3）任何物理对象的产生都是建立在因果过程之上

---

① R. Manzotti, *Consciousness and Objects*, pp. 131-137.

② Ibid., pp. 141-144.

的，因果过程有赖于时间的延续，而自然界的物理定律并没有为因果过程的时间长度设定上限。曼佐蒂认为基于上述几点，意识—对象等同论不仅能够轻松应对困扰神经科学的神经—现象解释鸿沟问题，而且轻松解决了与一系列与心智相关的传统哲学难题，比如体验的私密性问题、蝙蝠体验“是什么样子”（what is it like）的问题以及第一人称视角性的问题。[1] 首先，意识体验根本就不存在于大脑之内，因此脑内的神经结构和活动与意识体验之间自然毫无解释上的关联，心脑解释鸿沟的存在根本不出所料。其次，由于等同于体验的物理对象是相对于特定的物理身体存在的，身体状况的不同自然决定了体验中对象的不同。与我的经验等同的物理对象仅仅相对于我的身体存在，与蝙蝠经验等同的物理对象仅仅相对于蝙蝠的身体存在，而且我和蝙蝠身体的生理状况有着巨大差别。物理对象相对于特定身体而存在的相对性解释了体验的私密性和第一人称视角性，而生理状态的差别决定了人类经验与蝙蝠经验的不同，而物理对象的身体相对性则进而阻断了人类获知蝙蝠经验的认知渠道。

由此看来，意识—对象等同论似乎为意识的神经科学研究和哲学探讨提供了全新的概念图景。但是任何新颖的哲学理论都需要经受批判性的审视和反思，意识—对象等同论也不例外。笔者认为，曼佐蒂的理论面临着概念和经验层面的双重考验。从概念层面讲，意识—对象等同论并没有真正填补物理科学与常识物理对象之间的解释鸿沟，这就导致了理论动机的不明确性；而且纯粹将知觉体验等同于外在的物理对象无法对知觉体验本身的“半透明性”给出合理的说明。从经验的角度讲，曼佐蒂的意识—对象等同论难以解释独立于已知的感觉模态（即五感）之外的幻觉体验以及特定的幻肢体验。在下文中，笔者将从上述角度对曼佐蒂的理论展开批判性的评析。

二、意识—对象等同论的概念困境

上文中笔者概括性地阐释了意识—对象等同论的要点，在本节中笔者将

---

① R. Manzotti, *Consciousness and Objects*, pp. 197-210.

从概念层面对该理论展开剖析，指出其需要回应的挑战。

（一）脑外物理对象与解释鸿沟

根据曼佐蒂的论断，意识—对象等同论的基本动机是为了解决意识的困难问题。在他看来，正统的神经还原论，或者更一般地说颅内意识论对于回答意识的困难问题都是无望的。这是因为，不论神经科学家对于脑内的神经元结构及其动力学活动进行了多么透彻深入的研究和探测，我们仍未在脑内找到任何与意识经验有一丁点相似的性质或过程。比如，当我沉浸在光怪陆离、动人心弦的奇妙梦境中时，倘若神经科学家运用脑电图（EEG）和功能磁共振成像（fMRI）探测我的大脑，他们观察到的仅仅是单调乏味的放电活动和新陈代谢活动，梦中那个五彩斑斓的现象世界究竟存在于何处呢？因此，在脑内的神经活动与意识经验之间，不论神经科学家还是心灵哲学家都面对着一条令人绝望的认识论鸿沟。数百年前，莱布尼茨就用一个思想实验说明了脑内神经活动与心智之间的解释鸿沟。[①] 他让我们把生物有机体的大脑想象得无比巨大，大得像一座磨坊一般。当我们作为参观者进入这座"大脑磨坊"，进行仔细地观察时，看到的只有错综复杂的"机械设备"，而不会看到任何类似于感知、思维等心智活动的东西。莱布尼茨试图通过这个思想实验说明，大脑内的神经机制无法解释心智的产生。曼佐蒂认可这个论断，他断言神经活动与意识经验之间持久的解释鸿沟暗示着意识经验并不存在于颅腔之内，我们应该到别处去探寻意识的栖居之处。据此，他认为常识给了我们答案，意识体验呈现给我们的那个多姿多彩的"现象世界"并不存在于大脑之内，而恰恰就是我们所身处的那个物理世界。他之所以认为意识—对象等同论是关于意识问题的最佳形而上学方案乃是因为：（1）大脑之内并不存在任何与意识体验相似的属性或过程，因此神经活动与意识经验之间存在着难以被填补的解释鸿沟；（2）与意识体验中的"现象对象"最为相似的恰恰就是常识所认为的存在于外部环境中的物理对象。

---

① P. M. Churchland, *The Engine of Reason, The Seat of the Soul*, The MIT Press, 1995, pp. 191-195.

曼佐蒂认为这个将意识体验从脑内“转移到”脑外的策略巧妙地规避了心物解释鸿沟这个困扰哲学和自然科学的千古难题。但是，即使我们接受了曼佐蒂的提议，相应的解释鸿沟仍未被消除，只是从大脑之内被转移到了大脑之外。这样一来，神经—现象解释鸿沟无非是转变为了物理学世界与常识世界的解释鸿沟，但是曼佐蒂并未向我们提供任何能够增进理解其中因果机制的信息。要理解这个问题，我们需要认识到神经科学所面对的神经—现象解释鸿沟其实是“自然的数学化”以及“心物二分”所衍生出的副产物。

根据自古以来的常识世界观，人们认为我们在知觉体验中感受到的颜色、气味和声音等特征都是实实在在存在于客观物理环境之中的特征，即便没有任何参与观察的主体，它们依然存在于物理世界当中。而伽利略和牛顿开创的科学革命却从根本上重塑了人类对自然的看法。科学革命的核心理念就是“自然的数学化”，认为独立于体验者、观察者的客观物理世界是一个能够凭借数学形式工具做出完备描述的量的世界，而颜色、气味和声音等质的特征都被逐出了客观的自然界，仅仅被作为“第二性的质”安置在观察者的心灵之中。基于此，近代的思想家普遍接受心物二元论的形而上学观点，认为“充塞”着“第二性的质”的心灵是本体论意义上区别于纯粹量的物理世界的实体。随着自然科学的进步，心物二元论的观点遭遇了一系列概念和经验层面的困难，因此最终作为人类思想的陈迹被抛弃。正是在这个背景下，神经—现象的解释鸿沟明确地凸显了出来。由于不存在非物理的心灵，神经科学家自然认定意识经验就是大脑中的神经活动，或者由后者构成或产生。假定大脑内的神经机制只是纯粹由数学、律则语言刻画的结构和动力学活动，那么其何以等同于、构成或产生充满了质的特征的意识经验？在现有的科学世界观之下，我们似乎无法在脑内探寻到任何可能的答案。

曼佐蒂认为，只要不再坚持意识的“脑内论”，心物解释鸿沟的问题自然迎刃而解。但是，即便认为这个被颜色、气味和声音萦绕的色彩斑斓的世界并不存在于颅腔之内，而恰恰就是我们所栖居的现实世界，经验中的对象与物理学之间的解释鸿沟依然没有被弥合。首先，意识—对象等同论的基本要点是经验中物理对象及其属性相对于观察者身体的存在性。倘若拥有成熟感觉器官和神经系统的人类、动物身体不再存在，那么世界上也就不再有具有颜色、气味和声音的物理对象，即便它们存在于大脑之外的物理环境中。没有了观察者的身体，自然界中仅仅剩下电磁辐射、空气振动和扩散的分子。正是这些基础物理实体（过程）与相应的物理身体相互作用，从而产生出相对于特定身体存在、绚烂多彩的物理对象，观察者的身体为这个多彩世界的存在提供了必要的因果基础。因此，倘若世界上没有任何具有感觉器官和复杂神经系统的有机体存在，那么我们的世界注定是一个无色、无味、无声的乏味且贫瘠的世界。正是基础物理实体和过程与生物有机体的因果相互作用创造了这个五彩斑斓的日常世界。但是，在这里意识—对象等同论为我们抛出了一个有待回答的巨大疑问：**那个无色、无味、无声的冷冰冰的“物理学世界”如何仅凭与有机体的因果相互作用就产生出我们眼中这个色声味俱全的“常识世界”？即使这些五彩缤纷的物理对象就处在我们身体之外的环境中。冰冷的“物理学世界”与有机体相互作用产生出“常识世界”的因果机制是什么？**对于这个问题，曼佐蒂语焉不详。

的确，倘若承认“物理学世界”仅仅是一个完全能够凭借数学语言进行刻画的量的世界，那么意识—对象等同论所面对的解释鸿沟绝不比神经科学面对的神经—现象解释鸿沟更容易弥合。后者面对的问题是：纯粹量的、结构的神经活动何以等同于、构成或产生出具有现象质的意识经验？前者面对的问题是：纯粹量的“物理学世界”何以通过与有机体身体的因果相互作用产生出我们体外环境中这个充盈着色声味等质的特征的“常识世界”？假设我们接受了伽利略的论断，认为“物理学世界”仅仅是空洞的数学结构，那么，从数学结构中产生出“常识世界”中五光十色的万物无异于阿拉丁神灯的魔法。想要自洽地说明这一点，我们只能强吞苦果地接受某种强突生论（emergentism）[①]。抛开强突生论本身在概念和经验层面的困难，曼佐蒂也明确

① 强突生论认为高层级性质从低层级性质中的产生是自然界律则意义上初始的事实（brute fact），其中不存在任何解释机制；相反，弱突生论认为高层级现象的产生难以从低层级的知识中获得预言（如混沌现象），但是这仅仅说明了低层级因果机制的复杂性和我们认识的局限性。关于不同版本突生论的讨论，参见苏湛、王帅翔：《突现论研究的三种立场》，《科学文化评论》2020年第4期。

否认对于解释物理对象的产生诉诸突生论是必要的。他认为，常识物理对象的产生是物理世界中再平常不过的因果过程，其不涉及任何本体论意义上的层级或突生过程。

至此，曼佐蒂的理论似乎陷入了难以摆脱的困境。脑内的解释鸿沟在他的理论框架下转变为了脑外的解释鸿沟，问题的实质似乎并未改变。当然，曼佐蒂还是认识到了从纯粹量的世界中产生出具有色声味等质的物理对象的说法是难以理解的。他特别指出，物理科学凭借数学语言对世界在量的层面做出的刻画仅仅是我们思维的抽象，世界并非仅仅是一个空洞的数学结构。如果我们把物理科学所描述的这种纯粹量的结构特征视为世界的本质和基础特征，那么我们就犯下了怀特海（Alfred North Whitehead）所说的"错置具体性谬误"（the fallacy of misplaced concreteness）。[①] 这就是说，我们把思维的抽象错误地视为具体的存在物。因此在曼佐蒂看来，即使没有任何观察者存在，自然界也绝不仅仅是量的、数学结构的世界。这就暗示着，即使在没有任何生物有机体的世界中并不存在构成我们日常经验的颜色、气味和声音，但是这个世界仍然存在着不为我们所知的质的特征，即某些中立一元论所说的 quiddity（质基）。只是物理科学用数学语言仅仅描述了世界抽象的结构，并未揭示结构背后的 quiddity。[②] 基础物理学凭借数学语言刻画了这些 quiddity 在时空中的因果活动。基于电磁力、引力的物理因果作用本质上都是这些 quiddity 所参与的因果活动。quiddity 本身并不是色声味等质的特征，但却是产生这些质的特征的因果基础。这些基础的 quiddity 参与到与有机体身体的因果作用中，产生出具有颜色、气味、声音等质的特征的日常物理对象。虽然曼佐蒂并未明确指出"物理学世界"的背后潜藏着 quiddity，但笔者却认为这是使意识—对象等同论能够自圆其说的唯一合理主张。

① A. F. Whitehead, *Science and the Modern World*, Macmillan Company, 1925.

② 比如，罗素主义一元论（Russellian monism）就认为意识经验的现象质就是由特定的 quiddity 构成或产生的，这些 quiddity 也是基础物理学所刻画的倾向属性的范畴基础。参见 Torin Alter and Derk Pereboom, "Russellian Monism", *The Stanford Encyclopedia of Philosophy* (Fall 2023 Edition), Edward N. Zalta & Uri Nodelman (eds.), URL = 〈https://plato.stanford.edu/archives/fall2023/entries/russellian-monism/〉。

那么，假设“物理学世界”是一个充斥着 quiddity 的世界，这能够消除意识—对象等同论面临的解释鸿沟吗？从表面上看，由基础物理层面质的特征在因果相互作用中产生出“常识世界”中质的特征并不是不可理喻的，至少不必像从纯粹量的世界中产生充满质的世界一样诉诸魔法般的强突生。但是，问题并没有看上去的那么简单。因为，在这里我们需要面对 quiddity 与色声味等日常的质之间的解释鸿沟。我们有很好的经验理由认为，现实的物理世界是一个因果闭合的世界，也就是说现实世界中的一切因果作用都是基于基本物理作用力（引力、电磁力、强相互作用和弱相互作用）、传递能量和动量等守恒量的因果作用。虽然物理学仅仅用数学语言为我们的世界提供了结构、倾向层面的描述，但对于接受 quiddity 存在的论者来说，物理科学提供的描述仅仅是概念层面的抽象，物理因果作用本质上都是 quiddity 参与的因果活动。在这里，对于 quiddity 在物理世界中的地位，我们有如下的三种理论选择：（1）已知的每种基础物理作用力或倾向属性都对应特定类型的 quiddity，因此存在多少种基础物理作用力（或物理倾向属性）就存在多少种 quiddity；（2）在已知的基础物理作用力或物理倾向属性之外还存在其他的作用力或倾向属性，后者对应额外的 quiddity+（此处和下文姑且将**非对应已知**基础物理作用力或倾向属性的 quiddity 称为 quiddity+）；（3）在对应基本物理作用力和物理倾向属性的 quiddity 以外，还存在特定类型的 quiddity+，这些类型的 quiddity+ 不对应任何作用力或倾向属性，是因果意义上的副现象。

在笔者看来，在上述关于 quiddity 的三种理论方案中，只有（1）是曼佐蒂乐于接受的选择。或者更一般地说，只有（1）是概念和经验上经得起推敲的选择。这是因为方案（2）和（3）都面临着严峻的理论困难。方案（2）承诺了基本物理作用力之外的特有作用力，但是尚无任何有力的经验证据能够支持这个论断，因此该方案自然最先受到否决。曼佐蒂作为坚定的物理主义者，无疑会接受这一点。方案（3）承诺了完全不参与因果活动的副现象性质，因此同样是一个糟糕的选择。承诺因果意义上副现象的属性不仅难以规避相应的理论难题（比如通常认为知识的获得涉及相应的因果过程，因此对于不参与因果活动的副现象属性来说，认知主体不可能获得关于它们的知识），更重要的是曼佐蒂自己明确地否认因果意义上副现象的存在。对此，他引用了知名的亚历山大格言（Alexander's dictum）："拥有实在性意味着具有因果效力。"（To be real is to have causal power.）[①] 据此，方案（3）同样不在曼佐蒂的考虑之列。由此看来，唯一能够被曼佐蒂接受的理论选择只有方案（1）。

但是，倘若接受了方案（1），解释鸿沟的问题再次浮现出来。这里，意识—对象等同论面对的不再是量的世界与质的世界之间的解释鸿沟，而是quiddity与"常识世界"中色声味等质的特征的解释鸿沟。根据意识—对象等同论，日常的感官体验为我们每个个体呈现出不计其数的物理对象及其质的特征。单论视觉体验，我们普通的三色视觉者就能够在日常环境中捕捉到成千上万种具有细微差别的色彩特性，更遑论独特生理构造赋予他们四色视觉天赋的个体。对于听觉、嗅觉等其他感觉模态，上述论断同样是成立的。然而，根据方案（1）的基本主张，由于已知的基本物理作用力和物理倾向属性（如质量、电荷等）只有屈指可数的几类，那么相应quiddity的类型无疑也是寥寥无几的。至此，方案（1）的拥护者面临着一个必须回答的难题，这就是各种感官体验中无比富足的质是如何从贫瘠的quiddity中产生的？这就是方案（1）所面临的"调色板"问题。[②] 休谟等论者甚至认为，知觉体验中特定质的内容本身就是"初始的"（primitive），不可能由其他质的特征构成。[③] 比如，在颜色体验中，"蓝"虽然相比起"红"，与"绿"更为相似，但是它们之间都是不同且不可相互还原的"简单观念"。从这个角度讲，哪

---

① R. Manzotti, *Consciousness and Objects*, p. 73.

② 类型贫乏的quiddity如何构成意识经验中极度丰富的现象质的问题也是罗素主义一元论面临的挑战之一，这被称之为"现象调色板"（phenomenal palette）问题。参见Torin Alter and Derk Pereboom, "Russellian Monism", *The Stanford Encyclopedia of Philosophy* (Fall 2023 Edition), Edward N. Zalta & Uri Nodelman (eds.), URL = 〈https://plato.stanford.edu/archives/fall2023/entries/russellian-monism/〉。及Philip Goff, William Seager, and Sean Allen-Hermanson, "Panpsychism", *The Stanford Encyclopedia of Philosophy* (Summer 2022 Edition), Edward N. Zalta (ed.), URL = 〈https://plato.stanford.edu/archives/sum2022/entries/panpsychism/〉。

③ Lok-Chi Chan, "Russellian Physicalism and its Dilemma", *Philosophical Studies*, 178, 2020, pp. 2053-2054.

怕是颜色体验中具有细微差别的质之间都不可相互还原，色声味等日常经验中的质何以由迥异于它们的 quiddity 构成或产生？当然，接受突生论或者承认实在的层次性或许能够大大缓和这个问题，但这都是曼佐蒂所不愿接受的。[①] 这样看来，丰富多彩的日常世界如何从类型贫乏的 quiddity 参与的因果活动中产生成了一个难解的问题。

因此，即使承认了 quiddity 的存在，意识—对象等同论仍然需要面对解释鸿沟问题的挑战，这就是 quiddity 与"常识世界"之间的解释鸿沟。当然，笔者绝非认为这个解释鸿沟是无法填补、弥合的，而且笔者更倾向于认为这个解释鸿沟或许仅仅反映了我们在当下的无知，也就是说，这归根结底只是认识论意义上的鸿沟，而不是形而上学意义上的鸿沟。但是，不论如何这都给建立在 quiddity 论之上的意识—对象等同论提出了一个有待回答的关键问题。尽管 quiddity 与"常识世界"之间的解释鸿沟问题并不构成拒斥意识—对象等同论的决定性理由，但是这足以否定曼佐蒂这个过于乐观的论断：只要将意识从脑内"转移到"脑外，意识困难问题和解释鸿沟问题就会随即被消解。并非如此！解释鸿沟问题丝毫没有消失，只是从脑内被"转移到了"脑外。

据此，倘若如曼佐蒂所说，意识—对象等同论的理论初衷是为了解决心物解释鸿沟问题，而将意识"转移到"脑外的理论主张并未从根本上消除解释鸿沟，那么再去接受意识—对象等同论就显得动机不明了。毕竟，接受这个奇谈怪论似的学说就意味着放弃当代神经科学意识研究范式中最为基本的预设，这就是意识存在于脑内！

（二）意识体验的"半透明性"问题

曼佐蒂的意识—对象等同论断言：关于物理对象 O 的知觉经验等同于外在的物理对象 O。这个论断其实暗藏了一个预设，这就是知觉体验质的特征无非就是外在环境中物理对象具有的色声味等质的特征。根据这个说明，假

① R. Manzotti, *Consciousness and Objects*, p. 4.

设剥除了知觉体验中的物理对象及其质的特征，那么知觉体验就什么也不剩了。虽然曼佐蒂没有明确说明，但是他的论断无疑暗示了一个重要的论题，这就是知觉体验的“透明性”（transparency）。知觉“透明性”论断的要义是：当我们凭借内省审视特定的知觉体验时，我们会直接“看穿”经验，由此察觉到的只不过是知觉经验中外在对象的种种特征，而没有体验本身的任何特征。[①] 比如，对于一个红色苹果的视觉体验来说，内省揭示出的不外乎外在于体验者的那个苹果的特征，在此之外别无他者。的确，这是朴素的内省告诉我们的论断。而且某些当代哲学家也诉诸知觉体验中的“透明性”为意识的表征主义提供辩护。[②] 但是，知觉体验“透明性”的论断绝不是无可辩驳的。某些哲学家就认为，知觉体验并不是完全“透明的”，而是“半透明的”（diaphanous）。这就是说，基于对知觉经验的内省，虽然从现象层面讲色声味等所谓的“经验的质”完全被外在的物理对象所具有，但是知觉体验本身仍然残留着特定质的特征。早在100多年前，著名哲学家摩尔（G. E. Moore）就对知觉体验的半透明性提供了经典的说明：

> 当我们把注意聚焦在意识之上并且去清晰地审视它是什么的那一片刻，它似乎消失了；看起来似乎我们眼前的只是一片虚空。当我们试图去审视关于蓝色的感觉时，我们所看到的只有蓝色：其他的要素则是它们好似半透明的一般。但是倘若我们足够专注地去看，而且如果我们知道存在某些需要去搜寻的东西，它们则能够被区分出来。[③]

---

① 参见 William Lycan, “Representational Theories of Consciousness”, *The Stanford Encyclopedia of Philosophy* (Winter 2023 Edition), Edward N. Zalta & Uri Nodelman (eds.), URL = ⟨https://plato.stanford.edu/archives/win2023/entries/consciousness-representational/⟩。及 J. Heil, *The Universe as We Find It*, Oxford University Press, 2012, pp. 227-235。

② 参见 William Lycan, “Representational Theories of Consciousness”, *The Stanford Encyclopedia of Philosophy* (Winter 2023 Edition), Edward N. Zalta & Uri Nodelman (eds.), URL = ⟨https://plato.stanford.edu/archives/win2023/entries/consciousness-representational/⟩。及 J. Heil, *The Universe as We Find It*, pp. 227-235。

③ G. E. Moore, “The Refutation of Idealism”, *Mind*, 1903, 12, pp. 433-453.

摩尔的论断似乎暗示着，在剥去知觉经验中外在物理对象的质的特征之后，经验本身仍然还有某些内在的质的特征。正如埃文·汤普森（Evan Thompson）指出，当我们拥有视觉经验时，我们所觉知到的不仅是特定的外在对象，还有“看”（seeing）这个体验本身。① 因此，本身内在于知觉经验的不仅仅是特定的对象及其性质，还有觉知性（awareness）。根据印度哲学的某些传统，经验的觉知性是经验对其自身的“自我觉察”“反观自照”，或曰“自明性”（self-luminosity），在此之外不需要任何高阶意识状态或思维状态的参与（承认高阶意识状态或思维状态的参与会导致无穷倒退的问题）。② 也就是说，任何知觉状态不仅能够觉知外在的对象，还具有对于自身的觉知性。意识半透明性所揭示的大概就是经验本身的自我觉知性。这种经验本身的质（自我觉知性）明显不同于经验中对象所具有的质，比如苹果的红色。汤普森还指出，这种意识体验对它本身（而非意识体验中的对象）觉知性的强化会在清醒梦（lucid dreaming）的状态下发生。③ 这是一种独特的梦境，做梦者能够觉察到自己在做梦的状态，甚至对梦境内容施加一定的控制。在这种状态下，做梦者能够将注意转向梦的觉知性本身，而不论梦的内容是什么。对于某些藏传佛教睡梦瑜伽的修习者，他们能够在睡眠中进入一种没有任何对象（内容）的纯觉知的睡眠状态，并且保持高度的注意力。④ 这种睡梦体验的纯觉知性迥异于梦境体验对象所具有的质的特性（即梦中的“色声味”等）。可以这样说，不论知觉（包括幻觉和梦境等）经验中的对象是什么，该对象具有何种质的特征，任何经验都具有内在于它本身的觉知性。用一个通俗的类比来说明的话，觉知性和经验中具体内容的关系就如同沙盘和沙画的关系一样。因此，我们有理由认为，即使完全剥除经验中的对象及其质的特征，经验本身仍然会残留特定质的特征——也就是觉知性，故而知觉经验其实是“半透明的”。由此看来，意识—对象等同论所预设的知觉经验

---

① A. Frank, M. Gleiser and E. Thompson, *The Blind Spot*, The MIT Press, 2024, pp. 183-184.

② E. Thompson, *Waking, Dreaming, Being*, Columbia University Press, 2015, pp. 16-17.

③ Ibid., pp. 142-143.

④ Ibid., pp. 250-251.

“透明性”论题绝不是不证自明的。当然，笔者并不认为经验“透明性”论题本身就一定是错误的，只是想指出，如果要让意识—对象等同论经得起深入推敲，该理论的拥护者势必要对经验本身似乎所具有的“半透明性”给出合理的说明（比如将这种“觉知性”解释为经验者体内或者外部环境中的物理对象）。

三、意识—对象等同论的经验困境

在上文中，笔者考察了意识—对象等同论在概念层面面临的困境。在本节中，笔者将把考察的重点转向现实世界中的经验证据。曼佐蒂认为，意识—对象等同论具有强有力的经验解释力，不仅能够解释日常的知觉经验，还能够涵盖各种非常态的幻觉体验。但是笔者将在本节中指出，曼佐蒂的论断显然过于乐观了，因为他低估了现实中幻觉体验的复杂性。

（一）意识—对象等同论对幻觉和梦境的解释

根据意识—对象等同论的基本主张，不论是真实的（veridical）知觉体验，还是看似虚妄的幻觉体验，都等同于相应的物理对象。二者的区别仅仅在于：对于日常知觉经验来说，外部物理环境与知觉者身体相互作用的因果过程只有极短的时间延续，因此这类知觉经验能够满足我们各种的日常实践需要；而对于幻觉经验来说，从外部物理信号与体验者的感觉器官相互作用到相应对象的产生经历了相当漫长的时间间隔，在多数情况下外部环境中的声波、电磁波等物理刺激早已不复存在，因此这类体验中的物理对象无法服务于任何实践活动的需求。[①] 正是出于这个实用主义层面的考虑，人们将幻觉体验中的对象视为虚妄的。但是从形而上学的角度讲，在真实的知觉体验中我看到的放在桌面上的红色苹果和在幻视体验中“看到的”那个“红色苹果”并无实质的区别。具体来说，只要桌子上那个被称为“苹果”的“微粒

---

① R. Manzotti, *Consciousness and Objects*, pp. 131-140.

集团”反射出的电磁波（可见光）影响过我的视觉器官，那么在光锥之内上述的因果影响就不会消失，不论过去了多长时间，纵使桌面上那个被叫作“苹果”的“微粒群集”已经腐烂或者被吃掉。倘若条件具备，这种时间上延迟的因果影响就会以幻觉或梦境的形式呈现出来。

在日常的清醒状态下，我们的感觉器官和视觉神经系统不断经受着外部环境中物理信号的冲击，这种实时的、来自外部环境的持续因果影响阻断了过去的物理信号发挥影响的因果通路。但是在睡眠或者感觉剥夺等特殊情况下，外部物理信号与感觉器官、神经系统的因果作用被暂时切断，这样一来历史上的物理信号受到的抑制获得了解除，它们得以再次“破土而出”，重新作用于体验者的神经系统，由此产生出特定的梦境和幻觉体验。可见，曼佐蒂认为梦境和幻觉中那些看似不具有客观存在性的事物并不是基于大脑神经活动的纯粹内源性产物，而是在大脑与实时外部环境隔离的情况下，外部环境中曾经的物理信号与感觉器官和神经系统相互作用所产生的物理对象。由此看来，幻觉和梦境无非就是“延迟的知觉”。①

综上来看，意识—对象等同论对于幻觉和梦境的论断其实暗含了一个关键的假设，这就是任何出现于梦境和幻觉体验中的对象都在因果上依赖于在过去环境中物理信号与感觉器官的相互作用。比如，假设我梦到了一个“红色的苹果”，这必定是因为在过去我身边环境中被称为“苹果”的“微粒群集”反射出的可见光曾经影响过我的视觉器官和神经系统。通俗地说，意识—对象等同论蕴含着这样的论断：我们在梦境、幻觉中体验到的对象及其特性必然是我们曾经真实地看过、听过、闻过、尝过和摸过的；独立于感知觉经验、完全由大脑的内源性活动产生的体验是不存在的。②因此，在曼佐蒂看来，不论梦境、幻觉体验中的对象有多么奇怪和背离常理，我们总能在现实世界中找到相应的“原型”。需要指出的是，过去的物理信号延迟发挥作用的机制明显不同于实时环境中的物理信号影响有机体的机制，前者能够

---

① R. Manzotti, *Consciousness and Objects*, p. 140.

② Ibid., pp. 149-151.

以任意“组合”“拼凑”的方式作用于有机体的神经系统，正因如此我们梦到的事物才会表现得那么怪诞与不合常理。举例来说，在现实中我曾经在动物园中看到了灰色的大象、布满绿叶的大树以及飞翔的小鸟。在此后某个我酣然入梦之夜，这些曾经的感官事件将会共同地对我的神经系统发挥延迟性的影响，由此造就一个奇怪的产物——梦中那个绿色的并且会飞的大象。这个梦中的对象虽然看似奇怪，但是它完全没有超出我曾经接受过的外部感官刺激。它所具有的不同要素（即大象、绿色和飞行）完全是建立在已有的日常知觉经验之上的。对曼佐蒂来说，一切的梦境和幻觉体验都能够获得类似上述情形的解释，超越日常知觉经验的梦境、幻觉是不存在的。他根据幻觉中的对象及其特性与日常知觉经验的关联对幻觉的不同类型做出了如下的区分。①

（1）Ⅰ类日常幻觉：在这类幻觉中，体验者经验到了他曾经知觉到但是在幻觉体验发生时已经不再存在的事物。比如我在幻觉中“看到了”一个我曾经见过的“红苹果”。

（2）Ⅱ类日常幻觉：在这类幻觉中，体验者经验到了现实中并不存在的事物，但是它们的属性却来源于曾经真实知觉中事物的属性。上述的“绿色且会飞的大象”即属此类。

（3）Ⅰ类超常幻觉：在这类幻觉中，体验者经验到了他从未在日常知觉体验中经验过的事物，但是基于物理定律与神经生物基础，在现实中经验这类事物却是可能的。比如，我从未见过红色的事物也未见过苹果，却在幻觉中“看到了红苹果”。

（4）Ⅱ类超常幻觉：在这类幻觉中，体验者经验到了在现实的神经生理基础上不可能经验到的事物。比如我在幻觉体验中似乎感受到了苹果发出的红外线。

（5）Ⅲ类超常幻觉：在这类幻觉中，体验者经验到了逻辑上不可能的事物，比如四边的三角形。

---

① R. Manzotti, *The Spread Mind*, Chapter 5.

曼佐蒂断言，根据意识—对象等同论的基本蕴含，只有Ⅰ类与Ⅱ类日常幻觉是存在的，而上述的三类超常幻觉不可能存在。[①] 同时也没有任何确凿的经验证据表明超常幻觉的存在。这是因为，根据意识—对象等同论，任何幻觉体验都建立在历史上环境中的物理信号与感觉器官和神经系统的相互作用之上。然而对上述的三类超常幻觉而言，并不存在相应的身体与环境之间的历史相互作用，因此此类幻觉在现实中不会发生。曼佐蒂还指出，关于这三类超常幻觉的证据（比如先天性幻肢和先天盲人的梦境）都是经不起严格检验的传闻。[②] 笔者却认为，曼佐蒂的上述论断是为时过早的，因为确有某些经验证据表明特定类型的超常幻觉是存在的。这是下文将进行分析的问题。

（二）"感受到的在场者"幻觉

曼佐蒂坚称，任何幻觉体验都是建立在已经发生过的知觉经验之上的，因此无法归入已知感觉模态经验的超常幻觉是不存在的。但是，"感受到的在场者"（sensed presences，下文简称 SP）幻觉却给曼佐蒂的论断提出了一个明确的反例，这是因为 SP 幻觉体验明显并不从属于已知的五类感觉模态。[③]SP 幻觉是一种并不罕见的体验。在这种幻觉经验中体验者会感到自己身旁的空间中存在着一个奇特的、看不见的在场者，最关键的是体验者没有"看到""听到""闻到"或"摸到"这个在场者，也就是说 SP 幻觉并不是基于任何已知五感的经验，但是在 SP 幻觉中体验者仍然切切实实地感受到自己的身边有一个无形的、幽灵般的存在者。虽然 SP 幻觉并不具有任何基于感觉经验的成分，但是在体验者看来它并不是某种心灵或身体内在的感受，而是被投射到了身体周围的空间中，并且具有确切的空间位置和相对于体验者身体的距离（大约在几米甚至更小的尺度内）。在这种明确的"空间特性"之外，SP 幻觉的体验者甚至还感到这个在场者是一个意向性的能动者

---

① R. Manzotti, *The Spread Mind*, Chapter 5.

② Ibid., Chapter 6.

③ 关于 SP 幻觉，参见 James Allan Cheyne, "Sensed Presences", in *Hallucinations: Research and Practice*, edited by John Dirk Blom and Iris E. C. Sommer, Springer, 2012, pp. 219-234。

（intentional agent），其具有特定的目的、愿望和需求，这些需求和目的既有可能是“善意的”，也有可能是“恶意的”。SP 幻觉有可能发生在黑暗并且独处的环境下，比如夜晚的房间、昏暗的街道等。当然，在更多的情形下，SP 幻觉则是睡眠瘫痪（sleep paralysis）的伴随者。在睡眠瘫痪发生时，体验者会感到身体无法动弹，同时感到房间里有一个恶魔般的无形存在者似乎要加害自己，并且伴随着各种奇怪的幻视、幻听体验。此外，脑部肿瘤、癫痫和皮层损伤等因素都有可能诱发 SP 幻觉。通常情况下，SP 幻觉都是微弱且短暂的。但是在特定情形下，SP 幻觉会表现出明显的时长和强度。

这种 SP 幻觉体验给意识—对象等同论提出了一个明确的经验挑战。这是因为，根据意识—对象等同论的基本预设，任何幻觉体验都必定依赖于历史上感觉器官与外部环境的因果相互作用，因而一切幻觉无疑是基于已知感觉模态的体验，但 SP 幻觉显然不是。在 SP 幻觉中，体验者只是纯粹地感受到了一个具有空间位置和意向的存在者，但是这既不是“看到”“听到”，也不是“闻到”“摸到”，这说明了 SP 幻觉中的“在场者”显然是一个“无形”“无色”“无味”“无声”的幽灵般的“存在者”。感觉器官与环境曾经发生的相互作用似乎无法解释 SP 幻觉。因此，根据上文列举的曼佐蒂对幻觉类型的分类，SP 幻觉无疑应被归入Ⅱ类超常幻觉之列。

在这里，意识—对象等同论的拥护者大概会从以下的几个角度出发去解释 SP 幻觉，但是这些应对策略无助于让意识—对象等同论摆脱困境。一个最为肤浅的对策就是认为 SP 幻觉不过是基于过去对人影和物体影子的视觉经验，因此 SP 幻觉无非就是特定情形之下发生的延迟性的“影子视觉体验”。不可否认，SP 幻觉与对影子的视觉经验在现象特征层面或许有一些类似之处，特别是二者都具有“外在于体验者身体，处于临近环境空间之中”的现象学特征。但是这个说法完全无视了二者在现象学特征上的根本不同。最根本的是，由于对影子的知觉经验涉及“明暗感”这个视觉体验的独特现象特征，因此关于影子的知觉经验仍然无疑地从属于视觉模态。而对于 SP 幻觉来说，尽管其通常发生在黑暗的环境中，但是这种幻觉体验本身并不具有任何涉及明暗的现象特征，它是一种“非感觉模态性”的独特体验，体验者仅仅是纯粹地**感受到**自己的身边有一个有意向、具有能动性的个体，而这种感受并不基于五感模态中的任何一种。“延迟性的影子视觉”显然无法解释SP幻觉中体验者感受到的那种似乎存在的意向性和能动性。

另一种解释SP幻觉体验的方案则指出，这种幻觉体验实质是体验者自身“身体形象”（body image）的一种扭曲表达，这通常与体验者大脑皮层颞顶接合区（temporoparietal junction）的活动紊乱有关，该区域涉及将肢体传入的本体感受信号整合为适当的“身体形象”。[①] 根据这种假说，在睡眠瘫痪等特殊情况下，大脑皮层对本体感受信号的整合出现问题，因此在现象学层面上构造出了一个歪曲的躯体形象，其错误地表征了体验者身体在物理空间中的位置。意识—对象等同论的倡导者倘若把上述的假说借用过来，大概会对SP幻觉做出这样的解释：在SP幻觉中，体验者感受到的那个外部在场者实际上只是自己的“身体”，不过这是在大脑活动异常、并且自身身体延迟发挥因果影响条件下的产物。该方案能够解释为什么SP幻觉并不从属于五感模态中的任何一种，这是因为SP幻觉本身就是曾经的本体感受（而非常规的五感）延迟发挥作用的结果。但是这种解释有着很大的局限性。首先在SP幻觉中，体验者并不会感到那个无形的“外部存在者”就是自己熟悉的身体，相反则会觉得它是一个生疏的个体，与自己的身体毫不相似，甚至还要“袭击自己”。更重要的一点是，诉诸“身体形象”解释SP幻觉忽视了这种幻觉体验本身一个重要的现象特征，那就是体验者普遍感到那个幽灵似的存在者具有目的性、意向性和能动性，而基于本体感受信号建立的自身身体形象无疑在现象学层面上不具有这些特征。可见，SP幻觉难以被解释为自身的“身体形象”。

还有一种观点认为SP幻觉是一种对他人社会形象，或者说“他者感”（sense of the other）的幻觉式表达，其采取了空间性幻觉的形式。[②] 这种学说

---

① James Allan Cheyne, “Sensed Presences”, in *Hallucinations: Research and Practice*, edited by John Dirk Blom and Iris E. C. Sommer, pp. 220-221.

② Tore Nielsen, “Felt Presence: Paranoid Delusion or Hallucinatory Social Imagery?” *Consciousness and Cognition*, 2007, 16(4), pp. 975-983.

认为，在我们日常与他人的社会互动中，不仅感受到了他人物理的身体，也就是通过基于五感的知觉捕捉他人的外貌、表情、言语、动作和其他外在行为，还通过共情机制（大概是基于镜像神经元的活动）领会他人内心的情绪和意向性心理活动。据此，在基于五感的知觉之外，共情也是一种重要的认知官能。因此，在这种假说看来，SP 幻觉其实是大脑在运转失常的情况下构造出的一个虚幻的“无身体社会性个体”，由此赋予了它“意向性的心理活动”和相应的“空间特征”。笔者认为，这是一个自洽且有趣的假说，它能够很好地解释 SP 幻觉一个显著的现象特征，这就是体验者普遍感到那个无形的“个体”具有意向性、目的性的心理活动。基于这个假说，在意识—对象等同论的框架下，SP 幻觉大概可以被解释为特定情形下的“延迟性共情体验”，其中的对象就是一个（延迟性的）拥有意向性心理活动和目的性的社会个体。但是这个假说对于意识—对象等同论来说并无实质的助益。这是因为，曼佐蒂认为一切意识经验都是感官知觉经验，而一切知觉经验都等同于外部环境中的物理对象，这种说法似乎并不明确地适用于情绪以及信念、愿望等意向性的心理活动。对于意识—对象等同论是否适用于信念及愿望等意向性心理活动，曼佐蒂没有给出明确的回答。除非意识—对象等同的理论框架同样适用于情绪和意向性的心理活动，否则将 SP 幻觉解释为“社会形象感”（“他者感”）并不能帮助意识—对象等同论应对 SP 幻觉提出的经验挑战。

当然，意识—对象等同论的支持者可以采纳一个更为直截了当的方案，那就是 SP 幻觉根本不是真正的幻觉体验，而是一种偏执性的“妄念”（delusion），也就是说其本质是一种顽固的、无法摆脱的错误信念。[①] 这样一来，在 SP 幻觉中，体验者声称自己“**感受到**房间角落有一个无形的、幽灵般的存在者”，实质上只是意味着他执着地并且无理由地**相信**房间的角落有一个无形的、幽灵般的存在者。这种假说轻而易举地解释了 SP 幻觉为何并

① J. Allan Cheyne and Todd A. Girard, “The Nature and Varieties of Felt Presence Experience: A Reply to Nielsen”, *Consciousness and Cognition*, 2007, 16(4), pp. 984-991.

不从属于任何已知的感觉模态，这是因为它本身并不是真正的幻觉体验，只是顽固的错误信念，而真正的幻觉必定是基于已知感觉模态（即常规五感和本体感受等）的体验。倘若这个假说成立的话，那么这无疑消解了 SP 幻觉对意识—对象等同论带来的解释困境。但是，这种关于 SP 幻觉的“妄念”假说并不适用于所有的个例。的确，该假说或许能够解释在黑暗、独处以及睡眠瘫痪等自然条件下自发性的 SP 幻觉，但是却明显不适用于通过实验人工诱发 SP 幻觉的情形。神经科学家珀辛格（Michael Persinger）及合作者通过对受试者的右脑施加复杂弱磁场的刺激同样诱发了 SP 幻觉。[①] 当然有批评者指出，由于实验设计上的疏漏，这纯粹是心理暗示的结果而不是磁场的作用。[②] 但是，不论在实验情形下 SP 幻觉的产生是基于磁场作用还是心理暗示，这都揭示了一个重要的道理：**在人工实验条件下，受试者显然不会相信自己身边真的存在一个“无形的主体”，他们无疑坚定地认为这只是幻觉（不论是否相信这个幻觉是大脑皮层的磁刺激所诱发的），但是他们仍然切切实实地感受到了这个“无形的存在者”**。这足以说明“妄念说”不足以解释实验条件下诱发的 SP 幻觉。因此，我们可以肯定地讲，至少某些 SP 幻觉的个例并不是顽固的错误信念，而是切切实实的感受，当然并不是基于常规感觉模态的感受。

综上来看，由于 SP 幻觉是一种真正独立于已知感觉模态的幻觉体验，而且意识—对象等同论认为一切幻觉都建立在历史上物理信号与感觉器官的因果相互作用之上，因此在意识—对象等同论的现有理论框架下，SP 幻觉并不能获得一个令人满意的解释。SP 幻觉体验无疑对意识—对象等同论提出了一个值得重视的经验挑战。

---

① Michael A. Persinger and Faye Healey, “Experimental Facilitation of the Sensed Presence: Possible Intercalation Between the Hemispheres Induced by Complex Magnetic Fields”, *Journal of Nervous and Mental Disease,* 2002 Aug, 190(8), pp. 533-541.

② L. S. ST.-Pierre and M. A. Persinger, “Experimental Facilitation of the Sensed Presence is Predicted by the Specific Patterns of the Applied Magnetic Fields, Not by Suggestibility”, *International Journal of Neuroscience,* 2006, 116, pp. 1079-1096.

（三）冗余性幻肢

幻肢（phantom limbs）是一种独特的幻觉体验，这种体验通常发生在经历过截肢手术的患者身上。对很多被截肢的患者来说，即使相应的物理肢体已经被切除，但他仍然在主观上感到被摘除的肢体还存在，不仅具有相应的本体感受，还具有痛痒感和冷热感。有的患者还能够操纵相关幻肢的“伸展”和“其他运动”。正统的神经科学提出了诸多解释这种奇特现象的假说，具体的细节这里不予赘述，但是这些假说无一不是诉诸脑内的神经表征机制。[①] 但在这个问题上，曼佐蒂却反其道而行之，他认为幻肢现象表面上说明了某些意识体验是纯粹的脑内现象，但实质上这种现象能够在意识—对象等同论这种极端外在论的理论框架下得到融贯的解释。[②]

意识—对象等同论解释截肢者幻肢体验的基本思路是：被截肢者感受到的幻肢仍然是现实的物理对象，即使生物学意义上的肢体已经不复存在，但是曾经由血肉肢体输入的本体感受信号（以及其他物理信号）仍然在光锥之内发挥着延迟性的因果影响，它们作用于体验者的大脑皮层，由此生成了奇特的“无形肢体”，但它们却是切切实实存在于原有血肉肢体空间位置的物理对象。而且，截肢手术为这种延迟性的因果影响提供了必要的条件，这是因为：在血肉肢体存在的情况下，实时输入的本体感受信号阻断了历史上物理信号的延迟影响，但是在血肉肢体被切除的情况下，则会发生传入神经的阻断（deafferentation），也就是说实时的本体感受信号（或其他物理信号）的输入被切断，这样也就解除了历史上信号延迟发挥因果影响所受的抑制，使得它们得以作用于体验者的神经系统。因此通俗地讲，根据意识—对象等同论，幻肢体验无非就是曾经的血肉肢体延迟发挥影响带来的产物，它与我们日常对肢体的本体感受并无实质不同，唯一的区别只是时间间隔的长度。

曼佐蒂据此认为，幻肢体验产生的因果基础在于曾经存在的生物学肢

---

① 参见 Peter Brugger, “Phantom Limb, Phantom Body, Phantom Self: A Phenomenology of ‘Body Hallucinations’”, in *Hallucinations: Research and Practice*, edited by John Dirk Blom and Iris E. C. Sommer, Springer, 2012, pp. 203-218。

② R. Manzotti, *The Spread Mind*, Chapter 6.

体接受的物理信号输入，如果没有血肉肢体曾经的存在（及其接受的外部物理信号输入），那么幻肢体验则不可能发生。纯粹的大脑内源性神经活动不可能创造出这样的体验。因此在他看来，严格意义上的先天无肢体者不可能拥有幻肢体验，那些所谓的先天性幻肢的案例原则上都可以解释为先天发育不全的肢体残端的信号输入以及视觉信号输入的共同作用。[①] 的确，目前有着明确记载的先天性幻肢案例在原则上都能够在曼佐蒂的解释方案下获得合理说明。但是，曼佐蒂却忽视了另一类独特的幻肢体验，也就是“冗余性幻肢”（supernumerary phantom limbs）现象[②]，这种现象似乎无法在曼佐蒂现有的理论框架下得到解释。

对于“冗余性幻肢”的体验者来说，他们会感到在自己现存的血肉肢体之外又多出了额外的“无形肢体”，它们同样有着主观上十分真实的本体感受。脊髓损伤、中风导致的脑损伤都有可能诱发“冗余性幻肢”体验的产生。在某个案例中，患者在脊髓损伤引发的不完全四肢截瘫情况下感受到了生动的自发性双侧幻臂（phantom-arm）感。[③] 对该患者来说，他的生物肢体仍然存在，不完全截瘫虽然在一定程度上影响了外部物理信号的传入，但是实时的信号传入仍然是没有间断的，因此他无疑具有对自己生理肢体的本体感受，但是在此之外他却感到自己“长出”了生理肢体之外的“无形肢体”。质疑者可能会认为，患者的生物肢体已经彻底麻痹因而失去了本体感受，他之所以感受到仍然具有生物肢体是由于视觉信号的输入，因此在本体感受层面上患者感受到的仅仅是“幻臂”，在此之外并不涉及生理手臂。但是这个意见是不符合事实的。因为在这个案例中，患者用生理手臂去“触摸幻臂”，在这种情况下“幻臂”会沿着触摸的方向转移。[④] 倘若患者不具有对生理手

---

① R. Manzotti, *The Spread Mind*, Chapter 6.

② Peter Brugger, “Phantom Limb, Phantom Body, Phantom Self: A Phenomenology of ‘Body Hallucinations’”, in *Hallucinations: Research and Practice*, edited by John Dirk Blom and Iris E. C. Sommer, Springer, 2012, pp. 209-211.

③ A. Curt, C. Ngo Yengue, L. M. Hilti and P. Brugger, “Supernumerary Phantom Limbs in Spinal Cord Injury”, *Spinal Cord*, 2011(49), pp. 588-595.

④ Ibid., p. 590.

臂的本体感受，那么他不可能做到这种“触摸”的行为。根据意识—对象等同论，他对日常四肢的本体感受无疑来自生理肢体传入的物理信号，如果额外“幻臂”的产生也是基于历史上曾经传入的本体感受信号，那么这些信号究竟来自哪里？按照意识—对象等同论现有的理论框架，要解释“冗余性幻肢”现象，我们只能假定体验者生来（在子宫内）就具有正常四肢之外的生理肢体，是它们传入的物理信号延迟发挥影响，造就了“冗余性幻肢”的体验，只是它们最终没有获得完全的发育或者由于某些特殊原因而衰退消失了。但是这显然是一个十分荒谬的想法，目前也并无任何证据表明“冗余性幻肢”的体验者曾经拥有过正常四肢之外的额外生理肢体。

当然，意识—对象等同论的拥护者大概可以从另一个角度解释“冗余性幻肢”现象。毕竟大脑有着极度的复杂性，我们对其本身的运作机制就可谓知之甚少，更不用说外部物理信号如何与大脑相互作用产生知觉经验中的物理对象了。因此，我们无法从原则上否认“冗余性幻肢”是一种跨模态的现象，也就是说它的产生并不是基于生理肢体传入的物理信号，而是基于其他感觉模态（特别是视觉模态）信号的输入。这就意味着，在某些大脑运转异常的情况下，或许视觉信号的输入与大脑皮层相互作用产生了“无形的肢体”。的确，很多的经验证据表明，纯粹的视觉信号输入能够改变体验者的本体感受甚至是对身体的拥有感，“橡胶手错觉”（rubber hand illusion）就是一个很典型的例子。[①] 这的确是一个概念上自洽的观点，但并不适用于现实的经验案例。在上文所述的案例中，根据体验者自述，注视麻痹的生理肢体（或者幻肢被感受到的“空间区域”）并不会影响与本体感受和姿势相关的主观体验。研究者进一步通过“橡胶手”实验对他进行测试，实验同样说明了视觉信号的输入并不会影响患者自发感受到的幻肢体验。[②] 因此不同于那些

① 在“橡胶手”实验中，实验者将受试者的生理右手遮住，并且在适当位置放置一只橡胶假手，让橡胶手和他的生理左手都处在自身的视线范围内。然后实验者用刷子同时轻扫受试者的生理左手和橡胶手，受试者会在短时间内产生橡胶手好像也是自己身体一部分的感受。

② A. Curt, C. Ngo Yengue, L. M. Hilti and P. Brugger, “Supernumerary Phantom Limbs in Spinal Cord Injury”, *Spinal Cord*, 2011(49), pp. 593-594.

神经科学家所标榜的“视觉信号输入影响了本体感受和身体形象”的例子，在上文所述的案例中，我们可以断定，患者“冗余性幻肢”体验的产生不大可能是基于视觉信号的跨模态影响。如果已知的外部物理信号输入（不论是实时性还是延迟性的）无法解释特定的“冗余性幻肢”案例，那么这个现象自然构成了对意识—对象等同论的经验挑战。当然，意识—对象等同论的支持者能否给出回应这个挑战的方案有待进一步的探索。

四、结论

笔者在本文中从概念和经验两个维度考察了意识—对象等同论面临的挑战和困境，指出在概念层面上：（1）该理论并未消除意识—物理解释鸿沟，而仅仅是将解释鸿沟从脑内转移到了脑外；（2）该理论将知觉体验等同于外在的物理对象，因而忽视了知觉体验本身的“觉知性”。从经验角度看，意识—对象等同论的现有版本由于承诺了幻觉是延迟性感官知觉的观点，因此难以对“感受到的在场者”幻觉和“冗余性幻肢”现象提供合理的解释。据此，现有版本的意识—对象等同论虽然极具新颖性，但绝不是一个完备的关于意识的形而上学理论。

当然，本文对意识—对象等同论的批评绝不意味着笔者认为仅仅由于现有的概念和经验困境，该理论就应该被抛弃。相反，笔者认为现有版本理论遭遇的这些困境为我们进一步充实、完善意识—对象等同论提供了新的理论方向。对此，笔者只能简略地提出一些粗糙甚至是幼稚的构想。比如，要真正地填补解释鸿沟，我们或许可以假定潜藏在“物理学世界”背后的quiddity是某种特定的“原声”“原色”，它们本身并不是声音和颜色，但是能够在特定的因果语境中产生构成我们知觉体验的声音和颜色。另外，体验“自我觉知”的质本身就是世界上不可还原解释的基本特征。从这个意义上，意识—对象等同论已经不再是纯粹的物理主义，而是被扩展成了某种版本的泛心论或者中立一元论。

对于现有意识—对象等同论的经验困境，我们或许可以假设在已知的感官知觉之外，还存在着更为基本的非感官知觉，这种更基本的知觉官能在因果路径上完全不需借助已知的感觉器官。我们可以设想，SP幻觉和“冗余性幻肢”都是这种非感官知觉的产物。这种观点虽然具有玄幻色彩，但无疑是自洽的。至于其能否与意识—对象等同论成功嫁接，以及如何为其做出经验和概念层面的深入辩护，则有待进一步的理论研究去回答。

基因编辑与潜在的人的非同一性问题

詹心怡 *

内容提要：关于基因编辑的伦理讨论一般会预设“无论是否对某个胚胎进行基因编辑，此胚胎都将发育成为同一个人”。然而，这一预设并不成立。由于进行生殖细胞基因编辑的时间早于相应的人类个体开始存在的时间，基因编辑所涉及的人类个体是潜在的。我们对于同一性的判断总是要从某个参照物出发，而无法谈论不存在之物的同一性。对于潜在的人而言，同一性判断的参照物就是其开始存在的那一刻的性质和状态。因此任何影响潜在的人开始存在的那一刻的性质和状态的事件，包括基因编辑，都会导致不同的人的产生。基于此，关于基因编辑的经典伦理主张对于被编辑者的福祉关怀是失效的。

关键词：基因编辑　个人同一性　非同一性问题　动物主义

一、引言

关于基因编辑的伦理讨论通常会考虑被编辑者的福祉。一些支持生殖细

---

* 詹心怡，北京大学哲学系博士研究生，主要研究领域为形而上学与心灵哲学。

胞基因编辑（germline genetic editing）[①]的伦理学家认为，通过基因编辑来避免遗传疾病，相当于治愈了本具有基因缺陷的那个胚胎，从而能够使被编辑者获得利益。[②]而一些反对基因编辑的伦理学家则指出，基因编辑有伤害被编辑者的风险，因此应当选择使用其他技术（例如基因筛选[③]）来避免遗传疾病。[④]这两个相对立的主张都基于一个共同的前提：基因编辑会影响特定的人的福祉。而这一前提预设了基因编辑不会影响个人同一性，即，无论是否对某个胚胎进行基因编辑，此胚胎都将发育成为同一个人。[⑤]

本文将论证这一预设并不成立，生殖细胞基因编辑会引起非同一性问题（the non-identity problem），即，进行基因编辑与否将导致不同的人的存在。[⑥]同样认为基因编辑会引起非同一性问题的哲学家有斯帕罗（Robert Sparrow）、道格拉斯（Thomas Douglas）和德沃尔代（Katrien Devolder），不过他们所基于的理由都是基因编辑的实践场景通常包含了某种筛选的过程。斯帕罗指出，由于父母想要一个没有基因缺陷的受精卵，因此假如不对某个有基因缺陷的配子进行编辑，那么这个配子就不会被选中进行精卵结合。[⑦]道格拉斯

① 本文所关注的是生殖细胞基因编辑，而非体细胞基因编辑（somatic gene editing）。二者所编辑的细胞类型不同，前者编辑的是生殖细胞，后者编辑的是已成熟的体细胞。二者进行的时间不同，生殖细胞基因编辑进行的时间通常在精卵结合之前或精卵结合后的早期胚胎阶段，而体细胞基因编辑进行的时间可以是完成分化后的胚胎发育时期、出生后的婴幼儿时期，甚至成年以后。

② 参见 C. Gyngell & J. Savulescu, “The Simple Case for Germline Gene Editing”, *Genes for Life*, Vol. 17, 2017, p. 33。

③ 基因编辑和基因筛选的区别在于，基因编辑是对本具有基因缺陷的特定胚胎的基因组特定目标进行修饰，而基因筛选是在不同胚胎之间进行选择，选出某个本就没有基因缺陷的胚胎。在关于基因技术的伦理讨论中，一般认为基因编辑会影响特定的孩子的福祉，而基因筛选不会影响特定的孩子的福祉。基于此，一些伦理学家认为基因筛选在道德上优于基因编辑，因为基因编辑有伤害特定的孩子的风险，而基因筛选没有伤害特定的孩子的风险。不过，类似的理由也可以被用来支持相反的结论：由于基因编辑能够使特定的孩子获得利益，而基因筛选不能使特定的孩子获得利益，因此一些伦理学家认为基因编辑在道德上优于基因筛选。

④ 参见 J. Savulescu, et al., “Behavioural Genetics: Why Eugenic Selection Is Preferable to Enhancement”, *Journal of Applied Philosophy*, Vol. 23, No. 2, 2006, pp. 157-171。

⑤ 参见王昱洲：《基因编辑与基因筛选对人影响的伦理差异研究》，《自然辩证法研究》2023 年第 3 期。

⑥ 关于非同一性问题的一般性论述，参见 D. Parfit, *Reasons and Persons*, Oxford University Press, 1984, pp. 315-316。

⑦ 参见 R. Sparrow, “Human Germline Genome Editing: On the Nature of Our Reasons to Genome Edit”, *The American Journal of Bioethics*, Vol. 22, No. 9, 2022, pp. 9-10。

和德沃尔代指出，假如没有进行基因编辑，那个具有基因缺陷的孩子就不会出生，因为父母会选择通过其他手段来生育一个健康的孩子。[①] 在这个意义上，是否进行基因编辑决定了不同的人的存在。不过在上述论证中，对于个人同一性的影响归根结底还是由筛选造成的。我们应更为严格地考虑基因编辑本身是否会影响个人同一性，因为尽管在实践中基因编辑的过程通常涉及筛选，但在原则上基因编辑并不必然蕴含筛选。可以设想无论进行基因编辑与否，原来的配子都会继续结合并发育，这时我们需要考虑的是基因编辑本身对于个人同一性的影响。

为论证基因编辑本身会影响个人同一性，本文将首先分析与基因编辑相关的究竟是何种同一性问题。通过考察并比较人类个体开始存在的时间与进行基因编辑的时间，本文将说明在进行生殖细胞基因编辑时相应的人类个体尚未开始存在（第二节）。因此，相关的同一性问题是潜在的人的同一性问题，而非存在的人的同一性问题。接着本文将论证潜在的人的同一性与存在的人的同一性具有不同的特点，前者对于相关性质及状态的变化是敏感的，基因编辑所引发的性质及状态的变化会导致不同的人的产生（第三节）。最后将展现对于本文论点的可能的反驳以及回应（第四节）。

二、开始存在的时间与基因编辑的时间

本节将说明生殖细胞基因编辑是在相应的人类个体开始存在之前进行的。何时开始存在是一个重要的时间节点——在特定的人类个体开始存在之前，我们对其同一性的讨论是潜在的人的同一性问题；而在特定的人类个体开始存在之后，我们对其同一性的讨论则是存在的人的同一性问题。生殖细胞基因编辑所涉及的是潜在的人的同一性问题。

---

① 参见 T. Douglas and K. Devolder, "Gene Editing, Identity and Benefit", *The Philosophical Quarterly*, Vol. 72, No. 2, 2022, pp. 313-314。

1. 人类个体何时开始存在?

我们对于“人类个体何时开始存在”这一问题的回答，取决于我们将人类个体视为什么样的存在物。对于后一个问题，主要有两种竞争性的主张：心理观点（the psychological view）和动物主义（animalism）。根据心理观点，人类个体是一个具有某些心理能力的人（person），于是具有相应心理能力的那个人开始存在的时间就是人类个体开始存在的时间。[①] 根据动物主义，人类个体是一个作为生命有机体的人类动物（human animal），于是相应的生命有机体开始存在的时间就是那个人类个体开始存在的时间。[②] 本文对于这两个主张持中立态度，将分别考察心理观点的主张者和动物主义者会如何回答“人类个体何时开始存在”这一问题。

对于心理观点的主张者而言，上述问题可以被转化为“那个具有相应心理能力的人何时开始存在”这一问题。心理观点要求人具有记忆、意图、欲望、信念等心理能力[③]，而胎儿与刚出生的婴儿并不具有这些心理能力。因此根据心理观点，胎儿与刚出生的婴儿都还不是人类个体，直到婴幼儿发育出了相应的心理能力时，相应的人类个体才真正开始存在。

而对于动物主义者而言，上述问题可被转化为“那个作为生命有机体的人类动物何时开始存在”这一问题。通常人们会认为，在精卵结合之后那个开始发育的受精卵就是最初的生命有机体，即人类动物。不过这种观点会面临这样一个困难：在十六细胞阶段（sixteen-cell stage）之前，一个受精卵有

---

① 关于心理观点的主张，参见 D. Parfit, *Reasons and Persons*, Oxford University Press, 1984, pp. 205-206; D. Parfit, “We Are Not Human Beings”, *Philosophy*, Vol. 87, No. 1, 2012, pp. 5-28; T. Nagel, *The View from Nowhere*, Oxford University Press, 1986, pp. 32-66 等。

② 关于动物主义的主张，参见 P. F. Snowdon, “Persons, Animals, and Ourselves”, in *The Person and the Human Mind*, edited by Christopher G. Clarendon, 1990, pp. 83-107; P. Van Inwagen, *Material Beings*, Cornell University Press, 1990; E. Olson, *The Human Animal: Personal Identity Without Psychology*, Oxford University Press, 1997 等。

③ 根据心理观点，人的历时同一性的标准是心理连续性（psychological continuity）。在 t2 时刻的人 S2 与在 t1 时刻的人 S1 具有心理连续性，意味着 S2 与 S1 之间存在着强心理联系性（strong psychological connectedness）的重叠链（overlapping chains）。而 S2 与 S1 之间有强心理联系性，意味着 S2 与 S1 的记忆、意图、欲望、信念等心理状态至少保持数量过半地一致，这预设了人具有相应的心理能力。

可能分裂（split）成同卵双（多）胞胎。[①] 如果认为生命有机体从受精卵形成时就开始存在，那么分裂前的有机体 O 就应历时同一于分裂后的有机体 O_1 和有机体 O_2（O_1 和 O_2 是同卵双胞胎）。而根据同一性的可传递原则，若 O 同一于 O_1，且 O 同一于 O_2，则 O_1 同一于 O_2。但同卵双胞胎显然是两个生命有机体，尽管 O_1 和 O_2 的性质极其相似，但这仅仅意味着二者具有相似性（similarity）或质的同一性（qualitative identity），而不具有数的同一性（numerical identity）。[②] 而个人同一性问题所关心的正是数的同一性。基于此，德格拉齐亚（David DeGrazia）认为相应的生命有机体开始存在的时间应为独特个体化（unique individuation）完成的时间，因为此时的胚胎不再可能分化成为双（多）胞胎。这一时间介于十六细胞阶段和胚胎的所有部分完成分化（即，形成原条）的时间之间。[③]

需要说明的是，尽管大多数的受精卵事实上不会分裂成同卵双（多）胞胎，但并不能由此认为这些受精卵所发育成为的人类个体开始存在的时间要早于其独特个体化完成的时间。因为只要还有分裂成为两个人类个体的可能性，这个受精卵就只能被视为一个细胞，而不能被视为一个人类个体。如果将十六细胞阶段之前的某些受精卵（这些受精卵事实上不会分裂）视为人类个体，那么就需要承认一个人类个体有可能分裂成为两个人类个体，并且分裂前的那一个人类个体分别与分裂后的两个人类个体都具有历时同一性。而根据数的同一性的可传递性原则，进而需要承认如下情况是可能的：分裂后同时存在的两个人类个体之间具有数的同一性。然而，“同时存在的两个人是同一个人”具有逻辑谬误，从而是不可能的。因此，不论受精卵在事实上是否发生分裂，相应的人类个体都在独特个体化完成之后才开始存在。

---

① 十六细胞阶段大约在精卵结合后的第 14 天或第 15 天，是受精卵开始分化（differentiate）的时间，此时部分细胞分化为胎儿，部分细胞分化为胎盘。参见 D. DeGrazia, *Human Identity and Bioethics*, Cambridge University Press, 2005, p. 251。

② 两个或多个事物之间可以具有质的同一性，具有质的同一性的事物之间共享相同的性质。而数的同一性只存在于一个事物和其自身之间。

③ 参见 D. DeGrazia, *Human Identity and Bioethics*, p. 253。

2. 何时进行基因编辑？

目前进行生殖细胞基因编辑的时机通常是精卵结合时或精卵结合前。在精卵结合时，进行基因编辑的对象是早期阶段的胚胎。[1] 在精卵结合前，进行基因编辑的对象是尚未发育完全的精子或卵子。[2] 而胚胎发育的中后期并非理想的基因编辑时机，因为这时的编辑效果不稳定，更有可能导致嵌合体（mosaicism）问题，即一部分细胞被编辑而另一部分细胞未被编辑，从而使一个胚胎具有不止一种基因型。[3] 而在精卵结合之前进行基因编辑则能够避免嵌合体问题。[4] 不过，我们也不能排除未来出现在胚胎发育的中后期也能从整体上改变个体基因的技术的可能性。

而无论基因编辑进行于精卵结合时还是精卵结合前，其进行的时间都早于独特个体化完成的时间（即，根据动物主义，人类个体开始存在的时间），更远远早于发育出相应心理能力的时间（即，根据心理观点，人类个体开始存在的时间）。因此，无论是根据动物主义还是根据心理观点，进行生殖细胞基因编辑的时间都在相应的人类个体开始存在之前（见图 1）。

图 1

由于在进行生殖细胞基因编辑时相应的人类个体尚未开始存在，因此当我们讨论生殖细胞基因编辑对个人同一性的影响时，所讨论的是潜在的人的

---

① 例如，贺建奎团队使用 CRISPR–Cas9 系统对 CCR5 基因的修饰是在精卵结合后立即进行的。参见 I. Gostimskaya, "CRISPR–Cas9: A History of Its Discovery and Ethical Considerations of Its Use in Genome Editing", *Biochemistry (Moscow)*, Vol. 87, No. 8, 2022, p. 783。

② 参见 R. Vassena, et al., "Genome Engineering Through CRISPR/Cas9 Technology in the Human Germline and Pluripotent Stem Cells", *Human Reproduction Update*, Vol. 22, No. 4, 2016, pp. 414-415。

③ 参见 M. Mehravar, et al., "Mosaicism in CRISPR/Cas9-mediated Genome Editing", *Developmental Biology*, Vol. 445, No. 2, 2019, pp. 156-162。

④ 参见 R. Sparrow, "Human Germline Genome Editing: On the Nature of Our Reasons to Genome Edit", *The American Journal of Bioethics*, Vol. 22, No. 9, 2022, p. 8。

同一性问题，而非存在的人的同一性问题。当然，受精卵作为细胞确实是已存在的个体，但是就它未来可能发育成的人类个体而言，它又仅仅是潜在的人。当我们讨论生殖细胞基因编辑对同一性的影响时，所关心的是个人同一性，即未来的人类个体的同一性，而不是细胞的同一性。

三、存在的人的同一性与潜在的人的同一性

如前所述，在关于基因编辑到底是增进还是减损了被编辑者的福祉的伦理讨论中，争论双方共同预设了“基因编辑前后的胚胎所成长成为的个体是同一个人”这一观点。这一预设中的“同一个人”所要求的是数的同一性，而非质的同一性或相似性。与人相关的数的同一性大致可区分为两类：历时同一性和反事实同一性。历时同一性指的是处于不同的时间点的人之间具有数的同一性；反事实同一性指的是处于反事实情况下的人与处于现实情况下的相应的人具有数的同一性。相应地，上述预设有两种可能的理解方式：

（1）进行基因编辑之前的胚胎 E，和进行基因编辑之后的胚胎所发育成为的人 H，E 与 H 具有历时同一性。

（2）胚胎 E 在进行了基因编辑的情况下所发育成为的人 H_1，和胚胎 E 在不进行基因编辑的情况下所发育成为的人 H_2，H_1 与 H_2 具有反事实同一性。

按照第一种理解方式，该预设不成立。因为进行基因编辑之前的早期胚胎尚未完成独特个体化，仍有分裂成双（多）胞胎的可能性，因此只能被视为一个细胞，而不能被视为一个人类个体。数的同一性只存在于一个事物和其自身之间，而一个细胞与一个人类个体在类型上就有所差异，因此二者之间显然不具有数的同一性。

按照第二种理解方式，该预设混淆了存在的人的同一性问题与潜在的人的同一性问题。根据德格拉齐亚的观点，存在的人的同一性与潜在的人的同一性具有不同的特性，前者具有稳健性（robustness），而后者具有脆弱性（fragility）。[①] 稳健性指的是即便个体的大部分性质发生变化，该个体仍可以

---

① 参见 D. DeGrazia, *Human Identity and Bioethics*, p. 257。

持续存在。在体细胞基因编辑的案例中，一个已经存在的人的同一性具有稳健性，这意味着她可以在许多基因变化中存活下来。脆弱性则意味着个人同一性对于其性质变化是敏感的，当个体的性质发生细微的变化时，原来的个体就会消失，而新的个体则会诞生。在生殖细胞基因编辑的案例中，尚未开始存在的孩子的同一性具有脆弱性，不同的基因的可能性对应着不同的孩子获得存在的可能性。

虽然德格拉齐亚自己并未对这种观点进行辩护，但他将这个区分对于同一性的重要意义追溯至克里普克（Saul Aaron Kripke）对于起源的强调。根据克里普克的说法，"任何来自不同起源的东西，都不会是同一个东西"[①]。人们可以想象伊丽莎白二世从未成为女王，或者有着与实际经历完全不同的人生经历，但很难想象她由不同的父母所生，或是来源于完全不同的精子和卵子。劳尼斯（Veikko Launis）将克里普克的这一主张理解为"我们不可能有与实际基因起源不同的基因起源"[②]。换言之，相同的基因起源对于个人同一性而言是必要的。在人类个体开始存在的那一刻，其起源得到了确定，此后其同一性具有稳健性。

为什么开始存在的时间节点（起源）如此重要？这是因为我们对于潜在的人和存在的人的同一性问题的思考方式有着重要的差别。对于存在的人，我们能够有意义地考虑在某些反事实情形下的那个人还是不是实际情形中的那个人。例如，我们可以讨论假如柏拉图没有成为苏格拉底的学生，或者没有创建学园，在这样的反事实情形下的柏拉图与实际情形中的柏拉图还是不是同一个人（见图 2）。通常我们会认为，即便柏拉图有着不同的人生境遇，也并不影响他的个人同一性。而我们做出这一判断的根据在于，我们假设了某人的任何可能的历史都是他在某个时刻实际所处状态的可能的时空和因果延伸。[③] 例如，我们说柏拉图本可能不创建学园，这意味着柏拉图在其实际

---

① S. Kripke, *Naming and Necessity*, Cambridge, Harvard University Press, 1980, p. 113.

② V. Launis, "The Use of Genetic Test Information in Insurance: The Argument from Indistinguishability Reconsidered", *Sci Eng Ethics*, Vol. 6, 2000, p. 305.

③ 参见 B. Brody, *Identity and Essence*, Princeton University Press, 1980, pp. 114-115, 121。

存在的某个时刻 t_1 有两个选择——既可以创建学园，也可以不创建学园。在做出这一选择之前（t_1 之前），柏拉图已经存在了一段时间，他已经度过了孩童时期，也已经跟随苏格拉底学习了多年。无论创建学园这一事件发生与否，所导致的后续状态都能与柏拉图过去的状态保持某种连续性，因而我们认为任一选择都不会影响他的个人同一性。

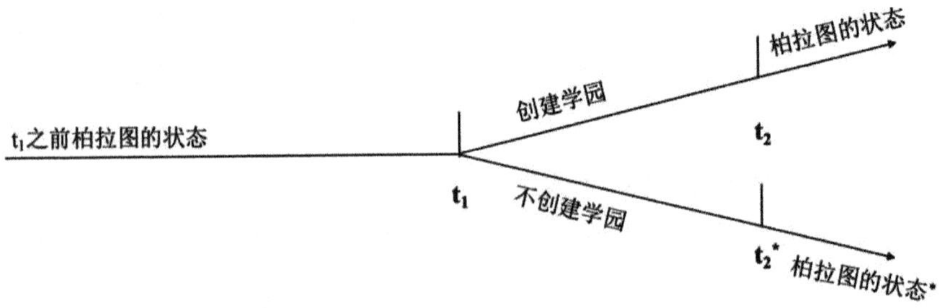

图 2

然而对于潜在的人，我们则无法进行类似的反事实考虑（见图 3）。由于准父母在选择是否进行基因编辑时（t_1），相应的孩子尚未开始存在，我们无从判断基因编辑发生与否所导向的状态能否与那个孩子过去的状态保持某种连续性，因为根本就没有"t_1 之前那个孩子的状态"。换言之，如果某个事件发生在相关人类个体开始存在之前，那么我们就无法有意义地考虑这个事件是否会影响相关人类个体的同一性。

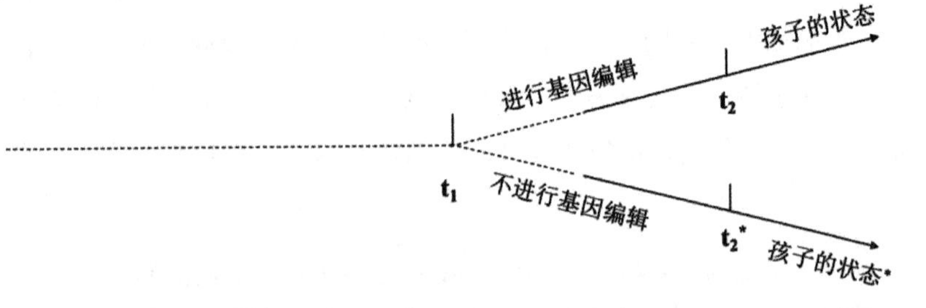

图 3

我们对于同一性的判断总是要从某个参照物出发，而无法谈论不存在之物的同一性。对于存在的人而言，其同一性判断的参照物是该个体在相关事件（例如创建学园）发生时及发生前的状态。如果相关事件的发生不会破坏后续状态与先前状态的连续性，那么我们就认为该个体在经历该事件后仍能持存（persist）。反之，我们就认为该事件使得原来的个体不再持存。而对于潜在的人，由于相关事件（例如基因编辑）发生时个体尚不存在，此时不具有判断其同一性的参照物，那么，我们应如何回答“基因编辑是否会影响个人同一性”这一问题呢？基于以上论述，一种可能的回应方式是承认我们无法回答该问题，因为我们在原则上无法判断一个发生于相关个体开始存在之前的事件是否会影响该个体的同一性。

但这样的回答无助于推进关于基因编辑的伦理学讨论，因为相关讨论需要考虑基因编辑是否影响了被编辑者的福祉，从而需要考虑基因编辑是否影响了个人同一性。而如果一定要给上述问题提供一个是或否的回答，那么就必须为潜在的人的同一性标定一个参照物。对于在相关事件发生时（t_1）尚不存在的个体，只有等到其开始存在之后才具有能作为同一性判断的参照物的性质和状态，而该个体开始存在的那一刻则是其中距离 t_1 最近的时刻。基于此，可以将潜在的人开始存在的那一刻的性质和状态作为判断其同一性的参照物。于是在人类个体开始存在之前，任何影响其开始存在的那一刻的性质和状态的事件都会导致不同的人的存在。需要强调的是，上述关于潜在的人的同一性判断的主张不仅适用于基因编辑，开始存在的那一刻的任何性质和状态的改变（包括与基因无关的改变）都会影响潜在的人的同一性，例如精卵结合的时间或地点的改变会导致不同的人的存在，在形成原条之前对受精卵注射药物也会导致不同的人的存在——在这个意义上，潜在的人的同一性具有脆弱性，我们不可能有与实际起源不同的起源。

可能有反对者认为这一后果过于反直觉。我们在直觉上似乎会认为，在妊娠早期发生的微小的性质和状态的改变并不会导致不同的人的存在。[①] 对

① 这一可能的反驳与德格拉齐亚所指出的直觉有关：在直觉上，未导致表型变化的微小的基因型

此，本文的回应是，反对者的这一直觉实际上来源于我们对存在的人的同一性的考虑。对于一个已经存在的人而言，一定程度的性质和状态的改变（例如身形的适度变化、性格的部分改变等）的确不会对个人同一性造成影响。但这一直觉并不适用于尚未完成独特个体化的早期胚胎。正如前文所述，此时的早期胚胎还不能被视为一个已经存在的人类个体，从而谈不上所谓的微小的性质和状态的改变，因为根本就不存在能够作为改变的参照物的原初的性质和状态。另外，这一后果恰恰进一步支持了本文所主张的基因编辑无关于被编辑者的福祉的观点。因为即便不进行基因编辑，在妊娠早期发生的许多偶然事件也会导致胚胎在完成独特个体化时拥有不同的性质和状态，从而导致不同的孩子的产生。基于此，基因编辑不仅不涉及特定的孩子的非存在性的比较利益，在对于“谁将存在”的影响上，基因编辑也不会比其他事件有着更大的影响力。① 由此可见，关于基因编辑的伦理讨论无需考虑被编辑者的福祉。

四、反驳与回应

（1）可能的反驳一：一些哲学家诉诸基因编辑与其他干预手段在结果上的相似性，来论证即便是导致了重大性状改变的基因编辑也不会影响个人同一性。阿隆索（Marcos Alonso）和萨乌列斯库（Julian Savulescu）将基因编辑与切断神经进行类比：如果通过切断一个正常婴儿的听觉神经使其失聪不

（接上页）变化并不会导致不同的人的产生。参见 D. DeGrazia, *Human Identity and Bioethics*, p. 255。本文将在第四节的第二个“反驳与回应”中进一步讨论这一可能的反驳。

① 事件 E 给某人 S 带来非存在性比较利益，指的是无论事件 E 发生与否，都不会影响某人 S 存在与否，并且 E 发生时 S 的处境，要比 E 未发生时 S 的处境更好。由于基因编辑的发生与否会影响特定的孩子存在与否，因此基因编辑并未给特定的孩子带来非存在性比较利益。可能有人会认为，我们仍需考虑基因编辑对特定的孩子的福祉的影响，因为基因编辑影响了特定的孩子的“存在性”利益（即，基因编辑使某个孩子存在，而使另一个孩子不存在），而存在要好于不存在。然而在这一点上，基因编辑与基因筛选以及在妊娠早期发生的许多偶然事件是等效的，基因筛选等事件也会使得某个孩子存在，而使另一个或另一些孩子不存在。因此，对于基因编辑的伦理讨论并不需要考虑其对特定的孩子的“存在性”利益的影响。

会影响其个人同一性，那么删除一个正常胚胎的听力发育基因使其失聪同样不会影响其个人同一性。[①]道格拉斯和德沃尔代将基因编辑与药物注射进行类比：设想一个胚胎会发育成一个孩子，预计她在三岁时会患上严重的遗传性心脏病，如果我们认为给这个早期胚胎注射药物从而阻断致病基因对心脏发育的影响不会导致不同的孩子的产生，那么我们也应当认为通过基因编辑敲除致病基因同样不会导致不同的孩子的产生。[②]

回应：尽管在表面上基因编辑和切断神经以及注射药物所产生的结果相同，但相关结果的承担者不同，即涉及的人类个体不同。对于基因编辑与切断神经的类比，根据动物主义，人类个体从独特个体化完成时开始存在，生殖细胞基因编辑进行于其开始存在之前，而切断听觉神经则发生在其开始存在之后，因此前者会导致不同的孩子的产生，而后者不会，这并不违反直觉。根据心理观点，人类个体从获得特定心理能力时开始存在，于是被切断听觉神经的婴儿也尚未开始存在，而切断听觉神经这一事件会导致不同的孩子的产生——有人可能会觉得这一结论严重违反直觉，但持这种直觉的人应当放弃的或许是心理观点，而非潜在的人的同一性具有脆弱性的主张。

而对于基因编辑与药物注射的类比，根据道格拉斯和德沃尔代的案例描述，药物注射发生于那个孩子开始存在之前。本文认为这种药物注射与基因编辑一样都会导致不同的孩子的产生。也许有人会认为这一后果是反直觉的，即我们在直觉上会认为这种药物注射预防了特定的孩子的心脏病，而不会导致不同的孩子的存在。但这一直觉来源于人们通常预设了进行药物注射的对象是一个已经存在的孩子，而上述案例中进行药物注射的对象是尚未成为人类个体的早期胚胎。如果注意到了这一差异，那么我们会产生一个相反的直觉，即这种药物注射会导致一个（或一些）不患心脏病的孩子的存在。

（2）可能的反驳二：有哲学家尽管承认重大的基因修饰会导致不同的人

---

① 参见 M. Alonso and J, Savulescu, “He Jiankui’s Gene-Editing Experiment and the Non-Identity Problem”, *Bioethics*, Vol. 35, No. 6, 2021, p. 565。

② 参见 T. Douglas and K. Devolder, “Gene Editing, Identity and Benefit”, *The Philosophical Quarterly*, Vol. 72, No. 2, 2022, pp. 312-313。

类个体的产生，但认为微小的基因修饰并不会影响个人同一性。德格拉齐亚区分了“精确的原始基因组主张”（precise-original genome account）和“不精确的原始基因组主张”（imprecise-original-genome account），前者要求同一个体必然具有完全相同的基因组，后者允许同一个体可能具有存在微小差异的基因组。德格拉齐亚认为后者更为合理，因为在直觉上一些非常微小的基因编辑不会影响个人同一性。德格拉齐亚的论证基于这样一个思想实验：设想实际上产生了你的精子和卵子在结合之前发生了微小的突变，这一突变改变了受精卵的基因组。但这个突变过于微小，因而对你后来的表型并没有影响。德格拉齐亚声称，在直觉上，这种未导致表型变化的微小的基因型变化并不会导致不同的人的产生。①

回应：在上述思想实验中，那个具有与你的基因组有着微小差异的人类个体与你不具有数的同一性，而只具有质的同一性（相似性）。尽管你与那个人的表型几乎完全一致，但你们并不是同一个人。表型上的相似性不蕴含个人同一性，例如同卵双胞胎的身形和外貌等表型尽管可能极其相似，但这并不意味着同卵双胞胎可以被视为同一个人。德格拉齐亚关于“微小的基因修饰不会影响个人同一性”的直觉实际上是基于对存在的人的同一性的思考。对于存在的人而言，微小的基因修饰所带来的性状改变的确不会终结该个体的存在，但这一直觉并不适用于潜在的人的同一性问题。而根据前文的论述，基因编辑的对象是潜在的人，而不是存在的人。对于潜在的人而言，在其开始存在的那一刻的任何性质和状态的微小改变都会影响其同一性。另外，“不精确的原始基因组主张”本身存在着模糊之处，即，无法提供区分“微小的基因修饰”与“重大的基因修饰”的明确界线，德格拉齐亚自己也承认了这一点。② 这一主张的模糊之处将导致我们无法判断进行何种程度的基因编辑会影响个人同一性。

（3）可能的反驳三：有哲学家认为“相同的基因起源”具有歧义——

---

① 参见 D. DeGrazia, *Human Identity and Bioethics*, p. 255。

② 参见 Ibid., p. 256。

其中的“相同”既可以被理解为质的相同（qualitative sameness），也可以被理解为量的相同（quantitative sameness），而在量上相同的基因起源并非个人同一性的必要条件。朱斯（Niklas Juth）提出了一个反例：设想另一个在基因上与实际上产生了你的那个卵子完全相同的卵子（质上相同，而量上不同），设想这个卵子本可能受精，由此产生的个体将经历与你完全相同的历史，该个体与你之间没有质的差异——这个人和你是同一个人吗？朱斯认为我们对这一问题没有明确的直觉。[①]

回应：我们应对“相同的基因起源”做最严格的理解——既要求质的相同，又要求量的相同。朱斯的“反例”并不能被视为严格意义上的反例，因为我们没有明确的直觉认为另一个卵子所产生的个体与你是同一个人，于是也就不能明确反驳在量上相同的基因起源对于个人同一性而言是必要的。我们对于这一案例及相关问题没有明显的直觉，实际上是因为朱斯在描述该案例时夹带了干扰因素，即“由此产生的个体将经历与你完全相同的历史”——这一描述无关于相同的基因起源，在质上相同的基因起源并不能保证在质上相同的个人历史。若排除这一描述的干扰，我们要考虑的其实是基因完全相同的“两个”人是否是同一个人——对于这一问题我们有更明显的直觉，即倾向于认为二者的关系类似于同卵双胞胎之间的关系，或是克隆人与其母体之间的关系，只具有质的同一性（相似性），而不具有数的同一性。这一直觉支持了在量上相同的基因起源对于个人同一性的必要性。

五、结论

我们在判断某个事件的发生（或不发生）是否会终止某个体的持存时，首先需要标定该个体实际存在的某个时刻，在这一时刻中该事件本可能不发生（或发生）。我们通过判断反事实情况所导向的状态是否能与该个体过去的状态保持某种连续性，来判断该个体能否在反事实情况下持存。对于存在

① 参见 N. Juth, “Germline Genetic Modification, CRSIPR, and Human Identity: Can Genetics Turn You into Someone Else?” *Ethics, Medicine and Public Health*, Vol. 2, No. 3, 2016, p. 424。

的人而言，我们能够标定这样的时刻，也能够比较该时刻前后相关个体的性质和状态。而对于潜在的人而言，由于相关事件发生时该个体尚不存在，我们无法进行类似的思考。这一差异所揭示的更一般性的启示在于，我们对于同一性的判断总是要从某个参照物出发，而无法谈论不存在之物的同一性。对于潜在的人而言，同一性判断的参照物就是其开始存在的那一刻的性质和状态——如果不标定这样的参照物，那么我们本可能是任何东西，如此，同一性判断就失去了意义。由此可以认为，任何影响个体开始存在的那一刻的性质和状态的事件都会导致不同个体的产生。而生殖细胞基因编辑进行于人类个体开始存在之前，会改变相应的人类个体开始存在的那一刻的性质和状态，从而会导致不同的人类个体的存在。这一结论的伦理后果在于，生殖细胞基因编辑会引起非同一性问题，即进行基因编辑与否将导致不同人的存在，而并不涉及特定的人的福祉，基于此，关于基因编辑的经典伦理主张对于被编辑者的福祉关怀是失效的。因此当我们讨论基因编辑的伦理问题时，应将更多的注意力放在与被编辑者的福祉无关的考量上，例如应更多地考虑基因编辑技术对于家庭、社会，乃至全人类的福祉的影响。

参考文献

王昱洲：《基因编辑与基因筛选对人影响的伦理差异研究》，《自然辩证法研究》2023 年第 3 期。

B. A. Brody, *Identity and Essence*, Princeton University Press, 2014.

C. Gyngell, and J. Savulescu, "The Simple Case for Germline Gene Editing", *Genes for Life*, 2017, 17, pp. 28-44.

D. DeGrazia, *Human Identity and Bioethics*, Cambridge University Press, 2005.

D. Parfit, *Reasons and Persons*, Oxford University Press, 1984.

——, "We Are Not Human Beings", *Philosophy*, 2012, 87(1), pp. 5-28.

E. Olson, *The Human Animal: Personal Identity Without Psychology*, Oxford University Press, 1997.

I. Gostimskaya, "CRISPR–Cas9: A History of Its Discovery and Ethical

Considerations of Its Use in Genome Editing", *Biochemistry (Moscow)*, 2022, 87(8), pp. 777-788.

J. Savulescu, M. Hemsley, A. Newson, and B. Foddy, "Behavioural Genetics: Why Eugenic Selection is Preferable to Enhancement", *Journal of Applied Philosophy*, 2006, 23(2), pp. 157-171.

M. Alonso, and J. Savulescu, "He Jiankui's Gene-editing Experiment and the Non-identity Problem", *Bioethics*, 2021, 35(6), pp. 563-573.

M. Mehravar, A. Shirazi, M. Nazari, and M. Banan, "Mosaicism in CRISPR/Cas9-mediated Genome Editing", *Developmental Biology*, 2019, 445(2), pp. 156-162.

N. Juth, "Germline Genetic Modification, CRSIPR, and Human Identity: Can Genetics Turn You into Someone Else?" *Ethics, Medicine and Public Health*, 2016, 2(3), pp. 416-425.

P. F. Snowdon, "Persons, Animals, and Ourselves", in *The Person and the Human Mind*, edited by Christopher Gill, 1990.

P. Van Inwagen, *Material Beings*, Cornell University Press, 1990.

R. Sparrow, "Human Germline Genome Editing: On the Nature of Our Reasons to Genome Edit", *The American Journal of Bioethics*, 2022, 22(9), pp. 4-15.

R. Vassena, B. Heindryckx, R. Peco, G. Pennings, A. Raya, K. Sermon, and A. Veiga, "Genome Engineering Through CRISPR/Cas9 Technology in the Human Germline and Pluripotent Stem Cells", *Human Reproduction Update*, 2016, 22(4), pp. 411-419.

S. A. Kripke, *Naming and Necessity*, Harvard University Press, 1980.

T. Douglas, and K. Devolder, "Gene Editing, Identity and Benefit", *The Philosophical Quarterly*, 2022, 72(2), pp. 305-325.

T. Nagel, *The View from Nowhere*, Oxford University Press, 1986.

V. Launis, "The Use of Genetic Test Information in Insurance: the Argument from Indistinguishability Reconsidered", *Science and Engineering Ethics*, 2000, 6, pp. 299-310.

论 EPR 实验中的因果性

——以 Everett 诠释为例

张君睿 *

内容提要：本文指出在 EPR 实验中，两侧不存在因果联系，如果某个因果模型想要符合共因原则，那么就会导致超光速的信息传播。即便是把非局域隐变量作为共同因子，也不能说明两边的测量结果可以相互影响，它们只是相互有关联，但不是对应的因果关系。

本文画出因果模型图来分析 EPR 实验，并采用 Everett 诠释和量子线路图两种观点来论证，说明 EPR 实验中的因果悖论其实是错误地理解哥本哈根诠释中的“测量”和“塌缩”所导致，如果采用没有“塌缩”概念的 Everett 诠释，就可以避免在解释 EPR 实验时出现因果悖论。不论左右两边是谁先测量都不会相互影响，不存在先测量的结果通过超光速作用去影响后测量的结果，也不会出现推翻因果顺序的悖论。

关键词：EPR 实验　Everett 诠释　量子力学　因果性　量子线路

---

* 张君睿，清华大学科学史系硕士。

一、前言

爱因斯坦认为："相信有个独立于感知主体的外在世界是所有自然科学的基础。"① 直到20世纪以前，科学家们都认为这个外在世界有一些实质的状态等待人们去发掘，而科学的目的则是完善那些告诉人们世界如何组成和演化的知识。尽管科学的方法需要观察和测量来达到此目的，但我们相信这些被描述的物理"实在"是独立于操作手段而存在的。爱因斯坦还说："物理学就是在尝试从概念上理解现实，且它独立于被观察的事物。"②

爱因斯坦将这些想法总结为"局域实在论"，他在1935年发表的《能认为量子力学对物理实在的描述是完全的吗？》③ 中描述了此概念，他设计出一个思想实验，本文中称为"EPR 实验"。借着检验两个量子纠缠粒子所呈现出的关联性的物理行为，EPR 实验凸显出局域实在论与量子力学完备性之间的矛盾，因此，这些论述也常常被称为"EPR 悖论"，爱因斯坦以设计一个思想实验悖论的形式针对量子力学的哥本哈根诠释提出重要批评。

在经典力学的框架中，随机事件都不是真正的随机，如果你有足够的信息，就可以精确推导出结果。例如掷骰子的几率性是从哪里来的？因为骰子会和桌面进行很多次复杂的碰撞，而普通人对这些碰撞完全不了解，无法预测结果，只能笼统地预测各个面都有相同的几率朝上。假设仔细研究骰子和桌面各自是由什么材料做的、材料的弹性等各种因素，知道骰子以某个角度和桌面碰撞以后会如何被弹起来，在空中如何运动等，基于这些知识，我们就可以准确预言骰子在停下来后会哪个面朝上。只要拥有骰子掷出瞬间的位置、速度、转速、旋转的方向以及骰子各个面的指向后，掷骰子就不再是一个不确定事件，无需用几率来描述。如果考虑了这些复杂因素，就可以放弃

---

① A. Einstein, "Maxwell's Influence on the Development of the Conception of Physical Reality", *James Clerk Maxwell: A Commemoration Volume 1931-1931*, 2012, pp. 66-74.

② P. A. Schilpp, *Albert Einstein: Philosopher-Scientist*, Evanston: Library of Living Philosophers, 1949, p. 81.

③ A. Einstein, B. Podolsky, and N. Rosen, "Can Quantum-mechanical Description of Physical Reality be Considered Complete?" *Physical Review*, 1935, 47(10), p. 777.

几率理论，准确预言骰子的哪个面会朝上，对于骰子的几率理论来说这些因素就是“隐藏的”变量。爱因斯坦认为，量子力学所呈现出的几率性也是由于我们对量子态不够了解所导致，通过这些隐变量人们就可以摆脱几率进而准确预言量子测量结果。

对于EPR悖论，哲学家们展开了许多争论。赖欣巴哈（Hans Reichenbach）认为：“因果原则绝不能同量子物理相容。”① 珀尔（Judea Pearl）指出：“‘因果关系’这个词在量子理论中并不是必不可少的，量子层级的因果关系遵循其自身的规则和直觉。”② 博勒加德（Olivier Costa de Beauregard）提出，EPR实验可以用这样一种因果模型来解释：从对一个粒子的测量开始，因果影响在时间上逆向传播，直到早先两个粒子直接相互作用的情况，因果关系通过时间倒流传播去影响另一个粒子的测量结果。③

希利（Richard Healey）说：“关于EPR实验是否在这些测量结果之间建立了因果联系，哲学家们还没有达成共识。[……] 而物理学家们通常也不愿意接受类空事件之间存在因果联系，包括EPR实验中的测量结果。”④ 斯凯姆斯（Brian Skyrms）指出：“我们必须说在EPR实验中，‘左边测出自旋向下’和‘右边测出自旋向上’这两个测量结果是互为因果的，这就形成了一个相当奇怪的封闭因果链，由两个类空间隔的分离事件所组成。‘左边测出自旋向下’是‘右边测出自旋向上’的充分必要条件，并且在统计上呈正相关。”⑤

范弗拉森（Bas van Fraassen）从逻辑上论证，EPR关联不符合任何因果律模型，其理由是：任何试图描述EPR关联的因果律模型实际上都必须是一个决定论模型，而任何这样的决定论模型都必定违反贝尔不等式。⑥ 费恩

---

① 汉斯·赖欣巴哈：《量子力学的哲学基础》，侯德彭译，商务印书馆2018年版，第12页。

② J. Pearl, *Causality*, Cambridge University Press, 2009, p. 257.

③ O. Costa de Beauregard, “Two Lectures on the Direction of Time”, *Synthese*, 1977, 35(2), pp. 129-154.

④ H. Beebee, C. Hitchcock, and P. Menzies, *The Oxford Handbook of Causation*, Oxford University Press, 2009, pp. 681-682.

⑤ B. Skyrms, “EPR: Lessons for Metaphysics”, *Midwest Studies in Philosophy*, 1984, 9(1), pp. 245-255.

⑥ B. C. Van Fraassen, “The Charybdis of Realism: Epistemological Implications of Bell’s Inequality”, *Synthese*, 1982, 52(1), pp. 25-38; *Quantum Mechanics: An Empiricist View*, Oxford University Press, 1991, p. 94.

（Arthur Fine）认为，EPR 实验的两翼之间不可能存在任何超光速影响，并且在 EPR 实验中，类空分离的两翼之间如果存在任何因果联系都会与量子力学的基础相矛盾。[①] 雷德黑德（Michael Redhead）试图证明量子力学和狭义相对论可以和平共处，他指出，根据只有类时相关事件才能建立因果联系的假设，在 EPR 实验的结果事件之间无法建立直接的因果关系。[②]

本文将分析 EPR 实验中所可能蕴含的因果关系，并反驳博勒加德的观点，认为 EPR 实验不需要采用时间倒流来解释。也反驳斯凯姆斯的观点，认为相反两翼上的纠缠粒子对不可能发生因果联系，这意味着任何一种局域隐变量理论都不可能适用于EPR 实验，而且根据狭义相对论[③]，超光速的因果关系在物理学中也是无效的。

普莱斯（Huw Price）提到："人们普遍认为，EPR 关联性不允许以快于光的速度发出信号，但在贝尔对之间是否存在因果关联的影响，这个问题就不是那么简单的了。无论影响的性质如何，人们关注的部分问题似乎是狭义相对论已经表明，从某个惯性参照系的角度来看，任何类空（即超光速）的影响都会导致一种逆向因果性。因此对于 EPR 实验的解读带来了巨大的问题，包括因果关系的悖论等等。"[④]

本文指出，宣称 EPR 实验推翻了因果性是不正确的，EPR 实验只是推翻了局域实在性，而并没有推翻因果性。而且，虽然在量子力学中，进行测量操作所导致的结果是不确定的，但是量子态的演化（薛定谔方程）仍然是确

---

① M. Redhead and P. La Rivière, "The Relativistic EPR Argument", in *Potentiality, Entanglement and Passion-at-a-Distance: Quantum Mechanical Studies for Abner Shimony*, Volume Two, Dordrecht: Springer Netherlands, 1997, pp. 207-215.

② A. Fine, "Do Correlations Need to Be Explained?" in *Philosophical Consequences of Quantum Theory*, edited by James T. Cushing and Ernan McMullin, University of Notre Dame Press, 1989, pp. 175-194.

③ 如果不知道速度存在极限的话，超距作用也不会违反因果律，例如牛顿虽然觉得万有引力这种不需要介质传递力量且能对物体隔空瞬间作用的现象很奇怪，但他也提不出矛盾之处，因为在那个时代并没有光锥这种概念。I. Newton, *Newton: Philosophical Writings*, Cambridge University Press, 2014, p. 102.

④ H. Price, *Time's Arrow and Archimedes' Point: New Directions for the Physics of Time*, Oxford University Press, 1997, pp. 247-248.

定的。①

张夏硕（Hasok Chang）和卡特赖特（Nancy Cartwright）提出一种观点，他们认为可以对 EPR 实验中所揭示的超距关联给出一种因果解释。他们还认为狭义相对论并不禁止 EPR 实验中存在超光速传播的类空因果性。他们为 EPR 实验中的超光速相关性提出了一个因果模型，在他们的模型中，因果关系通过两翼之间的直接传播而得以保留。因为如果改变其中一边的测量仪器的设置就会影响另一边测量结果的概率，于是在 EPR 实验中存在因果联系，如果不是对电子测量的结果真的影响了对正电子的测量结果，我们便无法解释两组数据的相关性。②

马特尔（Iain Martel）指出，只要我们允许把非局域隐变量作为共同因子，就可以设计出一个让EPR 实验满足因果马尔可夫条件的共同原因模型。③然而范弗拉森认为 EPR 实验的远距同时关联违反了赖欣巴哈共因原则。④

---

① 冯·诺伊曼（John von Neumann）指出在量子力学中有两种截然不同的量子态演化方式：（1）波函数塌缩；（2）量子态按照薛定谔方程进行的动力学演化。前者是不连续非幺正的；后者是连续且幺正的。这两种量子态演化的不同源于系统的差异：进行幺正演化的系统是孤立的量子系统，即量子系统与外界没有任何能量和物质交换；而发生波函数塌缩的量子系统和测量系统有相互作用。J. von Neumann, *Mathematical Foundations of Quantum Mechanics*, Princeton University Press, 2018, p. 230.

② H. Chang, "Cartwright N. Causality and Realism in the EPR Experiment", *Erkenntnis*, 1993, 38(2), pp. 169-190.

③ I. Martel, "The Principle of the Common Cause, the Causal Markov Condition, and Quantum Mechanics", *Philosophy of Science*, 2008, pp. 242-261.

④ Van Fraassen 的证明如下：
给定相互作用的合成态（A+B），相应的可观察量的值为 c，之后该合成系统分离成遥远的子系统 A 和 B。
Alice 测量子系统 A，测得可观察量的可能值为 $\{a_i\}$，同理，Bob 测得的可能值为 $\{b_i\}$，i=1, ..., n，n 为量子系统的自由度。
两位实验员测量出任何一个态的几率都是 1/n：

$$P(a_j/c) = 1/n \ , \ P(b_j/c) = 1/n$$

又因为 a_j 和 b_j 是相互纠缠的，所以当 Alice 测出 a_j 时，Bob 必同时测出 b_j，于是有：

$$P(a_j \,\&\, b_j / c) = P(a_j/c) = P(b_j/c) = 1/n$$

而这与赖欣巴哈共因原则相违背，因为如果 ACB 形成连结叉（conjunctive fork），事件 C 为事件 A 与事件 B 的共因，则这三个事件的几率将满足：

$$P(a_j \,\&\, b_j / c) = P(a_j/c) * P(b_j/c) = 1/n\text{^}2$$

只有当 n=1 时两式才会相等，也就是决定论的情形。
B. C. Van Fraassen, *The Scientific Image*, Oxford University Press, 1980, p. 30.

萨蒙（Wesley Charles Salmon）也指出，所有诉诸“隐变量理论”来解释 EPR 实验的尝试都遇到了严重的困难，并且他坚信找到令人满意的“隐变量理论”来解释 EPR 实验的希望是渺茫的。①

本文反驳对 EPR 实验中所揭示的超距关联给出一种因果联系。EPR 实验的结果类似于掷共享同步硬币，有一种特殊的硬币能使得第二个掷硬币的人看到的总是与第一个人的相反，但如果不进行经典交流（例如借由打电话通知），两个人都无法知道自己是第一个还是第二个掷硬币的人。另外，因果关系应该满足解释条件：原因可以解释结果。我们不能说在 EPR 实验左边和右边的测量结果可以相互解释，它们只是相互有关联，但并不具有对应的因果关系。

本文支持瓦伊德曼（Lev Vaidman）的观点，即我们应该从贝尔不等式中学到的教训不是量子力学需要某种超光速远距作用，而是它让我们相信平行世界的存在。② 本文会说明 EPR 实验的因果悖论源自对波函数塌缩的错误理解，而如果采用 Everett 诠释，测量的本质是量子纠缠，“测量过程”是一个连续的幺正演化（可逆），舍弃了在哥本哈根诠释中，测量将会导致塌缩的非幺正过程（不可逆）。如此一来，便可以避免在解释 EPR 实验时出现因果悖论。

如果放弃局域性而保留实在性，那么量子纠缠就会出现“鬼魅般的超距作用”（spooky action-at-a-distance）这种悖论，因为事实上，如果粒子没有确定的自旋，就不需要“超距作用”。如果我们承认量子力学所预言的几率是粒子本质的固有部分（也就是说量子力学中不存在“实在性”，一切实验结果都只能表达为几率分布），那么 EPR 实验就只能预言两个粒子间的相关性，而不是一个粒子因为另一个粒子被测量而改变状态的结果。

---

① W. C. Salmon, *Scientific Explanation and the Causal Structure of the World*, Princeton University Press, 1984, p. 254.

② M. Bell and S. Gao, *Quantum Nonlocality and Reality: 50 Years of Bell's Theorem*, Cambridge University Press, 2016, pp. 195-203.

二、玻姆版本的 EPR 实验

1957 年，玻姆（David Bohm）提出了一种实现 EPR 实验的方案①，有些人将其称为 EPR-Bohm 实验，考虑一个 π^0 介子衰变成正负电子对：

$$\pi^0 \rightarrow e^- + e^+$$

π^0 介子的自旋是零，所以角动量守恒要求正负电子对处在单态纠缠态②：

$$(\uparrow_-\downarrow_+ - \downarrow_-\uparrow_+)/\sqrt{2}$$

如果电子的自旋向上，则正电子的自旋必须向下，反之亦然。在任何一个特定的 π^0 介子衰变中，量子力学无法预测将得到哪一种自旋组合，但是它明确指出正负电子对的自旋测量结果会相互关联，而且平均来看得到两种组合的概率各为一半。

假设我们让电子和正电子各自沿反方向飞行一段距离，如果身在某侧的实验员测得电子的自旋为向上，他立即也就知道另一侧正电子的自旋为向下。这对于实在论者来说并没有什么新奇的，实在论者认为在 π^0 介子衰变的那一刻，电子就已经被固定为自旋向上（正电子的自旋向下），只是量子力学无法告知我们而已。在经典世界中也存在这种相互关联，例如，现在有一黑一白两颗球，随机放入两个盒子中，你和朋友各自带一个盒子到远处打开，当你一看到盒子中为黑球时你立刻就知道他拿着白球，没有人会怀疑这违反了什么物理规律，一切都符合日常生活经验。所以物理学家很长一段时间也确实认为自旋单重态和红白球这两种超距关联并没有什么区别③。

---

① D. Bohm and Y. Aharonov, "Discussion of Experimental Proof for the Paradox of Einstein, Rosen, and Podolsky", *Physical Review*, 1957, 108(4), p. 1070.

② 也可以表达成：$(|\uparrow_-\downarrow_+\rangle - |\downarrow_-\uparrow_+\rangle)/\sqrt{2}$ 或 $(|\uparrow_-\rangle\otimes|\downarrow_+\rangle - |\downarrow_-\rangle\otimes|\uparrow_+\rangle)/\sqrt{2}$

③ 我们现在知道这两者有很大区别，因为颜色是"经典变量"，对于经典系统，我们只能侦测这种

但哥本哈根学派认为在“测量前”粒子的自旋是不确定的（不是能力不足或是还不知道，它就是不确定）。而正是测量这个操作导致电子的波函数塌缩，同时“瞬间影响”了远处正电子的自旋。爱因斯坦认为，这样鬼魅般的超距作用是十分荒谬的，违反了狭义相对论中信息传输不可超过光速的限制。他笃定哥本哈根学派的观点是站不住脚的，电子和正电子始终有确定的自旋，你无法确定只是因为目前的量子力学理论还不完备。

EPR 的论据是基于任何信息的传播速度都不能快于光速，这个原则被称为局域性。你可能会认为波函数塌缩或许并不是瞬间的①，然而这将会导致角动量不守恒，因为如果我们在电子波函数塌缩的消息传达到远方之前就去测量正电子的自旋，那将有一半的几率发现正负电子对两者自旋都向上。所以，波函数不能以有限速度塌缩，而是在瞬时之间就完成塌缩。

三、张夏硕设计出 EPR 实验的因果模型

张夏硕举了以下例子说明无法使用经典力学的因果关系来描述量子力学：当我们加热一块金属，电子会从金属表面发射出来，我们用一定距离外的探测器能探测到电子。我们只能知道电子会出现在探测器上是因为它产生于金属源，但它究竟是如何从金属源头到达探测器的呢？量子力学无法回答这个问题。波粒二象性表明，我们不能将电子视为在连续轨迹上运动、在任何给定时间都位于特定区域的粒子，而是得用漫布在整个空间中的波函数来描述。

当电子在某个点被探测到，原本散布在广阔空间区域的整个波函数就突然以比光还快的速度瞬间聚集在一起，并只出现在那个点上。因此张夏硕认为波函数塌缩跟相对论是不兼容的，测量所导致的波函数塌缩是可以超光速

（接上页）事先选好的变量。而对于量子系统，我们可以临时决定改测两球的其他变量，比如测量者临时改变心意，突然改变测量工具，要测测看这一对粒子在“红配绿”的设定下谁是红色，他也能在测得一号粒子为红色的情况下立刻得知另一个粒子会测得绿色。即使临时改变测量变量，却依然能得到它们在测量前是纠缠态的结论。

① 波函数塌缩究竟需不需要时间，这在目前依然是个悬而未解的问题，但至少目前知道这个时间短到难以测量。

的。于是，量子世界中有不同于经典世界的因果律，量子力学似乎允许遥远的事件相互关联。

张夏硕指出：量子力学的波函数塌缩，这是相对论在被发明时所未知的现象，所以如果我们为了解释 EPR 悖论而必须在相对论和量子力学二者中放弃一个理论的话，那我们倾向于放弃相对论。爱因斯坦坚持，“如果两个粒子之间是类空分离的，那么对其中一个粒子进行测量就不会影响到另一个粒子”，但这一坚持被贝尔证伪，并且也与实验结果相悖。

基于此，张夏硕设计出一套 EPR 实验的因果模型：

> 1. EPR 正负电子对在分裂源头 π^0 介子获得一个共同因子 λ，这使得它们在未来的某个时刻能够进行因果影响。存在一个共同因子 λ 是必要的，否则，对 EPR 粒子对进行的测量结果就不会呈现相关性。因子 λ 被编码在量子态中，如果没有受到外部干扰，EPR 粒子对在离开分裂源头后，λ 会一直被保留下来。
>
> 2. 对其中一个粒子进行测量会得到一个纯随机的结果。
>
> 3. 由于共同因子 λ 的存在，被测量的粒子能够立即将测量结果的信息传送给其在远处的伙伴粒子。
>
> 4. 接着对伙伴粒子进行测量，则结果将与第一次测量的结果紧密相关：如果一边是自旋朝上，另一边就必为自旋朝下。这两个测量结果紧密相关的原因是，它们是从一个共同的分裂源头 π^0 介子中制备出来的，并且量子态中有个共同因子 λ 被编码在其中，于是它们可以通过 λ 来相互传递信息。

最后张夏硕总结：“相对论与量子力学在处理测量问题上的不一致，关键在于波函数塌缩是瞬时的，也就是说，弥漫整个空间的波函数会在一瞬间塌缩到一个点上，不论 EPR 正负电子对哪一边的实验员先进行测量，两边的粒子都瞬间同时塌缩了，于是这就导致了超光速的因果关系有可能发生。EPR 实验反驳了‘没有信息的传播速度能超过光速’这一论点，量子力学中的测量现象超出了狭义相对论的应用范围，只要我们愿意认真处理量子力学中的测量过程，就确实可以对 EPR 实验做出因果解释。”

从狭义相对论的角度来看，上述的 EPR 实验因果模型存在两个瑕疵：

首先，根据第 3 点“被测量的粒子能够立即将测量结果的信息传送给其在远处的伙伴粒子”，这暗示了其中一个粒子需要“先于”另一个粒子被测量，然而在类空分隔的两起事件中谈论先后是没有意义的，因为通过适当地改变参考系，我们总是能把“后面”的事件变成“前面”的事件①。如果两起事件无法明确定义时间先后顺序，我们还能把它称为“因果关系”吗？当我们在谈论因果关系时，其实就已经默认原因必须“先于”结果出现，原因必须先发生，然后才会导致结果发生。

其次，这个模型需要假设因果信息的传播速度可以超过光速，但是根据狭义相对论，超光速信息传输是不可能发生的。在狭义相对论的框架中，因果关系只能存在于光锥之内，所有的因果关系都必须在光锥中被连接起来，也就是类时事件，这样才能保留时间顺序准则。任何有效的信息都不能超光速传播，因为如果某个事件连它发出的光都还没有传递到我这里，那么我也没有任何其他的途径可以得知这件事情已经发生，于是这件事情也就不可能影响到我。

在我看来，张夏硕所提出的因果模型只是一种类似于玻姆引导波理论的量子力学诠释，其中，共同因子 λ 是某种非局域的隐变量。接下来我们会论证引导波理论是否能传递因果信息。

四、用引导波理论来解释 EPR 实验

在 EPR 实验中，假定实验者能够在一组纠缠的正负电子对处于飞行和类

① 如果存在某个信息的传播速度能够超过光速，那么这就会违反因果关系，因为任何超光速传播在进行参考系变换之后，都将被视为在另一个参考系中朝着时间的逆方向进行传播（因为在狭义相对论中，会借由发送光信号来同步数个距离遥远的时钟，所以在一个参考系中跑得比光速还快的信号将在某些其他参考系中等价于往过去传递信号）。但是如果不传递信息的话，例如机械波的相速度是可以超过光速的。

空分离的状态时改变想要测量的自旋方向（例如，通过快速改变测量仪器的磁场角度）。

支持引导波理论的物理学家认为，测量仪器的状态必须包含在引导波的"量子势"[①]中（量子势的状态类似于张夏硕模型中的共同因子λ）。因此，当仪器的磁场角度旋转时，这种变化会改变量子势的所有部分，包括引导远处粒子所能展现出的测量结果，并且这种变化的传播速度是超光速瞬间发生的。

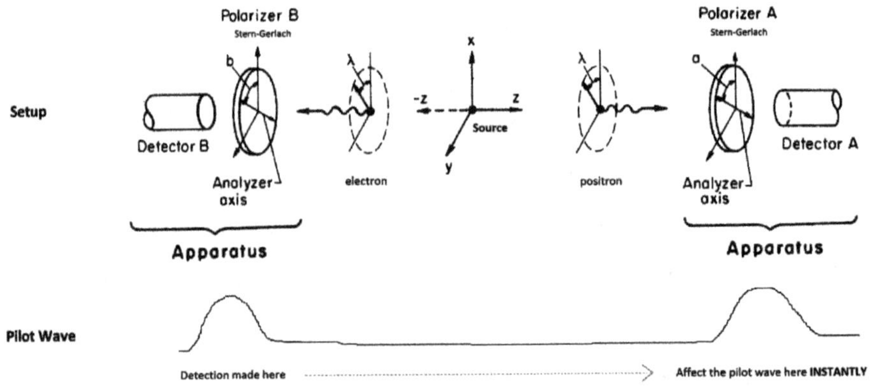

图 1　EPR 实验的装置设计[②]

那我们是否能用引导波来发出信号，从而以超光速来传递信息呢？

粒子在引导波上的初始位置是未知的，我们只能将其写成一个几率分

① 引导波与粒子之间的作用只能是单向的，引导波是主动方，粒子是被动方，不存在粒子对引导波的反向作用。引导波向粒子"展示"自己振幅的曲率，从而"告诉"粒子该如何运动。量子势的大小与引导波携带的振动能量无关，引导波在对粒子"实施作用"时，也没有动用自身的能量。这种不能交换能量，又只能是单向的作用，已经不符合物理学对"相互作用"这个概念的定义。玻姆认为，这是一种基于信息传递的作用机制，所以也称为"信息势"（information potential），而且量子势所传递的信息是超光速瞬间发生的。量子势是一个非局域的全局量。如果每个粒子都要从这个全局的量子势中获取信息，来决定自己的运动方式，那么就必须得先承认信息能够在空间中不受光速限制的传递。这里需要指出，狭义相对论所限定的信息和因果关联无法超越光速，是先假定了信息传递需要以能量交换为基础，实际上狭义相对论所限定的只是能量传递的速度无法超越光速。而玻姆理论所引入的新作用机制，恰恰不依赖能量交换，所以可以不受到光速的限制。

② 图片改编自 J. F. Clauser and M. A.Horne, "Experimental Consequences of Objective Local Theories", *Physical Review D*, 1974, 10(2), p. 526。

布，此分布需要满足玻恩规则：分布与波函数的振幅平方成正比（所有的量子力学诠释都必须要推导出这一点，或者明确写入它们的公理中，这样才能与观测结果一致）。所以量子力学的不可通信定理（No Communication Theorem）在引导波理论中仍然成立，因为初始粒子分布的统计数据会“阻止”你通过引导波去传递超光速信息。也就是说：由于你只能通过对粒子进行测量来探测引导波的结构，而这些粒子具有恰好能掩盖超光速信息传输的初始条件，因此你永远无法通过量子纠缠来传输超光速信息。

引导波的初始几率分布至关重要，它在恰好的位置以恰好的数值加进了对粒子初始位置的几率分布，从而掩盖了所有可能携带超光速信号的信息。初始统计数据的“巧合”恰好掩盖了潜在的超光速效应，很多物理学家认为如果有必要诉诸这样的“巧合”来解释量子现象，这反而说明引导波理论存在着瑕疵，此理论复杂烦琐又难以服众①。再者由于引导波方程自身没有协变性，所以玻姆理论很难跟现有的场论融合在一起，这就导致玻姆理论的推广非常受限。

接下来再回到张夏硕的 EPR 模型。

即使正负电子对存在一个共同因子 λ 使它们彼此能够“对话”，但如果实验员无法控制粒子之间的对话内容，那也就无法通过这对粒子去传递信息。考虑两侧磁场角度相同的情况，测量结果之间存在着完美的反相关性，但是，在我们进行测量时，我们无法控制测量结果。这就是量子测量过程的纯随机性。即便测量结果的信息可以通过共同因子 λ 传递到另一端，但这也是不受实验员控制的信息，因此对于在另一端监测测量结果的实验员来说，这并不是有效的信号②。

---

① 量子势场弥漫在整个宇宙中，使它每时每刻都对周围的环境了如指掌，不论是实验员或是粒子在某地有任何变化，无处不在的量子势便会感应到这一变化，并能在一瞬间将此变化传递到整个宇宙中的所有地方，从而引导每个粒子改变它的行为模式。玻姆假设一个粒子具有确定的轨迹，却又规定因为隐变量的随机扰动，我们绝对观察不到这样的轨迹。这就违反了奥卡姆剃刀原则：说某个东西存在却又绝对观测不到，这和不存在又有什么区别呢？

② 这也是不可通信定理所要求的，即便存在某个超光速的势场，人们依然不能用此来传递信息，否则就会违反狭义相对论。

具体来说，一个操作电子探测器的人没有任何方法可以用他的测量来向对面的正电子探测器发出信号，因为他并不能控制他自己的测量结果。虽然左边的实验员可以决定是否去进行一次测量，但是右边的实验员是在类空分隔的另一端进行测量的，右边并不知道左边的电子究竟有没有被测量。数据的采集是在两端分开进行的，双方都是完全随机地得到一串 $\{+1, -1, -1, +1, \cdots\}$，任何一边的实验员都不能利用测量去主动进行编码（例如一边的实验员通过调整仪器确保一定会测量出 $\{+1, -1, -1, +1, \cdots\}$ 来做二进制编码），只有在测量完成以后比较两端得到的结果才会发现相关性。所以其实人们无法利用这种共同因子 λ 去传递信息，因为两侧会测到什么都是完全随机的。信息的传播速度依然不能超过光速！

贝尔定理的结果表明不存在局域的隐变量理论，但依然为非局域的隐变量理论留下了可能性。甚至贝尔本人也认为世界上存在客观的非局域联系，虽然这违反了爱因斯坦的狭义相对论。贝尔定理假设量子系统的性质与未来可能对该系统进行的任何测量的性质无关，这意味着隐变量与后来的测量操作无关。就像爱因斯坦一样，贝尔对量子理论的直觉具有强烈的实在论特征，他被一个独立于人类观察者而存在的客观世界的观点所吸引，并倾向于认为量子力学只是给了我们对这一客观现实的不完整描述。因此，贝尔与那些依然坚持实在论的物理学家们一样，也更喜欢玻姆的引导波诠释。

如果需要引入超光速信息传输来解释波函数塌缩，这更是说明了波函数塌缩是个不太完善的理论，在本文中我会说明如果采用 Everett 诠释来解释 EPR 实验，那就不会出现超光速信息传递这样的悖论。

五、EPR 实验中的因果模型

张夏硕的结论是，EPR 纠缠对中任何可能的直接因果联系都必须以超光速传递。然而本文提出，EPR 纠缠对的哈密顿量中并没有代表两个遥远粒子之间能存在物理相互作用的项，因此在 EPR 实验中不可能存在超光速联系。由于狭义相对论的限制，两个类空事件之间不可能有因果联系，所以任何因果模型都无法解释遥远的相关性。

刘易斯（David Lewis）提出一个有效的因果关系应该要至少满足以下几点：

1. 原因是结果在其他条件不变（ceteris paribus）下的绝对充分条件。

2. 原因是结果在其他条件不变下的绝对必要条件。

2-1. 先决条件（2 的反事实版本）：没有原因，就不会有结果。

3. 作为解释的因果关系：原因可以解释结果。

4. 因果关系的统计理论：在相关背景因素的条件下，原因与结果具有积极的统计相关性。

5. 可操控性：如果在实验中操作原因变量，则结果变量也会相应地受到影响。

6. 从原因到结果之间有能量—动量的转移。①

而赖欣巴哈认为物理学中的因果律要满足以下几点：

1. 有限速度条件：狭义相对论规定所有因果过程最快以光速传播，所有的因果关系都必须能在一个光锥中连接起来，也就是类时事件。

2. 时空连续性条件：每个原因及其结果都必须通过在空间和时间上连续的因果过程连接起来。

3. 共因原则（The Principle of the Common Cause）：为了表达变量之间的因果关系，可以画一条从原因变量指向结果变量的箭头，表示在这两个变量之间存在因果关系，其中箭头的方向表示因果关系的方向。任何变量，给定其父节点，都和它的非后代统计独立。②

接下来我们对 EPR 实验分别检验以上几点。

---

① D. Lewis "Causation", *The Journal of Philosophy*, 1973, 70(17), pp. 556-567.

② H. Reichenbach, *The Direction of Time*, University of California Press, 1956.

左右两侧纠缠的EPR对之间是否存在因果关系呢？是否可以说当实验员在左边“测出了”自旋朝上的行为，“导致”右边测出了自旋朝下呢？是否某一边的操作会“影响”另外一边的结果呢？

在已知一边得到测量结果为自旋向上的前提条件，在另一边得到测量结果为自旋向下的条件概率是100%。所以刘易斯的1、2点都是满足的，当左边测出了自旋朝上，右边必定得测出自旋朝下，也就是说，右边想要100%测出朝下的充分必要条件是左边测出自旋朝上。

然而EPR实验不满足第3点，不能说左边和右边的测量结果可以相互解释，它们只是相互有关联，但并不是对应的因果关系。

我们不能说左边的测量结果“造就了”右边的测量结果，这两个结果只是可能有所关连。这个现象是休谟所提出的“恒常连结”（constant conjunction），恒常连结代表当我们看到左边的测量结果总是“造成”右边的测量结果时，我们所看到的其实是左边总是与右边“恒常连结”。因此，我们并没有理由相信一件事物的确造成另一件事物，两件事物之间并没有因果关系。

1982年阿斯佩（Alain Aspect）做出实验证明了贝尔定理，他也在2022年获得诺贝尔物理学奖，因此证实量子力学在基础上就是纯随机的，EPR实验的正负电子对之间只存在着统计学上的关联但并无相互作用亦无因果关系，正负电子对之间也不存在瞬间的超光速效应，局域隐变量理论是错的。

第4点，如果多次重复进行EPR实验，当在一侧记录下一串{+1, −1, −1, +1, …}，则另一侧必是相反的{−1, +1, +1, −1, …}。虽然两位实验员分别采集到的数据看上去都是完全随机的，但当他们在测量完成以后进行比较，就会发现彼此得到的数据是完全对称的。所以两侧的数据具有积极的统计相关性。

可是这种“统计相关性”不具有可操控的效果，因为任意一边会测出什么结果在那边的实验员眼中都是完全随机的。如果是这样的因果结构：Mag_L → Mag_R，那我可以通过操控Mag_L去影响Mag_R，但是在EPR实验中不存在这样的控制，左边的实验员无法通过操控他的测量仪器去进行控制而让右边出现他想要的结果，两边的实验员只能在实验结束后比对数据时才发现彼此的数据呈现关联性，他们也无法利用这种关联性来传递信息。

例如在抛掷硬币时硬币随机出现的正反两面，正反两面虽然在统计学上有关联，例如在硬币的上下方各有一位观察者，当上方的观察者看到一面的结果时便会立刻知道另一面应该是什么，但这并不代表硬币上方的观察者能透过某种操作告诉下方的观察者，他们之间也无法建立瞬间的超光速沟通。所以 EPR 实验不满足第 5 点的可操控性。

第 6 点可以跟有限速度条件合在一起检验。如果说左边的测量操作是“造就了”右边测量结果的原因，那么从左边到右边之间就需要存在能量—动量的转移，然而根据不可通信定理，量子纠缠不允许以超光速来传播信息，于是也就不满足。

而且在张夏硕的模型中，时间顺序准则也没有被保留，所以我们不能称之为“因果”模型，“超光速因果关系”这个词与狭义相对论非常矛盾，由于狭义相对论中的因果关系被解释为描述时空中发生的某些事件可以影响另外一些事件，而两个类空分离的事件之间不可能有因果关系，因为相对论禁止信息的传播速度超过光速。

最后来检验共因原则。EPR 实验的因果结构是 Mag_L → Det_L ← QS → Det_R ← Mag_R[①]，除了探测磁场以外，周围就没有任何其他会影响因果关系的因素了。两边测量结果的唯一可能的共同来源是源头的量子态，于是如果采用局域的隐变量理论，EPR 实验显然违反了共因原则，按照因果图的箭头方向，Det_L 与 Det_R 之间不存在因果联系。

EPR 实验的因果图模型如下所示，注意图中的共同因子 λ 不能以超光速传递信号：

① 我们用变量 QS 来表示量子态（Quantum State）。左右两个斯特恩—盖拉赫磁场的角度设置由变量 Mag_L 和 Mag_R 表示，探测器的测量结果由二进制（上或是下）变量 Det_L 和 Det_R 来模拟。

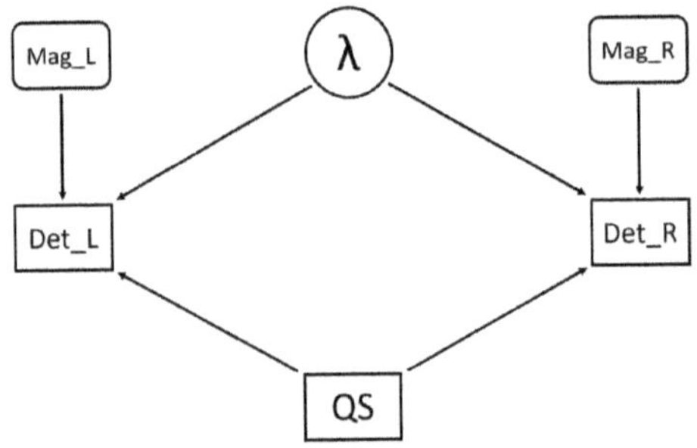

图 2 EPR 实验的因果图模型

而张夏硕认为 EPR 实验的因果图模型如下所示（多了两条虚线双箭头）：

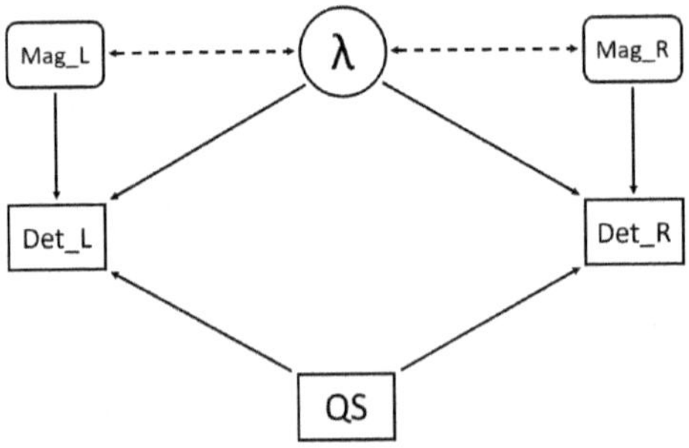

图 3 张夏硕的 EPR 实验的因果图模型

当仪器的磁场角度旋转时，这种变化会通过共同因子 λ（这是非局域的隐变量），将“信息”超光速瞬间传递给对面的粒子，张夏硕为了使 EPR 实验符合共因原则，他的模型错误地假设在左边进行测量操作会瞬间影响右边的测量结果，但是如此一来就违反了有限速度条件。

在 EPR 实验中，测量结果是类空相关的，因此在两翼之间没有直接的因果关系，这意味着任何一种局域隐变量理论都不可能适用于 EPR 实验，而且根据狭义相对论，超光速的因果关系在物理学中也是无效的。因此，本文指出 EPR 实验推翻了局域实在性，如果某个 EPR 因果模型想要符合共因原则，那么它就会违反有限速度条件。

六、以 Everett 诠释来描述 EPR 实验

本节指出 EPR 实验中的因果悖论其实源自对波函数塌缩的错误理解，而如果采用 Everett 诠释，测量的本质是量子纠缠，“测量过程”是一个连续的幺正演化（可逆），舍弃了在哥本哈根诠释中，测量将会导致塌缩的非幺正过程（不可逆）。在 Everett 诠释的框架中，波函数永远只有幺正演化，不存在塌缩，因此就可以避免在解释 EPR 实验时出现因果悖论。

同样用玻姆版本的 EPR 实验举例，π^0 介子衰变成正负电子对的单态纠缠态①：

$$(|\uparrow_-\downarrow_+\rangle - |\downarrow_-\uparrow_+\rangle)/\sqrt{2}$$

我们约定左边的箭头代表往左飞的电子，而右边箭头代表往右飞的正电子，在下文中为了表达式的简洁，有时会忽略下标中的（+/–）符号，这并不影响想要推导的结论。

现在假设左边的实验员将测量仪器的磁场旋转了某个角度，写下新的量子态。当单重态系统中的一个自旋旋转一个角度时，系统的量子态会发生相应的变化。让我们用“R”来表示对左边电子自旋的旋转操作。这种旋转对电子的自旋向上态和自旋向下态的作用可以表示如下：

$$R|\uparrow_-\rangle = a|\uparrow_-\rangle + b|\downarrow_-\rangle$$
$$R|\downarrow_-\rangle = c|\uparrow_-\rangle + d|\downarrow_-\rangle$$

式中 a、b、c、d 是代表叠加系数的复数，它们的具体数值将取决于旋转角度和旋转轴，在此我们不需要写出它们的具体数值。

---

① 也可以等价地表达成：$(\uparrow_-\downarrow_+ - \downarrow_-\uparrow_+)/\sqrt{2}$ 或 $(|\uparrow_{左}\rangle\otimes|\downarrow_{右}\rangle - |\downarrow_{左}\rangle\otimes|\uparrow_{右}\rangle)/\sqrt{2}$

将旋转后电子的量子态代入 EPR 正负电子对的单重态中，得到系统的新状态 $|\psi'\rangle$ 就变成了：

$$|\psi'\rangle = (R|\uparrow_-\rangle \otimes |\downarrow_+\rangle - R|\downarrow_-\rangle \otimes |\uparrow_+\rangle)/\sqrt{2}$$

将其展开，得到：

$$|\psi'\rangle = ((a|\uparrow_-\rangle + b|\downarrow_-\rangle) \otimes |\downarrow_+\rangle - (c|\uparrow_-\rangle + d|\downarrow_-\rangle) \otimes |\uparrow_+\rangle)/\sqrt{2}$$

进一步展开并重新排列，得到：

$$|\psi'\rangle = (a|\uparrow_-\downarrow_+\rangle + b|\downarrow_-\downarrow_+\rangle - c|\uparrow_-\uparrow_+\rangle - d|\downarrow_-\uparrow_+\rangle)/\sqrt{2}$$

这就是其中一位实验员将测量仪器的磁场旋转了某个角度后，EPR 系统的新量子态。

现在考虑两位实验员分别对两个粒子自旋态进行测量，写出测量前后的自旋状态和观察者的指针。这里我们采用 Everett 诠释来推导，在 Everett 诠释中，测量不会使粒子的波函数塌缩，而是将粒子与测量仪器的量子态纠缠在一起。让我们考虑这样一种情况：两个实验员分别对自旋进行 z 方向的测量。我们将观测者指针的状态分别记为 $|P_u\rangle$ 和 $|P_d\rangle$，分别表示对应于测量出自旋向上和自旋向下的指针状态（pointer state）。

在测量之前，EPR 系统态和观察者指针的组合状态可写为：

$$|\Psi_{before}\rangle = |\psi'\rangle \otimes |P_0\, P_0\rangle$$

这里，$|\psi'\rangle$ 是上段中讨论的其中一位实验员将测量仪器的磁场旋转了某个角度后，EPR 系统的新量子态，而 $|P_0\, P_0\rangle$ 代表两个指针的初始状态，表示

还没有进行测量。

在测量后，系统的综合状态演变为所有可能测量结果的叠加，每个结果都与相应的指针状态纠缠。测量后的状态 $|\Psi_{after}\rangle$ 可以写成①：

$$|\Psi_{after}\rangle = (\, a|\uparrow\downarrow\rangle|P_u\,P_d\rangle + b|\downarrow\downarrow\rangle|P_d\,P_d\rangle - c|\uparrow\uparrow\rangle|P_u\,P_u\rangle - d|\downarrow\uparrow\rangle|P_d\,P_u\rangle\,)/\sqrt{2}$$

其中 $|\uparrow\downarrow\rangle|P_u\,P_d\rangle$ 所代表的物理意涵是：左边的仪器测量出电子自旋向上（指针处于状态 $|P_u\rangle$ ），和右边的仪器测量出正电子自旋向下（指针处于状态 $|P_d\rangle$ ）。$|\Psi_{after}\rangle$ 这个叠加态中的四项代表了四种正负电子自旋状态的可能组合，并且正负电子自旋状态和仪器的指针状态纠缠在一起。

在 Everett 诠释中，对一个粒子进行“测量”的物理意涵就是将该粒子与测量仪器纠缠在一起形成 $|\uparrow\rangle_{左}\otimes|P_u\rangle_{左}$，本地的粒子被测量时只会与本地的仪器纠缠，两边的测量都是各自进行的，所以不存在任何非局域作用。这便是采用 Everett 诠释来描述 EPR 实验与采用哥本哈根诠释相比最大的不同，也不存在鬼魅般的超距作用。不论左右两边是谁先测量谁后测量都不会相互影响，不存在先测量的结果通过超光速作用去影响后测量的结果，也不会出现推翻因果顺序的悖论。

爱因斯坦和玻尔那一代的物理学家，由于都采用哥本哈根诠释，所以他们的思想会限制在非要用“塌缩”去解释“测量”，因此才会出现“其中一边的实验员先做了测量，导致一个粒子的量子态先塌缩，这个塌缩的‘信息’会以超光速传递到对面去，导致另一边的粒子也塌缩”这种很荒谬的结论。而张夏硕所提出的共同因子 λ 起到了一种非局域隐变量的作用，在两边之间以超光速去传递这个塌缩的“信息”。

---

① 对于 $|\uparrow\downarrow\rangle\otimes|P_u\,P_d\rangle$ 这项，详细的表达法是 $|\uparrow\rangle_{左}\otimes|\downarrow\rangle_{右}\otimes|P_u\rangle_{左}\otimes|P_d\rangle_{右}$，$|P_u\rangle$ 代表仪器测量出自旋上，$|P_d\rangle$ 代表仪器测量出自旋下。

七、以量子线路来描述 EPR 实验

本节用量子线路图来说明 EPR 实验的两侧之间并不存在信息传递，实验装置的设计仍按照图 1 所示，左右两边的实验员分别是 Alice 和 Bob，两个偏振器用 R 表示，斯特恩—盖拉赫磁场可以各自旋转不同角度 θ、φ，于是可将图 1 的结构画成如下的量子线路图：

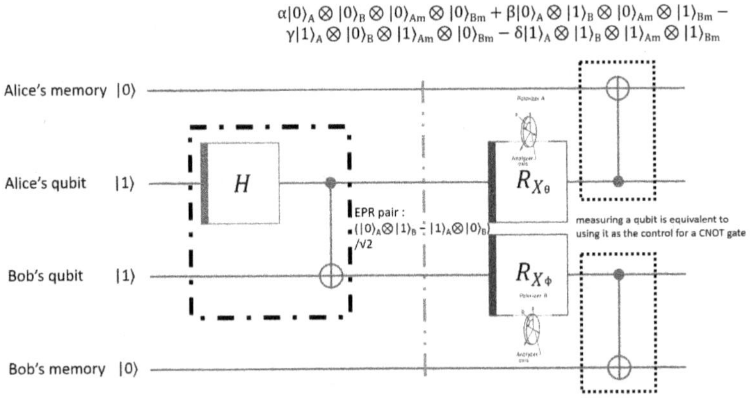

图 4 EPR 实验的量子线路

首先初始化两个量子比特：

$$|1\rangle_A \otimes |1\rangle_B$$

应用 Hadamard 闸到量子比特 A 得到：

$$1/\sqrt{2} * (|0\rangle_A - |1\rangle_A) \otimes |1\rangle_B$$

应用 CNOT 闸到量子比特 A 和 B 得到：

$$1/\sqrt{2} * (|0\rangle_A \otimes |1\rangle_B - |1\rangle_A \otimes |0\rangle_B)$$

于是这样就创建出 Alice 和 Bob 之间的 EPR 纠缠对（上图中左侧的虚线大方框）。

接下来，左右两边的实验员分别对斯特恩—盖拉赫磁场旋转不同角度，这在量子线路图中以方框 $R_{x\theta}$ 、$R_{x\varphi}$ 来表示，代表两个偏振器各自旋转 θ、φ 角度，得到新纠缠量子态为：

$$\alpha|0\rangle_A \otimes |0\rangle_B + \beta|0\rangle_A \otimes |1\rangle_B - \gamma|1\rangle_A \otimes |0\rangle_B - \delta|1\rangle_A \otimes |1\rangle_B$$

其中 α、β、γ、δ 是代表叠加系数的复数，它们的具体数值将取决于旋转角度 θ、φ，在此我们不需要写出它们的具体数值。

最后，图中右侧的两个虚线小方框代表两位实验员分别对两个粒子进行测量。在 Everett 诠释中，“测量过程”的本质是量子纠缠，而不会退相干到环境中，于是可以用 CNOT 来代表 Everett 诠释中的测量（附注会说明为何这是可行的）。最上方和最下方的两条线路分别代表 Alice 和 Bob 用仪器测量出的数据，记作 Alice's memory（Am）和 Bob's memory（Bm）。

得到测量结果为：

$$|\Psi_{measure}\rangle = \alpha|0\rangle_A \otimes |0\rangle_B \otimes |0\rangle_{Am} \otimes |0\rangle_{Bm} + \beta|0\rangle_A \otimes |1\rangle_B \otimes |0\rangle_{Am} \otimes |1\rangle_{Bm} - \gamma|1\rangle_A \otimes |0\rangle_B \otimes |1\rangle_{Am} \otimes |0\rangle_{Bm} - \delta|1\rangle_A \otimes |1\rangle_B \otimes |1\rangle_{Am} \otimes |1\rangle_{Bm}$$

可以和上节的测量结果 $|\Psi_{after}\rangle$ 进行对比：

$$|\Psi_{after}\rangle = a|\downarrow\rangle_{右} \otimes |\downarrow\rangle_{左} \otimes |P_d\rangle_{右} \otimes |P_d\rangle_{左} + b|\downarrow\rangle_{右} \otimes |\uparrow\rangle_{左} \otimes |P_d\rangle_{右} \otimes |P_u\rangle_{左} - c|\uparrow\rangle_{右} \otimes |\downarrow\rangle_{左} \otimes |P_u\rangle_{右} \otimes |P_d\rangle_{左} - d|\uparrow\rangle_{右} \otimes |\uparrow\rangle_{左} \otimes |P_u\rangle_{右} \otimes |P_u\rangle_{左}$$

如果忽略所有叠加系数并假设 Alice 是右边的实验员、Bob 是左边的实

验员，$|0\rangle$ 代表自旋向下 $|\downarrow\rangle$、$|1\rangle$ 代表自旋向上 $|\uparrow\rangle$，两个记忆态分别对应指针状态，可以看出用量子线路来描述 EPR 实验所得出的结果和用 Everett 诠释来描述是相同的。

从量子线路图中可以发现，制备出 EPR 纠缠对之后（竖虚线往右），Alice 和 Bob 两位实验员之间就再也没有任何联系了，上方两条线路和下方两条线路之间不存在任何相连接的结构，这就说明了后续不论 Alice 所做的任何操作（旋转偏振器磁场或是进行 CNOT 操作）都完全不会影响 Bob 那边的结果。由于我们在量子线路图中采用 CNOT 来代表 Everett 诠释中的测量，而不涉及整体 EPR 态的塌缩，所以 Bob 那边粒子的状态不会因为 Alice 对粒子进行测量而发生任何变化。

由于在量子线路图中，平行作用的逻辑闸在数学上会使用张量积来表示，再根据张量积的混合乘积性质[①]，对两个逻辑闸 Z、Y，有 $Z\otimes Y=(I\otimes Y)(Z\otimes I)=(Z\otimes I)(I\otimes Y)$，因此以下三组量子线路图是等价的：

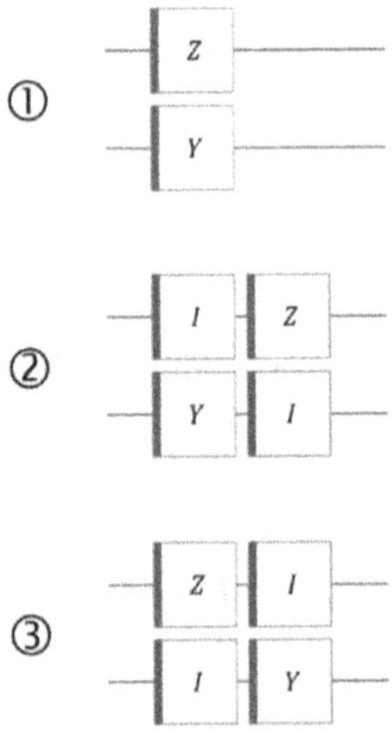

图 5　三组等价的量子线路图

① 如果 A、B、C、D 是四个矩阵，且矩阵乘积 AC 和 BD 都存在，那么有：$(A\otimes B)(C\otimes D)=AC\otimes BD$。

此等式的含意即是：Bob 先操作 Y 闸 Alice 后操作 Z 闸和 Alice 先操作 Z 闸 Bob 后操作 Y 闸的效果是相同的。

这就说明了不论两位实验员谁先旋转偏振器磁场或是进行 CNOT 操作，结果都是完全相同的，也不会影响对方。在量子线路图中也没有与时间相关的参数，因此不论左右两边是谁先进行 CNOT 操作都不会相互影响，双方也根本无从知晓对方是否有进行过 CNOT 操作，不存在先测量的结果通过超光速作用去影响后测量的结果。

这也说明了 EPR 实验的两翼之间不可能存在因果联系，因为如果假设 Alice 的先前操作是“原因”，导致后续 Bob 测量的“结果”；那么同样可以说 Bob 的先前操作是“原因”，导致后续 Alice 测量的“结果”。于是这就形成了因果循环的悖论，无法指出两者中究竟谁是原因谁是结果，这也不满足刘易斯的因果关系第 3 点。

【注】说明等价关系：测量一个量子比特等价于用它作为 CNOT 的控制，从而控制一个辅助量子比特。

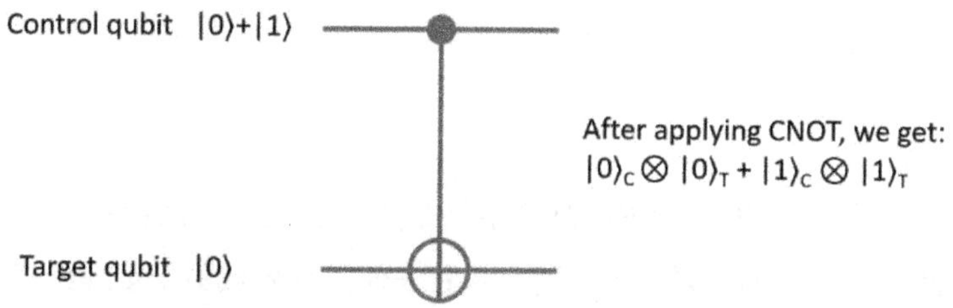

图 6　测量一个量子比特等价于用它作为 CNOT 的控制，从而控制一个辅助量子比特

考虑有两个量子比特，量于比特 C（控制量了比特）和量子比特 T（目标量子比特），它们处于纠缠态，如：

$$|0\rangle_C \otimes |0\rangle_T + |1\rangle_C \otimes |1\rangle_T$$

现在，如果对量子比特 C 进行测量并得到它处于状态 $|0\rangle$，那么两个量子比特的联合状态会塌缩到 $|0\rangle_C \otimes |0\rangle_T$，也就是 CNOT 闸实际上不起作用，不在目标量子比特上执行 NOT 操作。如果测量量子比特 C 并发现它处于状态 $|1\rangle$，那么联合状态会塌缩到 $|1\rangle_C \otimes |1\rangle_T$，也就是 CNOT 闸会翻转目标量子比特的状态到 $|1\rangle$。

这说明了为什么测量控制比特 C 的效果等同于使用它作为 CNOT 闸的控制：测量结果影响了目标比特 T 是否经历了 NOT 操作（这就是 CNOT 闸的效果）。如果控制比特 C 测量为 $|0\rangle$，则不对目标比特 T 执行任何操作；如果控制比特 C 测量为 $|1\rangle$，则对目标比特 T 执行 NOT 操作。这种由"测量过程"所导致的量子纠缠正好契合 Everett 诠释的框架。

目标比特的状态等价于仪器的指针状态，指针状态的物理意涵是仪器测量出的结果，纠缠态 $|0\rangle_C \otimes |0\rangle_{Det} + |1\rangle_C \otimes |1\rangle_{Det}$ 代表粒子 C 处于状态 $|0\rangle_C$ 且仪器测得 $|0\rangle_{Det}$，在 Everett 诠释中，"测量过程"可以由粒子和仪器进行量子纠缠来描述。其实测量就是把被测量的粒子和一个宏观系统（测量仪器）耦合起来，如果粒子的比特是 $|0\rangle_C$，仪器显示 $|0\rangle_{Det}$；如果粒子的比特是 $|1\rangle_C$，仪器显示 $|1\rangle_{Det}$，其作用原理就跟 CNOT 闸相同。①

八、结论

本文指出在 EPR 实验中，测量结果是类空相关的，因此在两个纠缠粒子对之间没有直接的因果联系，这意味着任何一种局域隐变量理论都不可能适用于 EPR 实验，而且根据狭义相对论，超光速的因果关系在物理学中是无效的，如果某个 EPR 因果模型想要符合共因原则，那么它就会违反有限速度条件。

本文反驳卡特赖特、张夏硕、马特尔等人认为可以对 EPR 实验中所揭示

① 另一种理解是：将某一比特作为 CNOT 闸的控制所得到的纠缠态，进行 partial trace 后，求出子系统的密度矩阵和进行测量后的密度矩阵都是相同的对角矩阵。

的超距关联给出一种因果解释，并反驳他们认为狭义相对论不会禁止 EPR 实验中存在超光速传播的类空因果性。

即便是把非局域隐变量作为共同因子，EPR 实验依然不是一个有效的因果关系。因果关系应该满足解释条件：原因可以解释结果。我们不能说在 EPR 实验左边和右边的测量结果可以相互解释，它们只是相互有关联，但并不是对应的因果关系。

EPR 实验中的“统计相关性”不具有可操控的效果，因为任意一边会测出什么结果在那边的实验员眼中都是完全随机的。左边的实验员无法通过操控他的测量仪器去进行控制而让右边出现他想要传递的结果，两位实验员只能在实验结束后比对数据时才会发现彼此的数据呈现关联性，他们也无法利用这种关联性来传递信息，否则就会违反不可通信定理。

本文最后说明 EPR 实验中的因果悖论其实是由于错误地理解哥本哈根诠释中的“测量”和“塌缩”所导致的：认为先测量其中一边的粒子，会导致塌缩，然后塌缩的信息以超光速“传递”到另一边，于是导致另一边的粒子也瞬间塌缩。而如果采用一种没有“塌缩”概念的诠释来检视此实验，例如在 Everett 诠释中，波函数永远只有幺正演化，舍弃了非幺正的塌缩，就可以避免在解释 EPR 实验时出现因果悖论。

在 Everett 诠释中，对一个粒子进行“测量”的物理意涵就是将该粒子与测量仪器纠缠在一起，本地粒子被测量时只会与本地仪器纠缠，所以不存在任何非局域作用。不论左右两边是谁先测量都不会相互影响，不存在先测量的结果通过超光速作用去影响后测量的结果，也不会出现推翻因果顺序的悖论。

左边测量结果的统计分布完全独立于右边所做的任何事情。在理论计算上，两位实验员的测量结果的独立性是通过他们的观察量与其他人的观察量可对易这一事实来保证的；在量子场论中，局域性是通过类空分离点处的场算符彼此可对易这一事实来表达的，这也确保了任何因果影响的传播速度都不能超过光速。

参考文献

汉斯·赖欣巴哈：《量子力学的哲学基础》，侯德彭译，商务印书馆 2018 年版。

A. Einstein, "Maxwell's Influence on the Development of the Conception of Physical Reality", James Clerk Maxwell: A Commemoration, 1931.

A. Einstein, B. Podolsky, and N. Rosen, "Can Quantum-mechanical Description of Physical Reality be Considered Complete?" *Physical review*, 1935, 47(10), p. 777.

A. Fine, "Do Correlations Need to be Explained?" in *Philosophical Consequences of Quantum Theory*, edited by James T. Cushing and Ernan McMullin, University of Notre Dame Press, 1989, pp. 175-194.

B. C. Van Fraassen, "The Charybdis of Realism: Epistemological Implications of Bell's Inequality", *Synthese*, 1982, 52(1), pp. 25-38.

——, *Quantum Mechanics: An Empiricist View*, Oxford University Press, 1991.

——, *The Scientific Image*, Oxford University Press, 1980.

B. Skyrms, "EPR: Lessons for Metaphysics", *Midwest Studies in Philosophy*, 1984, 9(1), pp. 245-255.

D. Bohm, and Y. Aharonov, "Discussion of Experimental Proof for the Paradox of Einstein, Rosen, and Podolsky", *Physical Review*, 1957, 108(4), p. 1070.

D. Lewis, "Causation", *The Journal of Philosophy*, 1973, 70(17), pp. 556-567.

H. Beebee, C. Hitchcock, and P. Menzies, *The Oxford Handbook of Causation*, Oxford University Press, 2009.

H. Chang, and N. Cartwright, "Causality and Realism in the EPR Experiment", *Erkenntnis*, 1993, 38(2), pp. 169-190.

H. Price, *Time's Arrow and Archimedes' Point: New Directions for the Physics of Time*, Oxford University Press, 1997, pp. 247-248.

H. Reichenbach, *The Direction of Time*, University of California Press, 1956.

I. Martel, "The Principle of the Common Cause, the Causal Markov Condition, and Quantum Mechanics", *Philosophy of Science*, 2008, pp. 242-261.

I. Newton, *Newton: Philosophical Writings*, Cambridge University Press, 2014.

J. F. Clauser, and M. A. Horne, "Experimental Consequences of Objective Local Theories", *Physical Review D*, 1974, 10(2), p. 526.

J. Pearl, *Causality*, Cambridge University Press, 2009.

J. von Neumann, *Mathematical Foundations of Quantum Mechanics*, Princeton University Press, 2018.

M. Bell, and S. Gao, *Quantum Nonlocality and Reality: 50 Years of Bell's Theorem*, Cambridge University Press, 2016.

M. Redhead, and P. La Rivière, "The Relativistic EPR Argument", *Potentiality, Entanglement and Passion-at-a-Distance: Quantum Mechanical Studies for Abner Shimony Volume Two*, Dordrecht: Springer Netherlands, 1997, pp. 207-215.

O. Costa de Beauregard, "Two Lectures on the Direction of Time", *Synthese*, 1977, 35(2), pp. 129-154.

P. A. Schilpp, *Albert Einstein: Philosopher-Scientist*, Evanston: Library of Living Philosophers, 1949.

W. C. Salmon, *Scientific Explanation and the Causal Structure of the World*, Princeton University Press, 1984.

《外国哲学》征稿启事

《外国哲学》是由北京大学外国哲学研究所主办、商务印书馆出版的专业学术出版物，每年出版两辑。《外国哲学》坚持以学术为本的原则，倡导对哲学问题的原创性研究，以及对各种哲学观点、思潮、著作、论文的批评性评论。

《外国哲学》采用国际通用的“双盲”审稿制度。作品一经录用，我们即付稿酬，版权则归商务印书馆所有。欢迎其他出版物转载，但须得到原出版方的书面授权。

《外国哲学》只发表中文论文，且只刊登未发表过的论文。

《外国哲学》已许可中国知网以数字化方式复制、汇编、发行、信息网络传播本刊全文。《外国哲学》支付的稿酬已包含中国知网著作权使用费，所有署名作者向《外国哲学》提交文章发表之行为视为同意上述声明。如有异议，请在投稿时说明，《外国哲学》将按作者说明处理。

《外国哲学》为北京万方数据股份有限公司、万方数据电子出版社入选辑刊，并由其对外提供信息服务，相关著作权使用费由本刊一并支付，如有异议，请在来稿时注明，本刊将做适当处理。

《外国哲学》文稿引用参考文献的格式如下：

第 1 条 正文中引用参考文献，一律用脚注。对正文的注释性文字说明，也一律用脚注。为了查考的需要，外文文献不译成中文。

第 2 条 参考文献的书写格式分完全格式和简略格式两种。

第3条 参考文献第一次出现时，应用完全格式。完全格式的构成：

著作：作者、著作名、出版者、出版年、页码

洪谦：《论逻辑经验主义》，商务印书馆2010年版，第100页。

B. Russell, *The Analysis of Mind*, Routledge, 2002, p. 100.

译作：作者、著作名、译者、出版者、出版年、页码

维特根斯坦：《逻辑哲学论》，韩林合译，商务印书馆2013年版，第25页。

Aristotle, *Politics*, trans. by Benjamin Jowett, Barnes & Noble, 2005, p. 100.

载于期刊的论文（译文参照译作格式在译文题目后加译者）：

叶闯：《翻译不确定性与对意义的否定》，《世界哲学》2009年第1期。

载于书籍的论文（译文参照译作格式在译文题目后加译者）：

熊伟：《先验与超验》，载《在的澄明》，熊伟著，商务印书馆2011年版。

T. Kuhn, "The History of Science", in *International Encyclopedia of the Social Science*, ed. by D. L. Sills, Macmillan, 1968.

第4条 参考文献在文中第二次及其后出现时，可用简略格式。简略格式有如下三种：

第1种 只写作者、书（文）名、页码（文章无此项），这几项的写法同完全格式，如：

洪谦：《论逻辑经验主义》，第100页。

B. Russell, *The Analysis of Mind*, p. 100.

T. Kuhn, "The History of Science" .

第2种 用"前引文献"（英文用 op. cit.）字样代替第一种简略格式中的书名或文章名（此时中文作者名后不再用冒号而改用逗号），如：

洪谦，前引文献，第100页。

洪谦，前引文献。

B. Russell, op. cit., p. 100.

T. Kuhn, op. cit.

第3种 紧接同一条文献，中文只写“同上。”字样，西文只写“ibid.”字样。

北京大学外国哲学研究所

商务印书馆

图书在版编目(CIP)数据

外国哲学. 第49辑 / 韩水法主编. -- 北京：商务印书馆，2025. -- ISBN 978-7-100-25147-1

Ⅰ. B1-55

中国国家版本馆CIP数据核字第2025J2V140号

外国哲学

第四十九辑

韩水法　主编

商　务　印　书　馆　出　版

（北京王府井大街36号　邮政编码100710）

商　务　印　书　馆　发　行

北京虎彩文化传播有限公司印刷

ISBN 978-7-100-25147-1

2025年6月第1版　　开本 710×1000　1/16

2025年6月第1次印刷　　印张 24 3/4

定价：128.00元